El ejército perdido

Valerio Massimo Manfredi es profesor de arqueología clásica en la Universidad Bocconi de Milán. Ha realizado numerosas expediciones y excavaciones, y ha impartido clases en universidades de Italia y de otros países. Ha publicado numerosos artículos y ensayos académicos, además de colaborar en periódicos y revistas. Ha escrito y dirigido documentales sobre el mundo antiguo para las cadenas más importantes de televisión, así como obras de ficción para el cine y la televisión, además de ser autor de varios libros de ficción, entre los que se encuentran la trilogía *Aléxandros*, *La última legión*, *El tirano* y *El imperio de los dragones*.

VALERIO MASSIMO
MANFREDI

El ejército perdido

Traducción de
José Ramón Monreal

DEBOLS!LLO

Título original: *L'armata perduta*

Primera edición en Debolsillo: mayo, 2009

Printed in Spain – Impreso en España

ISBN: 978-84-9908-062-8
Depósito legal: B-13351-2009

Fotocomposición Revertext, S. L.

Impreso en Liberdúplex, S. L. U.
Sant Llorenç d'Hortons (Barcelona)

P 880628

A mi madre

Si la empresa de los Diez Mil fue extraordinaria, la de las mujeres que los siguieron fue increíble.

W. W. TARN

Personajes principales

Abira es la voz narradora de la novela.

Abisag, chiquilla que socorre a Abira.

Agasias de Estinfalia, comandante de una de las grandes unidades del ejército griego.

Agias de Arcadia, comandante de una de las grandes unidades del ejército griego.

Anaxibio, almirante espartano de estancia en Bizancio.

Arcágoras, oficial griego.

Arieo, comandante del contingente asiático del ejército de Ciro.

Aristónimo de Metidrio, soldado griego, uno de los más valerosos del ejército.

Artajerjes, el Gran Rey, hermano de Ciro y emperador de los persas.

Calímaco, soldado griego.

Ciro, segundogénito del rey de Persia, gobernador de Lidia.

Cleanor de Arcadia, comandante de una de las grandes unidades del ejército de los Diez Mil.

Clearco, comandante espartano del cuerpo expedicionario de los mercenarios.

Cleónimos de Metidrio, uno de los más valerosos soldados griegos.

Ctesias, médico griego de Artajerjes.

Demetrio, jovencísimo soldado griego.

Deuxippo, soldado griego.

Durgat, prisionera persa, en otro tiempo al servicio de la reina Parisatis.

Epicrates, oficial griego.

Eupito, tenagrino, lugarteniente de Próxeno.

Euríloco de Lusio, jovencísimo soldado griego.

Falino, enviado del Gran Rey.

Glus, jinete bajo el mando de Arieo.

Jantias (Janticles) de Acaia, comandante de una de las grandes unidades.

Jeno (Jenofonte), joven guerrero ateniense, se alista en el ejército mercenario de Ciro para llevar el diario de la expedición.

Licio de Siracusa, comandante de caballería junto con Jeno.

Lystra, joven prostituta del séquito del ejército.

Masabate, eunuco persa.

Melisa, concubina de Ciro.

Menón de Tesalia, comandante de una de las grandes unidades.

Mermah, chiquilla que socorre a Abira.

Mitrídates, general persa.

Neón de Asine, oficial del batallón de Sócrates y ayuda de campo de Sofo.

Neto (Sofaineto) de Estinfalia, oficial griego.

Nicarco de Arcadia, joven soldado griego.

Parisatis, reina de Persia, madre de Artajerjes y de Ciro.

Próxeno de Beocia, comandante de una de las grandes unidades, amigo de Jeno.

Seutes, rey bárbaro de Tracia.

Sócrates de Acaia, comandante de una de las grandes unidades.

Sofo (Quirísofo), único oficial regular de alta graduación del ejército espartano.

Timas (Timasión) de Dardania, comandante de una de las grandes unidades.

Tiribazo, sátrapa de los armenios y «ojo del Gran Rey».

Tisarfenes, cuñado de Artajerjes y general de su ejército.

Para evitar el uso de términos griegos poco comprensibles para un público no especializado he recurrido a expresiones más accesibles.

Los *estrategas* son llamados «comandantes de las grandes unidades»; los *locagoi* son los «comandantes de batallón»; la palabra de origen árabe *harén* sustituye a «gineceo». He conservado en cambio las unidades de medida: estadios (unos setenta metros) y parasangas (medida persa equivalente a unos cinco kilómetros).

V.M.M.

1

El viento.

Sopla sin descanso a través de los pasos angostos del monte Amanos como por las fauces de un dragón y se abate violentamente sobre nuestra llanura secando la hierba y los campos. Durante todo el verano.

A menudo también durante la mayor parte de la primavera y del otoño.

De no ser por el riachuelo que desciende de las estribaciones del Tauro, no crecería nada en estos parajes. Solo matojos para magros rebaños de cabras.

El viento tiene su propia voz, continuamente modulada. A veces es un largo quejido que parece que no fuera a aplacarse nunca; otras, un silbo que se cuela de noche por las grietas de los muros, por las rendijas de las hojas de las puertas y las jambas, envolviéndolo todo con una fina neblina y enrojeciendo los ojos y secando las bocas hasta cuando se duerme.

A veces es un rugido que trae consigo el eco del trueno sobre los montes y el chasquear de las tiendas de los nómadas del desierto. Un sonido que penetra en uno y hace vibrar cada fibra del cuerpo. Los viejos dicen que cuando el viento ruge de ese lado algo extraordinario va a suceder.

Hay cinco aldeas en nuestra tierra: Naim, Beth Qada, Ain Ras, Sula Him y Sheeb Mlech. En total viven en ellas unos pocos cientos de personas y todas se alzan sobre un pequeño realce del terreno formado por los restos de otras aldeas disgregadas por el tiempo, construidas y luego abandonadas y reconstruidas de nuevo unas sobre otras en el mismo sitio, con el mismo barro secado al sol. Los administradores del Gran Rey las llaman «las aldeas de Parisatis» por el nombre de la Reina Madre.

Las llaman también «las aldeas del cinturón» porque todo nuestro trabajo, todo lo que producimos y conseguimos vender, todo lo que nos sirve para sobrevivir está destinado a comprar todos los años un nuevo y precioso cinturón para el traje de la Soberana. Al final del verano llega un persa ricamente ataviado escoltado por numerosos soldados de la guardia para llevarse las ganancias que nuestros padres han acumulado a lo largo de un año de durísimo trabajo. Ello nos expone al riesgo del hambre y a la certeza de la miseria solo para comprar otro cinturón a una mujer que tiene ya docenas y seguramente no necesita ninguno más. Y también se nos dice que para nosotros ello es un honor del que deberíamos sentirnos orgullosos. No todo el mundo tiene el privilegio de proveer a un jefe de guardarropa para un miembro tan importante de la casa real.

He tratado muchas veces de imaginarme esa casa, pero no lo consigo, tales y tantas son las historias que circulan sobre esa morada hiperbólica. Hay quien dice que está en Susa, otros que en Persépolis, o también en Pasagarde, en la gran llanura. Quizá se encuentra en todos esos lugares al mismo tiempo, tal vez en ninguno. O quizá se alza en un lugar equidistante de todas esas ciudades.

Yo vivo en una casa con dos habitaciones, una para dormir y otra para comer. El suelo es de tierra batida y quizá por ello lo que comemos sabe a polvo; el techo está hecho de troncos de palmera y de paja. Cuando vamos al pozo a sacar agua, mis amigas y yo, nos paramos a charlar, a dejar volar la imaginación, a costa de ganarnos una paliza cuando volvemos demasiado tarde.

A menudo soñamos despiertas que vemos llegar a un hermoso, noble, amable joven que nos arranca de este lugar donde cada día es igual al anterior, aunque sabemos que esto no sucederá jamás. Pero no por eso estoy menos contenta: me gusta estar en el mundo, trabajar, ir al pozo con mis amigas. Soñar no cuesta nada y es como vivir otra vida: la que todas habríamos querido y que no tendremos jamás.

Un día, mientras íbamos al pozo, la fuerza del viento nos embistió haciéndonos tambalear y doblar hacia delante para aguantar el poderoso empuje. Lo conocíamos: ¡era el viento que ruge!

Todo se vio inmerso en la calina durante un rato, una calina densa que lo oscurecía todo. El disco solar era lo único que se distinguía con claridad, pero su color tenía una insólita tonalidad rosada. Parecía suspendido en la nada, sobre un páramo sin límites ni formas definidas, en un país de espectros.

Y apareció en aquella neblina una forma vaga que parecía moverse fluctuando en el aire.

Un fantasma.

Uno de los espíritus que salen a la hora del crepúsculo de debajo de tierra para adentrarse en la noche apenas se pone el sol en el horizonte.

—Mirad —les dije a mis amigas.

La figura se perfilaba, pero el rostro permanecía invisible. A nuestras espaldas oíamos los ruidos del atardecer: los campesinos que volvían de los campos, los pastores que aguijaban a sus ganados hacia los apriscos, las madres que llamaban a los niños. Luego, de repente, se hizo el silencio. El viento que ruge calló, la calina se disolvió lentamente. A nuestra izquierda apareció el soto de doce palmeras que circundaba el pozo; a la derecha, la colina de Ain Ras.

En el centro, ella.

Podía distinguirse ya con contornos nítidos: su figura, el rostro enmarcado por unos largos cabellos oscuros. Una mujer joven, hermosa aún.

—¡Mirad! —repetí. Como si aquella imagen no fuera ya el centro de la atención de todas. La figura delgada avanzaba lentamente como si notara todo el peso de las miradas sobre ella a cada paso que la acercaba a la entrada de Beth Qada.

Nos giramos y vimos que muchos hombres se habían reunido en la entrada del pueblo formando una muralla ante la proximidad de la mujer. Hubo quien gritó algo: unas palabras terribles, cargadas de una violencia desconocida para nosotras. También acudieron las mujeres y una de ellas gritó... «¡Vete! ¡Vete mientras estés a tiempo!», pero ella no lo oyó o no quiso oírlo. Continuó su camino. También ahora el peso de aquel odio se dejaba sentir sobre ella y la oprimía, dificultándole el paso.

Un hombre se agachó para coger una piedra del suelo y se la lanzó. Casi dio en el blanco. Otros también cogieron piedras y las lanzaron contra la mujer, que se tambaleó. Una le dio en el brazo izquierdo e inmediatamente después otra en la rodilla derecha hizo que se cayera. Volvió a levantarse a duras penas. En vano buscaba con la mirada entre aquella multitud feroz un rostro amigo.

También yo grité:

—¡Dejadla estar! ¡No le hagáis ningún daño!

Pero nadie me escuchó. El apedreamiento se transformó en una granizada. La mujer cayó de hinojos.

Aunque no la conociera, ni supiera nada de ella, veía en su resistencia bajo una lluvia de piedras algo de milagroso, un acontecimiento nunca visto en aquel olvidado rincón del Imperio del Gran Rey.

La lapidación continuó hasta que la mujer dejó de dar señales de vida. Luego los hombres se dieron la vuelta y regresaron al pueblo. Pensaba que no tardarían en sentarse a la mesa y partirían el pan para sus hijos y comerían lo que les habían preparado sus mujeres. Matar a pedradas, de lejos, no mancha las manos de sangre.

Mi madre debía de estar entre aquel gentío porque oí que me llamaban:

—¡Ven aquí, estúpida, vamos!

Estábamos todas petrificadas por lo que habíamos visto: algo que no hubiéramos sido capaces de imaginar. Yo fui la primera en volver a la realidad y me fui para casa. Venciendo el horror, pasé a poca distancia del cuerpo de aquella desconocida, lo bastante cerca para ver un riachuelo de sangre que salía de debajo de las piedras y teñía el polvo de rojo. Pude ver su mano derecha y sus pies, también ensangrentados, luego aparté la vista y me alejé deprisa, llorando.

Mi madre me recibió con un par de bofetones y poco faltó para que yo dejara caer el cántaro del agua. No tenía ningún motivo para pegarme, pero imaginé que quería desahogar la tensión y la angustia que había sentido al ver matar a pedradas a una persona que no había hecho ningún daño a nadie.

—¿Quién era esa mujer? —pregunté sin preocuparme del dolor.

—No lo sé —respondió mi madre—. Y ten la boca callada.

Comprendí que mentía; no hice más preguntas y me puse a preparar la cena. Mientras estaba poniendo la mesa entró mi padre; comió cabizbajo sobre su plato y sin decir palabra. Luego se fue a la otra habitación y poco después oímos su pesada respiración. Mi madre se reunió con él cuando llegó el momento de encender la lucerna y yo le pedí que no me dejara acostarme aún. No dijo nada.

Pasó un buen rato. La última claridad del atardecer se apagó y cayó la noche, una noche de luna nueva. Me había sentado cerca de la ventana, que mantenía entreabierta para ver las estrellas. Se oía ladrar a los perros: quizá olían el olor a sangre o la presencia de aquel cuerpo desconocido que yacía allí fuera cubierto de piedras. Me preguntaba si al día siguiente le darían sepultura o si la dejarían pudriéndose bajo las piedras.

El viento en cambio callaba, como si aquel crimen lo hubiera enmudecido también a él, y todos dormían ya en Beth Qada. Pero yo no. No habría podido abandonarme nunca al sueño porque sentía que el espíritu de aquella mujer vagaba inquieto por las calles de la aldea amodorrada buscando a alguien a quien afligir con su propio tormento. Incapaz de aguantar la angustia que me dominaba en la oscuridad de mi casa e incapaz de dormirme sobre la estera extendida en un rincón de la cocina, salí finalmente y ver la inmensa bóveda celeste estrellada me infundió un poco de paz. Dejé escapar un largo suspiro y me senté en el suelo junto a la pared tibia aún y allí me quedé con los ojos abiertos en la oscuridad esperando que se calmara el latido de mi corazón.

Al cabo de un rato advertí que no era la única que no podía conciliar el sueño: una sombra pasó a escasa distancia de mí, silenciosa, pero sus andares era inconfundibles y reconocí a una de mis amigas.

La llamé:

—Abisag.

—¿Eres tú?... Me has dado un susto de muerte.

—¿Adónde ibas?

—No consigo pegar ojo.

—Tampoco yo.

—Voy a ver a esa mujer.

—Está muerta.

—Pues, entonces, ¿por qué siguen ladrando los perros?

—No lo sé.

—Porque huelen que está viva y tienen miedo.

—Tal vez temen que su espíritu los atormente.

—Los perros no les temen a los muertos. Solo los hombres. Yo voy a ver.

—Espera, voy contigo.

Nos pusimos en camino juntas, conscientes de que, si nuestras familias se enteraban, nos molerían a palos. De camino, al llegar cerca de casa de Mermah, nuestra otra amiga, la llamamos en voz baja desde debajo de la ventana y dimos unos golpes con los nudillos en el postigo. Debía de estar despierta, porque nos abrió inmediatamente y, cuando se disponía a salir, también llegó su hermana y se unió a nosotras.

Caminamos al arrimo de las paredes hasta salir de la aldea y en pocos momentos llegamos al lugar donde había sido lapidada la extranjera. Un animal huyó a nuestra llegada: un chacal, probablemente, atraído por el olor de la sangre. Nos detuvimos delante de aquel montón informe de piedras.

—Está muerta —dije—. ¿Qué hemos venido a hacer aquí?

No había terminado de decirlo cuando una piedra desplazada rodó sobre las demás.

—Está viva —dijo Abisag.

Nos inclinamos sobre ella y comenzamos a retirar las piedras una por una, sin hacer el menor ruido, hasta que la liberamos completamente. Con aquella oscuridad no conseguimos verle siquiera la cara. En cualquier caso, era una máscara tumefacta, con los cabellos pegoteados de sangre y de polvo. Pero su vena yugular palpitaba y por su boca salía un leve estertor. Estaba indudablemente viva, pero por lo que parecía podía morir en cualquier momento.

—Llevémonosla —dije.

—¿Y adónde? —preguntó Mermah.

—A la cabaña que hay cerca del torrente —propuso Abisag—. No la utiliza ya nadie desde hace mucho tiempo.

—¿Y cómo vamos a hacerlo? —preguntó de nuevo Mermah.

Tuve una idea:

—Quitaos la ropa. Al fin y al cabo no nos ve nadie.

Las muchachas hicieron lo que les pedía intuyendo lo que tenía en mente y se quedaron casi desnudas.

Extendí las ropas y las anudé para formar una especie de ancha tela que pusimos en el suelo al lado de la mujer. Luego, con sumo cuidado, la cogimos de las manos y de los brazos, la levantamos y la depositamos encima. Cuando la levantamos del suelo dejó escapar un lamento, porque sus miembros debían de estar machucados y nosotras tratamos de levantar la tela con la máxima delicadeza. La pobre debía de estar en los huesos, pues no nos pareció pesada ni siquiera para unas chiquillas como nosotras. Conseguimos trasladarla hasta la cabaña sin excesivo esfuerzo, deteniéndonos de vez en cuando para descansar y recuperar el aliento.

Le preparamos una yacija con paja, heno y una estera. La lavamos con agua fresca y la cubrimos con una tela de arpillera. No pasaría frío en aquella noche templada, pero de todos modos este era el problema menos importante. Ninguna de nosotras sabía si sobreviviría a aquella noche o si al día siguiente la encontraríamos muerta. Pensamos que no podíamos hacer nada más por ella en ese momento y que lo mejor era volver a casa antes de que nuestros padres advirtieran nuestra ausencia. Lavamos también nuestros vestidos en el torrente porque se habían manchado de sangre y los llevamos a casa esperando que se secaran durante la noche.

Antes de separarnos acordamos socorrer por turnos a nuestra protegida, si es que sobrevivía, para llevarle comida y agua hasta que estuviera en condiciones de cuidar de sí misma. Juramos que no se lo diríamos a nadie, que aquel sería nuestro secreto y que no lo traicionaríamos por nada del mundo, aun al precio de nuestra vida.

No nos dábamos cuenta de lo que aquello significaba, pero sabíamos que para que un juramento fuera válido debía incluir unas afirmaciones tremendas. Nos separamos con un largo abrazo: estábamos cansadas, emocionadas, extenuadas, pero al mismo tiempo tan excitadas que tal vez no íbamos a conseguir pegar ojo.

Empezó a soplar de nuevo el viento y siguió así hasta el amanecer, cuando el canto de los gallos despertó a los vecinos de Beth Qada y de las otras Aldeas del Cinturón.

Lo primero que advirtieron los hombres al salir al campo a

trabajar fue que la mujer lapidada había desaparecido, lo cual los dejó consternados a todos. Corrieron extrañas habladurías entre la gente, la mayoría de ellas aterradoras, de modo que nadie quiso indagar: preferían olvidar aquella acción sangrienta que de algún modo los había contaminado a todos. Así pudimos, sin llamar la atención, cuidar de la mujer que habíamos salvado de una muerte segura.

Éramos por aquel entonces nada más que unas niñas y habíamos llevado a cabo una empresa que nos superaba con creces. Ahora nos asustaban sus consecuencias. ¿Lograríamos mantenerla con vida? No sabíamos cómo prestarle asistencia y tampoco cómo conseguiríamos comida para alimentarla si sobrevivía. Mermah tuvo una idea que nos sacó del aprieto. Una vieja cananita vivía sola en una especie de guarida abierta en el terraplén que impedía al torrente desbordarse en los días de crecida. Preparaba ungüentos y pociones de hierbas con los que curaba las quemaduras, la tos y las fiebres malignas a cambio de comida y de algún andrajo con el que cubrirse. Era conocida como «la Muda» porque no sabía hablar o tal vez porque no había querido hacerlo nunca. Fuimos a verla a la tarde siguiente y la llevamos a la cabaña.

La mujer todavía respiraba, pero cada vez que expiraba aire parecía el último aliento.

—¿Puede hacer algo por ella? —preguntamos.

La Muda pareció no haber oído lo que habíamos dicho, pero se inclinó sobre la desconocida que estaba en las últimas. Cogió un saquete de cuero de su cinturón y derramó el contenido dentro de un cubilete que llevaba colgado de su bastón, luego hizo un amago de acercarse a la mujer, pero se interrumpió. Se volvió hacia nosotras y nos hizo seña de que nos fuéramos.

Miré dubitativa a mis compañeras, pero la vieja nos amenazó con el bastón, de modo que nos precipitamos afuera sin pérdida de tiempo. Esperamos hasta que de la cabaña salió un grito que nos dejó heladas. Ninguna de nosotras se movió; nos quedamos sentadas en el suelo hasta que la vieja salió para dejarnos entrar. Atisbamos desde la puerta y vimos que la desconocida dormía. La vieja nos hizo seña de que regresáramos al día siguiente y que le trajéramos algo de comer: le indicamos por señas que así lo haríamos y nos alejamos a regañadientes volviendo la vista atrás de vez en cuando. La Muda no volvió a salir. Pensamos que tal vez se quedaría con ella durante toda la noche.

Volvimos al día siguiente con leche de cabra y sopa de cebada. La Muda había desaparecido, pero la desconocida abrió sus ojos tumefactos al entrar nosotras y nos miró con una expresión intensa y doliente. La ayudamos a tomar ese poco de alimento y nos quedamos un rato velándola después de que se hubiera dormido de nuevo.

Pasaron así varios días durante los cuales vimos varias veces a la Muda entrar y salir de la cabaña, durante ese tiempo no salió ni una sola palabra de nuestras bocas. Guardábamos nuestro secreto tratando de comportarnos de forma que no despertáramos sospechas en nuestras familias y en los vecinos de la aldea. La mujer estaba recuperándose lentamente, pero era evidente cierta mejoría. Las tumefacciones iban desapareciendo poco a poco, los morados habían disminuido y las heridas tendían a cicatrizarse.

Debía de tener algunas costillas rotas porque respiraba de forma entrecortada y evitaba expandir el tórax. Probablemente no había un solo palmo de su cuerpo que no le doliese, que no hubiera sido martirizado por la cruel lapidación sufrida.

Estaba sola con ella cuando abrió los ojos, un día de mediados de otoño con las primeras luces. Le había llevado un poco de sopa de cebada y de zumo de granada que habíamos preparado todas juntas. Dijo una sola palabra:

—Gracias.

—Me alegro de que estés mejor —respondí—, se lo diré a mis amigas. También ellas se pondrán contentas.

Suspiró y volvió la cabeza hacia el ventanuco por el que entraban los rayos del sol.

—¿Puedes hablar? —le pregunté.

—Sí.

—¿Quién eres?

—Me llamo Abira y soy de este pueblo, pero tú quizá no te acuerdes de mí.

Indiqué que no con la cabeza.

—¿Por qué te lapidaron? ¿Por qué trataron de matarte?

—Porque hice algo que una muchacha honesta no debería hacer nunca y ellos no lo olvidaron. Me reconocieron, me condenaron y trataron de matarme.

—¿Tan terrible fue lo que hiciste?

—No. A mí no me lo parecía. No creía hacer daño a nadie, pero hay leyes aceptadas por todos que rigen nuestra vida desde hace mucho tiempo y que no es lícito infringir. Sobre todo para las mujeres. Para nosotras la ley es despiadada.

Estaba cansada y no insistí más, pero a medida que la vi mejorar y recuperar las fuerzas volví a su lado con mis amigas para escuchar, día tras día, su historia.

Durante una serie de extrañas circunstancias Abira, en el curso de su aventura, había entrado en contacto con personas de la más diversa procedencia, un joven en particular, bello y misterioso, como tantas veces habíamos soñado en nuestras conversaciones en el pozo, y luego también hombres y mujeres que les habían contado lo que sabían o que habían aprendido en el curso de sus turbulentas peripecias; y, así, habían confluido en ella muchas historias distintas para formar una sola, grande y terrible, como cuando en la estación de las lluvias cada *wadi* se convierte en un torrente y cada torrente vierte sus aguas en el río que crece y ruge y al final rompe los diques y anega la campiña arrasándolo todo: casas, hombres y ganados.

Era una historia de aventura, de amor y de muerte, vivida por miles de personas, que había trastornado la existencia de Abira arrancándola de la vida tranquila y monótona de Beth Qada, nuestra aldea, una de las cinco Aldeas del Cinturón. Pero, al comienzo, aquella historia tan impresionante y sobrecogedora que implicó a casi todo el mundo había sido solamente… la historia de dos hermanos.

2

—¿Por qué quisieron lapidarte? —le pregunté un día que parecía haber ya recuperado las fuerzas.

—¿Fue a causa de los dos hermanos de los que nos hablaste? —preguntó Abisag.

—Fue por mí —respondió—. Pero no habría ocurrido sin la historia de los dos hermanos.

—No comprendo —le dije.

—En aquel tiempo —comenzó diciendo ella— tenía poco más que la edad que tú tienes ahora. Trabajaba en el campo para mi familia, llevaba a pacer el ganado e iba al pozo a sacar agua con las amigas, igual que vosotras. La vida era siempre la misma, lo único que cambiaba era nuestro trabajo cuando cambiaban las estaciones. Mis padres ya habían elegido un esposo para mí, un primo mío de cabellos estoposos, con la cara llena de forúnculos: una manera de mantener unido el modesto patrimonio de nuestro clan. Eso no me inquietaba y mi madre me había explicado ya cómo serían las cosas: una vez casada, quiero decir. Seguiría trabajando en lo mismo, además mi primo me dejaría embarazada y tendría hijos. Por la manera en que me lo explicaba no parecía tan terrible y era algo que ya muchas mujeres habían hecho: nada de que preocuparse. Una vez, una de las raras veces que mi madre estaba de buen humor, me confió también un secreto: había mujeres que sentían placer en hacer eso con los hombres. Era lo que la gente llama amor, que normalmente no se producía con el marido elegido por la familia, sino con otros hombres que les gustaban a ellas.

»No comprendía muy bien qué trataba de decirme, pero mientras hablaba los ojos se le iluminaban y parecía seguir con la mirada imágenes lejanas ya perdidas.

»"¿Te sucedió también a ti, mamá?", le pregunté.

»No. A mí no —respondió bajando la cabeza—, pero conozco a mujeres a las que les ha pasado y por la manera como lo contaban debe de ser la cosa más bonita del mundo: algo de lo que cualquiera puede gozar. No hay que ser ricos, o nobles, o instruidos, solo hay que encontrar a un hombre que te guste. Te gusta tanto que no sientes vergüenza de desnudarte delante de él y cuando te toca no sientes ninguna repugnancia…, es más, al contrario. Y también tú deseas lo que él desea y su deseo se une al tuyo liberando una energía poderosísima más embriagadora que el vino y que provoca un éxtasis extremo, algo que dura unos pocos minutos, a veces unos pocos instantes, nos hace semejantes a los Inmortales y vale por años enteros de vida monótona e insulsa.

»Si no había comprendido mal, mi madre trataba de darme a entender que también la vida de una mujer podía en ciertos momentos, aunque fuera por poco, ser como la de una diosa.

»Aquellas palabras me llenaron de una extraña excitación, pero también de una honda tristeza, porque estaba convencida de que el primo de cara granujienta no provocaría en mí esas emociones en toda la vida. Lo soportaría porque así debía ser. Nada más ni nada menos.

»El día en que me iba a unir a él para el resto de mi vida estaba ya a la vuelta de la esquina y cuanto más se acercaba más distraída me volvía, más incapaz de prestar atención a mis tareas cotidianas. Mi mente estaba ausente, era incapaz de dejar de pensar en el hombre que podría hacerme sentir lo que mi madre me había dicho. El hombre al que desearía enseñarle mi cuerpo antes que esconderlo, el que querría que me estrechase entre los brazos, el que querría contemplar al despertar a mi lado sobre la estera, acariciado por la luz del sol naciente.

»A veces lloraba porque lo deseaba tanto y sabía que no lo encontraría nunca. Miraba a mi alrededor pensando que se escondía en alguna parte; que quizá fuera uno de los muchos jóvenes que vivían en nuestras aldeas. Pero ¿estaba segura? ¿Cuántos jóvenes podía haber en las Aldeas del Cinturón? ¿Cincuenta? ¿Cien? Seguro que no más de cien y todos los que yo conocía o a los que me había acercado apestaban a ajo y tenían el pelo lleno de cascabillo. Acabé por convencerme de que se trataba de fantasías de mujeres que deseaban algo distinto de una vida siempre igual, llena de embarazos, partos, fatigas, palos.

»Y en cambio sucedió.

»Un día, en el pozo.

»A primeras horas de la mañana.

»Estaba sola y, tras haber bajado el ánfora con las cuerdas, trataba de subirla apoyándome en el otro extremo del contrapeso. Estaba trajinando con un pedrusco para fijarlo en el suelo cuando noté que, del otro lado, el peso del ánfora había disminuido y levanté la cabeza para mirar.

»Era así como yo había imaginado siempre a un dios: joven, hermosísimo, con la piel tersa, el cuerpo moldeado y armonioso, las manos fuertes y delicadas al mismo tiempo, y una sonrisa encantadora que deslumbraba como los rayos del sol que empezaba a nacer a sus espaldas.

»Bebió de mi ánfora y el agua le inundó el pecho volviéndolo reluciente como el bronce, luego me miró fija e intensamente a los ojos, yo sostuve y devolví su mirada con la misma intensidad.

«Posteriormente tuve ocasión de aprender que es la vida la que puede hacernos semejantes a las bestias o a los dioses, o el lugar donde el destino nos ha hecho nacer y donde nos hará morir humillando nuestros sueños y desilusionando nuestras esperanzas. Es la vida la que puede volver terso el cuerpo con las competiciones atléticas o con la danza e iluminar nuestra mirada con el ardor de los sueños y de la aventura. Era aquella luz que veía en los ojos del joven que tenía enfrente con el ánfora en la mano, en el pozo de Beth Qada, una mañana de finales del verano de mis dieciséis años, pero en aquel momento pensé que la energía que veía brillar en su mirada y la belleza que resplandecía en su persona eran aspectos de una naturaleza distinta y superior.

»Era él el hombre que mi madre había pintado con sus palabras, el único al que podía desear y por el que quería ser deseada. En un instante, mientras me levantaba dejando el contrapeso, sentí que mi vida estaba cambiando y que ya no sería la misma. Sentí una alegría inmensa y un gran miedo al tiempo, una sensación de vértigo que me dejaba sin respiración.

»Se acercó y conseguí pronunciar con mucho esfuerzo unas pocas palabras en mi lengua mientras señalaba al caballo que tenía a sus espaldas del que pendían las armas. Era un guerrero y precedía a un gran ejército que avanzaba detrás de él a pocas horas de distancia.

»Nos hablamos solamente con miradas y gestos, pero ambos comprendimos lo esencial. Me acarició la mejilla con la mano, se demoró un poco en mis cabellos y yo no me moví. La proximidad me transmitía sus emociones, notaba sus vibraciones y su intensidad en la hora tan tranquila y silenciosa de la mañana. Le di a entender que tenía que irme y pienso que por la expresión de mi rostro podía darse cuenta de cuánto ello me disgustaba. Entonces él indicó un pequeño palmeral cercano al río y trazó unos signos en la arena que representaban su respuesta: me esperaría allí a medianoche, y yo sabía ya que iría a la cita al precio que fuese, pasara lo que pasase. Antes de aceptar en mi más celosa intimidad a mi primo y el olor a ajo que despedía, quería saber qué significaba de verdad el amor y —aunque fuese solo por unos pocos instantes —saber qué se sentía al ser semejante a un Inmortal, entre los brazos de un joven dios.

»El ejército llegó a la caída de la tarde y el espectáculo dejó a todos en el más atónito estupor: viejos y jóvenes, mujeres y niños. Podría decir que la población de las cinco Aldeas del Cinturón al completo había corrido a ver lo que estaba pasando. Nadie había visto jamás un espectáculo similar. Miles de guerreros a caballo y a pie vestidos con túnicas y bombachos, con espadas, lanzas y arcos, avanzaban desde septentrión hacia el mediodía. A la cabeza de cada sección había oficiales ataviados con los más fastuosos trajes, con armas que centelleaban al sol, y delante de todos, rodeado de su guardia pretoriana, un joven de figura esbelta y erguida, de tez aceitunada y de barba muy negra y bien cuidada. Después supe quién era, y no olvidaría ya nunca a uno de los dos hermanos a los que me he referido. Hermanos enemigos. Su lucha sangrienta trastornaría el destino de innumerables seres humanos, como paja ante el ímpetu del oleaje.

»Pero lo que más me impresionó fue una sección de aquel ejército: hombres vestidos con túnicas cortas, cubiertos de bronce en el pecho. Embrazaban enormes escudos del mismo metal y llevaban sobre los hombros unos mantos rojos. Posteriormente me enteré de que eran los más fuertes guerreros del mundo: nadie podía enfrentarse a ellos en la batalla, nadie podía siquiera esperar derrotarlos. Eran infatigables, capaces de resistir al hambre y a la sed, al calor y al hielo. Avanzaban a pie a paso cadencioso, cantando una nenia al ritmo del son de las flautas. También sus comandantes marchaban junto a ellos y no se distinguían de los demás más que por el hecho de que caminaban fuera de las filas. Durante horas continuaron llegando los destacamentos y, cuando los primeros habían ya plantado las tiendas y comido, los últimos estaban aún de marcha hacia el lugar de parada: nuestras tranquilas aldeas.

»También esto propició mi locura: era tal la curiosidad de

los hombres que no quisieron volver siquiera a sus casas para cenar, sino que se hicieron traer por sus mujeres algo de comer para no perderse nada de lo que acontecía. Nadie notó que me alejaba, o quizá lo notó mi madre y no dijo nada.

»Aquella noche era una noche de luna, y el coro de los grillos se dejaba oír cada vez más fuerte a medida que me alejaba de la aldea y del interminable campamento que no cesaba de crecer y se extendía por toda la superficie despejada y abierta. Tuve que mantenerme a distancia del pozo porque se había formado una interminable cola de hombres, asnos y camellos cargados de ánforas y de odres para abastecer de agua al inmenso ejército. Veía en la lejanía el palmeral junto al río que oscilaba con la brisa nocturna y veía brillar bajo la luna el agua que corría a unirse con el gran Éufrates lejano, en oriente.

»Cada paso que me acercaba a la cita me hacía temblar de la emoción y del miedo. Sentía algo que no había sentido en mi vida: una aprensión que me cortaba la respiración y una excitación misteriosa que me hacía sentir ligera como si pudiese echar a volar a cada paso. Recorrí a la carrera el último tramo que me separaba del palmeral y miré a mi alrededor.

»El lugar estaba desierto.

»Quizá me lo había imaginado todo, o tal vez no había interpretado correctamente lo que aquel joven había querido decirme con sus gestos, sus signos, sus palabras forzadas en una lengua para él extranjera. Quizá quería gastarme una broma y se escondía detrás del tronco de una palmera para darme un susto. Entonces miré por todas partes sin encontrar nada. Me negaba a creer que no vendría. Me quedé así todavía un largo rato. No recuerdo cuánto, pero vi descender la luna hacia el horizonte y la constelación de la Osa Mayor perderse entre las cimas lejanas del Tauro. Inútil hacerse ilusiones: me había equivocado y era hora de tomar el camino de vuelta a casa.

»Suspiré y me disponía a volver sobre mis pasos cuando oí un ruido de galope a mi izquierda. Me volví y, en medio de una nube de polvo atravesada por los rayos de la luna, vi claramente al caballo y al joven que lo espoleaba a gran velocidad. En un instante estuvo delante de mí, tiró de las bridas del corcel y saltó a tierra.

»¿Acaso también él había temido no encontrarme? ¿Acaso sentía la misma ansiedad, el mismo deseo, la misma inquietud que agitaban mi espíritu? Corrimos cada uno hacia los brazos del otro, nos besamos con un frenesí casi delirante.

Abira se detuvo, dándose cuenta de que estaba hablando con unas muchachas que no conocían varón y bajó la cabeza confusa. Cuando la levantó lloraba con un apenado abandono, las lágrimas empañaban los ojos y luego brotaban de debajo de los párpados gruesas como gotas de lluvia. Debía de haber amado como ni siquiera podíamos imaginarnos. Y sufrido mucho. De improviso parecía que el pudor de sus sentimientos se hubiese impuesto, que no quisiera contar ya la historia de su pasión a unas jóvenes inexpertas e ingenuas. Nos quedamos mirándola largo rato en silencio sin saber qué decir ni cómo consolarla. Finalmente fue ella quien volvió a levantar la cabeza. Se secó las lágrimas y reanudó su relato.

—Aquella noche comprendí el sentido de las palabras de mi madre y tomé conciencia de que si me hubiera quedado en la aldea, si hubiera seguido mi destino y me hubiera casado con un ser insignificante, indigno de mi espíritu capaz de tales arrebatos pasionales, el mero hecho de intuir sus pensamientos me habría ofendido, cualquier intimidad me habría parecido insoportable. Comprendí que aquel joven que me había amado, trastornado con su pasión, había hecho vibrar mi cuerpo y mi espíritu con la misma intensidad, me había hecho tocar la cara de la luna y el dorso del torrente.

»Nos amamos cada noche, durante los pocos días que el ejército estuvo acampado allí, y a cada hora que pasaba sentía crecer dentro de mí la angustia de la separación inminente. ¿Cómo podría vivir sin él? ¿Cómo podría resignarme a las cabras y a las ovejas de Beth Qada después de haber cabalgado aquel ardiente corcel? ¿Cómo podría soportar la soñolienta modorra de mi aldea tras haber conocido el fuego que abrasaba las carnes e iluminaba los ojos de locura? Me hubiera gustado hablar con él, pero no habría comprendido, y cuando él me hablaba en su lengua, muy agradable y armoniosa, no sentía más que una música confusa.

»La última noche.

»Yacimos sobre la hierba seca bajo las palmeras contemplando las miríadas de estrellas que brillaban entre las hojas y sentía subir dentro de mí las ganas de llorar. Partiría y pronto me olvidaría. Su vida le obligaría a hacerlo; otras etapas, otros pueblos, otras ciudades, ríos, montes y valles y otras gentes. Era un guerrero, prometido con la muerte, y sabía que cada día podía ser el último. Gozaría de otras mujeres, ¿por qué no? Pero ¿qué haría yo? ¿Por cuánto tiempo me atormentaría su recuerdo? ¿Cuántas veces me levantaría en la canícula de las noches estivales, empapada de sudor, despertada por el viento que silba y gime encima de los tejados de Beth Qada?

»Pareció que hubiese intuido mis pensamientos y me pasó un brazo en torno a los hombros atrayéndome hacia él, transmitiéndome su calor. Le pregunté cómo se llamaba para poder llevar conmigo al menos su nombre, pero me respondió con una palabra tan difícil que no conseguí siquiera recordarla. Le dije que yo me llamaba Abira y él repitió sin dificultad: "Abira".

»De aquella noche recuerdo cada instante, cada susurro, cada murmullo del río, cada zurrir de hojas, cada beso y cada caricia, porque sabía que nunca más tendría nada parecido.

»Volví a casa antes del amanecer, antes de que mi madre se despertase, cuando todavía el viento ahogaba cualquier otro sonido.

»Mientras me metía bajo la manta oí un extraño ruido: un golpetear confuso de miles de cascos en el empedrado, un quedo bufar y relinchar y un rodar de carros de guerra. ¡El ejército había levantado el campamento y partía!

»Abrí un intersticio en la ventana con la esperanza de verle por última vez y me quedé mirando el monótono desfilar de miles de infantes y jinetes, de mulos, asnos y camellos. Pero él no estaba.

»Busqué con la mirada también entre los misteriosos guerreros de manto rojo, pero sus rostros estaban ahora cubiertos por un yelmo de forma extraña que solo dejaba ver los ojos y la boca, una especie de máscara grotesca. Cobré valor y salí al aire libre apoyándome en la pared exterior de mi casa; si no podía verlo yo, tal vez me reconociera él a mí y me mirara fijamente, quizá me hablase o, aunque solo me hiciera una señal de saludo, yo me quedaría mirándolo hasta que hubiera desaparecido de mi vista.

»No pasó nada.

»Volví a tumbarme en mi estera y lloré en silencio.

»El ejército desfiló durante horas y los vecinos de la aldea se dispusieron a ambos lados del camino para observar el imponente espectáculo. Luego los viejos lo compararían con otras cosas vistas en su juventud y los jóvenes lo grabarían en su memoria para contárselo a sus hijos cuando fueran ancianos. Pero a mí no me importaba nada; de todos aquellos miles de hombres solo uno era importante para mí; solo uno era vital.

»¿Adónde se dirigía aquel ejército? ¿Adónde llevaría muerte y destrucción? Pensaba en lo terribles que son los hombres cuando pueden ser crueles, violentos y sanguinarios. Tan distintos de nosotras, tan distintos de las mujeres. Pero el muchacho que había conocido tenía una mirada dulce, una voz cálida y sonora: él era distinto y separarme de él me producía una aguda pena, un dolor que me desgarraba el alma.

»Pues bien, la cosa se pasaría, lo olvidaría como él me olvidaría a mí. Encontraría otras razones para tirar adelante y un día los hijos me harían compañía y darían sentido a mi vida. ¿Qué importaba con quién los tuviera?

»Al final el viento levantó una densa nube de polvo y el ejército desapareció lejos, se disolvió en la calina.

»Durante todo el día sentí sobre mí los ojos de mi madre, suspicaces e inquietos. Debía de parecerle extraña: mi comportamiento, mi mirada, mi mismo aspecto debían de parecer tan turbados que delataban todo lo imaginable. De vez en cuando me preguntaba: "Pero ¿qué te pasa?", no tanto para obtener una respuesta como para estudiar mi reacción.

»"Nada —respondía yo—. No me pasa nada." Y el timbre mismo de mi voz, que de un momento a otro podía romper en llanto, desmentía mis palabras.

»El viento amainó hacia el atardecer. Cogí el ánfora y me dirigí hacia el pozo a sacar agua. Fui más tarde que de costumbre para no encontrarme con mis compañeras: sus parloteos y preguntas me habrían molestado. Llegué allí cuando el sol tocaba ya el horizonte, llené mi vasija y me senté en un tronco seco de palmera. Aquella soledad y aquel silencio producían en mí cierto alivio, aplacando la agitación de mi espíritu. Lloraba, en silencio, con cálidas lágrimas, pero en el fondo aquel llanto era un desahogo, una liberación o al menos eso esperaba yo. Las grullas pasaban por el cielo en su largo desfile hacia el sur y llenaban de quejidos el aire.

»Hubiera querido ser como ellas.

»Oscurecía; me puse el ánfora sobre la cabeza y emprendí el camino de vuelta hacia la aldea.

»Me lo encontré de frente.

»En un principio pensé que era una alucinación, una visión que había creado para consolar mi incurable tristeza, pero era realmente él. Había desmontado y venía hacia mí.

»"Ven conmigo. Ahora", dijo en mi lengua.

»Me quedé atónita. Había pronunciado aquellas palabras sin ninguna vacilación ni error, pero una vez que yo le hube respondido: "¿Y adónde iremos? ¿Puedo despedirme de mi madre?", él meneó la cabeza. No comprendía. Había aprendido solo aquellas palabras, en la secuencia adecuada, con la pronunciación exacta porque quería asegurarse de que yo comprendiese.

»Las repitió de nuevo y yo, que poco antes habría dado cualquier cosa por oírlas y me sentía desesperada por su ausencia, ahora, ante una elección tan repentina y drástica, tenía miedo. Dejarlo todo: mi casa, mi familia, mis amigas; seguir a un desconocido, a un soldado que podía morir de un momento a otro, en el primer enfrentamiento, en la primera emboscada, en la primera batalla. ¿Qué sería de mí?

»Pero fue un instante. El pensar que si me quedaba no lo volvería a ver nunca más se impuso en mí y respondí sin vacilar: "Voy contigo". Y él debió de comprender, porque sonrió. ¡También aquellas palabras debía de haberlas aprendido! Montó a caballo, luego alargó la mano hacia mí para que yo la aferrase y me ayudó a subir detrás de él. Puso al animal a paso de andadura, tomando por el sendero que llevaba al mediodía, pasadas las aldeas, pero inmediatamente después vimos a escasa distancia a una muchacha de la aldea que iba al pozo con el ánfora. Ella me vio, me reconoció y se puso a gritar: "¡El soldado se lleva a Abira! ¡El soldado se lleva a Abira!, ¡Corred, corred!".

»Un grupo de campesinos que volvía de los campos corrió hacia nosotros agitando los útiles de trabajo. Entonces mi joven espoleó al caballo al galope y pasó por en medio de ellos antes de que hubieran podido agruparse para impedirle el paso. Estaban ya muy cerca y vieron perfectamente que era yo quien me cogía a él y no al revés. No era un rapto, era una fuga.

Abira calló de nuevo dejando escapar un sordo gemido. Algunos recuerdos parecían pesar en su corazón, y evocarlos de nuevo reabría en ella unas llagas nunca del todo cicatrizadas. Habíamos comprendido por qué había sido lapidada a su regreso a Beth Qada. Había abandonado a la familia, a los parientes, la aldea, a su prometido para seguir a un desconocido al que se había entregado sin pudor. Había infringido todas las reglas que una muchacha de su condición puede infringir y el castigo que había sufrido debía servir de lección a las demás.

De repente me miró a los ojos y preguntó:

—Mis padres, ¿están todavía en el pueblo? ¿Cómo se encuentran?

Dudé en responder.

—Dime la verdad —insistió, y pareció prepararse para oír noticias desagradables.

Era extraño, pensé, que solo entonces se le hubiera ocurrido preguntar por sus padres. Quizá tenía presentimientos y no se atrevía a verlos confirmados. Fuera lo que fuese lo que pensara, había algo en ella que se me escapaba, un componente enigmático y misterioso que tenía que ver con su supervivencia a una simple matanza. Ella había recorrido la sutil línea que separa la vida de la muerte, ella, pensaba, había mirado más allá de aquella línea y había visto el mundo de los muertos. Aquella pregunta era más que un presentimiento, era la sugestión impresa en su ánimo por una visión.

—Tu madre murió —respondió Abisag—. De fiebres malignas. Poco después de que tú te fueses.

—¿Y mi padre?

—Tu padre vivía cuando volviste.

—Lo sé. Tuve la impresión de que estaba entre quienes tiraban piedras con los demás. Son los hombres los que se sienten deshonrados.

—Murió la noche misma de tu lapidación —dije—. De muerte repentina.

Ante aquellas palabras el cuerpo de Abira se puso rígido, su mirada se tornó fija y vidriosa. Estoy segura de que detrás de su mirada opaca había visiones de los infiernos.

Abisag apoyó una mano sobre uno de sus hombros para hacerla volver a la realidad:

—Dijiste que tu aventura, tu fuga con el soldado, el paso del gran ejército por las Aldeas del Cinturón, todos estos acontecimientos tuvieron su origen en la historia de dos hermanos. Cuéntanos esa historia, Abira.

Se sacudió con un estremecimiento y se apretó el mantón en torno a los hombros:

—En otra ocasión —suspiró—. En otra ocasión.

3

Pasaron varios días antes de que Abira se sintiera con ganas de hablar con nosotras. Mientras tanto le habíamos encontrado pequeños trabajos que hacer a escondidas para que pudiera ganarse la vida. A la larga la desaparición de comida de nuestras casas no pasaría inadvertida. En cualquier caso, siempre que nos mandaban fuera con el rebaño procurábamos llevar provisiones en abundancia para la comida de manera que quedase suficiente para ella.

La ayudamos a reparar la cabaña a fin de que pudiera pasar allí el otoño y el invierno e íbamos a verla siempre que volvíamos de sacar agua del pozo. Así nos enteramos también de muchas cosas. Su enamorado, de nombre muy complicado, le dijo que le llamara simplemente Jeno y la tuvo siempre consigo mientras duró la gran aventura. Fue él quien le contó la historia de los dos hermanos que cambiarían el devenir de nuestro mundo. De otras noticias se enteró por personas que conoció en el curso de aquel interminable viaje.

Por ella tuvimos confirmación de lo que ya habíamos oído contar en parte a nuestros padres en las largas noches de invierno: que uno de aquellos dos hermanos era un príncipe real del Imperio y era él quien mandaba el ejército de paso por nuestras aldeas cuando Abira conoció a su enamorado. Aquella historia que había implicado a tantas vidas y pasado por tantas bocas se había convertido finalmente en patrimonio de aquella mujer frágil y atemorizada que habíamos liberado de un cúmulo de piedras, y que a finales del otoño comenzó a contárnosla a nosotras: a tres muchachas de quince años que no habían visto nunca otra aldea que la suya y no verían ninguna otra durante el resto de su vida.

La Reina Madre Parisatis había tenido dos hijos: el mayor se llamaba Artajerjes, el más joven, Ciro, como el fundador de la dinastía. Cuando el Gran Rey murió dejó el trono al primogénito, según la costumbre. Pero la Reina Madre estaba disgustada porque Ciro era su preferido; era más apuesto, más inteligente, más seductor que su hermano y se parecía a ella; tenía la misma gracia flexible de ella cuando era joven, cuando se había convertido en esposa de un hombre al que detestaba. El hijo mayor, Artajerjes, se parecía a aquel hombre. La Reina obtuvo para Ciro el gobierno de una provincia muy rica, Lidia, situada a orillas del mar occidental, pero en su corazón seguía esperando que un día u otro se presentase la ocasión de encumbrarlo a lo más alto.

Las mujeres poderosas son capaces de acciones que una mujer normal no se atrevería a concebir.

De todos modos, sabía disimular sus pensamientos y sus planes; era capaz de utilizar toda su influencia para conseguir los fines que se había propuesto. La intriga era su pasatiempo preferido después del juego de ajedrez, en el que era muy diestra. Los cinturones eran su pasión.

Llevaba uno distinto cada día, tejidos y bordados: de seda, de lino de la India, de plata y de oro, adornados con fábulas de extraordinaria factura, obra de artesanos de Egipto y de Siria, de Anatolia y de Grecia. Se decía que quería la plata de la lejanísima Iberia solo por su inimitable color lechoso y los lapislázulis de la remota Bactriana solo por el gran número de piritas de color amarillo de oro que contenían.

Ciro llegó a la provincia de Lidia cuando no tenía más que veintidós años, pero su innata sagacidad y aguda inteligencia le hicieron comprender inmediatamente cómo debía comportarse y moverse en el complicado tablero de ajedrez de aquella región donde las dos ciudades más poderosas de Grecia, Atenas y Esparta, luchaban entre sí desde hacía casi treinta años sin que ninguna pudiera imponerse a la otra.

Decidió ayudar a los espartanos por un solo motivo: eran los más formidables guerreros que había en el mundo conocido y un día los querría en el campo de batalla luchando junto a él. Eran sus guerreros de mantos rojos y de yelmos semejantes a máscaras de bronce de aterrador aspecto. Atenas, por el contrario, era la reina del mar y para derrotarla había que armar flotas poderosas, llenarlas de arqueros y honderos, de tripulaciones expertas al mando de los mejores comandantes. Unidas, aquellas dos ciudades habían derrotado ochenta años antes al Gran Rey Jerjes al mando del mayor ejército de todos los tiempos. Ahora había que instigarlas la una contra la otra, empujarlas a desgastarse en un conflicto extenuante hasta que llegara el momento de hacer inclinar la balanza a favor de Esparta y sumarla a la empresa que le daría lo que más deseaba en el mundo: ¡el trono!

Gracias a su apoyo, Esparta ganó la guerra y Atenas tuvo que plegarse a una paz humillante. Miles de hombres, por una y otra parte, se encontraron en una tierra devastada, aturdidos, incapaces de darse cuenta de la realidad y de emprender alguna actividad con la que ganarse el pan.

Así están hechos los hombres: por una razón misteriosa se ven dominados a intervalos regulares por un frenesí sanguinario, una embriaguez violenta a la que son incapaces de resistirse. Se encuentran en vastos campos abiertos formados uno al lado de otro y luego a una señal, a un toque de trompeta, cargan contra las filas enemigas donde se hallan reunidos otros hombres que no les han hecho nada malo y se lanzan al ataque gritando con toda la fuerza de que son capaces. Gritan para vencer el miedo que los atenaza. Momentos antes del ataque muchos de ellos tiemblan, tienen sudores fríos, otros lloran en silencio o incluso son incapaces de retener la orina que corre tibia por sus piernas hasta mojar el terreno.

En ese momento esperan la muerte, la Cer, envuelta de negro que pasa invisible entre las filas mirando con sus cuencas vacías a los que van a caer enseguida, luego a los que habrán de morir a continuación y, finalmente, a los que morirán los días después por las heridas sufridas. Sienten su mirada sobre ellos y se estremecen.

Ese momento es tan insoportable que si durara más los mataría. Ningún comandante lo prolonga más del mínimo necesario: en cuanto puede desencadena la lucha. Recorren el terreno que los separa del adversario corriendo velocísimos y luego se lanzan sobre los enemigos como golpes de mar contra los acantilados. La colisión es espantosa. En los primeros instantes el derramamiento de sangre es tal que el terreno se impregna completamente de ella. El hierro se hunde en la carne, las mazas quiebran los cráneos, las lanzas traspasan escudos y corazas partiendo el corazón, desgarrando el pecho o el vientre. Imposible resistir por mucho tiempo a semejante tempestad de furia.

La horrenda carnicería se prolonga normalmente por espacio de una hora o poco más, tras lo cual una de las dos filas cede y comienza a retroceder. A menudo la retirada se convierte en una desordenada fuga y, entonces, la destrucción se convierte en matanza. Los fugitivos son asesinados en masa sin piedad mientras les quedan energías a los vencedores. A la puesta de sol los representantes de ambos bandos se encuentran en campo neutral y negocian una tregua, luego cada uno recoge a sus muertos.

Sí, esta es la locura de los hombres. Episodios como el que he descrito y a los que asistí tantas veces en el curso de mi aventura se habían repetido hasta la saciedad durante los treinta años de la guerra entre atenienses y espartanos segando la vida de la flor de la juventud.

Durante años y años los jóvenes de las dos potencias contendientes y también los hombres más maduros habían hecho una sola cosa, la única que sabían hacer los supervivientes: combatir. Entre ellos estaba el joven del que me había enamorado mientras sacaba agua del pozo de Beth Qada: Jeno.

Cuando nos encontramos él ya había recorrido junto al ejército de Ciro más de doscientas parasangas, y conocía exactamente adónde se dirigía el ejército y cuál era el objetivo de la expedición. Y, sin embargo, no era un soldado como había pensado al ver sus armas. No al comienzo al menos.

La noche que me fugué con él sabía que mi gente me repudiaría y maldeciría. Había traicionado la promesa de matrimonio hecho a mi prometido, roto el pacto entre las dos familias, deshonrado a mi padre y a mi madre, pero era feliz. Mientras corríamos a caballo por la llanura iluminada por la última reverberación del ocaso y por la luna naciente, no pensaba más que en aquel al que estrechaba entre mis brazos, en lo hermosa que sería mi vida al lado del joven que me había querido junto a él. Y, aunque durara poco, no me arrepentiría.

La intensidad y la potencia de los sentimientos que había provocado en aquellos días valían por años de modorra y de monotonía. No pensaba en las dificultades ni en lo que haría si me dejaba, adónde iría, cómo sobreviviría. Lo único en que pensaba era en el hecho de que en aquel momento estaba con él, y no importaba nada más. Hay quien considera que el amor es una especie de enfermedad que te ataca de repente, tal vez sea cierto, pero después de todo este tiempo y todo lo que he pasado pienso que se trata del sentimiento más elevado y poderoso del que es capaz el ser humano. También pienso que gracias a este sentimiento una persona está en condiciones de superar obstáculos tan difíciles que descorazonarían o asustarían a cualquiera que no sea capaz de sentirlo.

Llegamos a donde estaba acampado el ejército cuando ya había oscurecido, todos habían terminado de comer y se preparaban para la noche. Todo era nuevo para mí y difícil. Me preguntaba cómo conseguiría mantener atado a mí a un hombre con el que ni siquiera podía hablar, pero pensaba que aprendería su lengua lo más pronto posible, cosería para él y lavaría su ropa, guardaría su tienda y no me quejaría ni por el esfuerzo ni por el hambre o la sed. El hecho de que hubiera sentido la necesidad de aprender aunque solo fuera un par de frases en mi lengua significaba que yo le importaba y que no quería perderme. Pero también sabía que era hermosa, más hermosa que cualquier mujer que él hubiese conocido con anterioridad. Aunque no fuera cierto, pensarlo me infundía valor y seguridad.

Jeno amaba mucho la belleza. A veces me miraba largamente. Me pedía que adoptara determinadas posturas y me observaba desde distintos ángulos mientras se movía a su vez en torno a mí. Luego me pedía que me pusiera de un modo distinto. Tumbarme o sentarme o caminar delante de él o soltarme el pelo. Al comienzo con gestos, luego, conforme aprendía su lengua, también con palabras. Me di cuenta de que las actitudes y las posturas que me indicaba correspondían a obras de arte que él había visto en su ciudad y en su tierra. Estatuas y pinturas, objetos que yo no había visto nunca porque en nuestras aldeas no existían. Pero había observado muchas veces a los niños hacer figuritas de barro y ponerlas a secar al sol. Y también nosotras nos hacíamos muñecas que luego vestíamos con trozos de tela. Las estatuas eran algo parecido, pero mucho más grandes, grandes como una persona de verdad o incluso más, hechas de piedra y de arcilla o de metal, y constituían un ornamento para las ciudades y los santuarios. En una ocasión me dijo que si él hubiera sido un artista, o sea, uno de esos hombres capaces de crear imágenes, le habría gustado plasmarme como a los personajes de las historias antiguas que se contaban en su patria.

No tardé en descubrir que no era la única mujer en seguir al ejército: había otras muchas. Muchas eran jóvenes esclavas, en su mayoría propiedad de mercaderes sirios y anatolios que las alquilaban a los soldados. Algunas eran también muy agraciadas, estaban bien alimentadas, iban bien vestidas y pintadas con afeites para resultar atractivas. Pero su vida no era fácil. No podían negarse nunca a las peticiones de los clientes, ni siquiera cuando estaban enfermas. La única ventaja era que no iban a pie, sino que viajaban en carros cubiertos y no pasaban hambre ni sed. No era poca cosa.

Las había también que se dedicaban al mismo oficio, pero solo conocían a algunos hombres o bien siempre al mismo, personajes importantes; comandantes de las compañías del mismo ejército, nobles persas, medos, sirios y también oficiales de los guerreros de los mantos rojos. Ese tipo de hombres no gusta de beber en la taza en la que beben todos.

Los guerreros de los mantos rojos no se mezclaban con los demás. Se expresaban en una lengua distinta, tenían sus costumbres, sus dioses, sus comidas y eran de pocas palabras. En los altos en el camino bruñían los escudos y las armaduras para que estuvieran siempre relucientes y se ejercitaban en el combate. Parecía que no supieran hacer otra cosa.

Jeno no era uno de ellos. Él era natural de Atenas, la ciudad derrotada en la gran guerra de treinta años, y, cuando pude conversar en su lengua, me enteré también del motivo por el que seguía a la expedición. Solo entonces, solo cuando hablé el griego de Atenas, su historia se convirtió en la mía, el azar y la suerte que me habían arrancado de mi aldea se convirtieron en parte de un destino mucho más grande: el destino de miles de personas y de pueblos enteros. Jeno se convirtió en mi maestro aparte de en mi amante, aquel que me proveía de todo: de comida, de cama, de vestidos, en una palabra, era toda mi vida. Para él no era solo una hembra: era una persona a la que poder enseñar muchas cosas, pero de la que aprender otras muchas.

Me hablaba raramente de su ciudad, aunque era evidente la curiosidad que yo sentía por ella. Y cuando insistí para que me explicase el motivo salió a relucir una verdad inesperada.

Después de que Atenas hubiera caído en manos del enemigo, había tenido que aceptar en la ciudadela una guarnición de los vencedores espartanos: ¡los guerreros de los mantos rojos!

—Si derrotaron a tu ciudad, ¿por qué no estás con ellos? —le pregunté.

—Cuando un pueblo es derrotado —comenzó diciendo—, la gente se divide, los unos acusan a los otros de haber sido la causa del desastre, porque la victoria tiene muchos padres, pero la derrota es huérfana. Esta división puede volverse tan aguda y profunda que las dos facciones llegan a enfrentarse empuñando las armas. Así sucedió en Atenas. Yo me alineé con el bando de los vencidos, el bando de quienes llevaron las de perder, y, como otros, tuve que emprender el camino del destierro.

Jeno había, pues, huido de su ciudad, de Atenas, como yo había huido de Beth Qada.

Había vagado largo tiempo de un lugar a otro sin tener el valor de dejar Grecia. Un día recibió una misiva de un amigo que le decía que se reuniera con él en una localidad a orillas del mar porque tenía que hablarle de una cosa importante: una gran oportunidad de alcanzar gloria y riquezas y de vivir una aventura maravillosa. El encuentro se produjo una noche a finales de invierno en un pequeño puerto de pescadores, periférico y no muy frecuentado. El amigo, de nombre Próxeno, lo esperaba en una casita sola y aislada sobre un promontorio.

Jeno llegó poco antes de medianoche, a pie, sujetando su caballo por las riendas, y llamó a la puerta. No obtuvo respuesta. Entonces ató el animal, echó mano a la espada y entró. No había más que una lucerna sobre una mesa y dos sillas. Próxeno estaba sentado enfrente de él fuera del halo de luz y se dio a conocer solo por la voz.

—Has entrado sin haber recibido una respuesta. Es arriesgado.

—Me has convocado en este lugar —repuso Jeno—, por lo que he pensado que no había peligro.

—Pues has hecho mal. El peligro está en todas partes en estos tiempos y tú eres un fugitivo, tal vez te estén buscando. Habría podido ser una trampa.

—En efecto, tengo una espada en la mano —respondió Jeno.

—Toma asiento. Aunque no tengo nada que ofrecerte.

—No importa. Dime de qué se trata.

—Ante todo sabes que lo que me dispongo a decirte debe quedar entre tú y yo.

—Puedes tener la plena seguridad de ello.

—Bien. En este momento cinco comandantes en varias regiones de este país están enrolando a gente dispuesta a pelear.

—No me parece una novedad.

—Y en cambio lo es. La razón oficial es que hay que reunir un cuerpo expedicionario que vaya a Anatolia a aplacar a ciertos bárbaros que están haciendo incursiones y saqueos en Capadocia.

—¿Es la verdadera razón?

—Tengo la impresión de que no, pero no se sabe nada más.

—¿Por qué debería haber otra razón?

—Porque la consigna es alistar de diez a quince mil hombres, todos del Peloponeso, a ser posible de Laconia; lo mejor de lo mejor que hay en la plaza. ¿No te parece demasiado para repartir unos cuantos palos a unos montañeses robagallinas?

—Es extraño, en efecto. ¿Algo más?

—El enganche es generoso y ¿sabes quién paga?

—No tengo ni idea.

—Ciro de Persia. El hermano del emperador Artajerjes. Nos espera en Sardes, en Lidia. Y corre la voz de que también él está enrolando tropas: cincuenta o, según dicen, cien mil hombres.

—Son muchos.

—Demasiados para una misión de este tipo.

—Es lo que yo pienso. ¿Tú qué crees?

—Creo que tiene la mira puesta en un objetivo más ambicioso. Un ejército de este tipo solo puede obedecer a una razón y tener una finalidad: conquistar un trono.

Jeno guardó silencio tras aquellas palabras, temiendo por su parte aventurar hipótesis demasiado audaces y demasiado inquietantes. Al final dijo:

—¿Y qué tengo yo que ver en todo esto?

—Nada. A menos que tengas ganas de luchar. Pero en un viaje de este tipo hay muchas oportunidades para alguien como tú. Sé que tienes problemas, que tus conciudadanos te andan buscando para procesarte. Ven con nosotros y estarás en el restringido círculo de quienes pueden hablar con Ciro. Es joven, ambicioso, inteligente, precisamente como nosotros, sabe reconocer a quien posee cualidades y determinación y también sabe darle el valor que merece.

—Pero si no me alisto en una unidad de combate tendré que tener alguna función, una razón para encontrarme allí.

—Serás mi consejero personal y el hombre que lleve la relación de cuanto acontezca, un diario de viaje, en suma. Piensa: ¡Oriente! Lugares fantásticos, ciudades de ensueño, hermosas mujeres, vino, perfumes...

Jeno volvió a guardar en su funda la espada que había dejado sobre la mesa y se puso en pie dando la espalda:

—¿Y qué me dices de los espartanos? ¿Qué papel tienen en este asunto?

—No sé nada de eso. El gobierno no lo sabe o más probablemente no quiere saber nada. Lo que no hace sino confirmarme en mis sospechas. De todas formas, no hay un solo oficial regular espartano en toda la expedición. Es evidente que no quieren que se sospeche de ellos. Ni de lejos. Y luego se habla de grandes proyectos, de lo contrario toda esta prudencia no tendría sentido.

—Es posible. Me parece absurdo que esto se produzca sin que ellos puedan controlarlo de algún modo.

—Algún sistema habrán encontrado, seguro. Entonces, ¿qué decides?

—Está bien —respondió Jeno—. Iré.

—Excelente decisión —comentó Próxeno—. Te espero dentro de tres días en el muelle. Después de medianoche. Tráete contigo todo lo que vayas a necesitar.

Jeno no fue invitado a quedarse por la noche, lo que significaba que tampoco Próxeno quería que lo vieran con un desterrado, un fugitivo buscado. Este detalle reafirmó posteriormente a Jeno en su decisión de partir. Una decisión amarga, en cualquier caso.

Para los griegos parece no haber vida fuera de su ciudad, el único lugar en el que vale la pena vivir. Solo los espartanos tienen un rey, mejor dicho, dos, que reinan al mismo tiempo. Todos los demás griegos no lo tienen. Al pueblo lo representan personas de toda condición: puede ser un gran señor, un rico propietario, pero también alguien no especialmente relevante, alguien que desempeña un oficio para ganarse la vida: un médico, un armador, un mercader, o también un carpintero o un zapatero. Jeno contó que uno de los más grandes caudillos, el que había derrotado en el mar a la flota del Gran Rey Jerjes, era hijo de un tendero que vendía legumbres.

Actuando así se sienten más libres. Cada uno puede decir lo que le plazca e incluso hablar mal u ofender a quienes gobiernan la ciudad. Estos últimos, además, si no han actuado bien, pueden ser apartados de su cargo en cualquier momento o incluso ser condenados a pagar daños y perjuicios si los ciudadanos sufren pérdidas por causa de su ineptitud. Todos creen que su ciudad es la mejor, la más hermosa, la más deseable, la más antigua e ilustre, y piensan por tanto que tiene derecho a los mejores terrenos y a las costas más bellas y soleadas, a ensanchar su territorio al otro lado de los montes y también allende el mar. El resultado es que se hacen la guerra continuamente reagrupándose unos contra otros: y una vez que una coalición ha vencido se deshace y los que eran aliados pasan a ser adversarios, aliándose a su vez con quienes habían derrotado.

Al principio me resultaba difícil comprender qué era lo que hacía a estas ciudades más deseables que nuestras aldeas de Naim o de Beth Qada, pero Jeno me habló de unos lugares llamados «teatros» en los que la gente permanece sentada durante horas o días enteros mirando a otros hombres que actúan como si fuesen personajes desaparecidos hace siglos, representando de modo ficticio sus aventuras y vicisitudes con tal realismo que uno parece estar viéndolos. Y la gente se emociona increíblemente; lloran y ríen, se indignan y gritan de ira y de entusiasmo. En resumen, es como si vivieran otras vidas que de lo contrario no habrían tenido nunca ocasión de experimentar. Pueden vivir una distinta cada día o incluso más. Y esto es algo verdaderamente maravilloso. ¿Cuándo un hombre nacido en una de las Aldeas del Cinturón tiene ocasión de enfrentarse a monstruos, luchar contra engaños y sortilegios, enamorarse de mujeres tan bellas que le hagan perder la cabeza, tomar comidas y bebidas de aromas desconocidos y de efectos impensables? Aquí todos llevan la misma vida, siempre con la misma gente, los mismos olores y la misma comida. Siempre.

Mirando cómo se desarrollan esas historias ante sus propios ojos, el que asiste a la representación inevitablemente toma parte a favor de los buenos y en contra de los malos, a favor de los oprimidos y en contra de los opresores, a favor de quienes han sufrido una injusticia y en contra de quienes la han infligido y así se vuelven mejores de lo que son y se avergüenzan de cometer las acciones malvadas que han visto en el lugar que llaman «teatro».

Y no solo eso. En esas ciudades viven unos sabios que van

por caminos y plazas enseñando lo que han estudiado o investigado: el sentido de la vida y de la muerte, de lo justo y de lo injusto, lo que es bello y lo que es feo, si los dioses existen y dónde se encuentran, si es posible una existencia sin dioses, si los muertos son propiamente muertos o si viven en alguna otra parte donde nosotros no los vemos.

Luego hay otros a los que llaman «artistas», que pintan en las paredes o en tablas de madera escenas maravillosas con espléndidos colores y construyen otras imágenes que tienen exactamente la forma y el aspecto de dioses y de seres humanos, o de animales: leones, caballos, perros, elefantes. Estas imágenes se ponen en las plazas, en los templos y también en las casas de los ciudadanos particulares para embellecerlas y hacerlas más agradables.

Y luego están los templos: las moradas de los dioses. Son construcciones grandiosas, hechas de columnas de mármol pintadas, doradas, resplandecientes, que sostienen vigas talladas con escenas de sus mitos y de su historia. Y, también en las fachadas, unas imágenes maravillosas narran el nacimiento de sus ciudades u otros acontecimientos extraordinarios. En el interior del templo está la efigie de la divinidad protectora de la ciudad: diez veces más grande que la estatura de un ser humano, es de marfil o de oro y brilla en la semioscuridad herida por el rayo de sol que desciende de lo alto.

Pensando en todo esto puede comprenderse perfectamente lo duro y triste que es para un hombre abandonar un lugar semejante y a la gente que vive en él, que habla tu lengua, que cree en los mismos dioses y ama las mismas cosas que tú amas.

Jeno partió al tercer día del muelle del pequeño pueblo de mar. Y junto con él otros quinientos hombres, guerreros armados hasta los dientes, llegados poco a poco al puerto, en grupos de cincuenta o de cien, desde lugares diversos. Había una pequeña flota de embarcaciones esperándolos, con apariencia de barcas de pescadores.

Zarparon de noche sin esperar al amanecer, que les sorprendió cuando estaban ya en alta mar y cuando el contorno de su tierra había desaparecido en el horizonte.

Nadie sabía aún quién les mandaría, quién los llevaría a vivir y a afrontar la más grande aventura de su vida. Una aventura que les haría conocer lugares, ciudades y pueblos cuya existencia ni siquiera imaginaban.

Otros grupos de guerreros se habían encontrado en localidades secretas, a escondidas, para luego concentrarse en el mismo punto, allende el mar, donde les esperaba un joven príncipe poseído por la ambición más grande que pueda sentirse: ser el hombre más poderoso de toda la Tierra.

Entretanto, en Esparta, se había preparado, adiestrado e instruido aquel que había de mandar todo el cuerpo expedicionario, aquel que estaría bajo las órdenes del príncipe y haría realidad sus ambiciones. Pero lo cierto es que obedecería las órdenes de su ciudad, la ciudad de los guerreros de los mantos rojos, pero nadie, por ninguna razón, debía saberlo. Para el común de los mortales era uno de los muchos desterrados, desmovilizados y sin morada fija, oficialmente buscado por homicidio con una condena a muerte y una recompensa que pendía sobre su cabeza. Era un hombre duro y tajante como el hierro que colgaba de su cinto incluso cuando dormía. Le llamaban Clearco, pero es posible que también el nombre fuera falso, como todo lo demás que se decía de aquellos guerreros que habían vendido su espada y su vida por un sueño.

4

Clearco era de mediana estatura, rondaba los cincuenta años. Tenía el pelo negro entrecano en las sienes y lo llevaba siempre muy cuidado. Cuando no se calaba el yelmo se lo recogía en la nuca con un lazo de cuero. Iba siempre armado; llevaba grebas, coraza y espada desde que se levantaba hasta que se acostaba: parecía que las piezas de bronce se hubieran convertido en parte de su cuerpo. Hablaba lo mínimo indispensable y nunca repetía dos veces una orden. Muy pocos de los hombres a los que había mandado lo conocían de antes.

Apareció de la nada.

Una mañana de comienzos de primavera se presentó a las secciones formadas que se habían concentrado en la ciudad de Sardes, en Lidia, y, tras subirse de un salto sobre un muro de ladrillo, habló así:

—¡Soldados! Estáis aquí porque el príncipe Ciro tiene necesidad de un ejército para combatir contra los bárbaros del interior. Ha querido a los mejores: por eso habéis sido reclutados de todos los países de Grecia. No estamos a las órdenes de nuestra ciudad o de nuestro gobierno, sino de un príncipe extranjero que nos ha enrolado. Combatimos por dinero, no por otra cosa: una excelente razón, es más, os diré que no conozco otra mejor.

»No penséis por ello que podréis hacer lo que os plazca.

Quien infrinja una orden o cometa una insubordinación o cobardía será condenado a muerte inmediatamente y yo mismo ejecutaré la sentencia. Os juro que pronto tendréis más miedo de mí que del enemigo. Vuestros comandantes serán considerados los primeros responsables de cualquier error cometido en el cumplimiento de mis órdenes.

»Nadie puede estar a la altura de nuestro valor, resistencia y disciplina. Si vencéis, seréis recompensados con tal generosidad que podréis dejar este oficio y vivir bien durante el resto de vuestra vida. Si sois derrotados, no quedará nada de vosotros. Y, por otra parte, nadie os echará de menos.

Los hombres escuchaban aquellas palabras sin pestañear y cuando hubo terminado de hablar no abandonaron el sitio. Se quedaron inmóviles y en silencio hasta que sus oficiales dieron orden de romper filas.

Clearco no tenía aparentemente ningún título para mandar aquel ejército, pero todos lo obedecían. Su cara chupada, enmarcada por una corta barba oscura, los ojos muy negros y penetrantes, la armadura resplandeciente, el manto negro que cubría sus hombros componían la viva imagen del comandante.

También él era desproporcionado para la empresa: demasiado duro, demasiado autoritario, demasiado sobrecogedor en su aspecto y porte. Era en todo el tipo de hombre idóneo y forjado para llevar a cabo empresas imposibles, pero no para llevar a cabo una desdeñable acción de enfrentamiento con alguna tribu turbulenta del interior.

No se sabía con seguridad si tenía familia o amigos. Tampoco tenía esclavos: solo dos asistentes le servían la comida, que se tomaba siempre a solas en su tienda. Parecía incapaz de sentimientos o, si los tenía, conseguía disimularlos por completo, con la única excepción de la cólera que a veces lo dominaba.

Clearco era más una máquina que un ser humano, una máquina pensada y construida para matar. Jeno estuvo cerca de él en el curso de esta aventura y lo vio en acciones de combate:

golpeaba y abatía a los enemigos con incansable y equilibrada potencia, sin errar, sin dar muestras de cansancio. La vida que quitaba a los demás parecía alimentar la suya. No mostraba placer al matar, solo la mesurada satisfacción de quien cumple un trabajo con método y precisión. Todo su aspecto infundía pavor, pero en el momento del combate aquel rostro ceñudo, impasible, aquella calma glacial infundía una sensación de tranquilidad y la seguridad de la victoria. Tenía a sus órdenes a todos los guerreros de los mantos rojos, absolutamente los mejores. Nadie podía provocarlos sin pagar las consecuencias. No sé si eran espartanos, pero se parecían a ellos en todo, principalmente en la armadura y en la manera de comportarse. Pero si lo eran, nadie lo supo nunca.

Entre los comandantes de división, Jeno conocía personalmente a Próxeno de Beocia, que era amigo suyo, el que le había propuesto que lo siguiera a Asia. Era un hombre atractivo y ambicioso: soñaba con conquistar grandes riquezas, honores, fama, pero en el curso de la larga marcha que nos aguardaba iba a demostrar que no valía gran cosa como comandante, y la relación de Jeno con él empezó a deteriorarse. Una cosa es encontrarse en la plaza de una ciudad paseando bajo los soportales o tomándose un vaso de vino o intercambiando unas frases ingeniosas y otra, muy distinta, afrontar marchas extenuantes, sufrir hambre y miedo, rivalizar por la supervivencia. Pocas amistades resisten a pruebas tan duras. La suya se debilitó pronto y se transformó en una fastidiosa indiferencia, cuando no en una evidente antipatía.

Jeno conoció también a los otros comandantes de las grandes unidades: uno en particular le fascinó primero y le desagradó profundamente a continuación. Creo que lo odiaba y deseaba su muerte. Llegó a resultarme tan insoportable que le atribuí, creo, culpas que no tenía y bajezas que quizá no cometió nunca.

Este hombre se llamaba Menón de Tesalia.

También yo lo conocí cuando seguí con Jeno el avance del ejército y me quedé impresionada por él. Era algo mayor, frisaría los treinta años, tenía el cabello rubio y liso que le caía sobre los hombros y a menudo le sombreaba el rostro dejando traslucir únicamente los ojos gris azulados, de mirada casi cortante por su intensidad. Tenía un cuerpo seco y musculoso que le gustaba exhibir: unos brazos poderosos, unas manos delgadas más de músico que de guerrero. Y, sin embargo, cuando aquellas manos apretaban la empuñadura de la espada o la lanza, uno podía comprender toda su terrible potencia.

Era fácil verlo, al atardecer, dando vueltas por el campamento con la lanza en una mano y un vaso de vino en la otra, dejándose admirar tanto por las mujeres como por los hombres. No llevaba nada sobre el cuerpo: se echaba sobre los hombros nada más que un corto manto de tela ligera, abierto por el costado derecho, y a su paso dejaba un olor a perfumes orientales. En cambio, cuando comenzaron los combates se transformó en una especie de fiera sanguinaria. Pero esto sucedió muchos meses después de que el ejército se reuniera en Sardes.

Me he preguntado repetidas veces cuál puede haber sido el motivo del odio de Jeno por Menón: sé con toda seguridad que el joven comandante tesalio no se enfrentó nunca abiertamente con él, no hubo litigios ni riñas. Al final me convencí de haber sido yo, sin quererlo, la causa.

Un atardecer, mientras los soldados plantaban las tiendas para la noche, fui a sacar agua a un riachuelo llevando encima de la cabeza un ánfora, como cuando iba al pozo de Beth Qada. Menón apareció de improviso en la orilla a escasa distancia y, mientras yo sumergía el ánfora en el agua, él se desprendió la fíbula del manto y se quedó desnudo delante de mí durante unos instantes. No sé si me había observado porque yo incliné enseguida la cabeza, pero de cierta manera sentí su mirada sobre mí. Apenas hube llenado el ánfora hice ademán de encaminarme hacia el campamento, pero él me llamó.

Oía a mis espaldas el chapaleo del agua mientras Menón se metía en el río y me detuve sin darme la vuelta.

—Desnúdate —dijo—, date un chapuzón conmigo.

Durante unos instantes me dominó la incertidumbre no porque desease una intimidad de aquel tipo con él, sino solo porque me intimidaba su rango, su importancia, y quería mostrar al menos que prestaba oídos a lo que decía.

Creo que Jeno presenció aquella escena sin que yo lo advirtiera en el momento en que estaba parada escuchando las palabras de Menón y no había otras personas con nosotros. Debió de tener alguna sospecha que le inquietaba. Nunca me dijo nada porque era demasiado orgulloso para hacerlo, pero por muchos pequeños detalles noté que había entre nosotros cierta tensión.

No muy lejos, en un campamento aparte, estaba el resto de las tropas de Ciro, la mayor parte: varios miles de asiáticos de la costa y del interior, infantes y jinetes, una turba variopinta de gente reunida a toda prisa que hablaba lenguas distintas y obedecía a sus propios jefes tribales. Ciro no les dedicaba la más mínima atención: únicamente se veía con su comandante, un gigante de pelo hirsuto de nombre Arieo que llevaba siempre la misma casaca de cuero y el cabello largo hasta la cintura atado en largas trenzas.

Desprendía un olor penetrante y debía de ser consciente de ello, porque cuando despachaba con Ciro lo hacía siempre desde la oportuna distancia.

Menón de Tesalia lo frecuentaba dirigiéndose a veces al campamento de los asiáticos por motivos que desconozco, pero Jeno decía siempre que había entre ellos dos una relación física, que Menón era el amante de Arieo.

—¡Se entiende con un bárbaro! —gritaba—. ¿Qué te parece?

No se escandalizaba ciertamente por el hecho de que pudiera acostarse con un hombre, sino porque el hombre fuese bárbaro.

—También yo lo soy —exclamé—, y, sin embargo, te acuestas conmigo y no parece que te desagrade.

—Es distinto. Tú eres una mujer.

—¡Qué incongruencia! —pensaba yo. Y no conseguía comprenderlo, pero luego con el tiempo lo comprendí. Para Jeno y para aquellos como él era totalmente normal que dos hombres hicieran el amor entre ellos. Pero tenían que ser ambos griegos, hacerlo con un bárbaro era degradante. De esto acusaba a Menón, de acostarse con uno que apestaba, que no se lavaba todos los días, que no usaba la escobilla y la navaja de afeitar. Para él era una cuestión de civilización. Pero creo que con esa insinuación quería hacerme creer que Menón era la hembra de aquel ser velludo que apestaba a macho cabrío. Quería desprestigiar su virilidad a mis ojos porque advertía en él a un rival.

No sentía atracción por Menón —aunque fuese el más apuesto hombre que hubiera visto nunca en mi vida— porque estaba tan locamente enamorada de Jeno que no tenía ojos para nadie más; pero me despertaba la curiosidad, me fascinaba: hubiera querido hablar con él, hacerle, quizá, algunas preguntas. Aquel mundo de hombres preparados y hechos únicamente para matar me producía escalofríos. Desde un cierto punto de vista eran semejantes entre sí, casi idénticos se podría decir. Quizá por eso algunos hacían el amor entre ellos. Pensé que el compartir la profesión del horror, el oficio de infligir la muerte les hacía especiales, tan únicos que no podían tolerar en su cama a alguien que pudiera impedir su trabajo: una mujer, por ejemplo, una mujer capaz de dar vida y no muerte.

Pero quizá fueran solo fantasías, pensamientos míos. Todo era muy extraño, nuevo y distinto para mí. Y era solo el comienzo.

Había otros al mando de las grandes secciones de aquel ejército; uno de ellos se llamaba Sócrates de Acaia: tenía unos treinta y cinco años, robusto, moreno de pelo y de barba y con unas cejas pobladas. Lo vi formado cada vez que Clearco pasaba revista a las tropas. Siempre estaba en el lado izquierdo.

Alguna vez comió en nuestra tienda y pude captar algunas frases de su conversación con Jeno mientras llevaba las bebidas o retiraba la mesa. Me pareció comprender que tenía una mujer cuyo nombre mencionó e hijos pequeños. Cuando hablaba de su familia su mirada se volvía seria, sus ojos reflejaban melancolía. Así pues, Sócrates tenía sentimientos, afectos. Tal vez se dedicaba a aquel oficio porque no tenía elección o quizá porque había tenido que obedecer a alguien más poderoso que él.

Tenía, asimismo, un amigo, también él comandante de una de las grandes unidades: Agias de Arcadia. Era fácil verlos juntos. Habían combatido en los mismos frentes, en los mismos teatros de la guerra. Agias le había salvado la vida en una ocasión cubriéndolo con su escudo cuando había caído con una flecha clavada en el muslo. Luego lo arrastró hasta ponerlo a cubierto bajo una lluvia de dardos. Estaban muy unidos y se les notaba por la manera en que hablaban, bromeaban e intercambiaban sus experiencias. Los dos contaban con terminar bastante pronto, y sin demasiados daños, la misión para la que habían sido enrolados y volver con sus familias. También Agias tenía esposa e hijos: un niño y una niña, de cinco y seis años, y los había confiado a sus padres, que cultivaban la tierra.

Me gustó ver que también los guerreros más implacables eran seres humanos con sentimientos parecidos a los de las personas que había conocido en mi vida. Y enseguida me di cuenta de que había otros muchos. Jóvenes que bajo la coraza y el yelmo disimulaban un corazón y un rostro como todos los muchachos que había conocido en mis aldeas, muchachos que tenían miedo de lo que les esperaba y al mismo tiempo una gran esperanza de cambiar radicalmente sus vidas.

Por lo demás, Sócrates y Agias eran personas sencillas y bastante reservadas. Tuvieron buenas relaciones con Jeno, pero no de amistad personal, en parte porque él no estaba encuadrado en las filas, no dependía de nadie y no tenía ni responsabilidades de mando ni el deber de obedecer. Estaba allí porque no podía estar en otra parte, porque su ciudad no lo quería.

—¿La echas de menos? —le pregunté en cierta ocasión—. ¿Echas de menos a tu ciudad?

—No —me respondió. Pero sus ojos decían lo contrario.

Jeno cumplía con su cometido escrupulosamente: cada atardecer, cuando se plantaba el campamento, encendía la lucerna bajo la tienda y se ponía a escribir, no mucho, a decir verdad, solo el tiempo que me llevaba a mí preparar la cena. Una vez que le pedí que me leyera lo que había escrito, me quedé desilusionada. Eran anotaciones escuetas y someras: la distancia recorrida, el punto de partida, el punto de llegada, la presencia de agua, la posibilidad de abastecerse de comida, las ciudades y poco más.

—Pero hemos visto cosas hermosísimas —le dije, y recordaba los riachuelos, los colores de las montañas y de los prados, las nubes incendiadas de las puestas de sol, los monumentos de antiguas civilizaciones erosionados por el tiempo, por no hablar de lo que debía de haber visto antes de conocerme cuando atravesaba la interminable Anatolia de la que había oído hablar a alguno de mi aldea que había estado allí.

—Esas son para mi memoria. Lo que escribo es para que los recuerden los tiempos.

—¿Y qué diferencia hay?

—Es simple. La belleza de un paisaje, de un monumento, son puntos de vista de cada uno de nosotros. Lo que para mí es hermoso, a algún otro puede serle indiferente. Sin embargo, la distancia entre una ciudad y otra es un dato valioso e indiscutible para todos.

Era muy cierto, pero a mí me parecía triste. No entendía que la finalidad de su tarea de escribir fuese objetiva y no diera cabida a las emociones. Aquel diario que él llevaba podría ser utilizado en el futuro por alguien que quisiera recorrer el mismo camino. Lo sorprendente para mí era, en cualquier caso, el hecho de escribir. En mi tierra nadie sabía escribir. Las historias se transmitían de viva voz y cada uno las contaba a su manera: estaba segura de que el paso del ejército de Ciro y mi fuga de Beth Qada debían de ser ya materia narrativa y que los viejos del lugar, especialmente algunos de ellos muy versados en este arte, debían de contarla de muchas maneras distintas. Un hecho habitual en comunidades tan pequeñas donde nunca pasa nada y donde la natural curiosidad de la gente raramente tiene con qué satisfacerse.

Lo observaba a hurtadillas: cómo mojaba la pluma en el tarrito de la tinta, cómo la hacía correr rápidamente por la hoja blanca de papiro. Aquellas hojas eran algo preciado, más caras que la comida y el vino, más caras que el hierro y el bronce; por tal motivo Jeno escribía normalmente en una tablilla de piedra blanca con un carboncillo y solo cuando estaba realmente seguro de lo que quería fijar en el papiro tomaba la pluma y volvía a copiarlo. Escribía con letra apretada y diminuta para ocupar menos espacio y trazaba aquellos signos con extraordinaria precisión, aunque las secuencias que formaba eran de una rectitud perfecta y alineada. Una vez fijados los signos en la hoja, podían transformarse en palabras en cualquier momento en que él posase la mirada en ellos. Era maravilloso y él se había percatado de mi interés y de la fascinación que la escritura ejercía sobre mí. Yo sabía que en los templos de los dioses y en los palacios de los reyes había escribas, pero nunca había visto a nadie ejercer esta actividad. Muchos de aquellos guerreros, por no decir la mayoría, sabían escribir y muchas veces los vi trazar esos signos, incluso en la arena, o en la corteza de los árboles. Su escritura era simple como el alfabeto de los fenicios de la costa: por eso era fácil aprenderlo y por eso un día me armé de valor y le pregunté a Jeno si me lo podía enseñar.

Él sonrió:

—¿Para qué quieres aprender a escribir? ¿De qué va a servirte?

—No lo sé, pero me gusta pensar que mis palabras permanecerán vivas una vez que mi voz se haya apagado.

—Es una buena razón, pero no creo que sea una buena idea. —Y la cosa concluyó así.

Pero el arte de Jeno ejercía sobre mí tal fascinación que me puse, de todas formas, a trazar signos en la arena, en la madera, en las rocas y era consciente de que algunos serían borrados por el viento, otros por el agua, otros, en cambio, durarían años, quizá siglos.

Tras partir de Sardes, el ejército había remontado el río Meandro, había llegado a la meseta y había hecho una parada en un hermosísimo lugar donde estaba uno de los palacios de verano de Ciro. Había allí una fuente en el interior de una gruta de cuyo techo pendía una piel, la piel desollada de una criatura salvaje. Jeno me contó una historia que no había oído nunca antes.

En aquella cueva vivía un sátiro, un ser mitad hombre y mitad macho cabrío, llamado Marsias. Era una criatura de los bosques que protegía a los pastores y a sus rebaños y en los cálidos mediodías estivales se sentaba junto al riachuelo para tocar la flauta, un sencillo instrumento de caña. La melodía que surgía era sublime, más suave y profunda que el canto del ruiseñor. Un canto que sabía a sombra y a musgo, sonidos que recordaban el borbollar de los manantiales de montaña, una armonía que se confundía con el susurro del viento entre las hojas de los álamos. A tal punto se había enamorado de su música que consideraba que nadie podía igualarle, ni siquiera Apolo, que para los griegos es el dios de la música. Apolo le oyó y se le apareció de improviso, una tarde de finales de primavera, resplandeciente como la luz del sol.

—¿Me has desafiado? —preguntó airado.

El sátiro no se echó atrás.

—No era esta mi intención, pero estoy orgulloso de mi música y no temo medirme con nadie. Ni siquiera contigo, ¡oh Esplendente!

—Desafiar a un dios no es algo que pueda hacerse sin correr un gran riesgo, porque si tú vencieras tu gloria se volvería desmesurada. La pena, en caso de derrota, debería ser proporcional.

—¿Y cuál sería? —preguntó el sátiro.

—Serías desollado vivo. Y sería yo personalmente quien lo hiciera. —Y tras decir esto, mostró un puñal afiladísimo hecho de un metal maravilloso, deslumbrante.

—Disculpa, ¡oh Esplendente! —dijo entonces el sátiro—. ¿Cómo puedo estar seguro de la imparcialidad del juicio? Tú no arriesgas nada. Yo arriesgo la vida y un final atroz.

—Quienes se encargarán de juzgar serán las nueve musas, las divinidades supremas de la armonía, de la música, de la danza, de la poesía, de todas las manifestaciones más altas de los hombres y de los dioses: las únicas que pueden unir el mundo de los mortales con el de los inmortales. Son un número impar, de modo que el fallo no podrá ser empate.

Marsias estaba tan fascinado por la idea de competir con un dios que no pensó en nada más y aceptó los términos del desafío. O quizá el dios, celoso de su arte, le hizo perder el seso.

La competición tuvo lugar al día siguiente, al caer la tarde, en la cima del monte Argeo, blanca aún de nieve.

El primero en tocar fue Marsias. Acercó los labios a su flauta de caña y tocó la más dulce e intensa de las melodías. El gorjeo de los pájaros se detuvo, hasta el viento amainó y una profunda calma se hizo en los bosques y en los prados. Las criaturas del bosque escuchaban embelesadas el canto del sátiro, la música encantadora que interpretaba todas sus voces, todos los sonidos y susurros de la selva, el sonido argentino de las cascadas y el goteo de las cuevas, los trinos de las alondras y el lamento del búho, la sinfonía de la lluvia de abril sobre hojas y ramas. El eco hacía reverberar aquel sonido, lo remodulaba y multiplicaba en las terrazas y en las barrancas de la gran montaña solitaria, y la madre Tierra vibraba con él hasta las más recónditas profundidades.

La flauta de Marsias emitió un último sonoro agudo que se atenuó en una nota más honda y oscura, luego, en un trémolo que se fue apagando en un atónito silencio.

A continuación llegó el turno de Apolo. Su imagen apenas si podía distinguirse en medio del llameante fulgor del aura que lo envolvía, pero de repente apareció la cítara en su mano, los dedos se posaron sobre las cuerdas, arrancó el sonido.

Marsias conocía el sonido de la cítara y sabía que su flauta era capaz de más colorido y de más tonos, más punteados y más profundidad, pero el instrumento del dios reunía todo ello y mucho más en una sola cuerda. Oyó desprenderse de sus dedos el fragor del mar o el estruendo de los truenos con una potencia que hizo temblar el Argeo hasta su base, hizo alzarse del ramaje de los árboles bandadas de pájaros en un denso batir de alas. Y enseguida, al apagarse aquel retumbo, vibró otra cuerda y luego otra y otra más y sus vibraciones se mezclaron y se acumularon en un impulso anhelante, se unieron en un coro de admirable nitidez, de majestuosa potencia. Los sones se sucedían y se fusionaban a una velocidad cada vez más apremiante, con salpicaduras iridiscentes de plata percutida, con oscuros ecos de cuernos, con luminosos arranques de agudos que se amplificaban en solemnes vastedades sonoras.

El propio Marsias se quedó hechizado, sus ojos se llenaron de lágrimas, su mirada de encantada maravilla. Y esta fue su perdición. Nada, de su música, se había traslucido en la mirada impasible del dios, todo en cambio afluía de los ojos oscuros del sátiro. Las musas no dudaron en dar la victoria a Apolo. Todas, excepto una, la bella Tersícore, señora de la danza. Conmovida por la suerte de la criatura de los bosques, no se sumó al voto de sus compañeras desafiando la ira del dios de luz. Pero no por ello su gesto evitó el castigo cruel de quien se había atrevido a un desafío sacrílego.

Dos genios alados aparecieron de pronto junto al dios y apresaron a Marsias atándolo a la rama de un gran árbol, luego le inmovilizaron los pies para que no huyese. Él imploró piedad en vano. El dios lo desolló vivo y aullante, con sereno desapego, le arrancó la piel humana y bestial de los miembros y lo dejó desfigurado y sangrante a las fieras del bosque.

No se sabe cómo su piel acabó colgada, seca, en la cueva que había sobre las fuentes del arroyuelo que toma su nombre o si aquella no era más bien una falsa reliquia hábilmente creada mediante la piel de un hombre y la piel de un macho cabrío. Pero, en cualquier caso, la historia es terrible, desgarradora, y no tiene más que un significado posible: los dioses son celosos de su perfección, de su belleza y de su infinito poder. La sola idea de que cualquier otro ser pueda simplemente acercarse a ellos les ensombrece y les empuja a espantosas venganzas para que las distancias sigan siendo, en todo y para siempre, insuperables. Pero si las cosas pudiesen ser realmente así, querría decir que nos temerían, porque la chispa de la inteligencia nacida de nuestra materia efímera y perecedera los asusta, los induce a pensar que un día, quizá muy lejano, podremos ser como ellos.

En la meseta las historias florecían no menos pujantes que las amapolas que salpicaban de rojo los prados y las laderas de las colinas, y muchas de ellas hacían referencia al rey Midas, el rey de los frigios que había pedido al dios Dioniso que convirtiera en oro todo lo que tocara y se expuso así a morir de hambre. El dios le arrebató aquel don funesto, pero le hizo crecer dos orejas de asno para recordarle su necedad, una deformidad que el rey disimulaba bajo un amplio gorro y que solo su barbero conocía, pero no podía contar a nadie, so pena de muerte. El secreto era tan grande e insoportable que el pobre hombre tenía que contarlo como fuese y, al no poder decírselo a nadie, pues sabía que de boca a boca no tardaría en llegar a los oídos asnales del rey, se lo confió a la Tierra. Hizo un hoyo a orillas del río y murmuró en su interior: «Midas tiene orejas de asno», y volvió a taparlo y se alejó cauteloso. Pero en aquel agujero crecieron unas cañas que cada vez que soplaba el viento murmuraban esa frase hasta el infinito: «Midas tiene orejas de asno...».

Más adelante, en las puertas de Capadocia, el ejército se detuvo en las inmediaciones de una fuente para aprovisionarse de agua y también allí contaban una historia del rey Midas. Había un sileno que seguía a Dioniso y era de una extraordinaria prudencia, pero resultaba casi imposible obligarle a enseñar sus secretos si no era atrayéndolo con vino del que era un bebedor insaciable. Entonces Midas mezcló vino con agua de la fuente, el sileno tomó tanto que se embriagó y Midas consiguió atarlo y tenerlo consigo el tiempo suficiente para hacerle revelar sus secretos.

Evidentemente el ejército en este período estaba muy tranquilo. Nadie se preocupaba, los enemigos no se veían, la paga se recibía con regularidad. Había, pues, tiempo de ocuparse de fábulas. Pero más de cien mil hombres no se movían sin que se notaran. Muy pronto se manifestarían acontecimientos preocupantes, señales de que el avance del ejército había despertado a una potencia tremenda y enojada. El Gran Rey, en Susa, seguramente lo sabía.

5

Me he preguntado cuántas historias constituyen el acervo de los pueblos del mundo, historias de reyes y de reinas, de humildes gentes del pueblo, de criaturas misteriosas de los bosques y de los ríos. Cada grupo de casas o de cabañas tiene la suya, pero solo algunas pueden crecer y difundirse y ser conocidas. Jeno me contó muchas de su tierra en las noches en que permanecíamos largo tiempo tumbados el uno al lado del otro después de haber hecho el amor. Me habló de una guerra que había durado diez años contra una ciudad de Asia llamada Ilión y luego la historia de un reyezuelo de las islas occidentales que se hacía llamar «Nadie», que había viajado por todos los mares, había derrotado a monstruos, gigantes, magas y había descendido incluso al mundo de los muertos. Al final había vuelto a su isla y había encontrado la casa llena de pretendientes que devoraban sus riquezas y acosaban a su mujer. Les había dado muerte a todos excepto a uno: al poeta.

Había hecho bien en perdonarle la vida: los poetas no deberían morir nunca, porque nos regalan lo que de lo contrario no podríamos tener nunca. Ellos ven mucho más allá de nuestro horizonte, como si vivieran en la cima de una montaña altísima, oyen sonidos y voces que nosotros no oímos, viven muchas vidas al mismo tiempo, y sufren y gozan como si estas vidas fueran reales y concretas. Viven el amor, el dolor, la esperanza con una intensidad desconocida incluso a los dioses. He estado siempre convencida de que son una estirpe en sí misma: están los dioses y están los humanos. Y están los poetas. Estos nacen cuando reina la paz entre Cielo y Tierra o cuando estalla el rayo en plena noche y hiere la cuna de un niño sin matarlo, rozándolo tan solo con una caricia de fuego.

Me gustaba la historia de ese rey vagabundo y cada noche le pedía que me contara una parte. Yo me identificaba con el personaje de su esposa, la reina que tenía un nombre largo e impronunciable. Había esperado al marido durante veinte años por servil devoción, pero también porque no podía contentarse con nada menos que el héroe de mente multiforme.

«Intentad curvar este arco, si sois capaces, y yo elegiré a quien lo consiga», había dicho. Y luego se arrojaba entre los brazos de su esposo que finalmente había vuelto porque sabía el secreto que solo ellos dos conocían: el tálamo nupcial instalado entre las ramas de un olivo. ¡Qué maravilla aquel lecho entre los brazos del olivo como un nido de gorriones! ¡Qué felices debían de haber sido en aquel lecho, jóvenes príncipes de una tierra tranquila, pensando en el futuro de su hijo recién nacido! Y yo pensaba en los horrores de la guerra que había seguido.

Estaba segura de que también a nosotros nos pasaría lo mismo. Solo era cuestión de tiempo.

Los primeros síntomas se habían manifestado cuando Jeno y yo todavía no nos habíamos conocido, al atravesar el ejército la inmensa meseta. Cundía cierto malhumor entre las tropas, tanto entre los griegos como entre los asiáticos. Jeno consiguió comprender el motivo: faltaba el dinero; Ciro no pagaba a sus hombres desde hacía algún tiempo. Era algo sumamente extraño. Ciro era riquísimo: ¿como es que no tenía bastante dinero para sufragar el coste de una expedición contra una tribu indígena? Jeno intuía el motivo, pero los soldados no y tampoco la mayoría de los oficiales. Alguno, sin embargo, comenzaba a sospechar algo y a propalar por el campamento rumores que creaban inquietud y tensión. Por fortuna se produjo un acontecimiento que, al menos por un tiempo, trajo la calma.

Un día los soldados se habían detenido en el centro de una gran explanada circundada por bosquecillos de álamos y de sauces; al atardecer se había presentado en el campamento un gran cortejo de soldados armados que escoltaba un carro cubierto de ondeantes velos. En su interior había una mujer de increíble belleza. Una reina. La reina de Cilicia, la tierra que confina con la mía, pero mucho más hermosa y feraz, asomada al mar espumeante, rica en olivos y vides. Su marido, soberano de aquella tierra hermosísima, debía de estar preocupado. Estaba sometido al Gran Rey, aunque en teoría era independiente, y su reino se encontraba en la dirección de la marcha del príncipe Ciro, cuyo objetivo cabía ya adivinar. Si presentaba resistencia, Ciro lo arrollaría. Si no resistía, el Gran Rey podría pedirle cuentas por no haberlo parado, y no era persona con la que se pudiera discutir. Probablemente pensó que tenía que afrontar un problema cada vez y el de Ciro era el más inmediato y urgente. La única verdadera arma con la que contaba era la belleza de su mujer, un arma invencible, más fuerte que cualquier ejército. Bastaba con mandar dinero y meterla en el lecho del príncipe y todo estaría resuelto. Dinero y bellas mujeres mueven incluso montañas y ambas cosas a la vez hacen venirse abajo cualquier baluarte.

Ciro era joven, apuesto, audaz y poderoso. Ella no lo era menos y estaba dispuesta a complacerlo en todo. Le llevó una gran suma de parte del marido con la que pudo costear las pagas de los soldados y se entregó al príncipe. Durante unos días pareció que el mundo se hubiese detenido. El ejército estaba acampado, las tiendas sólidamente plantadas. El pabellón real había sido adornado con las telas más finas y las más preciosas alfombras, con bañeras de bronce para el baño de la hermosa. Se decía que él asistía mientras ella se desnudaba y se sumergía en el agua caliente y perfumada y la miraba mientras se hacía lavar y masajear por dos doncellas egipcias cubiertas nada más que con un minúsculo taparrabos. Él estaba sentado en un escabel revestido de púrpura y acariciaba un guepardo echado a sus pies. Las formas sinuosas de la fiera debían de recordarle las de la reina que estiraba con suavidad sus miembros en la bañera de bronce.

Al tercer día quiso mostrarle un espectáculo excitante, el despliegue de su poderío: su joya militar.

Pidió a Clearco que formara a todos los guerreros de mantos rojos cubiertos con sus armaduras resplandecientes y embrazando los grandes escudos redondos. Debían marchar a paso cadencioso al son de los tambores y de las flautas delante del príncipe y de su bellísima huésped, erguidos en sus carros de gala. Y así fue. La reina estaba feliz, excitada como una niña que asiste a un espectáculo de malabaristas callejeros.

De pronto un toque de trompeta, agudo, prolongado. Los guerreros rojos demoraron el paso, realizaron una larga y perfecta conversión a la derecha, y acto seguido, a un segundo toque, cargaron con las lanzas bajadas hacia el campamento de las tropas asiáticas de Arieo. El ataque era tan realista que aquellos se dieron a la fuga en todas direcciones, muertos de miedo. Cuando un tercer toque los llamó, los guerreros de Clearco volvieron atrás entre risas y burlándose de los soldados de Arieo que ciertamente no habían dado prueba de resistencia ni de valor.

Extrañamente Ciro se mostró contento de aquel comportamiento, porque le confirmaba el efecto impresionante que tenía sobre los asiáticos una carga de infantería pesada de los mantos rojos.

La reina dejó el campamento una semana después, tras haber obtenido garantías de Ciro de que su marido no sufriría daños ni vejación alguna. A cambio el rey no opondría resistencia en el desfiladero llamado de las «Puertas Cilicias». Se trataba de un paso tan estrecho que no podían transitar por él al mismo tiempo dos caballos enjaezados. En efecto, quien situara en aquel lugar unas pocas tropas escogidas y bien adiestradas podía impedir a cualquiera franquearlo, aunque fuese el más poderoso ejército de la Tierra, pero parecía que el rey de Cilicia no tenía ningunas ganas de entablar un conflicto y prefirió dejar pasar a Ciro en vez de pararlo. Se trataba de fiarse de su palabra: quien dominaba las «Puertas» tenía, en cualquier caso, las de ganar. Era cuestión de pocos días y las cosas se aclararían para todos. Las «Puertas» distaban unas jornadas de camino.

La reina volvió a partir colmada de presentes preciosos y quizá Ciro le dio una cita secreta en Cilicia. Una mujer hermosísima, además de reina, no puede ser considerada como el objeto de una fugaz relación de dos o tres noches.

Algunos días después el ejército pasó cerca del monte Argeo, donde se decía que Marsias había sido desollado vivo por Apolo. Una montaña solitaria, altísima, que amenazaba como un gigante en toda la meseta. Circulaban otras muchas leyendas sobre aquella montaña. Se decía que en sus entrañas había encadenado un titán y que de vez en cuando sacudía sus cadenas y expelía llamas por la boca. De las cumbres del monte brotaban entonces ríos de fuego, nubes incandescentes, y toda la región resonaba con espantosos retumbos. Pero la mayor parte del tiempo, sin embargo, el Argeo estaba tranquilo, perennemente cubierto de blanca nieve.

Transcurrieron otros quince días más sin que sucediera nada digno de reseñarse hasta que se llegó a una ciudad llamada Tyana. Enfrente se perfilaba imponente la cadena del Tauro. Allí arriba, en aquellos picos nevados, terminaba Anatolia: más allá comenzaba Cilicia. Mientras el ejército se aprestaba a subir hacia el desfiladero, Ciro mandó encarcelar al gobernador persa de la ciudad y darle muerte. Otro personaje cuyo nombre fue mantenido en secreto fue arrestado del mismo modo y pasado por las armas. Ninguno de los dos había hecho nada merecedor de un castigo semejante.

Jeno no sabía persa y no había más que un intérprete para mantener los contactos entre los oficiales griegos y Ciro. Y la razón era evidente: no se podían difundir conversaciones reservadas a demasiadas personas, y en este caso demasiadas personas significaba más de una.

Del mismo modo que quien conferenciaba con Ciro era únicamente Clearco. Los otros oficiales superiores —Menón, Agias, Sócrates, Próxeno— eran invitados de vez en cuando a los banquetes y algunas veces también a las reuniones del consejo de guerra, pero en este último caso Ciro hablaba personalmente con el intérprete y este se lo refería personalmente a Clearco en voz baja. Clearco transmitía a continuación las órdenes a sus oficiales, probablemente según lo que consideraba oportuno.

Cualquiera que se hubiera acercado al único intérprete habría levantado sospechas y llamado la atención de personajes poco recomendables. Jeno no podía hacer nada más que recoger rumores difíciles de comprobar. Pero era verosímil que Ciro quisiera esconder en la medida de lo posible su presencia en aquella zona, signo evidente de que no debía encontrarse allí por ninguna razón. En la expedición contra los montañeses que amenazaban Capadocia no creía ya nadie.

Es más, Jeno estaba también convencido de que la marcha de un ejército tan grande era ya conocida en las capitales: tal vez en Susa, y en Esparta. De esto nos enteraríamos más tarde y, en efecto, Jeno supo, enseguida, que estaba sucediendo en Grecia algo importante que influiría en la suerte de todos nosotros.

Alguien, en Esparta, había tomado en su momento una decisión que podía modificar los equilibrios de nuestro mundo, pero en aquel momento no sabía cómo controlar los acontecimientos que había desencadenado. El instrumento era el ejército mercenario que estaba ahora atravesando Anatolia, pero ¿cómo manejar la situación? ¿Cómo permanecer fuera del juego y estar al mismo tiempo dentro de él?

Era noche entrada en Esparta cuando los dos reyes fueron despertados uno tras otro en sus residencias por un mensajero: tenían que dirigirse lo antes posible a la sala del consejo donde los cinco éforos, los hombres que gobernaban la ciudad, estaban ya reunidos en sesión.

Es probable que se discutiera largamente, se tratara de establecer, con la ayuda de informadores, dónde se encontraba el ejército en aquel momento y dónde era posible interceptar su itinerario en las fronteras entre Cilicia y Siria.

Parecía ya evidente que el objetivo de Ciro era el que todos imaginaban, aunque oficialmente nadie supiera nada: un ataque al corazón del Imperio para derribar a Artajerjes.

—Contra su mismo hermano —concluyó alguien—. Difícil imaginar otra posibilidad.

Durante unos momentos en la sala del consejo se hizo un cerrado silencio, luego los dos reyes intercambiaron algunas frases en voz baja y también los éforos entre sí.

Por último tomó la palabra el éforo de más edad:

—Cuando tomamos la decisión de satisfacer la petición de Ciro examinamos todo con cuidado y prudencia y consideramos haber hecho la mejor elección de acuerdo con el interés de la ciudad.

»Hubiéramos podido decir que no, pero Ciro habría podido pedir ayuda a algún otro: a los atenienses, por ejemplo, o a los tebanos, o a los macedonios. Mejor no dejar pasar esta oportunidad: si Ciro marcha verdaderamente contra su hermano, nos deberá el trono si vence y nuestro poder en esa parte del mundo no conocerá límites. Si es derrotado, el ejército será destruido, los supervivientes pasados por las armas o vendidos como esclavos en lugares lejanos: nadie podrá acusarnos de haber tramado contra el Gran Rey o haber dado apoyo a la acción de un usurpador, porque ninguno de los hombres enrolados conoce el motivo por el que han sido reunidos en Sardes a las órdenes de Ciro, aparte de uno que no hablará nunca. Y no hay entre ellos un solo oficial regular espartano.

Alguien, quizá el rey, debía de pensar en cómo habían cambiado los tiempos en cosa de tres generaciones. Entonces Leónidas y los suyos habían combatido en las Puertas Ardientes trescientos contra treinta mil, los atenienses en el mar con cien naves contra quinientas, y luego todas las ciudades de Grecia, juntas, en campo abierto. Habían derrotado conjuntamente al imperio más grande, rico y poderoso del mundo y salvado la libertad de todos los griegos. Ahora la península era una extensión de ruinas y de devastación. La flor de la juventud había visto segada su vida durante treinta años de guerras intestinas. Esparta ostentaba la hegemonía en un cementerio, en ciudades y naciones que eran la sombra de sí mismas, y para mantener este fantasma de poder seguía mendigando el dinero de los bárbaros, los enemigos de otro tiempo. Y esta expedición constituía un punto sin retorno. Se llegaba al extremo de lanzar en una empresa, seguramente casi desesperada, a un cuerpo escogido de más de diez mil extraordinarios combatientes. Pero ¿qué ciudad era aquella en la que reinaban? ¿Y qué raza de hombres eran aquellos cinco bastardos llamados éforos que tenían la responsabilidad de gobierno?

Quizá habrían querido gritar esto, ellos que eran los descendientes de los héroes de otro tiempo, pero se limitaron a un discurso más realista; podía suceder algo imprevisto, producirse una verdadera eventualidad a causa de la cual la situación podía quedar fuera de control. Era una eventualidad que había que prever.

El jefe de los éforos admitió que la observación era acertada y, en efecto, había sido ya tomada en consideración. Por eso un oficial regular, uno de los absolutamente mejores, se incorporaría al ejército con consignas precisas que no fueron reveladas. Se trataba de una misión secreta que debía permanecer así al precio que fuese. Solo cuando todo hubiera sido resuelto, los reyes serían informados.

El hombre elegido para una misión tan delicada que exigía valor, pero también inteligencia y sobre todo una fidelidad absoluta a las consignas, partiría, al día siguiente, en una nave desde Gythion. Su identidad solo sería dada a conocer a los reyes tras su partida.

La sesión se disolvió inmediatamente después y los dos reyes regresaron a sus casas, preocupados e inquietos, en plena noche. Pocas horas después el enviado de Esparta fue despertado por un ilota y acompañado a su caballo ya listo y ensillado. El hombre montó de un salto, fijó su alforja a los arreos y espoleó. Salía el sol del mar cuando llegó a la vista de las primeras casas de Gythion. Un trirreme de la marina de guerra aguardaba anclado con un estandarte azul arriado en popa: la señal de que lo estaban esperando.

El hombre subió a bordo por una pasarela, sujetando el caballo por las bridas.

El ejército dejó sus acuartelamientos de Tyana al amanecer, pero antes de moverse Ciro había pedido a Clearco que mandara un destacamento de los suyos por otro desfiladero por el que se llegaba a Tarso, la ciudad más grande de la región, capital del reino de Cilicia. Si los cilicios oponían resistencia a su entrada, el destacamento atacaría por occidente y todo se resolvería.

Clearco eligió a Menón de Tesalia y lo envió con su batallón hacia un desfiladero del Tauro, mientras el grueso del ejército afrontaría los pasos angostos de las Puertas Cilicias llegando a la capital del norte.

Menón fue el primero en partir cuando todavía era de noche siguiendo a un guía indígena, mientras que Ciro se puso en marcha al amanecer, directo a un punto de parada al pie de las montañas. Como el camino iniciaba una subida no había posibilidad alguna de acampar desde el desfiladero no solo para un ejército tan ingente, sino también para una simple caravana. Era, por tanto, necesario dividir el trayecto en dos etapas. Tras haber acampado al pie de la cadena del Tauro, Ciro reanudó la marcha al amanecer para estar en las Puertas antes de la puesta del sol. El camino era poco más que una tortuosa senda de mulas con un precipicio que daba sobre un valle.

Si el rey de Cilicia hubiera querido oponer resistencia, los habría tenido en jaque sin dificultad durante días y días, quizá también durante meses.

Había mucha tensión entre las filas del ejército: los soldados continuaban mirando hacia lo alto, hacia los picos rocosos que los dominaban. Por si fuera poco, el camino, normalmente transitado por todas las caravanas que desde Mesopotamia subían hacia Anatolia y el mar y de las que lo recorrían en sentido inverso, estaba desierto: ni un asno ni un camello, solo algún que otro campesino pasaba con el cuévano a la espalda dirigiéndose a su tierra. Otros se detenían al borde del camino para observar el paso de la larguísima columna. Seguramente se había corrido la voz de que algo peligroso podía suceder a lo largo de aquel camino y nadie se había movido, y no lo haría mientras no hubiese terminado.

Antes de aventurarse por el desfiladero que estaba cortado en la viva roca y permitía el paso de una única bestia de carga por vez, el príncipe envió exploradores en una misión de reconocimiento: estos volvieron para contar que allí arriba no había nadie y que del otro lado habían observado un campamento desierto. Tal vez había sido un plan de resistencia posteriormente abandonado. En aquel campamento se detuvo el mismo Ciro con sus hombres, pero durante toda la noche la columna continuó subiendo: cuando el último hubo llegado a la cima era ya hora de volver a partir.

Mientras tanto Menón estaba atravesando con su batallón el

otro desfiladero más a occidente. Iba bastante expedito y sin preocuparse demasiado porque el guía le había dicho que por aquella parte estaba todo tranquilo.

El paso se encontraba en la divisoria entre dos torrentes: uno iba hacia la meseta anatólica, el otro descendía hacia el mar. La primera parte del trayecto subía con una pendiente bastante constante y moderada, era un paisaje despejado y podía dominarse fácilmente con la mirada, pero cuando, superado el collado, Menón se asomó a la vertiente opuesta vio que el valle del otro torrente era muy hondo: una garganta áspera y accidentada que serpenteaba entre paredes altas y escabrosas. De aquel lado, en efecto, la pendiente era mayor y más fuerte la corriente del agua.

Al comienzo pareció que todo iba sobre ruedas y luego, a medida que el batallón se adentraba por la garganta, empezaron a manifestarse signos preocupantes: primero se alzó de improviso una bandada de cuervos de unos matorrales, a continuación se oyó el ruido de una piedra que rodaba cuesta abajo. Menón apenas si tuvo tiempo de gritar: «¡Cuidado! ¡Cubríos! ¡Hay alguien allá arriba!» cuando desde lo alto llovió una nube de flechas. Tres de sus hombres cayeron traspasados. Luego siguieron otros lanzamientos, densísimos y sin tregua, que continuaron hiriendo a mansalva.

Menón gritó:

—¡Los escudos en alto! ¡Cubríos! ¡Hay que salir de aquí! ¡Fuera, fuera!

Sus hombres alzaron los escudos por encima de sus cabezas para protegerse de la lluvia de dardos y al mismo tiempo echaron a correr, pero la pendiente era muy pronunciada y la garganta estrecha. Muchos tropezaban y caían, quien estaba detrás empujaba al que tenía delante estorbándose unos a otros. Sembraban, al avanzar, el camino de muertos y de heridos. Por un momento pareció que la lluvia letal hubiera cesado, pero no era más que la calma que anunciaba una nueva tempestad. Inmediatamente después se oyó un gran fragor y una avalancha de piedras y gruesos pedruscos se precipitaron abajo causando más víctimas. Cuando finalmente pudieron detenerse en un ensanchamiento fuera del alcance de los enemigos, Menón contó a sus hombres. Faltaron setenta a la llamada, masacrados por los dardos y las piedras.

—No podemos volver atrás y recuperar sus cuerpos —dijo—, pues caerían otros de nosotros. Pero podemos vengarlos. —Y mientras pronunciaba aquellas palabras sus ojos azules se volvieron de hielo.

6

Cayeron sobre Tarso por sorpresa.

Eran poco más de mil, pero parecían cien mil; estaban casi por doquier, ahora aquí e inmediatamente después también en otra parte; golpeaban, incendiaban, masacraban.

Lo más aterrador era el silencio. No gritaban, no imprecaban, no maldecían. Mataban sin parar en ningún momento.

Entraban, salían. Y detrás no quedaba más que muerte.

Parecían todos iguales, con la máscara espectral del yelmo con celada, dentro de las corazas de bronce y con los escudos negros orlados de plata: eran los hombres de Menón de Tesalia que vengaban a sus compañeros caídos y que habían quedado insepultos.

Una vez que hubieron terminado, la ciudad estaba a sus pies, sangrante y desfigurada. El rey había huido a las montañas.

Clearco llegó a la tarde siguiente y entró por las puertas abiertas y custodiadas. Avanzó seguido por sus hombres a lo largo de la calle principal espantado al ver el gran número de cadáveres que yacían aquí y allá delante de las puertas de las casas, o en los umbrales, o dentro. Había pasado la Cer de muerte blandiendo la guadaña que no perdona a nadie.

Se esperaba encontrarla envuelta en su manto negro: encontró a Menón de Tesalia sentado en medio de la plaza desierta, cubierto solo con su manto blanco.

—Llegas tarde —dijo.

Clearco miró a su alrededor, atónito. Parecía que hubiese llegado a una ciudad muerta. Ni una luz, ni una voz. El último resplandor del ocaso lo teñía todo de rojo.

—¿Qué ha pasado? —preguntó.

—He perdido a setenta de mis hombres —respondió como si hablase de otro. Clearco extendió los brazos dando vuelta sobre sí mismo para indicar la devastación que se extendía en torno a ellos.

—¿Y todo esto? ¿Qué significa todo esto?

—Significa que quien mata a los hombres de Menón de Tesalia lo paga muy caro.

—Yo no te ordené tomar al asalto la ciudad.

—Tampoco me ordenaste no hacerlo.

—Debería castigarte por insubordinación. Debes hacer solo lo que yo te mande y nada más.

—¿Castigarme, dices? No me parece una buena idea. —Y mientras hablaba se puso en pie y clavó sus ojos azules en los de Clearco.

—Saca fuera a tus hombres y que acampen a lo largo del río. Tú quédate allí hasta que yo te diga.

Menón se levantó y cruzó la plaza. En el silencio que gravitaba sobre la ciudad herida se oyó por unos instantes el llanto de un niño, luego no quedó más que el ruido de su paso, dilatado en desmesura por la plaza desierta, como el paso de un gigante.

Por último llegó Ciro al caer la noche y a la vista de la matanza de Tarso montó en cólera, pero tan pronto como le dijeron que aquel desastre había sido cometido exclusivamente por el batallón de Menón cambió de humor: si una sola unidad había sido capaz de tanto, ¿qué no haría el contingente entero cuando llegara el momento de azuzarlo? A continuación recibió un mensaje de la reina invitándolo a un encuentro privado, cosa que contribuyó a mejorar su estado de ánimo. El encuentro se celebró en una casa de campo no lejos del mar a la que Ciro se dirigió acompañado de una numerosa escolta.

No se supo nunca de qué hablaron en aquel encuentro, por más que en el interior Ciro estuviera acompañado de su guardia personal. Lo único que se sabe es que estaba increíblemente hermosa, que vestía un traje ligero y casi transparente a la manera jónica, iba maquillada a la egipcia y llevaba al cuello, entre los pechos, una perla negra de la India y dos colgantes de maravillosa factura comprados a un mercader de la lejana Taranto.

No cabe duda de que Ciro debió de tener a la mañana siguiente una razón más para tratar del mejor modo al rey Siennesis de Cilicia, que había ido a refugiarse como un conejo en sus montañas.

Avisado por un mensajero de que no había ya peligro, bajó al llano e intercambió todo tipo de cortesías con el príncipe del Imperio. El honor era para él evidentemente lo último que salvar.

A la noche siguiente, una noche con el cielo cubierto, una nave de guerra sin banderolas ni estandartes se acercó hasta casi encallar en unos bajíos delante de la desembocadura del río Kydnos. La tripulación descendió la pasarela y bajó un hombre sujetando de las bridas a un caballo. Apenas el animal tocó el fondo con las patas, el hombre montó en él de un salto y lo incitó hacia tierra. A lo lejos se veían los fuegos de un gran campamento y el hombre se dirigió hacia allí al paso, sin hacer el menor ruido.

La nave retiró la pasarela y, silenciosa como había venido, volvió mar adentro para unirse a la escuadra que esperaba anclada con las luces apagadas.

Ciro se entretuvo unos días allí, aplicándose con desvelo a cerrar de algún modo las heridas de la ciudad. Pero ya habían llegado al mar. En aquel momento el problema no eran ya los cilicios o los habitantes de Tarso. El problema eran sus mercenarios «Iauna», como él los llamaba: los griegos. Había guardado el secreto en la medida de lo posible: entre los soldados y entre los oficiales había incluso demasiados que sabían qué significaba haber llegado al mar desde las Puertas Cilicias. Anatolia estaba a sus espaldas y el itinerario se dirigía hacia el sur, es decir, hacia el corazón del Imperio. Corrieron entre los hombres extrañas habladurías, pero la más extraña de todas fue la propalada personalmente por Jeno tras enfrentarse con Próxeno de Beocia, su amigo Próxeno. No en la intimidad de su tienda, sino al aire libre mientras cenaba sentado en medio de sus hombres.

De repente apareció en el halo de luz difuso del fuego del campamento y preguntó en voz alta y sin siquiera sentarse:

—¿Tienes idea de lo que ocurrirá en los próximos días?

—¿A qué viene esta pregunta? —repuso Próxeno.

—¿Tienes alguna idea? —repitió.

—No creo que la cosa me incumba.

—Pues yo creo, en cambio, que sí. ¡Te incumbe, como incumbe a todos vosotros, soldados!

—¡Dichosos los ojos que te ven! —exclamó uno de los lugartenientes de Próxeno, un tanagrino llamado Eupito—. ¡El escritor! ¿Cómo es que no estás en tu tienda trabajando con la pluma?

Jeno no le hizo ningún caso y continuó diciendo:

—¡Vamos a arrojarnos en la boca del león!

Muchos dejaron de reír, otros dieron con el codo a quien estaba bromeando, otros pusieron cara más bien seria.

—¡Eh!, pero ¿qué demonios dices? —preguntó Próxeno alterado.

—Lo que digo es la pura verdad y está bien que cada uno de vosotros se dé cuenta de ello: Ciro nos ha mentido y nos ha mentido también el comandante Clearco, que sin duda está al corriente de todo. Pisidia no tiene nada que ver con esta expedición: la dejamos atrás hace tiempo porque aquí estamos en el golfo de Cilicia. ¿Sabéis qué hay por esos lugares? —gritó señalando a sus espaldas—. Está Egipto. ¿Y sabéis qué hay más allá de esa cadena montañosa? ¡Siria! Y después de Siria, Babilonia.

—¿Y tú cómo lo sabes? —preguntó uno de los soldados.

—Lo sé porque lo sé. Y las cosas son como os he dicho. ¡Y nosotros nos estamos dirigiendo a esa parte, estoy seguro!

—¿Y quién te ha dicho que vamos a esa parte? —preguntó otro.

—¡El cerebro, idiota!

—¡Mide tus palabras!

—Mídelas tú. ¡Si no sabes lo que dices, mejor estarías callado y escuchando a quien sabe más que tú!

Estaban a punto de llegar a las manos cuando el tanagrino les paró:

—¡Basta ya! Quiero oír lo que tiene que decir el escritor. Habla, pues: soy todo oídos.

Jeno se calmó y comenzó a decir:

—Desde hace un tiempo me he dado cuenta de que el objetivo de esta expedición es otro muy distinto y que Ciro nos mintió. Pero pensaba en una hipótesis plausible: imaginaba que el Gran Rey había pedido su ayuda para una empresa de conquista en Oriente; sin embargo, por lo que sé, no hay buenas relaciones entre los dos y por tanto sería extraño que Artajerjes pidiera precisamente a su hermano que se sumara a una empresa tan difícil y comprometida, de la que por otra parte no sabe nada. En un segundo momento pensé que Ciro quería hacerse con un dominio personal, un reino para él, ¡qué sé yo!, Egipto, por ejemplo: fácil de defender, quizá también fácil de ganárselo si uno acepta sus creencias. Pero luego pensé que el envite debía ser mucho mayor. Ciro es demasiado ambicioso, inteligente, hábil. Sabe que es mejor que su hermano y nunca podrá soportar el estar sometido a él, vivir a su sombra. Ciro quiere el trono de Persia. ¡Ciro quiere conducirnos contra el Gran Rey!

—¡Tú estás loco! —dijo Próxeno—. Eso no es posible.

—Pues, entonces, dime qué hacemos aquí en Cilicia. Y por qué Ciro mandó dar muerte al gobernador de Tyana y al comandante militar sin sentirse culpable de nada. Lo hizo porque sabía que eran fieles a su hermano. Quizá ellos le pidieron cuentas de lo que estaba ocurriendo, quizá le preguntaron para qué servía un ejército tan grande y adónde se dirigía. Probablemente habrían puesto al corriente al Gran Rey de esta extraña expedición. ¡He aquí por qué murieron!

La discusión había atraído a otros soldados, muchos se abrían paso a codazos para comprender mejor de qué se estaba discutiendo. Otros habían comenzado a gritar traición:

—¡Los comandantes deben explicar adónde quieren llevarnos! ¡Es nuestro derecho! ¡Queremos saber qué está pasando! ¡No pueden tenernos a oscuras de todo!

La discusión subía de tono, algunos querían dirigirse a la tienda de Clearco. En aquel momento Jeno reparó en un extraño personaje al que no había visto nunca antes que pasaba a caballo, al paso, detrás de aquella reunión de soldados. Iba armado y llevaba el pelo largo, recogido en un moño en la nuca, sujeto con un pasador, a la manera espartana. Se dirigía hacia la tienda de Clearco.

Jeno se dirigió a los hombres que estaban en torno al campamento.

—Dejad en paz a Clearco —dijo—. Tiene visita.

Los hombres lo miraron asombrados y durante un rato reinó cierta calma, luego el rumor de que marchaban contra el Gran Rey, el Señor de los cuatro confines del mundo, se extendió por todas partes y con las habladurías se produjeron turbulencias de todo tipo. Estallaron desórdenes y peleas. Los comandantes se las vieron y desearon para mantener un mínimo de orden, pero los tumultos continuaron durante toda la noche. Al final del segundo día de desórdenes Clearco trató de poner en marcha al ejército como si nada hubiera pasado, pero los hombres le pusieron cara de pocos amigos. Alguno incluso lanzó piedras. Clearco dio orden de detenerse un momento diciendo que convocaría una asamblea, luego se presentó en la tienda de Ciro.

—Príncipe —le dijo—, los hombres quieren saber adónde nos dirigimos: están enfurecidos porque se sienten engañados, muchos quieren volver atrás. Es una situación difícil.

—¿Esta es la tan cacareada disciplina de tus hombres? Manda que vuelvan a las filas y que se sometan a las órdenes.

—No es posible, príncipe —respondió Clearco—. La disciplina para ellos es mantener el puesto de combate en la batalla y cumplir las órdenes durante la campaña, pero son mercenarios y por tanto todo depende de lo que se estipuló en el momento de su enganche. Fueron enrolados para una expedición a Anatolia, no para…

—¿Para qué…?

—Para un objetivo distinto: saben perfectamente que no están en Anatolia. Y ya corre el rumor de que marchamos contra tu hermano, contra el Gran Rey.

—El rumor es cierto. Marchamos contra mi hermano. No me digas que no lo sabías.

—Esto es secundario: yo estoy dispuesto a seguirte.

—Pues entonces convence a tus hombres.

—Es difícil. No puedo garantizar nada.

—Inténtalo. Llegados a este punto, no hay vuelta atrás.

—Escucha, príncipe: estas son cosas que no puedo imponer de un momento a otro. He de convocar una asamblea.

—¿Una asamblea… en un ejército? Pero ¿qué sentido tiene?

—Entre nosotros se acostumbra a hacerlo así. Es la única manera que tengo de convencerlos, admitiendo que lo consiga. Tú espera a que yo haya comenzado a hablar y luego mándame a uno de tus hombres. Tendrá que interrumpirme y decir que quieres verme inmediatamente. Debe hablar en voz alta para que lo oigan los que estén más cerca. Yo le diré cómo está la situación y lo que debe hacer.

Clearco salió con cara sombría y se fue a su alojamiento. Apenas hubo entrado, llamó a su ayuda de campo:

—Dentro de poco convocaré al ejército en asamblea. Ahora

tú te reunirás con algunos de mis hombres. Cuando dé libertad de intervenir deberán hablar, exactamente como ahora te explicaré. Presta mucha atención porque todo depende de cómo vayan la cosas en las próximas horas.

—Te escucho, comandante —respondió el ayuda de campo.

Poco después salió de la tienda y se adentró en el campamento en busca de los hombres a los que debía dar instrucciones sobre cómo intervenir en la asamblea. Clearco esperó andando de un lado a otro, repitiendo en voz baja lo que debía decir. Apenas el ayuda de campo hubo vuelto, hizo tocar a reunión.

No sería una asamblea fácil. Los rostros de los hombres estaban ceñudos, aquí y allá había focos de discusión y trifulcas. Muchos, a su paso, gritaban:

—¡Nos has engañado! ¡Queremos volver atrás! ¡No nos hemos alistado para esto! —Pero cuando Clearco subió a la pequeña tribuna preparada para la alocución a las tropas se hizo el silencio. El comandante supremo se presentó con la cabeza baja, sombrío. Sentía sobre sí las miradas de todos. También la de Jeno, que debía de estar en algún lado, apartado, pero ¿qué tenía él que perder? Y seguramente lo observaba para luego escribir acerca de ello.

—¡Soldados! —comenzó—. Esta mañana cuando he dado la orden de marchar os habéis negado, habéis desobedecido, me habéis incluso lanzado piedras...

Un gruñido recorrió las filas de los guerreros.

—Así pues, no queréis ya continuar. Ello significa que yo no podré mantener la palabra que le di al príncipe Ciro, es decir, que seguiríamos en esta expedición.

—¡Nadie nos dijo que tendríamos que seguirle hasta el infierno! —gritó uno.

—Yo soy el comandante, pero también un mercenario —prosiguió Clearco—, como vosotros, y por tanto no puedo existir sin vosotros. Allí donde estéis vosotros tendré que estar también yo. Y, además, soy griego. Y es evidente que si he de elegir entre estar con los griegos o con los bárbaros no tengo la menor duda de que estaré con los griegos. ¿Queréis iros? ¿No queréis ya seguirme? Está bien, estoy con vosotros. ¡Sois mis hombres, por Zeus! Muchos de vosotros lucharon ya conmigo en Tracia. A varios les salvé el pellejo, ¿no? Y al menos un par de vosotros ha salvado el mío. ¡No os abandonaré jamás! ¿Me habéis entendido bien? ¡Jamás!

Estalló un ruidoso aplauso. Los hombres estaban fuera de sí de la alegría. Se volvía a casa finalmente. Los aplausos no se habían apagado aún cuando llegó un enviado de parte de Ciro:

—El príncipe quiere verte inmediatamente.

—Dile que no puedo —respondió Clearco en voz baja—, que no se preocupe, resolveré la situación, pero dile que siga mandándome mensajeros aunque yo me niegue a ir.

El hombre lo miró sin entender, pero asintió y se alejó rápido.

—¡Ese hombre era un enviado de Ciro, pero le he hecho darse la vuelta!

Estalló otro aplauso.

—Pero ahora tenemos que pensar en cómo volver a casa. Por desgracia las cosas no son tan simples y sobre todo no dependen únicamente de nosotros. Ciro tiene un ejército de asiáticos diez veces más numeroso que el nuestro…

—¡No nos dan miedo! —gritó otro.

—Lo sé, pero pueden hacernos mucho daño. Aunque venciésemos, muchos de nosotros moriríamos.

Uno de los hombres de Clearco, que estaban mezclados en medio de la asamblea, tomó entonces la palabra:

—Podríamos pedirle que nos entregara la flota para volver.

—Podríamos —respondió Clearco—, pero yo no lo haría.

—¿Por qué?

—En primer lugar, la flota no ha llegado aún y no es seguro que vaya a llegar enseguida. En segundo lugar, es evidente que a partir de este momento Ciro no nos dará nada de dinero.

¿Con qué podemos pagar el pasaje? Podemos imaginar que la flota, una vez descargados los víveres y el apresto, regresa vacía y por consiguiente podría llevarnos, pero olvidaos de que lo haga de balde. ¿Cómo creéis que se siente Ciro con respecto a nosotros después de haber echado por tierra sus planes? Yo lo conozco bien. Es una persona que si quiere, si has hecho méritos, puede ser generoso, pero que si le haces un despecho te destroza. No hay que olvidar que cuenta con soldados, medios, naves de guerra. Y nosotros estamos solos.

Un murmullo de desconcierto recorrió las filas.

—Y aunque aceptase, ¿quién me asegura que al final no nos abandonarían en el mar o nos hundirían para no dejar rastro de esta expedición?

Se adelantó otro.

—Pues entonces pidámosle un guía que nos lleve atrás por vía terrestre. Mientras tanto podemos mandar vanguardias a ocupar los pasos de montaña para que no nos quedemos atrapados en el camino de vuelta.

—¿Tú te fiarías? ¡Yo no! —exclamó Clearco—. Un guía podría llevarnos a una emboscada o a una falsa pista y luego desaparecer. ¿Dónde acabaríamos? ¿Cómo encontraríamos el camino de casa en medio de una gente que no nos entiende? En cuanto a lo demás, ni siquiera pienso en ello. ¿Queréis embarcaros en una aventura de este tipo? Muy bien. Pero no me pidáis a mí que os mande yo, mandar a mis hombres al encuentro de una muerte segura.

»Lo que puedo garantizaros es que estoy dispuesto a morir con vosotros, a compartir vuestra misma suerte. Si queréis, elegid a otro comandante y yo lo obedeceré.

No era un gran alivio. Había movido su ficha: ahora les tocaba a ellos declarar lo que habían pensado para salir del atolladero. Formidables en la batalla, resistentes a cualquier dificultad y privación, eran presa fácil del desaliento cuando comprendían que no tenían perspectiva alguna.

El murmullo se convirtió de nuevo en silencio. Los hombres se daban cuenta de que no tenían elección, que en aquellas condiciones estaban expuestos a cualquier rufianería. Clearco había cargado las tintas al pintar el cuadro de la situación con un recurso oratorio y sin dejarlo ver paseaba la mirada por la asamblea para apreciar el efecto que sus palabras habían producido. Y mientras volvía la mirada alrededor observó en el fondo a aquel personaje con el que había conversado que pasaba lentamente a caballo, en apariencia desinteresado por lo que estaba ocurriendo. Ahora llevaba el yelmo con celada que le cubría el rostro, un manto rojo sobre los hombros y un gran escudo colgado de los arreos del caballo. Tenía todas las características de un hombre de rango.

Llegó en el momento oportuno el mensajero de Ciro que musitó algo al oído de Clearco y desapareció.

—Ciro desea saber qué queremos hacer. No tenemos ya tiempo. ¿Qué debo responder?

Se adelantó el último de los hombres al que Clearco había ya instruido para manipular la asamblea:

—Oídme —dijo—, me parece evidente que solos no tenemos ninguna posibilidad de salir de esta, y desafiar a Ciro es lo último que hay que tomar en consideración. Yo diría que habría que mandarle un mensajero con una petición clara: si cree que puede convencernos, que se manifieste y valoraremos su propuesta. En cambio, si no nos ponemos de acuerdo, le pediremos llegar a alguna tregua para que cada uno pueda irse por su lado sin peligro ni problema alguno, sin tener que guardarnos las espaldas. ¿Qué os parece?

—¡Está bien! ¡Hagámoslo así! —respondieron todos.

—Muy bien —prosiguió aquel—. Que el comandante Clearco vaya a ver a Ciro a fin de negociar y oigamos lo que nos propone.

Encargado de una misión oficial por uno de los hombres que había instruido él mismo, Clearco se presentó ante Ciro.

—¿Qué se puede hacer? —preguntó el príncipe cuando lo hubo escuchado.

—En mi opinión, si les revelas el objetivo de la expedición no te seguirán. Recuerda que para un griego alejarse tanto del mar es algo inconcebible. Lo domina una sensación de vértigo, siente que le falta el aliento. Un griego lleva sangre en las venas mezclada con agua de mar, créeme. Ahora el mar lo tenemos delante. Saben que de un modo u otro podrían volver a casa, pero adentrarse tantos miles de estadios en el cuerpo de un enorme imperio los amedrenta. Alinea delante de ellos a un enemigo diez veces más numeroso y no pestañearán: ponlos delante de una extensión ilimitada sin ciudades ni caminos y serán presa del pánico como niños en la oscuridad.

Ciro no dijo nada y durante un rato estuvo midiendo, andando adelante y atrás, el espacio de su tienda mientras Clearco permanecía inmóvil con la mirada fija delante de él. Al final Ciro se detuvo y dijo:

—Creo tener la solución adecuada: les dirás que hay un hombre que me ha traicionado, el gobernador Abrócomas, acampado en el Éufrates a doce etapas de aquí. Diles que ese es el objetivo de la expedición, que aumento su paga en una mitad exacta de lo que reciben y que tendrán una recompensa si conseguimos derrotar a Abrócomas. Luego podrán irse adonde les plazca.

—Esto puedo hacerlo —repuso Clearlo—, pero ¿y luego?

—Luego no tendrán elección. Tendrán que seguirme a la fuerza hasta el cumplimiento de la misión. Los reuniré, les hablaré, los convenceré, estoy seguro.

—Es posible —respondió Clearco—, pero antes de ir permíteme recordarte una cosa importante. Mis hombres son unos soldados extraordinarios, los mejores sin duda que podías enrolar, pero recuerda: son mercenarios. Luchan por dinero.

—Lo sé —respondió Ciro. Y Clearco se encaminó hacia la salida.

—Espera —dijo Ciro—. Sé que el último contingente ha desembarcado ahora a escasa distancia de aquí. ¿Crees que también ellos nos seguirán?

—Vino uno ayer a saludarme y me pareció haberlo visto pasar a caballo en torno al campamento hace un rato. Si es quien pienso, creo que tendremos problemas.

Ciro hizo un gesto con la cabeza y Clearco volvió para dirigirse a la asamblea.

Los soldados se dejaron convencer también porque no tenían en realidad otra elección, pero muchos de ellos siguieron pensando que marchaban contra el Gran Rey y rezongaban en voz baja.

Algunos habían notado que el desconocido aparecido a caballo en el campamento se había situado en una posición desde la cual podía dominar toda la escena y desde la que podía contar uno por uno a los que eventualmente se apartaran. No fue necesario: ninguno se apartó de la masa de los guerreros que estaban ahora dispuestos a marchar durante doce etapas hasta las orillas del Éufrates. Ninguno había visto nunca aquel río que se decía era no menos importante que el Nilo. Otros habían observado que el personaje se había acercado a Clearco y le había susurrado alguna cosa. Palabras a las que el comandante había respondido con un gesto afirmativo de la cabeza.

Pero ¿quién era aquel recién llegado? Aquel día y aquella noche no pocos lo observaron y no pocos se hicieron la misma pregunta. Jeno fue el primero en acercarse a él, que apartado había encendido un fuego y asaba un pan en la punta del puñal. Se había quitado el yelmo y mostraba una cabellera negra y unos ojos claros.

—¿Quién eres? —le preguntó.

El otro respondió diciendo su nombre. Un nombre para mí impronunciable de tan complicado como era y que yo, por comodidad, he llamado y seguiré llamando para el resto de mi narración, Sofo.

—Una buena hoja —añadió sin inmutase demasiado—. Y, si no he entendido mal las palabras de vuestro comandante, he llegado en el momento oportuno.

—¿Cómo es que conoces a Clearco?

—Eres un buen observador —respondió Sofo—. Sabes perfectamente que quien ha tenido en su mano una espada en los últimos diez años la ha palmado o, si sigue con vida, ha conocido a casi todos los demás dedicados al oficio del mismo bando o en campamentos enemigos. Por lo que respecta a mí, luché con Clearco en Tracia durante unos meses. ¿Y tú?

—Yo luché en el bando perdedor cuando los desterrados demócratas volvieron a tomar el control del gobierno de Atenas. Me llamo Jenofonte.

—¿De qué unidad formas parte?

—De ninguna. Estoy con el comandante Próxeno de Beocia. Llevo el diario de esta expedición.

—¿Hombre de pluma u hombre de espada?

—De pluma, por el momento. Las cosas no me han ido muy bien con la espada. Pero, si fuera preciso, tengo conmigo lo necesario.

—Me asombraría si fuera al contrario. ¿Y también escribirás acerca de mí?

—Debería.

—Depende. Si crees que soy lo bastante importante. Entonces ¿adónde vamos?

—Al sur. Hacia Siria, pero luego, a mi parecer, hacia Mesopotamia. Ciro marcha en realidad contra su hermano, nadie me podrá convencer de lo contrario. Por consiguiente, tomará hacia Babilonia y de ahí hacia Susa.

El extranjero frunció el ceño.

—¿Cómo sabes tú todas estas cosas?

—No las sé. Las supongo. Por otra parte, el Éufrates es el único camino que lleva a Babilonia.

Sofo le ofreció un pedazo de su pan tostado.

—¡Por Zeus! ¡Así que marchamos contra el Gran Rey de los persas! ¡Nada menos! Ah, bonita aventura, no cabe duda... A propósito, ¿conoces la historia de ese que fue capturado por los persas y acabó con un palo en el culo?

—No, no la conozco.

—Mejor para ti —respondió Sofo—, es una de esas historias que no hacen reír.

Luego se levantó, extendió su manta debajo de un árbol y se tumbó para dormir. Jeno volvió a su tienda.

Al día siguiente el ejército reanudó su marcha. Todo parecía tranquilo. Muchas secciones habían cargado las armas en los carros y caminaban expeditos sin ningún peso encima. Había un grupo de exploradores por delante, tres o cuatro a lo largo de los flancos y uno por detrás. Durante varias horas se avanzó por la orilla del mar, un mar de un azul intenso que rompía contra los cantos rodados de la playa con amplias cenefas de blanca espuma, con un chapaleo sonoro y continuo que hacía compañía. Los soldados caminaban por dentro del agua: alguno, con la lanza, consiguió incluso ensartar algún pez, tan lleno estaba el mar de ellos. Parecía un paseo más que una expedición militar. Había quien alborotaba, otros reían.

Ciro no decía nada, parecía satisfecho de lo que veía.

Jeno notó que Sofo, el guerrero surgido de la nada, cabalgaba solo a la cola de la columna. A veces desmontaba del caballo y caminaba largo rato a pie por la orilla del mar llevando a su animal de la brida. Una situación que parecía irreal. Aunque hubiese llegado con el nuevo contingente, no se había agregado a ninguna unidad, no se había presentado a ninguno de los comandantes de las grandes unidades. Parecía que conociera solamente a Clearco.

7

El ejército continuó marchando a lo largo de la costa; a través de un río y luego de otro cuyo nombre no recuerdo, pero que fueron cuidadosamente anotados por Jeno, hasta que llegó a un lugar llamado Isso: una pequeña ciudad con un puerto natural. Allí llegó la flota de Ciro; Jeno pensó que quizá el lugar acordado en un primer momento debía de haber sido Tarso y que luego Ciro, al no ver llegar las naves, había seguido adelante para ganar tiempo y esperarlas en el puerto siguiente.

La flota, al mando de un almirante egipcio, desembarcó a unos setecientos guerreros que elevaron el número a trece mil trescientos.

Nunca he entendido por qué a continuación, cuando se hicieron famosos, todos los llamaron «los Diez Mil». De hecho, no fueron nunca diez mil, o bien en el momento en que lo fueron nadie le dio probablemente mayor importancia. Acaso porque es un bonito número que impresiona. Da la idea de una masa consistente y compacta, de un grupo fuerte pero no grande, proporcionado, como todas las cosas de los griegos.

Desde allí el ejército siguió adelante hasta una barrera, entre los montes y el mar, que cerraba el paso, llamada las «Puertas Sirias». Era una fortaleza imponente, una doble muralla que un ejército decidido a resistir habría podido defender indefinidamente. En cambio, cayó sin derramamiento de sangre. El general persa que la defendía prefirió retirarse, por más que contara con un ejército poderoso y temible.

Cuando Jeno me contó esta historia le pregunté por el sentido de semejante actitud: de haberse mantenido la defensa, se habría rechazado al ejército de Ciro; ¿no habría hecho grandes méritos a los ojos de su señor?

Jeno me contestó que quien asume tamaña responsabilidad arriesga su fortuna y su entero destino a una sola jugada. Si es derrotado, no le queda más que quitarse la vida, porque su castigo sería terrible. Uniendo las fuerzas a las del Gran Rey demostraba su fidelidad y el riesgo recaía tan solo sobre la persona del Soberano. Quizá era esto lo que el general quería hacer: reunirse con su Rey y quitarse de encima una responsabilidad demasiado pesada.

Se llegó así a una bonita ciudad de la costa, la última antes de afrontar el desfiladero en el monte Amanos, que separa Cilicia de Siria. Desde aquel momento en adelante los griegos dejarían el mar y nadie podía decir cuánto tiempo pasaría antes de que pudieran volver a verlo.

El mar.

Los egipcios lo llaman «el Gran Verde», una expresión maravillosamente poética. Cuando me encontré con Jeno por primera vez en el pozo de Beth Qada no había estado nunca en el mar y no conocía a nadie de los habitantes de las cinco Aldeas de Parisatis que lo hubiera visto. Solo a alguien que se lo había oído describir a algún mercader. Jeno me explicó cómo era cuando estuve finalmente en condiciones de entender su lengua: una inmensidad líquida, insomne, de mil voces, de infinitos reflejos, espejo del cielo y de sus nubes galopantes, tumba de muchos audaces navegantes que lo habían desafiado a la ventura en busca de una vida mejor, surcando su superficie engañosa, persiguiendo su horizonte fugitivo. El mar: morada de infinitas criaturas escamosas, de monstruos enormes, capaces de tragarse una nave entera, todos sometidos a una divinidad misteriosa de infinito poder, que habitaba los abismos más profundos. Una divinidad también ella líquida, verde, transparente. Poco de fiar.

Me dijo que quien ve el mar siente miedo, pero también una atracción invencible, la ansiedad de conocer lo que esconde su interminable vastedad, qué islas y gentes desconocidas abrazan sus olas, si tiene un comienzo y un final, si es un golfo del gran río Océano que circunda todas las tierras, más allá del cual nadie sabe qué hay.

La noche en que se acampó cerca del puerto, dos oficiales del contingente griego desertaron y huyeron en una nave. Quizá pensaron que pronto superarían el punto sin retorno. Quizá les dominó una angustia insoportable, el único terror capaz de vencer a aquellos soldados indomables: el terror a lo desconocido.

Ciro hizo saber a todos que, de haber querido, habría podido mandar a sus naves más veloces en su persecución o descubrirlos en el lugar donde sabía que buscarían refugio, o bien aniquilar a sus familias que mantenía como rehenes en una ciudad de la costa. Que se fueran si querían: no era su deseo retener a nadie contra su voluntad, pero sin duda se acordaría de quienes le fueran fieles. Un gesto hábil: así los soldados sabían que les quedaba de algún modo una salida sin grave riesgo si decidían abandonar una aventura que a cada paso se perfilaba más arriesgada. Tenían su preocupación de siempre: no sentir ningún respeto por el contingente de asiáticos que marchaba con ellos y, por consiguiente, solo confiaban en sí mismos. Al mismo tiempo, la idea de que en realidad se estaba marchando contra el Gran Rey les llevaba infaliblemente a pensar cómo unos trece mil llegarían a desafiar al más grande Imperio de la Tierra.

Yo, habituada desde mi nacimiento a las pequeñas dimensiones de mi aldea, a los sentimientos modestos y contenidos de su gentes —las expectativas de la cosecha, los temores a la sequía o unos fríos tardíos, a unas epidemias que diezmaban los ganados, los matrimonios, los nacimientos y las bodas—, cuando finalmente me uní a Jeno y a sus compañeros de viaje me sentía atraída por las sensaciones de aquellos hombres obligados casi a diario a enfrentarse a la muerte. ¿Qué sentían realmente? ¿Cómo soportaban la idea de que no verían el sol del día siguiente o que deberían afrontar una larga agonía?

Después de haber atravesado el monte Amanos y destruido un asentamiento enemigo, el ejército llegó a mis aldeas y fue entonces cuando conocí a Jeno en el pozo.

Desde aquel momento también yo formé parte de ese modo de sentir, también yo fui partícipe de sentimientos extremos, de angustias nocturnas y de repentinos sobresaltos. El mundo de los soldados pasó a ser también el mío.

Cuando Ciro se decidió a poner al descubierto su juego, dado que todos se lo esperaban desde hacía tiempo y se habían hecho a la idea, el impacto de la revelación no tuvo sobre ellos más que un efecto limitado. No fue difícil para el joven y fascinante príncipe convencerlos definitivamente. Les garantizó el pago inmediato de una compensación equivalente al valor de cinco bueyes, amén de inmensas riquezas si vencían.

Cinco bueyes. Conocía perfectamente aquellos animales de grandes ojos húmedos y de paso pesado. Por aquel precio los hombres de Clearco cedían su derecho a vivir a cambio de su disponibilidad a morir. Ese era su trabajo, su destino, el único valor que podían intercambiar y poner en el platillo de la balanza.

En realidad no le temían a la muerte: la habían visto demasiadas veces, se habían acostumbrado. Temían otras cosas: los atroces sufrimientos y las monstruosas torturas que tendrían que soportar si caían vivos en manos del enemigo, o la esclavitud perpetua, o las mutilaciones que desfiguraban o todas estas cosas juntas.

¿Cómo se salvaban de la locura? Me lo he preguntado muchas veces. ¿Cómo podían mirar en sueños a los espectros sanguinarios de sus caídos y de los que habían asesinado en masa, sin perder la cabeza?

Estando juntos. Unos al lado de los otros. En marcha, en formación de combate, al amor del fuego del campamento. Algunas noches las oía cantar. Un canto grave, a ratos similar a un lamento, un sonido sombrío y solemne, coral, que aumentaba de volumen a medida que se añadían otras voces. Luego aquel canto se paraba de golpe para dejar paso al silencio del que saldría una voz solitaria, la voz nítida de uno solo de ellos: el que mejor que nadie, en el timbre y en la potencia, en el color y en la vibración, sabía interpretar su angustia, su coraje cruel y sin esperanza, su melancolía trastornada y doliente.

A veces me pareció que la voz era la de Menón de Tesalia.

Menón, rubio y feroz.

Las Aldeas del Cinturón también llamadas las Aldeas de Parisatis. ¡Qué encuentro aquel! En los días y en los meses siguientes le pregunté en varias ocasiones a Jeno cómo había vivido ese momento, qué le había llamado la atención de mí, qué creía que podíamos hacer juntos, aparte del amor. Y cada vez la historia que me contaba me fascinaba y me perturbaba al mismo tiempo. Tampoco él había pensado, o había reflexionado, o calculado posibles consecuencias. Quizá porque yo era una mujer bárbara y siempre existía la posibilidad de venderme en el primer mercado de esclavos cuando se hubiera cansado de mí, o cederme a un compañero, o en cambio —eso me gustaba pensar— porque la pasión y el deseo no le habían dejado otra elección. Pero era difícil hacérselo admitir.

Tenía que descifrar su mirada, interpretar sus caricias, dar un significado a sus pequeños regalos.

Para mí eran muestras de amor, pero la manera de razonar de los griegos en esta materia era compleja y difícil de comprender. En su país se casaban con una mujer y normalmente frecuentaban su lecho hasta que daba a luz un hijo varón, luego ya no. Por eso el hecho de que hiciéramos el amor tan a menudo me parecía un signo inequívoco de su apego a mí. Y lo hacía de modo que no naciesen hijos, y también esto era acertado. Lo que teníamos que afrontar era una prueba tremenda, capaz de quebrantar a hombres de un recio temple. También esto, en mi opinión, Jeno lo hacía por amor.

Me sucedía a menudo que pensaba en mi aldea, en mis amigas del pozo, en mi madre, en sus manos encallecidas por el trabajo incesante. El corazón me decía que no las volvería a ver más, pero pensaba, quizá para hacerme ilusiones, que a veces el corazón puede equivocarse.

A partir de las Aldeas de Parisatis comenzaba Siria, mi país, y durante todo el tiempo en que lo atravesamos los colores de la tierra soleada, el sabor del pan, el perfume de las flores silvestres y de las hierbas aromáticas me hicieron sentirme en casa. Luego, con el paso del tiempo y el cambio del paisaje, comprendí que entrábamos en un mundo distinto. Se comenzaban a ver animales salvajes: gacelas y avestruces que nos miraban llenas de curiosidad. Los machos de los avestruces tenían plumas negras hermosísimas y vigilaban atentamente al grupo de hembras que pacían alrededor. Los griegos llaman a los avestruces con una palabra que significa «pájaro-camello». No deja de tener su sentido: el dorso curvado de esas aves hace pensar en la joroba de un camello. Los soldados no las habían visto nunca antes, aparte de muy pocos que habían estado en Egipto, y marchaban señalándoselas unos a otros o deteniéndose a mirarlas.

No sabía que Jeno fuese cazador, sin embargo esa era su gran pasión. Apenas vio a los avestruces saltó sobre su caballo con arco y flechas y trató de tener a tiro a un grueso macho. Pero este se lanzó a una carrera tan veloz que el caballo de Jeno no solo no consiguió ganar terreno, sino que incluso, al cabo de poco, comenzó a demorar el paso hasta perder contacto con la presa. Los guías asiáticos dijeron que aquel animal aparentemente medroso e inocuo podía ser sumamente peligroso y que un golpe dado con sus grandes uñas podía hundir fácilmente el tórax de un hombre.

Jeno no volvió de su cabalgada con las manos vacías: trajo un huevo de esas aves, grande como diez huevos de gallina por lo menos. En cierta ocasión un mercader de la costa había llegado a nuestro pueblo con unas pocas telas y unos sencillos objetos de adorno y había expuesto en el suelo todas sus maravillas para atraer la atención de los habitantes. Había colocado también un huevo de avestruz, pintado con unos hermosísimos colores, pero nadie tenía nada lo suficientemente valioso como para intercambiarlo con ese objeto inútil y, sin embargo, tan atractivo.

El huevo traído por Jeno había sido puesto hacía poco y nos lo comimos hecho al fuego. Era bueno, y con un poco de sal y hierbas aromáticas, acompañado de un pan que había cocido sobre las piedras, fue una cena apetitosa. Jeno le mandó una porción de regalo a Ciro y recibió su gentil agradecimiento.

Al día siguiente encontramos un grupito de onagros, asnos salvajes, y Jeno trató de darles caza también e ellos, pero de nuevo sin éxito. Su magnífico corcel, al que llamaba Halys, se vio humillado en la carrera por unos animales carentes de gracia y de hirsuta pelambre.

A los compañeros que lo provocaban por su fracaso les respondió que había pensado ya en la manera de capturar a uno y que al día siguiente llevaría a cabo su empresa. Solo necesitaba dos o tres voluntarios a caballo. Se adelantaron tres, dos acadios y un arcadio, y Jeno se puso a instruirlos. Trazaba signos en el polvo y colocaba pequeñas piedras a cierta distancia una de otra.

Al día siguiente comprendí qué significaban aquellos guijarros: eran los puntos sucesivos en los que apostar a los tres jinetes; uno comenzaba la persecución, luego, cuando el caballo había agotado sus energías, lo sustituía el segundo y, finalmente, el tercero, que empujaba al animal ya cansado hacia el lugar donde Jeno esperaba al abrigo de un sotillo de sicómoros. Cuando el onagro llegó, Jeno espoleó a su corcel a todo galope y lo tuvo a tiro. El primer disparo falló, porque el asno hizo de improviso un extraño giro cambiando de repente de dirección en su carrera y volviendo atrás hacia donde estábamos nosotros. El segundo dio en el blanco, pero sin abatirlo. Pero era solo cuestión de tiempo.

Exhausto, herido, el animal demoró su carrera hasta detenerse: tenía la boca abierta para respirar, la cabeza pendulona. Las patas cedieron cada vez más hasta doblarse totalmente. Ahora el animal estaba de rodillas esperando el golpe de gracia. Jeno cogió un venablo, lo lanzó con fuerza entre las costillas y le traspasó el corazón. El onagro se desplomó sobre un costado soltando unas coces con las patas traseras durante un instante, luego le entró la rigidez de la muerte. Era un macho.

A cierta distancia, el grupo de las hembras observaba con un despego no en consonancia ciertamente con la desgracia que se acababa de consumar y, mientras Jeno, con su puñal aferrado, comenzaba a despellejar al animal, las hembras se pusieron de nuevo a pacer, mordisqueando aquí y allá los rastrojos de trigo silvestre.

Me produjo tristeza presenciar aquella escena y la victoria del hombre, por astucia, sobre aquel animal generoso que corría como el viento azotando el aire con su cola híspida. Me pareció una acción brutal a la que habría preferido no asistir.

Aquel día Jeno se hizo de improviso popular entre los soldados al haber dado una lección de táctica elemental de la caballería y haber dado muestra de ser simplemente un hombre de acción. Cuando luego, esa misma noche, preparó la carne del asno bien asada a un nutrido corro de invitados, entre los que estaban el mismísimo Clearco, Sócrates de Acaia y Agias de Arcadia con sus ayudas de campo y sus oficiales subalternos, su popularidad aumentó. Menón, que no había sido invitado, no se dejó ver siquiera en las inmediaciones, mientras que apareció, entrada la noche, Sofo para echar un vistazo a los restos del banquete ya terminado.

—¿A qué sabe? —preguntó. Y sin esperar la respuesta se alejó desapareciendo en la oscuridad.

Jeno se dijo: «Yo creo que sabe a ciervo». Era una manera de decir que sabía a salvaje, pero con un macho como era el animal abatido no cabía esperar otra cosa.

Sofo seguía mostrándose bastante esquivo y Jeno trataba en vano de comprometerlo en varias conversaciones. No lo perdía de vista, principalmente cuando lo veía acercarse a Clearco, y a veces trataba de pasar por allí como por casualidad, evidentemente para captar algún fragmento de conversación, pero por lo que se refiere a eso no consiguió nunca salirse con la suya.

Durante la noche oímos varias veces los aullidos de los chacales que se disputaban el esqueleto. Al alba reanudamos el camino y, por primera vez, se me acercaron otras mujeres que quizá querían hacer amistad o conocerme. Pero yo no comprendía lo que decían. Todavía no.

Las colinas de septentrión se alejaban cada vez más y comenzaba a distinguirse el verde de las plantas que bordeaban el Éufrates.

El Gran Río.

Acampamos en modestas alturas que daban a sus orillas y aquella noche me quedé despierta largo rato, sentada en un tronco de palmera contemplando las aguas que relumbraban abajo a la luz de la luna. Si veía una rama o un tronco traído por la corriente, trataba de imaginar de dónde venía, qué distancia había recorrido antes de pasar por delante de mis ojos. En mi aldea eran pocos los que habían visto el Éufrates —el que nosotros llamamos en nuestra lengua *Purattu*— y exageraban sus dimensiones hasta describirlo tan ancho que la otra orilla podía verse a duras penas.

Al día siguiente con la luz del sol apareció también la ciudad que se encontraba junto al vado. Era el único punto por el que podía cruzarse el río a aquella altura y todas las caravanas se hacinaban para pasar de una orilla a la otra. También había transbordadores, pero quien tenía grandes animales —caballos, mulos, asnos, camellos— pasaba el vado. La confusión era increíble: los trajes, las lenguas, los colores, los gritos y las llamadas, incluso las riñas y las discusiones creaban un ruido difuso y disonante. Eran hombres que habían recorrido montañas y desiertos para llevar mercancías de todo género por los países del Asia interior hacia el mar y las ciudades portuarias donde serían embarcadas para otros destinos. El nombre de aquella ciudad significaba precisamente «vado», y estaba habitada predominantemente por fenicios que habían establecido en ella su avanzadilla hacia el interior.

—¿Ves esa agua? —preguntó Jeno acercándose a mí—. ¿Ves lo rápida que corre? Pues dentro de dos días como mucho pasará por debajo de los puentes de Babilonia. Nosotros en cambio emplearemos todavía un mes. El agua es insomne, viaja también de noche, no teme obstáculos, nada puede detenerla hasta que alcanza el mar, que es su último destino.

Ya, el mar.

—¿Por qué todos los ríos van al mar? —pregunté.

—Es simple —me respondió—, porque los ríos nacen arriba, en las montañas, y el mar está abajo, en las cavidades de la Tierra, que así se llenan.

—¿Por tanto basta con seguir un curso de agua, cualquiera que sea, para estar seguros de llegar al mar?

—Así es. Imposible equivocarse.

Aquellas palabras de Jeno me quedaron profundamente grabadas, no sé por qué. Quizá ciertas frases que nosotros pronunciamos son involuntariamente proféticas, de un modo o de otro o de la manera exactamente contraria, como parece que son los oráculos.

—¿Puedo hacerte otra pregunta? —le pregunté.

—Sí, si es la última. Tenemos que prepararnos para pasar el vado.

—¿Y el mar? ¿Es uno solo o son muchos en comunicación entre sí o son como unas cuencas cerradas?

—Están en comunicación con el río Océano que circunda la Tierra.

—¿Todos?

—Habías dicho una sola pregunta. Sí, así es.

Me hubiera gustado preguntarle cómo sabía que todos se comunicaban con el Océano, pero había ya hecho una pregunta de más.

Desde lo alto de la colina podíamos asistir al paso del vado: el caudal del río era particularmente bajo por más que estuviéramos a finales de primavera y el ejército lo cruzó sin ninguna dificultad. Primero un grupo de exploradores a caballo y luego todos los demás. Tampoco aquí hubo ninguna resistencia del otro lado y a mí la cosa me pareció extraña, pero no dije nada.

—¿No te parece curioso? —resonó en aquel momento una voz a nuestras espaldas, como si mis pensamientos se hubieran visto amplificados—. Tampoco aquí ninguna resistencia. El general Abrócomas no combate y se escabulle.

Jeno se dio la vuelta y se encontró de frente a Sofo, el hombre que apareció de improviso en el campamento junto a Tarso.

—No me parece tan extraño después de todo. Simplemente Abrócomas no se siente capaz de enfrentarse a Ciro. Eso es todo.

—Sabes que no es cierto —respondió Sofo. Luego espoleó su caballo lanzándose pendiente abajo hacia el vado.

Proseguimos el viaje del otro lado del río tomando hacia mediodía. El paisaje era llano y uniforme, pero, cuando el sol se ponía en el horizonte volviéndose una enorme esfera roja, aquel territorio desértico, árido y abandonado se transformaba. La estepa, que de día, con el sol cayendo a plomo, parecía un páramo calcinado y cegador, se transfiguraba. Las más pequeñas piedras o los cristales de sal se convertían en superficies de reflejos preciosos y cambiantes. Muchas hierbas invisibles de día adquirían forma, los tallos, movidos por el viento del atardecer, vibraban como cuerdas de cítara, y sus sombras se alargaban desmesuradamente a medida que el sol descendía hasta desaparecer en un instante cuando se ponía en el horizonte.

Cuanto más nos alejábamos de mis aldeas, más me sentía yo presa de un extraño vértigo, de temor al vacío. En aquellos momentos buscaba a Jeno, la única persona que conocía entre los miles y miles que pasaban por delante de mí, que desfilaban ante mi mirada, pero también él era como la estepa: de día árido y seco, no distinto de todos los demás. No podía ser de otro modo: ningún hombre en el ejército de los griegos habría mostrado nunca atención por una mujer a la luz del día para no ser el hazmerreír de sus compañeros.

Pero después de que el sol se había puesto, cuando descendía la oscuridad y la interminable extensión de la estepa se animaba de sombras fugitivas, de susurros de alas invisibles, cuando en el campamento parecía reinar una extraña calma y por todas partes, en los campamentos, los hombres conversaban en decenas de dialectos distintos, entonces también él cambiaba. Me estrechaba la mano en la oscuridad y me rozaba los cabellos con una caricia o los labios con un ligero beso.

En esos momentos sentía que no tenía que arrepentirme de haber abandonado a mi familia y a mis amigas, la quietud de las noches de verano, la atmósfera suspendida y sin tiempo en torno al pozo de Beth Qada.

8

La última carne fresca durante un largo período de tiempo la comimos en las primeras etapas junto al río Éufrates y también esta vez gracias a la habilidad venatoria de Jeno. Había cantidad de aves grandes como gallinas que se dejaban coger con cierta facilidad. Emprendían vuelos cortos y afanosos y bastaba con seguirlas un poco para cansarlas y luego capturarlas con las manos. Se contaban por cientos. Al principio no conseguía comprender por qué no alzaban el vuelo y no huían del peligro. Luego caía en la cuenta: eran todas hembras con su nido y simulando ese vuelo falto de gracia y corto trataban de atraer a los intrusos para que se alejaran de sus nidadas. Se sacrificaban, en otras palabras, para salvar a sus polluelos. Siguiendo el ejemplo de Jeno, muchos soldados dejaron sus armas y echaron a correr detrás de aquellas aves. Había quien, no precisamente ágil, a la primera espantada acababa rodando por el polvo, otros se afanaban en vano sin conseguir nunca echar el guante a su presa. Pero se divertían, reían y alborotaban. Cada vez que uno conseguía capturar su ave se alzaban gritos de júbilo y ovaciones del resto del ejército como si asistieran a una competición de lucha o de carreras. Gritaban el nombre del vencedor, que alzaba su trofeo para que pudieran verlo.

Yo estaba mirándolos casi incrédula. Los más temibles guerreros del mundo conocido jugueteaban como niños en el polvo. Otros, acercándose a la orilla del río, acababan en el agua o hundiéndose en el limo, saliendo de él ensuciados de pies a cabeza.

La carne de aquellas aves era muy gustosa y sabrosa aunque estuviesen en el período de la nidificación. Después hubo que recurrir solo a los víveres, a la harina, al trigo y al aceite de oliva que cada sección tenía consigo o a las vituallas que podían comprarse, a precios muy caros, a los mercaderes que iban detrás de nosotros.

El paisaje cambiaba. Cuanto más avanzábamos hacia el sur, más árido y desértico se volvía. Hasta las orillas del Éufrates estaban desnudas. Abiertas dentro de un lecho de arenisca, no ofrecían espacios en los que pudiera crecer un poco de hierba y menos aún plantas. Durante cierto tiempo bastaron el heno y el forraje que teníamos con nosotros para alimentar a las acémilas, pero luego el forraje empezó a escasear y los animales comenzaron a morir. En ese momento eran sacrificados y la carne distribuida entre la tropa: era dura y fibrosa, pero no había elección.

Ciro se aparecía cada vez con más frecuencia y en más de una ocasión vi a Jeno intercambiar algunas palabras con él junto con Próxeno de Beocia y Agias de Arcadia. Habitualmente el príncipe estaba rodeado de sus nobles y de su guardia personal. Jóvenes robustos y fornidos vestidos magníficamente, con brazaletes de oro en las muñecas y al cinto espadas con empuñadura y funda de oro. Sus miradas se dirigían constantemente a él para que ni la más mínima insinuación fuera desatendida. Recuerdo que una vez nos encontramos en un punto en el que el río describía un recodo. Había vegetación, hierba, flores y plantas, y casi instintivamente la columna se acercó, para tratar de reponerse de la cegadora canícula. Poco después uno de los carros se empantanó. Llevaba una carga importante: armas arrojadizas, arreos para los caballos y tal vez también dinero. Debía de haber bastante en los sacos, porque Ciro arrugó de improviso la frente. Bastó su cambio de expresión para que todos los nobles saltasen del caballo y, tal como iban vestidos con sus pantalones bombachos bordados y las casacas recamadas de plata y seda, se arrojasen en el limo para empujar el carro y evitar que se hundiera.

Las jornadas de marcha eran cada vez más duras y difíciles, sobre todo para las mujeres. Yo viajaba en un carro tirado por dos mulos porque era la mujer de Jeno, pero ahora muchos animales habían muerto y podía verse a menudo a las otras, las esclavas y las prostitutas, caminar por el polvo detrás de sus amos, lo que me incomodaba. También entre ellas existían diferencias. Las más bellas y atractivas iban a lomos de mulo o en sus carros para que no se ajasen, las otras a pie.

La noche traía refrigerio a todos. El río brindaba la restauración de un baño. En los cauces secos de sus afluentes había muchas matas y arbustos marchitos que servían para encender el fuego de noche y preparar una pobre cena. El firmamento desplegaba sobre el campamento su negra bóveda tachonada de un infinito titilar luminoso, el reclamo de las aves nocturnas y el ulular del chacal se dejaban oír desde lo profundo de la noche, en los abismos de una inmensidad ilimitada. Casi ninguno de nuestros hombres había visto nunca el desierto. Venían de una patria de pequeños valles y de ásperas montañas, de profundas ensenadas y de playas doradas, una tierra que cambiaba casi a cada paso del caminante, al transcurrir de cada día y de cada hora. En cambio, el desierto era siempre igual, decían, vasto y llano como el mar en bonanza. También la atmósfera era distinta e inquietante: en las noches de luna el blanco yesoso del terreno y el azul oscuro del cielo se diluían en una luz azulada e irreal, inmóvil, angustiosa en su maravillosa extrañeza.

Cuanto más nos alejábamos del mar, más sentían los soldados la necesidad de cantar juntos o de hablar en voz baja en la noche, hasta bien tarde. Yo no comprendía el significado de sus cantos, pero intuía su sentimiento. Era nostalgia. Aquellos guerreros de bronce sentían de forma aguda la lejanía de sus familias, de sus hijos y de sus mujeres, quizá, de la aldea a la que esperaban regresar ricos y respetados, y a contarles de viejos una aventura formidable a los chicos sentados en torno al hogar en las noches de invierno. El murmullo del río, por una parte, y la algarabía de millares de hombres sentados alrededor del campamento, por otra, creaban un ruido difuso e indistinguible, y sin embargo la voz del río era el estremecimiento de infinitas ondas y encrespaduras apenas visibles, así como el otro sonido era en realidad el de muchas voces que se habían apagado allí donde nadie de su raza se había atrevido nunca a aventurarse.

Desde que el ejército había partido no había combatido una sola vez, aparte de la incursión de Menón de Tesalia en Tarso, y la expedición se parecía por el momento más a un viaje, a una exploración que a una empresa militar. Pero cada mañana que el sol se alzaba, cada vez que los guerreros retomaban las armas y se ponían en camino, sus ojos escrutaban el horizonte por todas partes, buscaban una señal, un indicio de presencia humana, de un movimiento cualquiera en aquel territorio interminable y monótono. ¿Cuándo aparecería el enemigo? Porque ya no cabía duda de que llegaría. De día, de noche, al amanecer o a la puesta del sol, pero llegaría. Quizá por la espalda, quizá de frente para impedir el paso, quizá con una incursión rapidísima de caballería. Mil hipótesis, mil conjeturas, y una sola certeza. Y sin embargo pasaban los días y no sucedía nada. El polvo, el sol, el calor sofocante, el tremolar del aire sobre la superficie candente de la Tierra, los fantasmas meridianos eran su constante compañía: ¿cuándo llegaría el enemigo?

También yo se lo preguntaba a Jeno y al hacerle la pregunta me dominaba un contenido frenesí, como si fuese uno de los guerreros que se preparaban para el más formidable peligro de su vida.

Luego, un día, un grupo de exploradores volvió para informar de que había encontrado muchos excrementos de caballo y rastro de paso en una zona de desierto en las cercanías de Cunaxa, una aldea no muy distante de Babilonia. También dijo que había visto pasar, por un palmeral, una patrulla de reconocimiento. ¿Podía ser una señal?

Ciro ordenó que todos marcharan inmediatamente en perfecto orden de batalla, armados hasta los dientes. Solo los escudos viajarían en los carros para ser embrazados en el último momento.

Había tensión, la sensación de una espera espasmódica, grupos de jinetes iban y venían sin cesar, daban el parte, volvían a partir, llegaban otros, intercambiaban unas pocas palabras con un oficial, y también otros hacían señales de lejos con un escudo bruñido o agitaban un paño amarillo.

Los hombres marchaban en silencio.

Jeno se armó. Se revistió con la armadura que había visto a su lado mientras se lavaba en el pozo de Beth Qada. Esta vez la observé con atención: la coraza de bronce con hombreras de cuero finamente pintadas de rojo, dos grebas asimismo de bronce, tersas y brillantes, y la espada dentro de una funda repujada con la empuñadura de marfil. Sobre los hombros, un manto de color ocre.

—¿Por qué te armas? —le pregunté preocupada.

No respondió. La situación debía de parecerle tan evidente que sobraban los comentarios, pero me disgustó. Estaba apenada, me hubiera gustado recibir alguna palabra de respuesta. Al instante me di cuenta de que, antes del anochecer, nuestros guerreros podían perderlo o ganarlo todo: riquezas, gloria, honores, tierras. Pero para mí el envite era mayor. En caso de victoria pasaría aún un tiempo con el hombre que amaba, no sabía cuánto. En caso de derrota no había límite para las desventuras y los sufrimientos que podían ocurrirme. Fue su voz la que interrumpió mis pensamientos:

—¡Oh, dioses!

Miraba hacia el mediodía. El sol estaba en medio del cielo sobre nuestras cabezas.

Una polvareda blancuzca velaba el horizonte a lo largo de una enorme extensión.

—Es una tempestad de arena —dije.

—No. Son ellos.

—No puede ser. Es demasiado extenso.

—Te digo que son ellos. Mira.

Se veía un negrear confuso dentro de la nube de polvo y luego, a medida que disminuía la distancia, resplandecer las armas, las puntas de las lanzas, los escudos.

Relámpagos, dentro de una nube tempestuosa.

—He aquí por qué no hemos encontrado resistencia en ningún momento, ni en las Puertas Cilicias, ni en las Puertas Sirias, ni en el Éufrates, en Tapsaco... —dijo Jeno sin apartar la vista de la tempestad de polvo y de hierro que se acercaba retumbando, como el viento de Beth Qada—. Artajerjes quería atraer a su hermano hasta el lugar donde ha reunido todas las fuerzas del Imperio, en esta extensión ilimitada donde no hay refugio, donde no hay defensa alguna, para destrozarlo sin piedad.

—Es el fin, pues —dije quedamente e incliné la cabeza para disimular las lágrimas.

Sonaron las trompetas. Ciro pasó cabalgando a rienda suelta montado en su caballo árabe, dando órdenes a voces en tres o cuatro lenguas distintas. Arieo hizo sonar los cuernos. Clearco gritó con voz increíblemente potente:

—¡Soldados, a las filas! ¡Frente a mí! —luego se situó a caballo en medio de la llanura.

Como miembros de un mismo cuerpo, los guerreros corrieron en grupos compactos a ocupar su puesto en el frente de combate. Un bloque se añadía a otro, la línea se alargaba más, cada vez más, hasta encontrar apoyo en la orilla izquierda del Éufrates.

El ejército enemigo estaba ya a plena vista. Eran guerreros de cien naciones: egipcios, árabes, cilicios, capadocios, medos, carducos, colcos, cálibes, partos, sogdianos, bitinios, frigios, mesinecos...

Podían distinguirse las armaduras, los colores de los trajes, la forma de las armas, podían oírse ya los gritos, amortiguados por el ruido de los pasos de cientos de miles de hombres y de decenas de miles de caballos. Y, de fondo, un retumbo metálico, hondo y continuo, que parecía acompañar y exaltar los otros ruidos: venía de los lados donde la nube de polvo era más densa.

—¡Carros! —gritó Jeno.

—Carros falcados... —precisó una voz.

Sofo.

Aparecía siempre como de la nada. Jeno, que se disponía a montar a Halys, se dio la vuelta.

—... llevan unas hoces afiladas que sobresalen de los ejes de las ruedas y otras debajo de la caja: si para salvarte crees que puedes echarte debajo de la lanza a fin de que el carro te pase por encima, olvídate de ello. Te hacen tiras, a lo largo. Ingenioso y eficaz.

Me horroricé.

Sofo estaba armado. Sujetaba el yelmo debajo del brazo izquierdo y el escudo colgado de los arreos del caballo. Espoleó y se dirigió hacia donde estaba Clearco.

Jeno me cogió de una mano.

—No te muevas en ningún momento de aquí, no bajes en ningún momento del carro, bajo ningún concepto. Los carros serán llevados con los pertrechos y protegidos en el centro del campamento. Yo tengo que presentarme ante Clearco. Haz lo que te he dicho y esta noche nos veremos de nuevo. Si no haces lo que te digo, morirás. Adiós.

No me dio tiempo de decir nada, y por otra parte tal vez no lo habría conseguido de tanta como era la emoción y tan fuerte el jadeo en mi garganta. Solo cuando estuvo ya demasiado lejos para oírme grité: «¡Vuelve! ¡Vuelve conmigo!». El que guiaba las caballerías del carro fustigó a los mulos y lo llevó a donde se estaban reuniendo los pertrechos: una prominencia del terreno que sobresalía ligeramente de la llanura, pero lo suficiente como para poder dominar el teatro entero del enfrentamiento. Desde allí conseguía ver lo que sucedía sin perderme casi nada. Era un ángulo de visión terrible y privilegiado. Fui yo quien le contó a continuación a Jeno los detalles de la inmensa carnicería.

Ahora ya todas las secciones del ejército estaban en movimiento: los asiáticos cubrían las tres cuartas partes de nuestra formación a partir de la izquierda. Ciro estaba en el centro, espléndidamente armado y ataviado, rodeado de sus tropas escogidas, arqueros y jinetes de aspecto maravilloso, embutidos en sus corazas resplandecientes de oro y de plata, de aspecto hermosísimo, fulminantes en los movimientos. Cada uno empuñaba la pica con un pendón verde en el asta. En el ala derecha estaba Clearco con los suyos y mandaba personalmente a la primera sección: los mantos rojos.

Vi a Jeno salir de entre la multitud y dirigirse hacia él. Durante unos pocos instantes permaneció en medio de la llanura, resplandeciente en su caballo blanco, no podía pasar inadvertido. ¿Cómo estaría aquel joven por la noche? Se me encogía el corazón solo de pensarlo. Lo veía galopar, dar vueltas, lleno de fuerza vital, y finalmente detener su semental delante del comandante supremo.

Unas imágenes horribles me pasaron por las imaginación, superponiéndose a aquel joven jinete refulgente: lo veía yacer en el suelo traspasado por una flecha en el corazón, cubierto de polvo y de sangre, o bien lo veía arrastrarse herido, moribundo, o también huir a pie perseguido por enemigos a caballo que lo remataban. Hubiera querido gritar, era consciente de que había llegado la situación irreversible.

Los dos ejércitos se disponían a enfrentarse, era el momento en que la Cer de muerte pasaba por entre las filas formadas para elegir a sus predilectos.

Desde la altura en que me encontraba se veía claramente que el ejército enemigo superaba con creces al nuestro por la izquierda y era fácil comprender que de ahí partiría una maniobra envolvente. ¿Dónde estaba Jeno en esos momentos? ¿Dónde estaba, dónde estaba, dónde estaba?

Muchas veces mi mirada lo buscó sin verlo.

Ahora el espacio entre las opuestas formaciones no era más que de trescientos pasos. El centro del ejército enemigo estaba desplazado respecto al extremo izquierdo de nuestro ejército. Allí estaba Artajerjes, erguido en su carro, resplandeciente como un astro. Se podía ver el estandarte rojo que lo acompañaba en el campo de batalla.

Vi a Ciro mandar a alguien a Clearco: una discusión breve y animada, luego el mensajero volvió atrás.

Doscientos pasos.

Ciro en persona abandonó la formación y corrió al galope hacia donde estaba Clearco. Pareció que le diese una orden, pero no ocurrió nada. Ciro volvió atrás. Sus movimientos hacían intuir que estaba furioso.

Yo podía ver lo que sucedía en las retaguardias del ejército de Artajerjes. Pero ¿por qué Ciro no estaba donde estaba yo? Desde allí habría podido mover sus secciones como peones en un tablero de ajedrez. Ya sé por qué: el comandante debía demostrar que era el más valiente de todos, ser el primero en afrontar el peligro.

En una nube de polvo el escuadrón de carros falcados se movía invisible detrás de las líneas, desde el ala derecha hasta la izquierda. ¡Estaban a punto de lanzarse contra los hombres de Clearco, contra Jeno! ¿Cómo resistirían a unas máquinas tan espantosas? Grité con todas las fuerzas de mi garganta: «¡Cuidado, a la derecha!». Pero ¿cómo iban a poder oírme?

Cien pasos.

Un gran estruendo.

Las líneas de la infantería persa se abrieron de improviso, dejando pasar a los carros que se lanzaron en una carga furibunda contra los mantos rojos.

Inesperadamente, Ciro salió al galope con su guardia lanzándose en dirección opuesta en una trayectoria oblicua que atravesó todo el campo en estricta diagonal. Corrían a un galope enloquecido contra el centro de la formación enemiga. ¡Ciro buscaba a Artajerjes! ¡Los dos hermanos, uno contra otro en un duelo a muerte!

Clearco hizo tocar las trompetas, y los lanzadores de jabalina y los incursores tracios corrieron al encuentro de los carros arrojando sus dardos contra los aurigas. Algunos de ellos cayeron traspasados y los carros sin guía se desbandaron y volcaron. Otros carros lanzados a toda velocidad se golpearon con los caídos y volcaron a su vez en un enredijo monstruoso de astillas, fragmentos metálicos y de miembros humanos y ferinos.

Otros incursores a caballo corrieron al encuentro de los carros lanzando flechas y dardos o saltando incluso ellos mismos dentro de las cajas para entablar duelos mortales con los aurigas y la caballería ligera. Los carros que consiguieron pasar prosiguieron en su loca carrera, pero sonaron las trompetas de nuevo: las filas de la infantería griega se cerraron dejando delante de cada carro falcado un pasadizo. Cuando estos hubieron atravesado toda la formación los arqueros de retaguardia se volvieron y asaetearon por la espalda a los aurigas y a la caballería ligera. Los carros sin guía se dispersaron en el vacío del desierto.

Cincuenta pasos.

Clearco hizo tocar de nuevo las trompetas.

Mientras tanto el escuadrón de Ciro se abatía con estruendosa violencia contra la guardia imperial de los Inmortales, los defensores del Gran Rey.

Sonaron las flautas en el bando de los mantos rojos y estos, tras bajar las lanzas, cargaron, al paso, en silencio contra los gritos de los enemigos, contra el delirio, contra la furia descompuesta, la horda aullante.

En silencio, todo el ejército avanzó al mismo paso, al ritmo de las flautas y de los tambores.

Los asiáticos de Artajerjes demoraron el avance, sus filas oscilaron. Clearco lanzó hacia delante a sus hombres al grito de guerra: «¡Alalalai!».

Nadie podía resistir a los mantos rojos. La falange cargó precipitándose como una avalancha sobre el frente enemigo, lo rompió en dos, penetró aún más en el pasadizo, arrolló a toda el ala izquierda enemiga, la separó del resto del ejército y se puso a perseguirla. El polvo los cubrió. Hizo que se perdieran de vista.

Pero en aquel espacio vacío irrumpían grupos cada vez más numerosos de jinetes persas y algunos llegaban hasta el mismo pie de la colina donde yo estaba. Espantada, dejé mi refugio del carro ya demasiado expuesto y busqué un lugar mejor protegido, en medio de un palmeral, y continué observando, trepidante, la evolución de aquel enfrentamiento furioso.

Mientras Ciro y sus tropas escogidas continuaron batiéndose, también el grueso de los asiáticos de Arieo aguantó. De vez en cuando yo miraba al sol que parecía clavado como un escudo al rojo vivo en la blanca cavidad del cielo. Desde mi refugio el fragor de la gigantesca batalla llegaba amortiguado y confuso: solo algunos gritos muy agudos de terror y de dolor perforaban el aire denso de polvo, sangre y sudor, y también los relinchos de los caballos y el rechinar de los carros llegaban con el cambio del viento para herir mis oídos.

Luego la luz del sol se hizo más roja y ocurrió algo, justo en el centro de la formación, algo que no conseguí comprender porque todo estaba envuelto en una densa calina. Pero a partir de aquel momento el ejército de Ciro comenzó a ceder y acto seguido a emprender la fuga.

En aquel momento me pareció ver, a lo largo de la orilla del Éufrates, a un grupo de los nuestros a caballo, me pareció descubrir el manto ocre de Jeno en medio de la turbamulta al galope y me lancé a la carrera pendiente abajo. Una acción irreflexiva. Algunos jinetes persas que se habían infiltrado a través de las filas de los asiáticos de Arieo advirtieron mi presencia y espolearon sus caballos hacia mí.

Volví enseguida atrás y eché a correr colina arriba para buscar refugio detrás del círculo de carros. Una empresa imposible. Ya los tenía encima. Me arrojé al suelo y me cubrí la cabeza con las manos.

Pasaron unos instantes interminables. Respiraba polvo y estaba envuelta en una nube de terror.

No sucedió nada, pero luego, de golpe, un cuerpo se abatió sobre mí aplastándome y enseguida un reguero de sangre empapó mis ropas. Grité de terror y traté de liberarme. Alguien había traspasado a uno de mis perseguidores con una jabalina y ahora avanzaba al galope hacia ellos y hacia mí. Aunque tenía el rostro cubierto por el yelmo, reconocí sus armas y su caballo.

¡Menón!

Lo recuerdo como si fuese ahora. Mi mirada estaba tan concentrada en su figura que cada movimiento suyo era descompuesto por mis ojos, instante por instante, de modo que me parecía verlo avanzar como si estuviera suspendido del suelo en un espacio distinto del mío y del resto del mundo. Lo percibí de nuevo en toda su violencia física cuando irrumpió en el grupo. Lanzó otro venablo y un segundo jinete cayó muerto al suelo. Blandió la espada poniendo de manos al caballo. Las patas del corcel separaron a los adversarios uno del otro y Menón los golpeó por separado con precisión y potencia mortíferas. Luego se quitó el yelmo, me cogió de un brazo haciéndome subir al caballo y se dirigió hacia un punto lejano del campo de batalla y del círculo de carros, un espeso bosquecillo de tamarindos. Allí me depositó en tierra. Me sonrió por un instante, con sus dientes blancos, de lobo, burlón, enigmático, y de nuevo volvió atrás para socorrer a los suyos, que estaban rodeados. Se batía como un león rabioso, pero eran demasiado inferiores en número: ¿dónde estaban los demás? La luz era roja como sangre. ¿Por qué no llegaban? ¿Por qué, por qué?

Llegó uno solo, a caballo, de la nada, blandiendo la lanza en una mano y la espada en la otra, guiando a su cabalgadura con la sola fuerza de las piernas, imponente, macizo, arrollador: ¡Sofo!

Arrojó la lanza traspasando de parte a parte al comandante enemigo e inmediatamente después irrumpió en la refriega con la espada empuñada como una furia golpeando a derecha e izquierda con espantosa potencia. Menón y los suyos tomaron aliento y contraatacaron con renovado vigor; barrieron a los últimos adversarios y luego se lanzaron hacia la llanura del lado meridional quizá para unirse al ejército de Clearco.

Se quedó Sofo.

Limpió la espada en la arena, la devolvió a su funda y se sentó inmóvil en una piedra mirando al vacío delante de él. Ya no tenía ninguna intención de combatir, parecía que la cosa no fuera con él. Pero estaba interesado en la evolución de la batalla que ahora se encaminaba hacia su final.

Los gritos y el ruido prosiguieron aún durante un rato, pero con el paso del tiempo y la puesta del sol se amortiguaron cada vez más hasta cesar totalmente.

Entonces Sofo se volvió hacia mí y me hizo una seña de que fuera con él hacia la colina. Lo seguí. El espectáculo que se ofreció ante nosotros me dejó petrificada de horror. Delante de mí había una extensión inmensa sembrada de cadáveres de hombres y de caballos. Muchos animales heridos o cojos se arrastraban penosamente aquí y allá resoplando de dolor por los ollares ensangrentados. En el fondo se veía el polvo levantado por el ejército vencedor que se alejaba.

Seres humanos irreconocibles vagaban tambaleándose en medio de la espantosa carnicería. De repente, la mirada de Sofo y la mía se detuvieron en el mismo instante en un punto, exactamente en el centro de nuestro campo visual. Era una figura humana erguida e inmóvil, de una inmovilidad irreal. El rostro siempre impasible de Sofo se contrajo en una mueca e inmediatamente se encaminó en esa dirección a pie, sujetando al caballo por las bridas. Yo fui tras él por el terreno que se había vuelto resbaladizo de sangre, en una atmósfera fétida, repugnante.

Era Ciro.

Su cuerpo desnudo estaba clavado en un palo aguzado que le salía por la espalda. La cabeza, casi separada del busto, colgaba sobre el pecho. Estaba convencida de que en breve encontraría también el cuerpo de Jeno masacrado entre el cúmulo de cadáveres que atestaban el suelo. Me puse a gritar sin contención, grité toda mi desesperación; nunca había visto ni imaginado tanto horror.

Sofo se volvió hacia mí y me ordenó:

—¡Calla, déjalo estar!

No era para humillarme. Era por otro ruido que se acercaba. Venía de la parte del Éufrates. ¡Alguien que avanzaba... cantando!

—Son los nuestros —dijo Sofo.

—¿Los nuestros? ¿Cómo es posible?

—Han perseguido al ala izquierda enemiga durante toda la jornada y ahora están de vuelta. Menón iba en la avanzadilla. Con ellos estará también tu Jenofonte. Al menos eso espero.

—¿Y por qué cantan?

Se veía ya avanzar una nube rosada por la parte del río.

—Cantan el peán. Creen que han vencido.

Esperamos inmóviles junto al cadáver de Ciro hasta que los oficiales que cabalgaban a la cabeza nos vieron y corrieron hacia nosotros: Clearco, Sócrates, Agias, Próxeno, Menón. Poco después llegó también Jeno casi irreconocible por la sangre y el polvo que recubrían sus ropas y sus armas. Tuve que contenerme para no correr a lanzarme entre sus brazos, tuve que contentarme con encontrar sus ojos que expresaban el mismo sentimiento. Y poco después llegó Menón a la cabeza de sus jinetes tesalios. No sé si leyó la gratitud en mi mirada en el instante en que me topé con sus ojos.

El rostro de Clearco se petrificó:

—¿Qué ha pasado?

—¿Y dónde está Arieo? —preguntó Próxeno.

Sofo indicó una mancha oscura a una distancia de media parasanga en dirección norte.

—Creo que allí. Con los suyos. A estas horas, ese bastardo estará seguramente negociando con Artajerjes.

Clearco señaló el cuerpo de Ciro:

—¿Y él?

Sofo respondió con otra pregunta:

—¿Qué quería de ti cuando se reunió contigo a caballo?

—Quería que dejase la orilla del Éufrates para lanzarme contra el centro de los enemigos porque allí estaba el Rey.

—¿Y por qué no lo hiciste?

—Porque habría sido un suicidio. Los enemigos nos superaban ya en dos tercios más allá de nuestra izquierda, si me hubiese separado del Éufrates nos habrían rodeado también por ese lado.

—Y habría sido el fin.

—Así es —respondió Clearco.

—¿Y esto qué es? —replicó sarcástico Sofo—. Ciro sabía que estaba en una aplastante inferioridad numérica, pero contaba con un arma absoluta en la que confiaba ciegamente: tus soldados. Si hubieras obedecido sus órdenes, habrían roto el centro y arrollado al Rey en persona.

Clearco replicó resentido:

—En situaciones tan extremas, yo recibo solo órdenes de Esparta.

Sofo lo miró fijamente a los ojos.

—Esparta soy yo —dijo. Y se alejó.

Mientras tanto el canto de los soldados de Clearco se apagaba a medida que, acercándose, se daban cuenta de la amarga realidad. Creían que habían vencido.

Pero habían perdido.

9

El sol se estaba poniendo cuando llegaron dos jinetes a rienda suelta. Los veía entonces por primera vez: a continuación les conocería bien y, tras haber aprendido a hablar su lengua, sería capaz de pronunciar incluso sus nombres. Agasias de Estinfalia y Licio de Siracusa.

Saltaron a tierra jadeando y se presentaron ante Clearco:

—Comandante —exclamó Agasias—. Por suerte estáis de vuelta. No sabíamos ya nada de vosotros. El ejército de Artajerjes está a treinta estadios de aquí: nosotros nos quedamos con Arieo, estábamos allí con nuestra compañía. Conseguimos resistir y no perder los pertrechos. Algunos se han escapado del campamento de los asiáticos y han buscado refugio en nuestras filas.

—Así es —confirmó Licio—. También había dos muchachas del harén de Ciro. Una era esa bellísima muchacha de Focea. Hubierais tenido que verla: al acercarse los persas salió a la carrera de la tienda de Ciro, totalmente desnuda, echó a correr hacia nosotros, perseguida por una multitud de bárbaros. Y nosotros nos pusimos a gritar y a incitarla para que corriera más. Parecía estar en un estadio. Apenas se hubo acercado, abrimos las filas y la dejamos pasar y luego los escudos volvieron a cerrarse. Los bárbaros tuvieron que volver atrás.

Clearco arrugó la frente:

—Deja estar a la muchacha —dijo—. ¿Qué hace Arieo?

—Se ha retirado —respondió Licio—. Ha abandonado su campamento y se ha escondido en el desierto. Si quieres, mañana podemos alcanzarle. Sé dónde está.

—¿Hay alguno de los nuestros con él?

—Un batallón. Los dejamos para que mantuvieran bajo control la situación.

—Habéis hecho bien. ¿Y el Rey?

—Se ha ido. Ha dejado en las inmediaciones a uno de sus generales. Creo que se trata de Tisafernes. ¿Qué hacemos, comandante?

—Está a punto de caer la tarde. Nosotros haremos noche aquí. Vosotros regresad antes de que oscurezca por completo y reuníos con vuestros hombres. Poned dobles centinelas, mantened los ojos abiertos, si tenéis caballería mandadla a patrullar por el territorio. Mañana nos reuniremos y decidiremos qué hacer. Estad pendientes también de Arieo. No me fío de ese bárbaro.

Los dos se despidieron:

—Entonces nos vamos. Buena suerte, comandante.

Montaron a caballo y desaparecieron en pocos instantes en la oscuridad. Nosotros montamos el campamento para la noche.

En realidad no teníamos tiendas, ni catres de campaña, ni mantas. No teníamos agua ni comida. Los hombres se tumbaron en el suelo agotados de cansancio. Los sanos curaban a los heridos improvisando vendajes. Habían luchado durante horas, marchado decenas y decenas de estadios y ahora que tenían una desesperada necesidad de comida y de descanso no tenían más que la desnuda tierra y el manto que llevaban.

Aunque teníamos trigo y aceitunas saladas en el carro, en la oscuridad no conseguía encontrar la llave de la caja de los víveres. Pude coger solo los odres del agua. Me acordé de haber visto en las cercanías unas plantas que conocía: algunas escondían tubérculos bajo tierra, otras tenían hojas de sabor salado.

Conseguí extraer cierta cantidad de raíces comestibles y recogí unas pocas hojas y se las llevé a Jeno. Fue una pobre cena, pero suficiente para engañar el hambre. Luego me tumbé a su lado debajo del mismo manto. Aun en una situación tan peligrosa y precaria era infinitamente feliz porque lo tenía conmigo. Estaba caliente y vivo, durante todo el día había vivido en el terror de que encontraría por la noche un cuerpo frío y rígido. Era un milagro, un prodigio por el que daba gracias dentro de mí a los dioses mientras lo besaba, lo estrechaba contra mí, le acariciaba el pelo lleno de polvo.

—Creía que no volvería a verte. Cuántos muertos, cuántos horrores.

—Es la guerra, Abira —me dijo—, es la guerra. Siempre ha sido así y siempre será igual. Ahora duerme..., duerme.

Aún hoy, cuando pienso en ello no puedo creérmelo. Diez mil hombres yacían en el suelo, a todo nuestro alrededor, en ayunas, extenuados, heridos. Un ejército enemigo aguerrido y numeroso había acampado a escasa distancia, nuestros compañeros en el campamento se hallaban en peligro de muerte y velaban en la noche porque no podían siquiera fiarse de Arieo, y, sin embargo, aquella fue quizá la más hermosa noche de mi vida. No pensaba en lo que sucedería al día siguiente, es más, precisamente la conciencia de que tal vez no habría un mañana, me hizo vivir en pocas horas una intensidad de sentimientos como no había experimentado y quizá no experimentaré en el resto de mis días.

Aquella noche comprendí verdaderamente qué significa amar con todo el ser, convertirse en la misma cosa con quien se ama, sumar el propio calor al suyo, sentir el corazón latir al unísono del del hombre que te estrecha entre sus brazos, no desear nada más que esos momentos se prolonguen indefinidamente. Y así es como se produjo. Por un portento inexplicable el tiempo se dilata más allá de lo imaginable y cada instante vale por años y años.

Pensé en mis amigas que dormían en sus camas calientes y limpias en las casas que olían a cal y no las envidiaba, como no las envidio ahora que quizá tienen hijos e hijas y un marido que piensa en ellas mientras que yo no tengo a nadie. No las envidio porque yo he hecho el amor con la tierra como yacija y el cielo como techo, y cada beso, cada respiro, cada latido del corazón me han hecho volar cada vez más alto, sobre el desierto, sobre las aguas del Gran Río, sobre el horror de aquella jornada sangrienta.

Nos despertó la luz del día y los hombres se alzaron con esfuerzo, indolentes y quizá más cansados de lo que se habían acostado, y sin embargo la disciplina y la fuerza de ánimo acababan en cualquier caso por prevalecer y cada uno se revestía con la armadura y ocupaba su puesto en las filas. Jeno se puso también las armas y a partir de aquel día se comportó en todo momento como un soldado, porque se le necesitaba.

En aquel momento llegaron dos jinetes; uno era un griego que gobernaba una provincia persa en los tiempos en que Ciro mandaba en Anatolia. El segundo se llamaba Glus, un tipo extraño de cabellos largos hasta los hombros recogidos en la nuca con un pasador de oro. Venían a buscarnos por encargo de Arieo.

—Por fortuna, os hemos encontrado —dijo Glus—, ¿adónde fuisteis a parar?

—A dar caza a los persas hasta la noche.

—Ciro ha muerto —intervino el otro.

Próxeno hizo ademán de responderle, pero Clearco lo detuvo con un gesto bajo de la mano y a los otros con una mirada. Asintió con aire grave a aquel anuncio.

—El ejército del Gran Rey está acampado a no mucha distancia de aquí —prosiguió el amigo de Ciro—. Estáis en grave peligro.

—¿Tú crees? —replicó Clearco—. Escúchame, amigo. Nosotros los hemos arrollado, los hemos perseguido durante horas. Acabamos con unos cuantos y ahora se mantienen todos a distancia. Si vuelven a aparecer, no importa cuántos sean, recibirán su merecido. Si quieres saber lo que voy a hacer, te diré que estaba pensando en atacarlos porque seguro que no se lo esperan.

Glus lo miró como si fuese un loco: «Oh, sobre esto no me cabe ninguna duda, pero ¿has visto cuántos son?».

—En las Puertas Ardientes, hará ochenta años, éramos uno contra cien y si no nos hubieran traicionado los habríamos retenido allí en el paso y echado para atrás a patadas en el culo.

—Aquí es distinto —repuso Glus—. Esto es llano y despejado y ellos cuentan con la caballería, pueden agotarnos, convertirnos en el blanco de lejos y matarnos uno a uno.

Clearco le interrumpió con un gesto seco de la mano abierta:

—Volved con Arieo. Decidle que, si él quiere intentar arrebatar el trono, estamos dispuestos a ponernos a su servicio. Irán con vosotros dos de los míos a exponerle mi plan...

Se adelantó Sofo sin que él lo hubiera llamado. Clearco buscó a su alrededor con la mirada hasta que encontró a Menón de Tesalia. Tenía manchas de sangre coagulada por todas partes, pero su piel no mostraba ni un rasguño.

—... y él —concluyó señalándolo y terminando en voz alta la primera parte de un pensamiento no manifestado. Luego miró a su alrededor con expresión de extravío—: Yo solo necesito alimentar a mis muchachos, ¿comprendes? Soy como su padre. Los castigo duramente si cometen un error, pero me preocupo de que coman y beban y tengan lo necesario. Tienen que recuperar fuerzas... ¿comprendes? Mis muchachos necesitan comer...

Glus sacudió perplejo la cabeza, intercambió una mirada con los demás, luego montaron a caballo y se fueron al galope.

—Volvamos —ordenó Clearco y puso su caballo a paso de andadura.

Yo no conseguía comprender por qué volvíamos a aquella fosa común, a aquel interminable campo de muerte, y en cambio allí estaba nuestra salvación, al menos por cierto tiempo. Muy pronto lo comprendería.

Clearco hizo recoger todas las flechas y los venablos diseminados por el suelo o clavados en los cadáveres y luego con los restos de los carros acumuló bastante leña para encender un fuego. Otros despellejaron e hicieron pedazos los cadáveres de una veintena de mulos y caballos y asaron como mejor pudieron la carne en las brasas.

—La carne de caballo hace sangre —decía Clearco—, comed, necesitaréis recuperar fuerzas. —Y cortaba y repartía los pedazos asados entre los soldados, como hace un padre con sus hijos. Pero era, en cualquier caso, demasiado poco para más de dieciséis mil hombres. El último pedazo se lo dio a un muchacho de dieciocho años, mientras que el resto ayunó.

No había terminado aún cuando se acercó el comandante Sócrates.

—Tenemos visita.

—¿De nuevo? —preguntó Clearco poniéndose en pie.

—Gente que habla nuestra lengua —respondió Sócrates e hizo avanzar a dos personajes precedidos por la bandera de la paz.

—Me llamo Falino —dijo el primero.

—Y yo Ctesias —dijo el segundo.

—¿Ctesias? —preguntó Clearco—. Pero ¿no eres tú…?

El hombre que había dicho llamarse Ctesias, que rondaría los cincuenta años, con una ligera calvicie, vestido a la persa, asintió:

—Soy yo…, soy el médico del Gran Rey Artajerjes.

—Ah —repuso Clearco—, ¿y cómo está de salud tu ilustre paciente?

—Está bien, pero faltó poco para que Ciro lo matase. Saltó desde su caballo sobre el carro del rey y se abalanzó contra su hermano como una fiera sanguinaria. Su espada le traspasó la coraza y le hizo un corte en la piel. Por fortuna solo una herida superficial que he cosido.

—Buen trabajo —dijo Clearco—. También yo quisiera un médico como tú, pero me temo que no podría permitírmelo. Así que ¿qué os trae por aquí?

—La verdad es que debería ser yo quien hiciera esta pregunta —replicó el arquiatra real con una sonrisa irónica.

Clearco lo miró fijamente durante un momento, en silencio:

—Creo que lo sabes perfectamente, Ctesias, pero aclárame una curiosidad: ¿cómo es que el Gran Rey me manda a su médico? ¿Acaso cree que estoy… resfriado? ¿Tiene que prescribirme algún apósito caliente? ¿O acaso una tisana de cicuta?

Ctesias fingió no haber oído:

—Somos griegos, le ha parecido una buena razón.

—Excelente, lo admito, pero permíteme que te recuerde un par de cosas. Fuimos enrolados por Ciro. Ciro ha muerto. No tenemos nada contra el Gran Rey…

—Bien lo creo —intervino Falino—, pero esto no cambia las cosas. Sois demasiados, y estáis armados. Presentaos delante de su tienda solamente con las túnicas, en actitud suplicante, y veré qué puedo hacer por vosotros.

—¿He oído bien? —repuso Clearco—. ¿En actitud suplicante? —Se volvió hacia sus comandantes—: ¡Señores oficiales, esta sí que es buena! ¿Queréis responder vosotros a nuestros huéspedes? Yo tengo que ausentarme un momento.

Me quedé sorprendida por ese comportamiento. ¿Por qué se alejaba en un momento crucial? Los comandantes de las grandes unidades reaccionaron rudamente.

—Tendréis que pasar antes por encima de mi cadáver —respondió Cleanor de Arcadia, un guerrero formidable de voz penetrante como una espada.

Próxeno de Beocia pareció más contemporizador en el tono, pero sin duda no en las palabras:

—¿Solo con la túnica encima? ¿Y cuál sería nuestro destino?

¿Ser masacrados? ¿Empalados? ¿Desollados vivos? Es lo que se acostumbra por aquí, ¿no? Ya hemos visto cómo ha tratado a su hermano.

Falino no reaccionó. Se limitó a hacer precisiones. Se veía que era un excelente intermediario: macizo de complexión, tranquilo, atento, sopesaba las palabras y no desperdiciaba ninguna:

—El Gran Rey sabe que ha vencido porque ha derrotado y dado muerte a Ciro y vosotros estabais con él. En segundo lugar, estáis en medio de su territorio y por tanto sois cosa suya. Estáis rodeados, tenéis canales a todo el alrededor y dos grandes ríos infranqueables, uno a la derecha y otro a la izquierda, no tenéis escapatoria y, aunque queráis combatir, os enfrentaréis a tantos soldados que no conseguiréis nunca matarlos a todos, ni aun en el caso de que se dejaran matar sin oponer resistencia.

Entretanto Jeno se había abierto paso en medio del grupo de los oficiales, mientras yo me quedaba más atrás. Oyó todo lo que se decía e incluso intervino, aunque no tuviese ninguna función que le facultase a hacerlo:

—Escucha, Falino, tu petición no es razonable. No podéis ignorar que, en el enfrentamiento con nosotros, los persas que teníamos delante han recibido una paliza y han huido y, por tanto, a nosotros no nos va negociar con gente derrotada.

—¡Bravo, muchacho! —respondió Falino—. Hablas como un filósofo. Pero te haces ilusiones si crees poder desafiar al más grande Imperio de la Tierra con unos simples buenos propósitos. Olvídate de ello.

—Un momento —intervino otro oficial—. Pero ¿por qué no buscamos un acuerdo? Habéis venido para negociar, ¿no? Nosotros somos excelentes combatientes, hemos perdido a nuestro jefe y por tanto estamos disponibles. Vosotros tenéis problemas en Egipto y no conseguís ponerles fin. ¿Por qué no le dices al Rey que podemos ocuparnos nosotros? Estoy seguro de que podremos conseguirlo.

Falino meneó la cabeza.

—¿Para someter a Egipto entero? Oh, dioses, pero ¿quiénes os creéis que sois?... —En aquel momento reapareció Clearco, y Falino se volvió enseguida hacia él—: Escucha, hay una gran confusión, cada uno dice su parecer. Necesito hablar con una sola persona, alguien que esté en condiciones de responder en nombre de todos. Así que, Clearco, ¿quieres decirme qué habéis decidido? ¿Sí o no?

Clearco se le acercó:

—Escucha, sé muy bien que estamos con el agua al cuello. Pero tú eres griego, ¡maldita sea!, aquí no nos oye nadie, aparte del médico que también es griego, ¿no? ¿No puedes dejar por un momento de hacer de embajador y darnos un consejo de griego a griego, mejor dicho, de hombre a hombre? Mira que si conseguimos salir de esta pocilga no nos olvidaremos de haber recibido un buen consejo y sabes que tendrás, del otro lado del mar, más de diez mil excelentes amigos con los que siempre podrás contar en caso de un cambio de viento. Sabes que no se puede estar nunca seguro de nada en este mundo.

Mientras tanto Jeno se me había acercado. Nadie se preocupaba por mí porque tenía el cabello recogido debajo de un gorro y estaba cubierta con un manto de hombre.

—Pero ¿qué dice? —le pregunté.

—En mi opinión, está ganando tiempo. Espera a que llegue una señal de Sofo o de Menón sobre la situación del campamento de los asiáticos y qué responde Arieo.

Dos que estaban delante de nosotros nos hicieron callar:

—¡Chist! Silencio, queremos oír lo que tiene que decir ese.

Falino respondió:

—Si hubiera una salida te lo diría, te lo juro, pero ya lo ves por ti mismo, de aquí no se sale. No podéis volver atrás y tampoco podéis ir adelante. A menos que...

—¿Qué? —preguntó Clearco.

—¿Hay espartanos entre vosotros?

—Ni uno —respondió Clearco—, pero estos que ves se parecen mucho a ellos cuando se trata de pelear.

Falino se quedó en silencio unos instantes como si siguiese el hilo oculto de un razonamiento, luego, de repente, dijo:

—Rendíos y trataré de hablar a favor vuestro. También tú, Ctesias, ¿no es así? El Rey escuchará seguramente a su médico personal, al hombre que le ha salvado la vida.

Ctesias asintió benévolamente.

—¿Lo ves? —prosiguió Falino—. También él hablará a favor vuestro, no hay que tener miedo. Entonces, ¿qué me respondes?

Clearco se le acercó más y Falino retrocedió medio paso como para guardar una distancia de seguridad:

—Te agradezco el consejo, amigo, de veras que lo aprecio, pero, verás, he pensado que presentarnos en túnica y de rodillas como si fuéramos unos mendigos no es una buena idea. En conclusión, ni hablar de ello.

Falino ocultó a duras penas un gesto de desencanto y permaneció unos instantes en silencio, reflexionando. El sol estaba alto, el zumbido de las moscas atraídas por los miles de cuerpos abandonados sobre el terreno a escasa distancia era casi insoportable, y habían aparecido en el cielo bandadas de cuervos y algunos grandes buitres que describían amplios círculos en espera de descender a tierra para darse un festín. Falino miró a los buitres y luego a Clearco mientras el médico Ctesias mantenía una actitud distante de observador atento, pero no implicado. Al final dijo:

—Así las cosas, tengo que hacerte saber a qué os enfrentaréis: mientras estéis parados donde os encontráis ahora, habrá tregua entre vosotros y el Rey, si os movéis será la guerra. ¿Qué debo informar?

Clearco no pareció impresionado lo más mínimo:

—Lo has dicho tú mismo —respondió—, si estamos parados hay tregua, si nos movemos será la guerra.

Falino se mordió el labio inferior conteniendo su cólera y se alejó sin despedirse.

—Las cosas no han ido como él pensaba —dijo Sócrates.

—No. Creo que no —replicó Clearco—. Y cuando informe ante el Rey no será agradable para él. En cualquier caso, no podemos quedarnos aquí, no tenemos nada que comer. Si perdemos las fuerzas, somos hombres muertos.

En aquel momento llegaron Agasias y Sofo:

—Arieo está herido, pero saldrá de esta —dijo Sofo—. Menón y Glus se han quedado en el campamento.

—¿Qué dice de mi propuesta?

—Dice que es mejor dejarlo estar; ningún persa de alta condición aceptaría reconocerlo como rey, aunque conquistáramos el trono para él. Si queremos unirnos a él, nos hará de guía para alejarnos de aquí y, si esto nos parece bien, dice que nos reunamos con él cuanto antes. Si no nos ve mañana por la mañana, se irá solo.

—Entendido —respondió Clearco—. ¿Habéis visto algo extraño de camino hacia aquí?

—No —respondió Glus—. Todo está tranquilo. Los persas guardan las distancias.

—Por el momento —intervino Cleanor.

—Por el momento —admitió Clearco.

Se volvió hacia el trompetero e hizo llamar a reunión a los oficiales superiores. Los comandantes de las grandes unidades y los comandantes de batallón acudieron en pocos momentos y Clearco celebró un consejo de guerra.

Jeno vino a reunirse conmigo, pero cuando caminaba hacia mí se cruzó con Sofo que iba en dirección contraria a la reunión del estado mayor.

—Ven conmigo —le dijo.

—Pero yo no formo parte del...

—Ahora formas parte de él —respondió a secas Sofo—. Vamos.

Jeno lo siguió sin objetar nada y yo lo esperé sentada en el suelo junto a Halys, su caballo, su criado, su carro y sus bagajes. Tenía un pequeño patrimonio consigo y era mejor vigilar teniendo en cuenta la situación crítica.

Su conversación se prolongó hasta media tarde. Vi volver a Jeno junto con Sofo y ambos se detuvieron a unos veinte pasos de mí. Luego Sofo se fue por su lado y Jeno se reunió conmigo.

—Preparaos —dijo—. Tenemos que ponernos en marcha al caer la noche.

—¿Y adónde vamos?

—Nos reuniremos con los demás, luego ya se verá… ¿Nos queda algo de comer?

—Sí, puedo cocer una hogaza, hay aceitunas en sal y queda un poco de vino.

—Estará muy bien. Cenaremos rápido porque luego hay que partir.

A decir verdad, había más cosas en el carro, pero de haberlo dicho Jeno habría invitado a alguien a cenar: a Sócrates o a Agías, o a Glus, o a los tres. No quería correr el riesgo de quedarme sin vituallas hasta que no encontrásemos la manera de procurarnos nuevas.

Mi hogaza difundió un aroma demasiado invitador entre aquellos pobres muchachos hambrientos. Tenían veinte años y habían luchado como leones durante todo el día anterior. Jeno no tenía necesidad de decírmelo: yo misma ofrecí un poco a nuestros vecinos.

Jeno no tenía nada en que apoyarse para escribir y así se mostró más dispuesto a conversar, especialmente después de haberle servido un poco de vino dulce.

—Estamos en grave peligro, ¿verdad?

—Sí —respondió.

—Pero hay algo que no entiendo. El Rey tiene un ejército mucho más grande que el nuestro, ¿por qué no nos ha atacado?

—Porque tiene miedo.

—¿Y de qué?

—De los guerreros de los mantos rojos. Se les considera invencibles. Hace ochenta años un rey espartano llamado Leónidas con solo trescientos hombres bloqueó las Puertas Ardientes, un desfiladero de la Grecia Central, y repelió a un ejército persa mucho mayor que este durante días y días. La relación era de uno a cien. Estos no son de la misma ciudad, pero son, en cierto sentido, de la misma raza y ayer arrollaron su ala izquierda cinco veces más numerosa. Los guerreros de los mantos rojos son una leyenda viva. Solo ver sus armas infunde pavor. Ciro estaba seguro de que bastaría este pequeño contingente para derrotar a su hermano, que es el más poderoso soberano de la Tierra. Y no andaba errado. Si Clearco hubiera obedecido sus órdenes de atacar enseguida el centro, a estas horas estaríamos en una situación muy distinta.

—Y en cambio estamos con problemas. ¿Y ahora qué haremos?

—Iremos a reunirnos con los demás y luego buscaremos una salida.

Le serví un poco más de vino para hacerme perdonar mi insistencia.

—¿Y tú crees que existe una salida?

Jeno inclinó la cabeza:

—No lo sé. Estamos en el corazón del Imperio del Gran Rey. Él nos teme, pero es también consciente de que si volvemos atrás, se sabrá que un puñado de hombres ha conseguido entrar sin derramamiento de sangre hasta casi su capital. ¿Sabes qué significa?

—Sí, que un día podría haber un hombre con el valor y la capacidad de repetir esta empresa y llevarla a cabo. Conquistar el Imperio persa.

—Así es. ¿Sabes? —me dijo entonces—. ¿Sabes que si fueses un hombre podrías convertirte en el consejero de una persona importante?

—No quiero convertirme en consejero de nadie: solo quiero estar contigo, si me quieres…, mientras me quieras.

—Puedes estar segura de ello. Pero has de saber que unes tu destino a un desterrado, a un hombre que no tiene ya un hogar, un patrimonio, un porvenir. Nada.

Estaba a punto de responder cuando sonaron las trompetas y Jeno se puso en pie empuñando las armas.

Al segundo toque los hombres formaron las filas. Al tercero se pusieron en marcha. La noche caía sobre el desierto.

10

Los soldados marcharon en silencio a lo largo de treinta estadios, en la oscuridad, prestando oídos a cualquier ruido sospechoso. Clearco y sus oficiales eran muy conscientes de que al dar el primer paso habían roto la tregua y se encontraban en estado de guerra con el Gran Rey. Al mismo tiempo trataban de comprender dónde estaba y qué estaría tramando.

Por mi parte pensaba que se había ido ya. Había ganado la batalla, había derrotado y dado muerte a su hermano y, por consiguiente, no podía perder más tiempo ocupándose de un pequeño contingente de mercenarios atrapado entre el Tigris y el Éufrates. Su destino estaba marcado.

Sentada en el carro, miraba a mi alrededor, trataba de escrutar en la oscuridad las formas de esos hombres que caminaban bajo el peso de la armadura y de las terribles fatigas afrontadas en los últimos dos días. Estaban agotados por el hambre y si hubieran tenido que soportar un ataque con todas sus fuerzas no habrían podido sostenerse más que por muy poco tiempo. Se lo jugaban todo en el breve espacio que los separaba del campamento de Arieo; por suerte no sucedió absolutamente nada.

También observaba a Jeno que cabalgaba no lejos de mí y no mostraba ningún signo de preocupación. Él estaba seguro de que la leyenda de los mantos rojos mantenía a distancia a los enemigos. Y tal vez era cierto, pero a continuación me dijo también otra cosa importante: que los persas no atacan nunca de noche y dejan a sus caballos pastando y sin arreos. Tal vez lo había leído en alguna parte y en cualquier caso tuvo confirmación de ello en el curso de la expedición.

Llegamos hacia medianoche e inmediatamente hubo una reunión entre nuestros oficiales y los de los asiáticos. Jeno fue admitido por segunda vez y se encontró cara a cara con Menón de Tesalia, que se había quedado allí. Apenas si se saludaron con una cabezada. Yo me fui a dar una vuelta a través del campamento del batallón de Agasias y de Glus que se habían quedado con los asiáticos durante toda la batalla. Había fuegos aquí y allá que estaban a punto de apagarse y comenzaba a encenderse alguna lucerna.

Observé en un determinado punto a un grupito de soldados que miraban en dirección a una tienda y, al acercarme, comprendí el porqué: la lucerna encendida en el interior proyectaba en la tela la forma de una bellísima muchacha desnuda que se estaba lavando.

—¡No hay nada que mirar! Fuera de aquí, largaos —exclamé yo decidida esperando que me tomaran en serio porque intuía instintivamente lo que estaba a punto de suceder. Por el momento no pareció que me hicieran caso, es más, algunos de ellos comenzaron a acercarse al pequeño pabellón riéndose en voz baja. Pensé que pronto las cosas tomarían un mal cariz y que quizá hubiera tenido que ponerme a gritar, pero ellos, tras dar unos pocos pasos, se detuvieron hablando entre sí y luego, a la chita callando, se dispersaron.

Acaso pensaron que si me había dirigido a ellos de aquel modo era porque estaba en condiciones de hacerlo.

Entonces me acerqué al pabellón y dije:

—Si no apagas esa luz, podrías tener visitas inesperadas y seguramente desagradables.

—¿Quién eres? ¿Qué quieres? —respondió alarmada una voz femenina. Mi acento hacía mi habla particular: tal vez no conseguía comprender quién podía ser yo, pero se daba cuenta de que era una mujer y esto, al menos en parte, la tranquilizaba.

—Solo quería avisarte: desde fuera se ve que estás desnuda y los hombres forman grupos para ver el espectáculo. El resto creo que puedes imaginártelo.

—Me visto enseguida —respondió la voz.

—¿Puedo entrar ahora?

—Sí, por supuesto.

Entré y vi a una de las más bellas muchachas que hubiera visto nunca y quizá la más hermosa que pudiera ver incluso en el futuro. Era rubia, tenía los ojos de color de ámbar y el cuerpo de una diosa, con una piel suave y tersa por los ungüentos más raros y preciados y digna de aristocráticas caricias.

—Debes de ser la que se escapó desnuda cuando llegaron los persas —dije observándola atentamente.

La muchacha sonrió:

—¿Cómo lo sabes?

—Lo he oído contar y cuando he visto tu sombra proyectada en la tienda me he acordado de ello.

—¿Y tú quién eres?

—Me llamo Abira. Soy siria.

—Eres esclava.

—No, soy libre y he seguido por propia voluntad a un joven que forma parte de esta expedición.

La muchacha sonrió mirándome por el rabillo del ojo con expresión de curiosidad:

—¿Estás enamorada?

—¿Te parece extraño?

—Estás enamorada —asintió—. Siéntate. Aquí tienes algo de comer. Estarás hambrienta.

Se veía que tenía ganas de compañía, y en particular de compañía femenina. No debía de ser agradable para una muchacha tan bella encontrarse en medio de un campamento de decenas de miles de varones jóvenes y violentos, muchos de los cuales la habían visto totalmente desnuda. Abrió una caja y me ofreció un pedazo de pan y un trozo de queso de cabra.

Le di las gracias:

—Eres tan bella que debes de ser la amiga de alguien muy importante…

La muchacha agachó la cabeza:

—Eres observadora y también perspicaz.

—Quizá incluso del más importante.

La muchacha asintió.

—¿Ciro?

Durante unos instantes los ojos se ofuscaron:

—Qué horror… —dijo con un temblor en la voz.

—¿Eres su mujer?

—Una de las muchas de su harén. Pero me mandaba llamar a menudo para que le hiciera compañía. Me trataba con respeto, con afecto, quizá también con amor. Me hacía muy hermosos regalos, le gustaba escucharme. Quería que le contase fábulas, historias… A veces parecía un niño, otras se volvía de improviso duro e impenetrable como el acero.

—¿Qué te pasó ayer?

—Estaba en la tienda del príncipe cuando llegaron los soldados de Artajerjes. Estaban desatados: mataban, quemaban, saqueaban. Un grupo irrumpió en la tienda, se arrojaron encima de otras muchachas, dos de ellos me cogieron a mí por las ropas, pero yo me solté el cinturón y las fíbulas y salí corriendo, desnuda.

—Y llegaste hasta nuestra guarnición.

—Sí, corriendo como no había corrido nunca en mi vida. Cuando los nuestros contraatacaron hacia el atardecer y los repelieron, dos de mis compañeras fueron encontradas muertas. Las habían forzado durante horas, hasta causarles la muerte.

No soportaba aquel relato y aquellas imágenes atroces. Me levanté y miré afuera. Parecía todo tranquilo. Ahora estábamos a buen recaudo. Al fondo del campamento se veía una tienda más grande, iluminada, donde se celebraba la reunión del estado mayor. También Jeno estaba allí y me preguntaba por qué Sofo lo había introducido en el consejo de los oficiales de más alta graduación, él que no era siquiera un soldado. ¿Y por qué había aceptado Jeno? ¿Le había prometido algo? Y en ese caso, ¿qué exactamente? ¿Y a cambio de qué? A mí no me estaba permitido preguntar, pero debía igualmente saber y recurriría a algún medio para conseguirlo.

Me volví hacia la espléndida concubina del príncipe. La lámpara expandía sobre su piel marfileña un reflejo dorado, los ojos, iluminados lateralmente, reflejaban la luz con una transparencia cristalina que confería a la mirada una intensidad casi insoportable. Le hice otra pregunta que se me ocurrió espontáneamente:

—Pero también en esta parte del campamento sigues siendo la presa más deseada y no tienes ya un amo. ¿Cómo has podido bañarte desnuda sin esperar una agresión? Los hombres que se habían agrupado afuera hace un momento estaban a punto de...

—¿Y crees que han sido tus palabras las que los han alejado? ¿Y que yo no me habría bañado si no me hubiese sentido segura?

—Entonces, ¿por qué...?

—¿No has observado nada fuera de la tienda?

—Está oscuro, ¿qué es lo que hubiera tenido que ver?

La muchacha cogió la linterna y fue hacia la salida:

—Ven, mira.

La seguí y ella iluminó un ángulo de la derecha de la entrada. Había las cabezas de dos hombres hincadas en unos hierros de lanza y en la boca tenían los testículos. Retrocedí horrorizada.

—Esto es lo que los mantiene alejados —dijo tan tranquila la muchacha.

—¡Por todos los dioses!, cómo has hecho para...

—No creas que fui yo quien decapitó y castró a esos dos energúmenos.

—¿Quién, entonces?

—Acababa de refugiarme en esta parte cuando uno de los nuestros se acercó a mí y me cubrió con su manto. Un grupo de asiáticos de Arieo se adelantó para reclamarme, pero fueron expulsados por los demás. Me trajeron a esta tienda y pude por fin recuperar el aliento, pero por poco rato. Apenas me había acostado cuando dos de esos asiáticos penetraron aquí dentro sin hacer el menor ruido. Hice amago de gritar, pero uno de ellos me tapó la boca con una manaza enorme y peluda como la pata de un oso y me llevaron a la parte trasera. Me sentí perdida y pensaba ya que acabaría en el harén de uno de esos individuos velludos y apestosos, o dada en pasto a la soldadesca, cuando observé a nuestra izquierda, a una distancia de unos veinte pasos, una sombra que se movía en dirección contraria a la nuestra. Tenía que intentar el todo por el todo: clavé los dientes en la mano de mi raptor y al mismo tiempo grité pidiendo ayuda lo más fuerte que pude. La sombra se detuvo y vi claramente en la reverberación del fuego del campamento a un guerrero más hermoso y poderoso que Ares en persona desenvainar la espada y dirigirse hacia nosotros, caminando tan tranquilo como si viniera a conocernos. No podría decir cómo sucedió, pero mis raptores cayeron uno tras otro como muñecos llenos de serrín. Mi salvador se inclinó sobre ellos, los decapitó de dos lanzadas limpias delante de mi tienda. Luego les cortó los testículos y se los metió en la boca. Nadie me ha molestado más.

—Me lo creo —repliqué—. Pero ¿él ha dado nuevas señales de vida?

—No, por desgracia. Se alejó sin decir nada.

—¿Era uno de los nuestros? ¿Puedes describírmelo?

—Tenía el cuerpo más de un atleta que de un guerrero, el pelo de un rubio dorado, liso, que le cubría la parte de la frente, unos ojos azules como el cielo despejado, pero la mirada de hielo.

—Menón de Tesalia.

—¿Cómo has dicho?

—El hombre que te salvó la vida es uno de los comandantes de las grandes unidades del ejército griego, un comandante formidable, un exterminador despiadado.

—Pero es hermoso como un dios y me ha salvado. Me gustaría ver si hay otras cosas de su persona que descubrir. A veces una sabia caricia puede hacer surgir en un hombre aspectos desconocidos, insospechados.

—Te comprendo, sientes necesidad de alguien que te proteja y no quieres acabar en manos de un ser desagradable, o repugnante, pero ándate con cuidado con Menón: no es persona que pueda domesticarse. Será como acariciar a un leopardo.

—Me andaré con cuidado.

—Bien. Entonces me voy. ¿Cómo te llamas?

—Melisa. ¿Vendrás de nuevo a verme?

—En cuanto pueda. Mientras tanto tú sé prudente y si sales cúbrete. Cúbrete bien, aunque haga calor. Es mejor así, créeme.

—Así lo haré, Abira. Espero volver a verte pronto.

—También yo. Que duermas bien.

Volví a mi tienda: Jeno me estaba esperando.

Le pregunté qué había sucedido en la reunión con los jefes asiáticos. Me respondió que habían jurado prestarse mutua defensa. Arieo estaba herido, pero no de gravedad; y parecía tener intención de mandar los dos ejércitos salvo en los peligros más inmediatos. Volver por donde habíamos venido era algo que había que descartar. La ida había sido durísima incluso con las vituallas con que contaba el ejército. La vuelta, faltos de todo como estábamos, sería imposible. Mejor un camino más largo, pero por lugares en los que era posible encontrar medios de subsistencia. El plan era moverse con la máxima rapidez y obligar al Gran Rey, en cualquier caso, a elecciones difíciles o peligrosas. Para mantener el paso habría que proceder con un contingente reducido, lo que sería muy arriesgado; si ordenaba perseguirlo, el mismo ejército que había arrollado a Ciro se distanciaría cada día más.

—Me parece un plan excelente —dije. Y le hice sonreír. El hecho de que una mujer aprobara la decisión del máximo acuerdo del ejército era algo que carecía totalmente de importancia, pero yo no pensaba en ello y expresaba siempre mi punto de vista. Antes de acostarme, cogí la lucerna y coloqué nuestras cosas en el carro para no perder tiempo en el momento de la partida. Dentro de la tienda teníamos lo necesario para el aseo personal. Una jarra, que mantenía siempre llena, permitía lavarnos el mínimo indispensable. Empleaba una esponja apenas humedecida cuando había escasez de agua y con ella conseguíamos asearnos los dos. Primero yo lo lavaba a él, luego a mí misma y parecía que se descansaba mejor después de habernos liberado del polvo de la jornada: de algún modo se olvidaba uno del hambre que se hacía cada vez más difícil de soportar con el paso de las horas y de los días. También nosotros que teníamos víveres tratábamos de ahorrar lo más posible, porque nadie sabía cuándo podríamos abastecernos de comida y porque tratábamos de compartir lo poco que teníamos con quien no tenía nada.

Le conté a Jeno que había conocido a Melisa, la muchacha que había corrido desnuda de la tienda de Ciro al campamento de nuestras tropas, y de los medios de disuasión que Menón de Tesalia había empleado delante de su tienda.

Jeno no dijo nada. No habría sido capaz.

He llegado a pensar que su gran maestro le había transmitido un sentido ético tan profundo que un ser completamente inmoral como Menón le infundía más miedo incluso que repugnancia.

La salida del sol y los centinelas del último turno nos despertaron y poco después estábamos ya en marcha. El paisaje era muy distinto. El terreno era verdeante, había canales por todas partes que irrigaban los campos. Grandes palmerales indicaban, también de lejos, la ubicación de los centros habitados.

Avanzamos durante el día alejándonos cada vez más del campo de batalla y por la noche acampamos en las inmediaciones de un grupo de aldeas. No eran muy distintas de nuestras Aldeas del Cinturón: modestas construcciones de adobe, techumbres de hojas de palmera, cercados con asnos, ovejas y cabras, algún camello u ocas y gallinas por doquier.

Hacia el atardecer un grupo de soldados de reconocimiento vio una gran manada de caballos pastando, lo cual no podía significar más que una cosa: que el ejército del Gran Rey se hallaba muy cerca. Clearco no quiso retirarse para no mostrar miedo al enemigo.

La noche se vio agitada por un alboroto incesante; llamadas, falsas alarmas. Al menor ruido, al resoplido de un caballo o al ladrar de un perro, todos se levantaban, se armaban, corrían para aquí y para allá y cuanto más se agitaban, más crecían la tensión y el peligro: aquellos hombres, atormentados por el hambre, debilitados por los muchos esfuerzos, tensos hasta el espasmo ante la expectativa de un ataque inminente reaccionaban de modo excesivo y desproporcionado a riesgo de que un ataque de verdad encontrara solamente a una multitud desunida o confusa, incapaz de reaccionar.

Jeno estaba más preocupado aún por el hecho de que, aparte del hambre, los hombres tuvieran que soportar también las consecuencias del insomnio y de la falta de descanso. Me di cuenta de que en aquel momento nuestra única protección era la leyenda de los hombres de los mantos rojos. La realidad era que nuestros temibles guerreros le temían a la oscuridad. Hacía una noche sin luna, no había leña para los fuegos, ni aceite para las lámparas. Aquellos jóvenes temían a lo desconocido.

Formados en campo abierto, a la luz del sol, delante de un enemigo aunque fuese superior, habrían afrontado el peligro recurriendo a cada recurso de su corazón y de su brazo. Solos, en la oscuridad, en el corazón de un país enemigo, sin saber de dónde llegaría la muerte, estaban indefensos y espantados.

Clearco debió de darse cuenta de este estado de ánimo: a eso de medianoche envió a un heraldo a decir a voces que se había escapado un asno sembrando la confusión en el campamento y que no había nada que temer, añadiendo que los centinelas estaban vigilando en doble fila alrededor del campamento y que, por tanto, tratasen todos de descansar.

La voz del heraldo era la voz del comandante, del hombre que velaba mientras los demás dormían, ayunaba como ellos, pasaba hambre y penalidades, pero siempre tenía un plan de salvación, una vía de escape abierta, una solución de reserva capaz de disminuir el pánico y aplacar la confusión.

Al poco rato reinó la calma en el campamento. Se encendió hasta algún fuego y muchos consiguieron descansar.

Pensé en Melisa. ¿Dónde estaba en aquellos momentos? ¿Se le había acercado de nuevo su defensor? ¿Se había llevado con ella en una cesta las cabezas cortadas de los que habían tratado de molestarla y las había puesto de nuevo en su tienda? Sin duda no. Las cabezas se habían quedado solas, hincadas en los hierros de lanza en el campamento abandonado. Ningún deseo había sobrevivido en la mirada fija y vidriosa y su aspecto humano se acababa allí donde lo había establecido la hoja de Menón de Tesalia.

¿Y dónde estaba ahora Menón? También su cuerpo impecable debía de estar sucio y desaliñado. Y Melisa no tendría a su leopardo para acariciarlo.

Oí agitarse a Jeno en sueños. También él pensaba en el mañana, quizá se preguntaba cuánto tiempo le quedaba y para qué tipo de muerte debía prepararse.

En cambio yo me acosté a su lado y dormí envuelta en su

calor, como siempre. La muerte me traía sin cuidado y en cuanto a él estaba segura de que mi amor le quitaría de la cabeza cualquier amenaza.

Quizá no era más que un augurio, quizá mis deseos se verían tragados inmediatamente por la noche sin luna y por la atmósfera estancada de la tierra húmeda, y, sin embargo, a la salida del sol, ocurrió un milagro. Jeno me despertó, ya armado y, con una expresión incrédula en los ojos, me anunció:

—¡El Rey pide una tregua!

Parecía imposible y, sin embargo, había ocurrido.

—Ha ocurrido poco después de la salida del sol: Sofo y yo estábamos ya en pie delante del comandante para saber si había algo que pudiéramos hacer. Estábamos hablando aún cuando llegó uno de los nuestros para anunciar unas visitas.

»"¿Visitas?", repitió Clearco.

»"Sí, comandante —replicó el soldado—. Embajadores de parte del Gran Rey piden ser recibidos."

»Nosotros estábamos a punto casi de decirles "hazlas venir" de tanto como ello nos había asombrado y en cambio Clearco respondió: "Diles que estoy ocupado".

»"Pero no estás ocupado, comandante", le dijo Sofo.

»"Sí que lo estoy —rebatió Clearco—. Estoy pensando en cómo recibirlos. Un poco de antesala no les sentará mal. No debemos mostrarnos demasiado ansiosos de negociar o pensarán que estamos en una posición de debilidad. Pero sobre todo existe otra razón. Quiero a mis soldados en perfecto estado, peinados, las armaduras bruñidas; los escudos deberán reflejar los destellos del sol. Debe parecer que la disciplina no ha decaído ni un ápice, que la moral está intacta; más que de mis palabras o de mis peticiones a los embajadores deberán informar al Rey del espectáculo de mi falange formada. Todo esto requiere tiempo. Les recibiré cuando sea el momento."

»Y se puso a charlar con nosotros y nos contó la historia del asno que había hecho difundir por el heraldo y todos nos echamos a reír por más que teníamos el estómago vacío. Ha pasado casi una hora desde que recibió el anuncio y ahora parece que va a recibirlos.

No había terminado Jeno de hablar cuando sonaron las trompetas llamando a reunión y los soldados acudieron al centro del campamento.

Apareció Clearco.

Se había peinado recogiéndose el pelo en la nuca, llevaba la armadura resplandeciente, sostenía la lanza con la izquierda y el bastón de mando con la derecha:

—¡Soldados! —comenzó—. Una embajada del Gran Rey pide ser recibida. Os quiero formados en una línea perfecta, en cuatro filas, deben ver a un ejército, no a un rebaño de cabras. ¿Entendido? ¡Y ahora, la guardia personal!

Se puso a caminar adelante y atrás, y si veía a un hombre adelantado o retrasado le daba un bastonazo para que se pusiera perfectamente en línea. Luego eligió a ocho hombres, los más altos de estatura, los más macizos por su musculatura, que debían hacer las veces de guardia personal.

Otro toque de trompeta fue la señal para embrazar los escudos y apretar las filas. Y mientras los soldados cumplían la orden con un clangor metálico, mandó a decir a los embajadores que estaba dispuesto a recibirlos.

Los tres notables se adelantaron y enseguida fue evidente su asombro al contemplar el orden de nuestra formación, el impecable rigor de las filas, el relucir amenazador de las armaduras. Aquellos muchachos estaban atenazados por el hambre y sin embargo erguidos y sacando pecho delante de los extranjeros para demostrar que no estaban domados, que no tenían miedo, es más, que infundían pavor. Vi a Sócrates de Acaia destacado en el centro de su sección con las miradas de sus hombres a sus espaldas, a Agias de Arcadia apoyado en la lanza como la estatua de Ares, vi a Menón de Tesalia refulgir como la estrella de Orión que trae mala suerte, con un manto increíblemente blanco sobre los hombros. ¿Cómo lo había conseguido? Y a Agasias de Estinfalia, a Licio de Siracusa y a Glus.

Estaban delante de la primera fila, separados unos diez pasos, a una perfecta distancia uno de otro como peones en un tablero de ajedrez. Faltaba Sofo. Él desaparecía siempre en estas situaciones. Se disolvía en el aire como un espejismo.

Los embajadores informaron de que el Rey estaba dispuesto a establecer una tregua, pero quería un compromiso por parte de Clearco para que no se produjeran saqueos o acciones agresivas. Clearco respondió que, antes de cualquier promesa, quería alimentar a sus hombres y esto debía suceder de inmediato o atacaría con toda la fuerza de que era capaz.

Y mientras decía estas palabras volvió la mirada hacia el ejército como para demostrar que no bromeaba y que no hacía falta nada para lanzar como una furia a los mantos rojos.

Debía de haber habido un acuerdo entre él y sus oficiales porque estos se volvieron hacia atrás durante un instante e inmediatamente sucedió una especie de prodigio. Del primero al último, mil guerreros inclinaron los escudos uno tras otro para recoger los rayos del sol y reflejarlos hacia delante. Y el movimiento fue tan rápido que pareció que un fulgor incendiase la falange formada.

Los persas se quedaron desconcertados. Inmediatamente saltaron a caballo y desaparecieron en pocos instantes.

No pasó mucho cuando estaban ya de vuelta: lo que les hizo comprender que el Gran Rey debía de estar muy cerca. Si no él, alguien que tenía facultades para negociar en su lugar.

Informaron de que la petición había sido aceptada. Que siguiésemos a los guías y antes de la noche llegaríamos a un grupo de aldeas bien provistas de comida y de bebida.

Estábamos salvados.

11

Nos proporcionaron unos guías para que nos condujeran a donde podíamos abastecernos de comida. No fue un trayecto fácil. Encontrábamos canales llenos de agua y cada vez teníamos que dar con la manera de cruzarlos. Clearco era el primero en dar ejemplo aferrando una segur y abatiendo grandes palmeras para construir pasarelas sobre las que hacer transitar a los hombres, carros y caballos. A veces, si no había material para construir puentes lo bastante anchos, los carros eran desmontados: las ruedas eran transportadas haciéndolas rodar sobre la pasarela, los tablados eran arrastrados con cuerdas sobre el agua como si fueran balsas y vueltos a montar en el otro lado.

Viendo a Clearco prodigarse así pese a su edad madura, los jóvenes se empeñaron al máximo exprimiendo de sus cuerpos todo resto de energía para acortar el tiempo que les separaba del momento en que finalmente podrían aplacar el hambre y recuperar fuerzas.

Ya otras veces había considerado que esos muchachos emplearían a fondo sus últimos recursos y cada vez había asistido al prodigio de nuevas energías arrancadas a la fuerza de los cuerpos exhaustos. También yo comenzaba a creer en la leyenda de los mantos rojos, también yo me daba cuenta de que cada uno de aquellos hombres valía por diez de los asiáticos a los que se contraponían.

Finalmente llegamos, hacia el atardecer, al lugar establecido: un grupo de aldeas diseminadas en medio de una llanura muy fértil. Había centenares de palmeras cargadas hasta lo increíble de dátiles y decenas de graneros de la característica forma apuntada, rebosantes de trigo, cebada, escanda y vasijas llenas de vino de palma. Los oficiales tuvieron que dar órdenes muy severas para que sus hombres no se arrojaran sobre la comida y el vino y no se atiborrasen más de lo debido. Se repartieron raciones moderadas, pero aun así muchos se sintieron mal, vomitaron o tuvieron fuertes dolores de cabeza.

Los médicos echaron la culpa a aquel tipo de vino al que los hombres no estaban acostumbrados y también a los palmitos, cuyos cogollos eran muy duros y llenos de fibras difíciles de digerir. En cualquier caso, el ejército pudo aplacar su hambre y recuperar fuerzas.

Me he preguntado muchas veces por qué el Rey cometió semejante error. Bastaba con esperar, esquivar, confundir, y el hambre y el agotamiento habrían decidido la suerte de sus enemigos. ¿Por qué no lo hizo? No hay una explicación: el Rey pensaba que no había límite para la capacidad de resistencia de los mantos rojos, que nada los doblegaría. Mucho más extraño aún es que no hiciera envenenar la comida y el agua con la que nos alimentábamos y calmábamos la sed. Jeno pensaba que era por nobleza de espíritu y de sentimientos: simplemente el Gran Rey admiraba el valor y el coraje y pensaba que hombres de aquel temple no merecían una muerte indigna.

Es posible. El caso es que al día siguiente llegó la embajada enviada por el Gran Rey. Era una delegación del más alto rango. Formaban parte de ella el cuñado del Rey y Tisafernes, uno de los más brillantes generales de su ejército, que se había distinguido grandemente en la batalla contra Ciro y que ocuparía el puesto del príncipe muerto como gobernador de la provincia de Lidia. Llegaron sus magníficos caballos niseos enjaezados con arreos de oro y plata, suntuosamente ataviados con calzones de finísima gasa, escoltados por un grupo de jinetes de las estepas, con corazas y yelmos de cuero y largos arcos terciados.

Jeno me lo describió como un encuentro incluso cordial. Tisafernes y sus dos acompañantes estrecharon la mano a Clearco y a todos los oficiales superiores por turno. Luego se pusieron a negociar. Tisafernes dijo que el Gran Rey estaba bien dispuesto respecto a nosotros, estaba decidido a dejarnos partir, por más que muchos de sus consejeros fueran contrarios a crear un peligroso precedente. Pero debíamos aceptar determinadas condiciones.

Entonces habló Clearco:

—Nosotros no conocíamos la verdadera finalidad de la expedición de Ciro… —y al pronunciar aquellas palabras mentía y decía la verdad al mismo tiempo. Mentía porque él había sabido siempre el verdadero objetivo de la expedición y decía la verdad porque la gran mayoría del ejército lo ignoraba por completo—. Pero cuando la supimos nos pareció de cobardes abandonar al hombre que nos había enrolado y alimentado hasta ese momento y así nos batimos lealmente a sus órdenes logrando la victoria en el lugar en que estábamos formados. Pero ahora Ciro está muerto y nosotros libres de toda obligación, no debemos responder a nadie más que a nosotros mismos. Escúchame bien: solo queremos una cosa, volver a casa. El resto no nos interesa. No os crucéis en nuestro camino y todo irá bien. Tratad de impedirnos el paso y nos batiremos hasta la última gota de sangre. Y ya sabéis lo que quiero decir.

Los embajadores se miraron a la cara mientras el intérprete traducía, luego habló de nuevo Tisafernes:

—Ya os lo he dicho: a nosotros nos parece bien que volváis allí de donde venís, pero nada de saqueos, nada de violencia. Debéis comprar lo que necesitéis en los mercados.

—¿Y si no hay mercados?

—Entonces podréis abasteceros del territorio, pero solo para lo estrictamente indispensable y bajo nuestra vigilancia. ¿Qué me respondéis?

Clearco y los suyos se retiraron para deliberar; pero, de hecho, la decisión estaba ya tomada en vista de que las condiciones propuestas eran razonables.

—Aceptamos —fue la respuesta.

—Muy bien —dijo Tisafernes—. Ahora nosotros volveremos con el Rey para la ratificación del tratado. Apenas contemos con su asentimiento regresaremos aquí y podremos comenzar nuestro viaje de vuelta hacia la costa, porque también yo deberé tomar posesión de aquellos lugares. No os mováis de aquí o nuestro acuerdo quedará anulado.

Clearco lo miró a los ojos:

—Espero que no tengáis la tentación de hacernos caer en una trampa. Sería algo pésimo para todos.

Tisafernes sonrió descubriendo una doble hilera de dientes blanquísimos debajo de sus poblados bigotes negros:

—Si queremos hacer juntos un viaje tan largo estará bien comenzar por fiarse los unos de los otros, ¿no os parece?

Dicho esto, se despidió, montó a caballo y espoleó.

—¿Qué os parece? —preguntó Clearco a los suyos. Jeno respondió que él estaba de acuerdo, tanto más cuanto que no había elección, pero dejaba la decisión en manos de los oficiales, que, uno tras otro, dijeron que estaban dispuestos a aceptar las condiciones de Tisafernes.

—Entonces, esperemos —dijo Clearco.

—Esperemos, pues —repuso Menón de Tesalia—, pero no mucho.

Y se fue.

Pasaron tres días sin que sucediera nada y alguno comenzaba a preocuparse. Jeno me acompañaba al pozo cuando yo iba a sacar agua porque temía algún ataque por sorpresa. La confianza que tenía en las buenas intenciones de los persas comenzaba probablemente a tambalearse. Con el paso del tiempo la inquietud se extendía cada vez más porque no había noticias y no se sabía qué pensar.

Fui a hacer una visita a Melisa, a la que no veía desde hacía días y la encontré bien instalada en su tienda y con dos sirvientas que la atendían.

—¿Has encontrado un nuevo amigo? —le pregunté.

—He encontrado al que buscaba —respondió ella.

—¿A Menón?

Melisa asintió sonriendo.

—Increíble. ¿Cuándo fue?

—La noche en que llegaron los embajadores. Estuvo presente en el consejo de estado mayor y luego, de vuelta a su alojamiento, pasó por delante de mi tienda. Lo invité a entrar para ofrecerle una bebida fresca. Un ofrecimiento difícil de rechazar con este calor. Vino de palma rebajado con agua y aromatizado con menta. Encontré en el campamento un ánfora rezumante con la que se puede obtener una temperatura casi gélida.

—¿Y cómo lo haces?

—Es muy simple. Son ánforas hechas con una pasta tosca y cocidas a altas temperaturas, por lo que se vuelven porosas. Basta con exponerlas donde sopla un poco de aire y mojarlas continuamente. El líquido del interior se enfría cada vez más.

—Supongo que le sedujiste con algo más...

—¿Te refieres a esto? —sonrió llevándose la mano al pubis—. Después... Después que se sentó, y se relajó, después de que hubo probado esta bebida extraordinariamente fresca y que quita la sed. Después de que lo hube lavado con una suave esponja y secado con un lino finísimo y perfumado con espliego...

—No creo que exista hombre que se te resista. Conseguiste seducir al Gran Rey en persona.

—Tengo cierta experiencia... Menón cedió cuando comencé a acariciarlo, pero no se ha abandonado nunca del todo. Es increíblemente suspicaz y desconfiado y seguro que su pasado esconde algo terrible que no he conseguido saber.

—¿Ha dormido contigo?

—Solo una noche. Desnudo, pero con la espada siempre al lado. Y una vez que me levanté para beber me la encontré en la garganta. Tenías razón: es como dormir con un leopardo. Lo primero de lo que te das cuenta es de que podría matar con la misma facilidad con que se toma un vaso de agua. Me refiero a matar a cualquiera, sin distinción.

—Ten cuidado.

—Y, sin embargo, hay algo misterioso en él que me fascina. Su misma ferocidad, tan fría e imprevisible. Ha desarrollado una agresividad sin límites, lo cual no puede sino tener origen en sufrimientos y terrores también sin límites. Esa noche lo oí gritar en sueños, no mucho antes del amanecer, cuando se tienen los sueños que luego no olvidamos una vez despiertos. Un grito inhumano.

Melisa me pareció en aquel momento una mujer admirable, estupenda por la perfección del cuerpo y del rostro, pero también por su riqueza de sentimientos y agudeza mental. Era una de esas personas que es importante conocer en la vida, una de las que no habría conocido jamás de haberme quedado en Beth Qada.

—¿Hay noticias sobre lo que nos espera? —preguntó Melisa—. Menón no me ha dicho nada y yo no me atrevería a preguntar.

—Jeno está preocupado porque no sucede nada y pasan los días. Los exploradores dicen que estamos bloqueados entre el Tigris y un canal, Clearco no quiere moverse porque teme violar la tregua y dar a Arieo el pretexto para abandonarnos a nuestra suerte.

Melisa me llenó una copa con su bebida mágica y me miró con una expresión amorosa mientras bebía:

—¿Has pensado lo que harás si las cosas empeoran?

—¿A qué te refieres?

—Si el ejército fuese aniquilado por los persas, si tu Jeno perdiera la vida.

—No lo sé. Creo que me sería difícil sobrevivirle.

—No digas tonterías. Tenemos que sobrevivir en cualquier caso. Una mujer deseable como tú siempre tiene formas de hacerse apreciar. Basta con descubrir al varón más poderoso, al dominador. Puede ser un rey o un príncipe o un comandante, que pueda protegerte y darte todo lo que mereces a cambio de tus favores.

—No creo que fuese muy hábil en una situación semejante. Tal vez tendrías que salir tú adelante y luego protegerme también a mí. Soy demasiado estúpida, Melisa, una de esas mujeres que se enamoran. Y lo hacen para toda la vida. En cambio, tú eres ya un mito, la bella que corrió desnuda por el campamento de Arieo hacia las filas de los guerreros griegos en medio de las ovaciones y los gritos incitadores. Ni siquiera Menón, el de los ojos fríos, se ha resistido a tus encantos.

Melisa suspiró:

—Menón..., me temo que sea él el más fuerte. Él lo sabe, y yo no me he enamorado en mi vida de ningún hombre, pero este joven sin corazón me hace temblar...

Vi una sombra de incertidumbre en los ojos ambarinos de Melisa y me alejé para no tener que responder a la pregunta que quizá me habría hecho después de aquella confesión.

Pasaron veinte días antes del regreso de los embajadores y creo que fue una locura esperar tanto tiempo inertes. No sé por qué motivo al final no ocurrió nada. El Gran Rey había aceptado todas nuestras peticiones y dio comienzo nuestro viaje de vuelta. Aquella noche Jeno y yo hicimos el amor porque se había disipado el miedo a una catástrofe inminente y la noche cálida y tranquila, aromatizada de heno, nos empujaba a uno en brazos del otro. Luego salimos de la tienda y nos sentamos en la hierba seca para contemplar el cielo estrellado. Se oía el rumor de los campos, los soldados hablando entre sí, el ladrar de los perros vagabundos que merodeaban en torno al campamento. Nadie cantaba, sin embargo, porque los pensamientos de todos estaban dominados por la incertidumbre y la opresión. El inmenso ejército al que se habían enfrentado en Cunaxa les había hecho tomar conciencia de lo grande que era el Imperio que se extendía en torno a nosotros en todas direcciones, de cuántos eran los obstáculos que tendrían que superar.

—¿Crees que volveremos por el mismo camino? —pregunté a Jeno—. ¿Crees que volveremos a pasar por mis aldeas? —Y sentía dentro de mí una profunda inquietud. Si volviéramos a través de las Aldeas del Cinturón se cerraría para mí el círculo y probablemente tendría que dejar que él retomase el hilo de la vida que había interrumpido y al que sin duda deseaba volver.

—No lo sé —respondió—, y tengo dudas e incertidumbres de todo tipo, sea cual sea la posibilidad que trate de contemplar. Hemos de seguir con los persas que nos vigilan y nos odian. Nosotros somos un cuerpo extraño en el interior de su país. Temen enfrentarse con nosotros, pero saben que de un modo u otro tenemos que ser destruidos.

—¿Y eso por qué? —pregunté yo—. El Gran Rey ha aceptado negociar y ha permitido que se nos deje partir poniendo condiciones que habéis suscrito.

—Es cierto: todo parece muy perfecto y tranquilo, pero no hay una lógica en este comportamiento. Si nosotros volvemos y contamos lo fácil que ha sido llegar a escasa distancia de una de sus capitales, otros podrían sentir la tentación de repetir la empresa. Es un riesgo que no pueden correr. Pero, sin duda, nunca se puede decir, y a veces los caminos del destino son inescrutables.

—Pero si no ocurre nada de lo que temes, ¿qué sucederá a partir de mañana?

—Tisafernes ha sido nombrado gobernador de Lidia en lugar de Ciro y, por consiguiente, tendrá que llegar a su provincia. Haremos, pues, el camino juntos porque la meta es la misma, el lugar del que partimos, y esto les permitirá no perdernos de vista. Remontaremos el Tigris hasta el pie de las montañas del Tauro. Allí tomaremos hacia occidente en dirección a las Puertas Cilicias, el paso angosto que comunica Siria con Anatolia, y pasaremos no muy lejos de tus aldeas, cuatro o cinco parasangas, una jornada de camino hacia mediodía.

—Por tanto, sería fácil devolverme a Beth Qada, donde me conociste.

—No es lo que yo quiero —replicó él—, pues te echaría demasiado de menos... ¿Sabes?, se cuentan de nosotros tantas historias de héroes que vuelven de largos viajes trayendo a una muchacha bárbara...

—¿Y cómo acaban esas historias?

—Eso no tiene importancia... —respondió Jeno y calló de improviso. Seguí la dirección de su mirada que se paseaba por el campo y se topó con una figura a caballo que pasaba silenciosa por los rastrojos.

Sofo.

Volvimos a partir al alba y al cabo de dos días de camino atravesamos una muralla de adobe afianzado con asfalto y después de otros dos días, llegamos a orillas del Tigris, que cruzamos por un puente de barcas. Jeno anotaba en sus tablillas las distancias y los nombres de los lugares y vi que trataba también de trazar en cera la dirección del itinerario observando la posición del sol. Más allá del río había una ciudad más bien grande, circundada asimismo por una muralla de adobe como el que servía para construir nuestras casas en Beth Qada. Allí fuimos por primera vez al mercado. Los nuestros uncían los mulos a los carros e iban a comprar lo que necesitábamos para nutrir al ejército. Nunca había caído en la cuenta de cuánta comida se necesita para alimentar a diez mil hombres. Era una cantidad enorme, pero el género variaba poco porque se compraba lo que había: trigo, cebada, rábanos y legumbres, pescado de río o bien carne de carnero y de cabra y aves de corral para algunos de los oficiales como Próxeno, Menón, Agasias y Glus. Clearco y los suyos, en cambio, comían siempre lo que comían sus soldados. La bebida era siempre la misma: vino de palma, pero solo para quien podía permitirse comprarlo.

Observé que las varias compañías hacían una especie de caja común, que era confiada a un hombre de confianza que hacía las compras y luego informaba de los gastos. Cuando el dinero se acababa se procedía a una nueva aportación colectiva. Los oficiales, aparte de Clearco y los suyos, mandaban a su ayuda de campo. Jeno no había perdido su pasión por la caza y siempre que podía salía a caballo con arco, flechas y venablos, y casi siempre volvía con alguna presa: un conejo silvestre, patos, una pequeña gacela, que me miraba con unos ojos vidriosos desorbitados.

Arieo y su ejército, que debían, en teoría, ser nuestros aliados, se habían unido a Tisafernes: acampaban todos juntos, pero los nuestros se guardaban mucho de hacerlo y se mantenían casi siempre a una buena distancia, una parasanga e incluso más. Ni los habríamos visto de no haber sido por el humo de las hogueras del campamento.

Esto daba pie a continuas y pesimistas conjeturas: quién sabía qué estaban rumiando aquellos, quién sabía qué engaños o trampas estaban preparando y aquel bastardo de Arieo estaba aliado con ellos. Bárbaros unos y otros, ¿qué cabía esperarse?

No es difícil imaginar que por el otro campamento circulasen comentarios muy distintos y lo que debía de ser el traslado de dos cuerpos de ejército hacia el mar no tardó en convertirse en una guerra no declarada, una tensión continua y espasmódica, un controlarse mutuo, un espiarse continuo, día y noche.

Por fortuna los nuestros eran bastante prudentes para evitar el contacto directo que habría desembocado fatalmente en un enfrentamiento, pero lo que se trataba de evitar expresamente ocurría igualmente por casualidad. Grupos de nuestros auxiliares que habían salido para recoger forraje se habían topado varias veces con secciones persas comprometidas en la misma tarea, y habían estallado peleas furibundas o incluso verdaderos combates con muertos y heridos, y había hecho falta toda la autoridad de Clearco para impedir que algunos oficiales salieran en orden de batalla para responder a la ofensa y vengar a los caídos.

Cuanto más se avanzaba hacia septentrión a lo largo de la orilla izquierda del Tigris más se volvía la situación tensa y difícil, también porque los lugares donde se podía recoger forraje o comprar vituallas eran cada vez más escasos y la competencia a cada paso más áspera. Jeno había sido uno de los pocos en preocuparse en serio cuando las cosas parecían fáciles, pero los hechos le estaban dando la razón. ¿Qué sucedería cuando la tensión se volviera insoportable? Veía a Clearco hacer una inspección por la noche, rodeado de su guardia, llegando a veces a corta distancia de las avanzadillas persas. Los fuegos de sus campamentos se extendían por una superficie inmensa, lo que daba la medida de la enorme diferencia entre los dos ejércitos. Y nadie se hacía ya ilusiones sobre el comportamiento de Arieo: si se llegaba a un enfrentamiento, seguramente lucharía contra nosotros.

Una noche, hacia el segundo turno de guardia, oí las voces de una violenta trifulca: era Menón de Tesalia que quería enviar a los suyos a una incursión nocturna en el campamento persa. Estaba seguro de poder causar una matanza y de sumir al ejército entero en el pánico, tras lo cual un ataque con todas las fuerzas del resto del ejército completaría la obra.

—¡Déjame ir! —vociferaba—. No se lo esperan, les he oído alborotar, están medio borrachos y les masacraré como si fueran corderos. Hoy han dado muerte a dos de los míos. Quien toca a los hombres de Menón es hombre muerto, ¿entendido?

Estaba fuera de sí, como una fiera que ha olido la sangre.

Hizo falta toda la autoridad de Clearco para pararle los pies, pero estoy segura de que si lo hubiera incitado en aquel momento Menón habría hecho lo que prometía y quizá incluso más. Estaba tan furioso de que se le hubiera impedido llevar a cabo su plan que temí que desenvainara la espada contra su propio comandante, pero la cara de perro de Clearco repelió su furia e impidió que los acontecimientos se precipitasen. Al menos hasta ese momento.

Noté que a poca distancia estaba también Sofo observando la escena en silencio. Había con él últimamente un oficial del batallón de Sócrates, un hombre bastante joven que hablaba poco, pero que tenía fama de ser un combatiente muy fuerte, infatigable. Era de una ciudad del mediodía, me dijo Jeno; se llamaba Neón, pero no sabía nada más de él. El ser ambos de pocas palabras parecía lo único que tenían en común.

Atravesamos otro río y avistamos otra ciudad en lontananza donde pudimos abastecernos de nuevo en su mercado, luego nos adentramos por un territorio desértico donde la única vegetación era la que crecía en las orillas del Tigris. Aunque era ya avanzado el otoño hacía aún calor, y las largas marchas bajo el sol abrasador ponían a dura prueba a los hombres y a las acémilas. Habían pasado varios días desde que el comandante Clearco se había encontrado con Tisafernes y había sellado el acuerdo de tregua; desde aquel momento no había habido ningún contacto: ningún encuentro, ninguna señal.

Solo una vez llegó del campamento persa un mensajero. Habíamos llegado a las inmediaciones de un grupo de aldeas que me recordaban aquella en la que yo había nacido y de donde estaba ausente desde hacía mucho tiempo. Un jinete persa apareció al amanecer y se quedó inmóvil hasta que se le acercó Clearco. El hombre le dijo, en un griego penoso, que Tisafernes, en señal de benevolencia, les concedía permiso para tomar de aquellas aldeas lo que necesitaran.

Primero Jeno y los demás pensaron que debía de ser una

trampa, una invitación al pillaje para dividir al ejército y dispersarlo entre las casas y las callejuelas de aquellos pequeños asentamientos para luego atacar con todas sus fuerzas y golpear sin remisión. Pero Agasias de Estinfalia, que había ido en una misión de reconocimiento, informó de que no había un solo persa en el radio de dos parasangas, lo cual significaba que no tenían intención de atacarnos.

En aquel momento Clearco apostó algunos grupos de reconocedores a cierta distancia del enemigo y lanzó a los otros a saquear las aldeas. Por la noche quedaba bien poco de aquellas humildes comunidades de campesinos, y sus vecinos estaban expuestos a la amenaza de tener que sucumbir al hambre durante los meses de invierno. Habían perdido la cosecha, las bestias de carga y de tiro y los animales de corral. Nadie de los que saqueaban la aldea de aquellos pobres se preguntó por qué tanta condescendencia por parte de nuestros enemigos, pero yo sí. Tenía que haber una razón y no fue demasiado difícil descubrirla. Aquellas aldeas se llamaban como las mías: «Aldeas de Parisatis». Es decir, tomaban su nombre de la Reina Madre y aquel pillaje autorizado debía de ser una explícita ofensa a su majestad.

Mientras los nuestros aprovechaban hasta el fondo la oportunidad que se les brindaba, yo me topé con un grupo de prisioneros persas que acababan de ser capturados por un destacamento de Sócrates de Acaia y estaban atados al tronco de un sicómoro. También había una muchacha que hablaba mi lengua y había estado hasta poco antes al servicio de la reina Parisatis. Le pedí a Jeno que la trajera con nosotros porque podría recabar información interesante. Gracias a ella, en efecto, me enteré de una historia tremenda. La historia del odio implacable entre los dos hijos de Parisatis y de la sed de venganza de la madre, privada de forma tan atroz de aquel que más amaba. El príncipe Ciro.

12

—¿Cómo es ella —fue mi primera pregunta. Y no podía creer que estuviera a tan poca distancia de una persona que me era tan lejana como las estrellas del firmamento. Tenía delante de mí a alguien que la había visto cara a cara y tal vez la había tocado, peinado...

—A quién te refieres —repuso.

—A la Reina Madre. Cuéntame cómo es.

La muchacha que hablaba mi lengua se llamaba Durgat y había formado parte de la servidumbre de Parisatis hasta pocos días antes, cuando se encontraba en sus residencias de verano en las alturas occidentales de la zona central del Tigris.

—Es una mujer... alta y esbelta. Tiene unos ojos profundos y oscuros que te hacen temblar cuando te mira fijamente. Lleva el cabello muy largo recogido en un tocado en la nuca. Tiene unos dedos tan largos y finos que hacen pensar en unas garras. Es... aguileña, de rostro afilado... Cuando sonríe da más miedo aún porque todos saben perfectamente lo que le da más placer que nada: el sufrimiento ajeno.

»Y, sin embargo, cuenta con la devoción de todo el personal a su servicio. Es tal el terror que infunde que, cuando dispensa alguna mínima atención o hace un pequeño regalo, quien lo recibe siente, involuntariamente, una inmensa gratitud pensando en lo grande que es también su posibilidad de hacer el mal.

—¿Por qué se ha trasladado a este territorio?

—No ha venido aquí en busca de distracción, sino para estar cerca del lugar del enfrentamiento, del duelo a muerte entre sus dos hijos.

—¿Y tú qué hacías en esas aldeas?

—El jefe de los eunucos de palacio —respondió— me había enviado junto con otras muchachas y algunos miembros de la guardia a recaudar los productos alimenticios para la corte. Fue allí donde los tuyos nos apresaron a todos.

—Ya lo sé, y me temo que hubieras acabado en la tienda de algún soldado de no haber sido por mí, que soy la amiga de un personaje importante. Cuéntame lo que sabes y seguirás disfrutando de nuestra protección.

Asintió tranquilizada. El hecho de que hablase su misma lengua materna le inspiraba confianza. Me contó lo que había oído en las habitaciones de las damas de compañía de la Reina y las confidencias de los eunucos. Su relato fue extenso y lo retomó también en los días siguientes y solo lo interrumpía debido a las vicisitudes de nuestra marcha para volver luego a empezar.

—Ciro pensaba en realidad que tenía derecho al trono y que no era un usurpador. Era más joven que su hermano, pero había nacido cuando su padre era ya rey, mientras que Artajerjes, el mayor, nació cuando su padre no era más que un personaje corriente. Él era un príncipe real, el otro no era nada. Hay una historia que circula por palacio, pero que no conviene contar. Si la Reina Madre se enterase, me haría cortar la lengua.

—¿Tan terrible es?

—Es un motivo de vergüenza para el príncipe Ciro. He aquí por qué. Se dice que, cuando Artajerjes entró en el Santuario del Fuego para la ceremonia de la investidura real, Ciro se había escondido en una capillita para tenderle una emboscada. Pero la guardia imperial estaba vigilante o muy probablemente recibió una información y llevaron a cabo una inspección.

»Lo descubrieron armado con un puñal en el lugar sagrado y lo llevaron a rastras hasta el centro de la sala de la coronación para darle muerte enseguida ante los ojos del Gran Rey. La Reina Madre se arrojó, lanzando un grito, sobre él en el momento en que la cimitarra estaba a punto de cortarle la cabeza, lo protegió con su cuerpo y lo cubrió con su manto implorando piedad al hijo mayor. Nadie se atrevió a hacerle ningún daño.

»Los cortesanos creían que Artajerjes se vengaría de todas formas, pero la madre, día tras día, con gentilezas y miramientos se ganó su confianza y, con la excusa de mandar a Ciro a un lugar alejado de la corte, lo convenció de que le confiara el gobierno de la más extrema provincia de occidente: Lidia.

La historia me parecía conmovedora: el emperador del mundo, el Rey de Reyes, el hombre más poderoso de la Tierra, no era más que un niño frente a la madre y la obedecía sin discutir su voluntad. Pero ella, me preguntaba, ¿qué tipo de mujer era? «Útero de bronce», llaman en mi tierra a ese tipo de mujeres.

Así que, cuando el ejército de Artajerjes con sus generales se había movido para enfrentarse a Ciro, también la Reina se había desplazado, con su séquito, su guardarropa y sus doncellas, para estar cerca del campo de batalla, para poder conocer cuanto antes el resultado del enfrentamiento. Cualquier madre se habría sentido abrumada de dolor ante la sola idea de que con toda probabilidad perdería a uno de sus hijos, no importa cuál, pero ella esperaba que venciese Ciro, aunque esto significara que el hermano derrotado muriese.

—Tienes razón —dijo Durgat—. Merecía un castigo y lo recibió. Fue Ciro quien murió y alguien le trajo la noticia sin ahorrarle ninguno de los horribles detalles de la matanza. Nadie en realidad podía decir quién exactamente le había dado muerte; distintos testigos habían declarado que los dos hermanos se habían enfrentado entre sí infligiéndose profundas heridas, pero de hecho no fue posible establecer con precisión cómo y cuándo había muerto el príncipe: si en las primeras fases de la batalla o más tarde.

»Por otra parte —continuó—, ni siquiera los nuestros estaban en el campo de batalla cuando esto sucedía. Estaban ya persiguiendo al ala izquierda de los enemigos que se habían dado a la fuga y se alejaban cada momento más del centro de la refriega.

»Una cosa es cierta —prosiguió Durgat—, el rey Artajerjes había sido herido en el pecho por un punta de lanza que le había perforado la coraza y le había penetrado dentro de la carne más de dos dedos. El médico griego que luego vino a veros para negociar lo cosió y curó, pero antes de hacerlo sondeó con un escalpelo de plata lo profunda que era la herida.

»El anunció de que Ciro había muerto le fue llevado al Gran Rey por un soldado de Caria que le enseñó la gualdrapa ensangrentada del príncipe y dijo que lo había visto cadáver. Una vez terminado todo, Artajerjes lo mandó convocar para premiarlo, pero él evidentemente se esperaba más y protestó. Llegó a jactarse de haber dado muerte a Ciro personalmente y que aquel regalo no era proporcional a su mérito.

»Artajerjes, indignado, ordenó cortarle la cabeza, pero la Reina Madre, que se hallaba presente, lo detuvo: una muerte tan rápida no era el justo castigo para quien se había mostrado tan insolente e ingrato con el Gran Rey. "Déjamelo a mí —dijo—, que sabré cómo infligirle la pena adecuada para que nadie se atreva más a faltarte al respeto."

»Artajerjes consintió a ello. Quizá el deseo de creer que la madre lo quería y deseaba de verdad castigar a quien le había faltado al respeto le indujo a darle la satisfacción que ella en cambio quería solo por ella misma. La de la venganza. Y una venganza digna de la maldad y de la crueldad de su ánimo.

Lo que me contó a continuación Durgat me hizo horrorizarme. No hay nada, en efecto, más terrible en el mundo para un ser humano que caer totalmente a merced de otro que le odie, porque el sufrimiento que habrá de soportar no conocerá límites. En aquel momento el placer de vengarse debía de ser en el ánimo de Parisatis mayor que el dolor y la compasión por la pérdida de un hijo al que amaba. Hizo atar al soldado de Caria en el patio de su palacio y llamó a los verdugos. Quiso que vinieran los más expertos, los capaces de infligir todos los tormentos que un cuerpo puede soportar, pero sin morir: los capaces de detenerse un instante antes de que sobrevenga la muerte para acabar para siempre con la angustia.

Cada día se hacía llevar en palanquín al patio, se sentaba a la sombra de un tamarindo y se quedaba durante horas contemplando los atroces sufrimientos de aquel pobre desgraciado. Como sus lamentos la mantenían despierta durante la noche, le hizo cortar la lengua y coser los labios.

Por espacio de diez días continuó el espectáculo infame de un hombre reducido a un amasijo informe de carne martirizada, luego la Reina se dignó hacerlo morir no por piedad, sino porque ya no se divertía y el pasatiempo se había convertido en aburrimiento.

Le hizo arrancar los ojos y derramar cobre fundido en los oídos.

Durgat se dio cuenta del efecto devastador que su narración tenía sobre mí. Quizá mi expresión era elocuente, mi mirada aterrada y las lágrimas debían de expresar lo que sentía al oír tan terrible relato, yo que no había conocido más que la paz soñolienta de mi aldea natal. Se paró durante un momento, pareció, en efecto, mirar a su alrededor, como para retomar contacto con la realidad del presente, luego reanudó su narración para contar el pasado.

—Había otro hombre que se había jactado de haber dado muerte a Ciro. Se llamaba Mitrídates. A él el rey Artajerjes le había dado una espléndida recompensa: un traje de seda y una cimitarra de oro macizo, porque, en efecto, había herido al príncipe con un golpe de venablo en la sien, aunque había sido el Rey, se decía, quien, aunque herido en el pecho, le había dado muerte con su propia mano. Otros sostenían que Mitrídates, y no el soldado de Caria, había llevado al Gran Rey la gualdrapa de Ciro ensangrentada y así se había hecho merecedor de sus presentes.

»Una noche Mitrídates fue invitado a un banquete organizado a escondidas por la Reina en el que participaba un eunuco fiel a ella. El vino corría copiosamente y cuando el comensal pareció claramente borracho el eunuco comenzó a provocarlo, a decir que él también habría sido capaz de llevar una gualdrapa al Rey, aun sin ser un gran guerrero. No hizo falta más. Mitrídates alzó la mano gritando: "Puedes decir todo lo que quieras, que fue esta mano la que mató a Ciro".

»"¿Y el Rey?", preguntó el eunuco.

»"El Rey puede decir lo que quiera. ¡Fui yo quien mató a Ciro!"

»El hecho es que con aquello había declarado que el Rey era un mentiroso. Lo proclamó bien alto delante de una veintena de testigos y firmó así su condena a muerte.

»Al ver el rictus de satisfacción del eunuco, los presentes comprendieron lo que le esperaba a Mitrídates. Bajaron la cabeza y el anfitrión dijo: "Dejemos estar estas conversaciones que nos superan y pensemos mejor en comer, beber y disfrutar de la velada. No sabemos qué nos espera mañana".

»La muerte de Mitrídates fue una vez más una prerrogativa de la Reina Madre, que pidió de nuevo que le fuera concedido vengar el honor ofendido de su hijo el Rey. Los amigos de Mitrídates trataron de disculparlo diciendo que había hablado en estado de embriaguez, pero el eunuco hizo notar que, según el viejo dicho, «En el vino, la verdad» y, por tanto, el acusado no había hecho sino decir lo que pensaba realmente. Ninguno de los presentes en el banquete se atrevió a desmentirle.

»Parisatis pensó para Mitrídates un suplicio más perverso aún: el de las dos artesas.

Ante la sola idea de escuchar más atrocidades le rogué a Durgat que interrumpiera su relato porque no iba a tener valor y fuerzas de soportarlos, pero una voz que me era conocida resonó detrás de mí:

—Yo, en cambio, siento curiosidad por oír y también sé que hablas suficiente griego para hacerte comprender. Te oí hablar cuando los nuestros te capturaron.

Menón de Tesalia estaba de pie detrás de mí, quizá desde hacía un rato, sin darme yo cuenta.

—Vete —dije—. Jeno está a punto de llegar y no le hará ninguna gracia encontrarte conmigo.

—No hago nada malo —respondió Menón— y sé además que eres amiga de Melisa, por tanto algo nos une.

Sostenía en la mano izquierda una copa de vino de palma, una copa de cerámica finísima, como las que utilizan los griegos cuando se encuentran a la mesa o en sus recepciones. Nunca he comprendido cómo su manto podía estar siempre tan blanco y cómo objetos tan finos y delicados podían viajar con él sin quebrarse. La muchacha continuó en griego: una cosa que me sorprendió y que no me esperaba. Debía de ser un preciado artículo en la casa de la Reina Madre. Yo hice ademán de irme.

—De espíritu demasiado bueno o de estómago demasiado débil —comentó sarcástico Menón—. ¿No quieres oír en qué consiste el suplicio de las dos artesas? Yo te lo contaré. ¿Sabes?, antes de partir me informé acerca de los usos y costumbres de estos países, precisamente para saber cómo comportarme en caso de que fuera hecho prisionero. Así pues, se trata de lo siguiente: te llevan en pleno desierto a un lugar abrasado por el sol. Te atan de pies y manos y te meten dentro de una especie de artesa, ya sabes, de esas que se utilizan para amasar el pan, lo bastante grande como para que quepas también tú. Luego te ponen otra encima, pero con un agujero en uno de los extremos para que la cabeza quede fuera. Luego te untan la cara con una espesa mezcla de leche y miel que atrae a las moscas, a los tábanos y a las avispas. Estos llegan de todas partes para darse un festín, gracias al cual en unos pocos momentos tu cara está completamente cubierta de esos asquerosos bichos. Del terreno acuden a echarles una mano las arañas, las escolopendras, los escarabajos. Y hormigas, miles de hormigas hambrientas. No puedes moverte porque estás encerrado en ese ataúd de madera y los bichos, una vez que se termina la miel, no se detienen, continúan con tu cara y en poco tiempo te reducen a una máscara sanguinolenta.

—¡Basta ya! —grité.

—Puedes irte si quieres —respondió Menón—, nadie te retiene. —Pero me quedé, no sé por qué, pero ese horror tenía sobre mí un efecto extraño, como un veneno que te amodorra lentamente y te atormenta al mismo tiempo. Sentía que los seres humanos son también así y que era justo saberlo todo, ser consciente de lo que puede reservarte la vida, que también una existencia siempre tranquila, alegrada por los hijos, por una persona que te quiere y te respeta, por una bonita casa con una parra y un jardín como esa con la que siempre había soñado, puede proporcionarte en pocas horas la modesta felicidad de una vida entera o hacerte arrepentir de haber nacido.

La voz de Menón resonó de nuevo como en una modesta fábula cruel:

—... Y no acaba aquí la cosa. Cada atardecer, cuando la noche y la oscuridad te liberan por breve tiempo de esos huéspedes tan desagradables llega la hora de la cena. Te dan de comer, sí... ¿no te lo crees? Y también de beber. Y mucho, te lo hacen tragar a la fuerza. Y si no quieres abrir la boca te sacan los ojos con unos punzones, así gritas de dolor y abres la boca, y te meten más comida y hacen que bebas más. Y así, al cabo de dos o tres días, estás sumergido en tus propios excrementos dentro de ese ataúd hirviente. Los gusanos te devoran vivo, poquito a poco. Tú percibes el hedor de tu carne que se muere a cada instante y maldices a tu corazón que sigue latiendo y también a la madre que te dio la vida y a todos los dioses del Cielo que no hicieron que reventaras antes de traerte al mundo.

Yo lloraba al oír el relato de aquellos horrores y pensaba que también ese pobre desgraciado había sido parido un día por una madre que lo había amamantado, cuidado y rodeado de atenciones y de caricias para que al menos tuviera en la infancia toda la felicidad que un hijo puede tener, sin imaginar siquiera que habría hecho mucho mejor ahogándolo en un cubo apenas nacer, antes de que dejara oír su primer vagido.

Mitrídates tardó diecisiete días en morir.

Pero no terminaba aquí la cosa. Durgat contó que aún quedaba un hombre con el que saldar cuentas: el eunuco que se había encargado de decapitar, mutilar y empalar el cuerpo exánime de Ciro. Se llamaba Masabates y era muy astuto. Había visto el final que habían tenido los otros dos y sabía que era una presa codiciada por aquella tigresa. Se guardaba mucho no solo de cualquier jactancia, sino también de estar presente en situaciones en las que se evocaba la historia de Ciro o de cualquier acontecimiento o personaje relacionado con hombres que lo conocían o lo habían conocido o recordaban haber tenido que ver con él. Apenas comenzaba la conversación, él se iba, aduciendo alguno de sus infinitos compromisos de servidor emasculado y fiel. Parecía imposible cogerlo en la trampa, pero la cazadora de hombres era astuta. Dejó pasar tiempo y empezó a comportarse como si Ciro no hubiera existido nunca. Rodeó a su hijo superviviente de todo tipo de atenciones llegando incluso a prepararle unos dulces con sus propias manos, o al menos así lo hacía creer. Parecía sincera. Se hubiera dicho que era una madre resignada que había tomado conciencia de que todavía tenía un hijo y podía volcar en él sus sentimientos. Pero lo que ganó sobre todo el corazón del Rey fue la cordialidad y el afecto que la Reina Madre comenzó a demostrar por su nuera, la reina Estatira, queridísima esposa del soberano a la que ella siempre había mirado con aversión. Parisatis incluso volvió a hacer compañía al Rey en su pasatiempo favorito: el juego de dados.

—Nunca se ha oído decir —dijo Durgat— que alguien emplease dados trucados para perder, pero exactamente eso fue lo que hizo la Reina para lograr su propósito: se jugó mil daricos de oro y los perdió. Pagó la enorme suma sin pestañear, pero pidió una revancha, que tuvo lugar al cabo de algunos días, una noche tranquila después de la cena en el jardín del palacio de verano. Una fuentecilla gorgoteaba quedamente y de los setos de jazmín perfumados llegaba el canto del ruiseñor.

»Esta vez le tocaba a Parisatis proponer la apuesta y esta estableció que debía ser un criado. Un criado propiedad del contrincante. Pero excluyendo cinco nombres que cada uno de los dos elegiría entre sus más fieles y apreciados para no tener que privarse de personas queridas.

»Parisatis los había elegido ya: Masabates no figuraba entre los cinco. Esta vez los dados trucados le sirvieron para ganar y cuando pretendió a Masabates el Rey comprendió al punto que había condenado a un criado fiel a una muerte atroz, pero la palabra de un rey es una palabra esculpida en bronce y no se borra.

»La Reina Madre lo hizo desollar vivo y ordenó colgar su piel extendida en un cañizo frente a él. Luego lo hizo empalar con tres palos cruzados. Su muerte fue más rápida que la de Mitrídates, pero quizá no menos dolorosa.

Esto había sucedido pocos días antes de que Durgat llegara a las aldeas con los otros criados y la escolta.

Durgat dijo que estaba presente, con un cesto de higos en las manos, cuando el Rey se quejaba a su madre de haber infligido una muerte horrible a un buen criado. La Reina se encogió de hombros: «¡Cuánto duelo por un viejo eunuco sin valor alguno, yo no dije una palabra cuando perdí de una sola vez mil daricos de oro!». Luego cogió un higo del cesto, lo abrió con ostentosa lentitud y le hincó el diente arrugando los labios como una tigresa.

Cuando Durgat estaba terminando su relato apareció Jeno y se encontró cara a cara con Menón de Tesalia:

—¿Qué haces tú aquí? —le preguntó con brusquedad.

—Pasaba —respondió Menón.

—Pasa por otra parte —replicó Jeno con cara de pocos amigos. Vio la mano de Menón deslizarse hacia la empuñadura de la espada, pero yo lo miré a los ojos para pedirle que no lo hiciera. Él meneó su rubia cabeza y dijo con una sonrisa sarcástica:

—Otra vez será, escritor. Ya habrá ocasión. Mientras tanto, que tu hermosa te cuente estas historias. Las encontrarás interesantes. —Y se alejó con el viento que henchía su absurdo manto blanco. Como la vela de una nave.

Pregunté a Durgat si prefería volver con la Reina o venir con nosotros:

—Si quieres, eres libre, pero debes ser tú quien tome la decisión. Si vienes con nosotros, creo que dentro de unos meses estaremos en la costa. Allí hay ciudades magníficas que se asoman al mar, el clima es bueno y los campos, fértiles. Tal vez puedas encontrar a un buen chico que se case contigo y crear una familia.

Durgat bajó la cabeza por un momento sin decir nada. Era una bella muchacha de cabellos y ojos negrísimos y tez morena. Vestía con cierta elegancia y llevaba también adornos: del cuello le colgaba un pequeño ámbar con un hilo de plata.

—Eres muy buena diciéndome estas cosas, pero donde estoy me siento segura. Basta con no tener ojos ni oídos, no ver ni oír, obedecer siempre incluso cuando no te dicen nada, adelantarme a los pensamientos de mi señora y satisfacer cada uno de sus deseos y todo va bien...

Me quedé asombrada al oír «todo va bien» de una persona

que había visto muy de cerca actos de una inimaginable ferocidad como los que me acababa de contar, una persona al servicio de una fiera humana capaz de una crueldad sin límites y de cambios de humor repentinos y devastadores. Era evidente que una persona carente de libertad y de dignidad puede adaptarse y habituarse a cualquier cosa.

Durgat prosiguió:

—Es evidente que tú lo haces por amor, y te comprendo. Pero esta vida no es para mí, aunque no es esta la única razón… —Se interrumpió mirándome fijamente a los ojos con una expresión intensa.

Había un mensaje en su mirada, como debía de haberlo en la mía cuando le imploré en silencio a Menón de Tesalia que no desenvainara la espada contra mi Jeno. No diría una palabra más, pues ya me había advertido de que «no tenía ojos ni oídos, ni veía ni oía». Pero ¿el qué? ¿Qué sabía y no estaba en condiciones de decirme? El de Durgat era, todavía, un don que no daba muestras de comprender ni de aprovechar. No le pregunté nada porque su actitud era elocuente: no obtendría ninguna respuesta. Ya me había dicho lo que podía decirme y la sola idea de que alguien la considerara la fuente de una revelación prohibida era más que suficiente para que tuviera la boca cosida. Precisamente porque había decidido ya volver a su jaula.

—Le pediré a Jeno que te deje en esas aldeas. Los tuyos te encontrarán cuando pasen por aquí o te encontrarán los hombres de Tisafernes, que están acampados a una parasanga de distancia hacia oriente.

—Te estoy muy agradecida y, créeme, me habría gustado quedarme contigo, hacerme amiga tuya. Te pareces a mí, ¿sabes? Quizá porque hablamos la misma lengua y venimos de lugares no demasiado alejados. Yo soy de Alepo.

—Tal vez —respondí yo. Y mi mirada buscó el punto en el que la suya se había detenido en ese momento, en una modesta altura detrás de las aldeas: el manto blanco de Menón.

Jeno me llamó y yo me reuní con él. Me puse a prepararle la cena.

Enseguida se dio cuenta de que estaba abstraída:

—¿En qué piensas? —me preguntó.

—En esa muchacha que hemos conocido aquí —respondí—. Le he prometido que la dejaría libre.

—Ya lo creo. Eres demasiado celosa para permitir que otra muchacha atractiva comparta la misma tienda con nosotros. ¿No es así?

—Así es —dije yo con una sonrisa—, lo has adivinado. Entonces, ¿puedo decirle que se volverá por donde ha venido?

—Puedes decirlo y esperemos que no le ocurra nada malo.

—Durgat pertenece a la reina madre Parisatis. Le bastará con pronunciar su nombre para abrirse paso incluso en medio de una manada de lobos, créeme.

—Bien, pues. —Pero de vez en cuando me miraba de reojo porque no conseguía disimular que mi pensamiento estaba en otra parte.

Cuando cayó la noche se levantó un viento impetuoso que hacía chasquear los bordes de la tienda y susurrar a las hojas de las palmeras tan fuertemente que a duras penas conseguía conciliar el sueño. Seguía pensando en la expresión enigmática, y sin embargo tan elocuente, de Durgat cuando se había interrumpido al hablar...

No quería desvelar algo que sabía, pero que no podía decir. ¿Por qué? Seguramente un peligro, una amenaza que se cernía sobre nosotros y que ella conocía por haberla oído en las habitaciones de la Reina Madre o en el pabellón del Rey. ¿Qué otra cosa podía ser? Pero nosotros corríamos peligros a diario por ataques imprevistos, emboscadas, hambre y sed, pozos envenenados..., muchos peligros entre nosotros y el mar. ¿Qué podía haber más grave que cuanto ya habíamos experimentado y conocido?

Trataba de seguir la ilación de sus razonamientos y de sus

emociones para encontrar una respuesta. Ella había oído una conversación relativa a nosotros, que tenía que ver con nuestro ejército en marcha, pero quizá no la había comprendido del todo. Luego había venido a las aldeas con un encargo y había sido capturada. Jeno y yo la habíamos puesto al abrigo de las ofensas que podía sufrir y ella se sentía agradecida. Lo que había visto en el campamento le había traído a la mente lo oído en los aposentos reales y había tratado de dármelo a entender: «Hay algo que os afecta; yo lo sé, pero no puedo decirlo porque volveré con la Reina y si sus maquinaciones se malogran será fácil remontarse hasta quién las ha revelado y no habrá límite para el dolor que querrán infligirme. Eres tú quien debe tratar de comprender».

Sí, eso debía de ser y, si no comprendía ahora, seguramente lo haría pronto, prestando atención, manteniendo los ojos abiertos, tratando de captar el más pequeño indicio de toda señal. Jeno me atrajo hacia sí. Tampoco él dormía por el ruido del viento.

—¿Sabes?, en mi aldea el viento en determinadas estaciones o en determinados momentos hace un extraño ruido, como un rugido —le susurré al oído—. Los viejos del lugar dicen que cuando el viento ruge así algo extraordinario está a punto de suceder. El viento hizo oír su voz tres días antes de que vuestro ejército pasase por Beth Qada.

—¿Crees que también ahora quiere decirte algo?

—Quizá. Pero aquí estamos demasiado lejos para que yo pueda comprender.

El viento amainó antes del amanecer y conseguí descansar un poco. Aquella noche Melisa durmió sola porque Menón había salido de patrulla con sus tesalios y vuelto cuando el sol estaba ya alto, tras haber perdido a tres de sus hombres y dado muerte a una decena de hombres de Tisafernes. La situación se hacía preocupante; casi todos los días había escaramuzas con los persas y hasta con los asiáticos de Arieo, que estaba ya claramente del lado de Tisafernes con desprecio de todos los juramentos y las promesas hechas.

A partir de aquel momento ese tipo de enfrentamientos se intensificó sin un motivo aparente y por lo que me decía Jeno parecía que tampoco Clearco y los otros comandantes se daban cuenta.

—Os están provocando —dije—. Quieren induciros a hacer algo. Tal vez a atacar y a caer en una trampa.

—Clearco no es de la misma opinión —repuso—. Está convencido de que se trata de hechos casuales. Los terrenos fértiles se reducen en extensión a medida que nos acercamos a las montañas, lo que obliga a menudo a encontrarnos con ellos a distancias demasiado próximas y a competir por los aprovisionamientos. Y, además, ellos no nos gustan a nosotros, ni nosotros a ellos. Eso es todo. Pero tendremos que hacer el camino juntos todavía durante tres meses y todo esto tendrá que acabar de un modo u otro.

Reanudamos nuestra marcha hacia septentrión tres días después, antes de partir me despedí de Durgat. Ella me abrazó y me miró por un momento con esa misma expresión como si quisiera decirme «mantente en guardia». Luego me dijo:

—Buena suerte.

—Buena suerte también para ti —respondí yo y monté en el carro.

Avanzamos así, siempre con el sol naciente a nuestra derecha, y el ejército marchó durante unos veinte días con continuas escaramuzas y enfrentamientos con pequeños destacamentos de caballería persa hasta que llegamos a las cercanías de otro río que vertía sus aguas desde oriente en el Tigris y lo atravesamos por un puente de barcas.

Llegados al otro lado, Clearco convocó a todos los comandantes de las grandes unidades y preguntó si habían dado órdenes a sus hombres de tomar iniciativas contra los persas, pero ellos respondieron que la consigna era no reaccionar contra las provocaciones, salvo en caso de ataque directo. Dijo que quería poner fin a este problema de una vez por todas.

—¿Y cómo? —preguntó Sofo—, que estaba presente junto con Neón, que se había convertido ya en su sombra.

—Quiero pedir un encuentro con Tisafernes, una cumbre entre nuestro alto mando y el suyo.

—¿Y esperas resolver algo con ello? —preguntó Sofo.

—Yo creo que sí. Esta situación no nos beneficia a nosotros y tampoco a ellos y Tisafernes sabe perfectamente que, si se llegase a un enfrentamiento directo, en el mejor de los casos sufriría grandes bajas que no puede permitirse. Nuestros hombres están en la plenitud de sus fuerzas y bien aclimatados, no temen siquiera un ataque en masa. Yo digo que aceptarán.

—¿Y cómo piensas organizarlo, si él acepta? —preguntó Sócrates de Acaia.

—En campo neutral, a medio camino entre los dos campamentos. Escolta limitada: no más de cincuenta hombres por cada bando, quiero gente despierta y diestra.

—Ya me encargo yo de ello —dijo Menón.

—Muy bien. Manda hoy mismo a un grupo a parlamentar. Tendrán que fijar el día y la hora. De lo demás me ocuparé yo personalmente.

Esa noche Sócrates de Acaia cenó con nosotros delante de la tienda y nos lo contó todo. Estaba más bien alegre y convencido de que las cosas se allanarían. Yo en cambio no estaba nada segura. Solo cuando Sócrates se fue lo entendí todo de improviso, o al menos eso me pareció, y le pedí a Jeno que me escuchara, aunque no fuese más que una mujer.

—Lo que Durgat quería hacerme comprender es lo siguiente: que nos amenaza un peligro mortal, que puede aniquilarnos. Ella sabía, pero no podía hablar. ¿Te has preguntado por qué los ataques, las peleas, las provocaciones se han multiplicado de un tiempo a esta parte sin una razón concreta? Este encuentro es una trampa, estoy segura. Debes detenerlos.

Jeno meneó, perplejo, la cabeza:

—No es más que una impresión tuya. Esa muchacha no ha dicho nada porque no tenía nada que decir.

—Te equivocas. Me habló con el lenguaje de las mujeres, el lenguaje de la intuición, del instinto que nos hace presagiar los peligros, convencida de que comprendería. Fue su manera de darme las gracias sin poner en riesgo su vida. Debes convencerlos de que no vayan.

Jeno pareció turbado. Yo tenía lágrimas en los ojos y temblaba. Trató de calmarme.

—No hay motivo para que te agites tanto. Lo que prepara Clearco es solo un contacto preliminar. No sabemos siquiera si Tisafernes aceptará el encuentro y si estará dispuesto a negociar. Apenas tengamos la respuesta se valorará.

—Habla con él ahora: ve a ver a Clearco o convence a Sócrates de que hable con él.

—¿Y qué le digo, que una muchacha te ha mirado de un modo extraño? Trata de no pensar en ello. Durmamos, y mañana, cuando vuelvan nuestros enviados, sabremos si el encuentro se celebrará o no.

Me lo esperaba. ¿Quién habría creído en los desvaríos de una mujer?

No pegué ojo en toda la noche.

13

Nuestros enviados volvieron por la mañana, después del amanecer, con una respuesta positiva. Tisafernes aceptaba la cumbre, es más, mandaba decir que estaría encantado porque todas las dificultades y los malentendidos se allanarían. Habían elegido incluso el lugar del encuentro: un pabellón a escasa distancia del Tigris, a tres estadios tanto de nuestro campamento como del suyo.

Clearco decidió partir esa misma mañana. Lo seguían los comandantes de las grandes unidades: Agasias de Arcadia, Sócrates de Acaia, Menón de Tesalia y Próxeno de Beocia. Detrás iban unos veinte comandantes de batallón y cincuenta hombres de escolta escogidos entre los más fuertes y valerosos. Traté de nuevo de hacer comprender a Jeno la enormidad del peligro:

—¿Por qué todos esos hombres? ¿Por qué todos los oficiales superiores? ¿No bastaba con un par de representantes elegidos entre los más expertos e inteligentes? ¿O bien no bastaba con Clearco solo?

—Parece que Tisafernes insistió, quiere que sus oficiales se encuentren con los nuestros, se celebrará un banquete, habrá un intercambio de obsequios, en suma, quiere crear un clima de confianza mutua —respondió.

—¡No puedo creerte! ¿Unos hombres expertos que combaten desde hace años no se dan cuenta de que podría ser una trampa? Reflexiona un momento y trata de imaginar qué sucedería si fuese cierto. De un solo golpe vuestro ejército quedaría descabezado. Todo el estado mayor eliminado en un instante.

—No es tan fácil —replicó Jeno—. Los nuestros son formidables combatientes y además se han tomado todas las precauciones. Clearco no es ningún estúpido. Se cerciorará de que no haya otros persas presentes en el encuentro. Es un terreno llano, ya lo has visto, no hay manera de esconder grandes fuerzas. Y Clearco ha querido ir enseguida justamente para no darles tiempo a preparar una emboscada. Para vencer a cien de los nuestros hacen falta por lo menos trescientos de los suyos si quieren estar seguros. ¿Y dónde esconder a todos estos hombres? Estate tranquila, y no digas una palabra a nadie, pues me ridiculizarías.

Eso me dijo, pero yo hubiera querido gritarles que no fueran, que no se expusieran a un peligro mortal. Presentía que mis miedos no eran fantasías, sino verdaderas premoniciones. Me situé, en cualquier caso, al borde del camino con un ánfora para el agua entre las manos y les miré alejarse al paso. Clearco avanzaba majestuosamente delante de todos, cubierto por la armadura de hierro adornada de oro, el manto negro sobre los hombros. Detrás de él iban Sócrates de Acaia, con la coraza de bronce repujado, y Agasias de Arcadia, coraza y grebas de bronce plateado, ambos con mantos azules. Próxeno de Beocia vestía de negro como Clearco, pero con una coraza de lino prensado blanca, decorada con tiras de cuero rojo y una gorgona pintada en el peto. Cerraba la fila de los comandantes de las grandes unidades Menón de Tesalia. Resplandecía con su armadura de bronce bruñido con realces en oro, las grebas orladas de plata, el yelmo con la cimera blanca bajo el brazo izquierdo, y blanco, como siempre, el largo manto elegantemente echado sobre el lomo de su semental. Detrás desfilaban los comandantes de batallón en fila de cuatro. Al lado, divididos en dos grupos de veinticinco, la guardia personal.

Cuando Menón pasó junto a mí lo miré con una expresión tan apesadumbrada que él se dio cuenta y me respondió con un gesto tranquilizador como diciendo «todo irá bien». Luego volvió la cabeza para saludar a alguien a mis espaldas y también yo me volví en la misma dirección.

Melisa estaba a cierta distancia, envuelta en un manto militar que la cubría únicamente hasta las rodillas y mantenía la mano derecha levantada.

Tenía lágrimas en los ojos.

El tiempo parecía que no pasase y se percibía en el campamento una fuerte tensión como si de esa misión dependiera el futuro de todo el ejército, y en cierto sentido así era. Los hombres hablaban en voz baja entre sí, divididos en pequeños grupos. Había quien se acercaba a las alturas que había al lado del campamento y subía a mirar hacia mediodía con la esperanza de descubrir a alguno de los nuestros. Otros, desde abajo, gritaban con las manos en embudo preguntando si se veía aparecer a alguien. Yo era la única que estaba realmente preocupada.

El sol parecía clavado en medio del cielo.

Me reuní con Melisa.

—¿Te ha dicho algo antes de partir? —le pregunté.

—Me ha besado —respondió.

—¿Nada más?

—No.

—¿No te ha dicho qué pensaba de esta misión?

—No. Pero parecía tranquilo.

—¿Y tú por qué llorabas?

—Porque tengo miedo…

—Una mujer enamorada no puede dejar de sentir inquietud cuando el hombre al que ama afronta un peligro. Es como una carencia, un vacío, un vértigo…

—Pero tú eres afortunada. Tu Jeno no tiene obligación de combatir.

—No. Pero en nuestro carro hay dos armaduras completas y él quiere hacer su papel. Lo hizo en Cunaxa y lo hará de nuevo. La situación empeora con el paso de los días y llegará el momento en que cada hombre en condiciones de manejar la espada resultará indispensable. Yo solo les pido a los dioses que vuelvan todos sanos y salvos y después no tendremos nada que temer. Tratemos de estar de buen ánimo. Jeno me ha dicho que Clearco es un hombre sensato y que seguramente ha tomado todas las precauciones. Volverán y esta pesadilla pronto será solo un recuerdo.

Melisa calló, absorta en sus pensamientos, luego suspiró:

—¿Por qué odia Jeno a Menón?

—No lo odia. Quizá lo teme. Son demasiado distintos, vienen de experiencias opuestas. Jeno fue educado por unos grandes maestros en el culto de la virtud. Menón fue educado en el campo de batalla. Jeno soñaba con convertirse en protagonista de la vida política de su ciudad, Menón solo ha tenido que preocuparse por sobrevivir, evitar las heridas y la muerte...

—...Y además la cárcel y las torturas. Es lo que más teme.

—Creía que Menón de Tesalia no conocía el miedo.

—Y en cambio así es. No teme morir. Lo que más le aterra, aunque no deje entreverlo, es caer en manos del enemigo, sufrir las horribles mutilaciones que vio infligidas en el cuerpo de Ciro, verse desfigurado por los tormentos. Concibe la perfección física como un valor absoluto, una obra demiúrgica que nadie puede violar.

—¿Qué significa «demiúrgica»? —pregunté yo.

—Significa que es obra del Sumo Hacedor, el que nos ha creado a todos.

Nos interrumpió el toque de una trompeta. ¡Alarma!

—¿Qué pasa? —pregunté.

Melisa me miró durante un instante y en su mirada ambarina, tan luminosa, vi hacerse realidad todas las angustias que hasta ese momento la habían atormentado.

Salimos enseguida de la tienda y corrimos hacia la linde meridional del campamento donde se entreveía ya una aglomeración de personas.

La trompeta seguía lanzando la señal de alarma, un sonido insistente y penetrante que resultaba desgarrador. Ya se oían las palabras de los soldados:

—¿Quién es?

—Es uno de los nuestros. ¿No ves la gualdrapa del caballo?

—¡Pero si se sostiene en la silla a duras penas!

—Sí, mirad, va doblado, podría desplomarse en cualquier momento.

—¡Está herido! Su caballo está bañado en sangre.

Como siempre, apareció de la nada Sofo montado en su caballo negro. Lo seguía a escasa distancia Neón, armado hasta los dientes.

—¡Que vengan enseguida conmigo los que tengan un caballo! ¡Todos en orden de batalla, formad inmediatamente, líneas cerradas! ¡Pegaos a la colina, en semicírculo, rápido, no hay tiempo que perder!

No había terminado de decirlo cuando apareció en el horizonte una polvareda y formas espectrales de caballos y jinetes a todo galope.

—¡Venid conmigo! —aulló Sofo. Y espoleó a su caballo a gran velocidad. Neón y otros tres le siguieron intuyendo sus intenciones. Alcanzaron al jinete ensangrentado, dos lo flanquearon sosteniéndolo por los hombros, Sofo cogió las bridas del caballo, Neón se situó detrás, de retaguardia.

Comenzaban a llover flechas por todos lados en torno a ellos, pero mientras tanto la trompeta había cambiado de toque. Ahora llamaba a reunión y los guerreros corrían bajo las banderas como si en aquel toque resonase la voz del comandante

Clearco que ya no estaba. Formaron en orden cerrado dando la espalda a una colina que se alzaba como un promontorio desde oriente hasta casi la orilla del Tigris.

Ahora podía verse la escena en toda su cruda realidad. El guerrero a caballo tenía el vientre reventado y se aguantaba las entrañas con las manos completamente recubiertas de sangre, su rostro era un rictus de dolor y seguramente se habría caído de no haberlo sostenido. Sofo tiró de las bridas de su caballo y sofrenó también el del soldado herido. En un abrir y cerrar de ojos saltaron a tierra y, sosteniéndolo por los brazos y las piernas, corrieron a refugiarse detrás de las filas de los nuestros, que se abrieron al llegar ellos y se cerraron de inmediato.

Oí la voz de Sofo que gritaba:

—¡Un cirujano! ¡Llamad enseguida a un cirujano!

Melisa y yo corrimos a su lado pensando que podríamos serle de ayuda al cirujano cuando comenzara a ocuparse del herido. Melisa seguía preguntando:

—¿Quién es? ¿Le han reconocido? ¿Quién es?

—No lo sé. Pero no es nadie que conozcamos, seguro.

Al poco llegaron los persas, pero encontraron a la falange formada, erizada de puntas metálicas, impenetrable, y cambiaron de dirección corriendo alrededor y lanzando una lluvia de flechas que cayeron sin causar daño sobre la muralla de escudos levantada como protección.

Melisa y yo alcanzamos el pie de las colinas: el cirujano estaba ya inclinado sobre el herido y estaba preparando su instrumental sobre una tira de cuero que descansaba en el suelo.

—Traedme agua y vinagre, si encontráis —dijo apenas nos vio—. Enseguida, o este hombre morirá.

Fuimos a buscar el agua y el vinagre y cuando volvimos vi a Sofo de pie mandando hacia delante a la falange en apretadas filas, en dirección a los jinetes que ahora tenían el Tigris a sus espaldas.

El cirujano lavó la espantosa herida y dio al guerrero un pedazo de cuero para que lo mordiera a fin de no gritar. Nos mandó que lo sujetáramos de los brazos y empezó a coser. Empujó con las manos los intestinos dentro de la cavidad del abdomen y se puso a coser primero la red que los sostenía y luego los músculos y la piel. El dolor era tan fuerte que el rostro del soldado parecía contraído hasta lo increíble.

En aquel momento llegó uno de los oficiales superiores que se habían quedado, Agasias de Estinfalia, y preguntó:

—¿Ha dicho algo más?

—No —respondió el cirujano—. ¿Te parece que está en condiciones de conversar?

—A Sofo le ha dicho que los nuestros han muerto todos y que los comandantes han sido apresados.

Melisa no consiguió contenerse y preguntó:

—Entonces, ¿los comandantes están vivos?

No obtuvo respuesta. El cirujano, una vez que hubo terminado de coser, derramó vinagre sobre el corte arrancando al herido un último bramido de dolor.

—¡Los persas se van! —se oyó gritar a alguien.

Agasias miró por un momento hacia el lado de la falange y luego se volvió de nuevo hacia el cirujano:

—¿Cuánto puede vivir?

—Un mandoble le ha cortado los músculos del abdomen y la red arterial, pero no ha lesionado los intestinos. Podría sobrevivir un par de días o quizá más.

—Mantenle con vida. Necesitamos saber todo lo que pueda decirnos.

El cirujano suspiró y empezó a cuidar la herida.

Aquel pobre muchacho era un arcadio, se llamaba Nicarco y, aunque debía sentir un dolor insoportable, se derrumbó extenuado por el cansancio en cuanto el cirujano hubo terminado su trabajo, perdiendo el conocimiento.

—No le dejes —dijo a Melisa—. Volveré más tarde. —Y se dirigió hacia el campamento.

El sol se había puesto ya y oscurecía. El escuadrón persa se había retirado y desaparecido. Fracasado el efecto sorpresa, debían de haber regresado a sus bases: no podían esperar arrollar a la barrera de la falange. Una vez más los mantos rojos infundían al enemigo un temor reverencial. Sofo había partido con un destacamento de exploradores a caballo para patrullar la zona de más abajo, en dirección al campamento persa, y por el momento no se le veía volver. Hasta pensé que podía haber ido a ofrecer la rendición, pero enseguida descarté la idea: era él quien había formado al ejército y salvado a Nicarco de Arcadia, al menos por el momento.

Busqué a Jeno, a quien no veía desde hacía un rato, y cuando entré en nuestra tienda vi que se estaba revistiendo con la armadura: la más hermosa que tenía, de bronce repujado similar a la musculatura del tórax, una espada de funda decorada con figuras de esfinges aladas, un cinturón de malla de plata, un yelmo corintio con una cimera de un rojo encendido y un par de grebas de bronce plateado con dos cabezas de león en relieve a la altura de las rodillas. Su aspecto era impresionante, parecía otra persona:

—Me asustas —dije, pero no le hice ninguna pregunta ni proferí palabra alguna, porque sabía que dijera lo que dijese le irritaría, pero mi mirada debió de ser igualmente elocuente. Todo lo que había temido había pasado, y lo que más me hería era que se hubiera podido evitar solo con que alguno de aquellos grandes guerreros hubiera querido hacer caso a una muchacha.

Jeno se echó un mantón gris sobre los hombros y se alejó caminando lentamente por en medio del campamento. Yo lo seguí con la mirada.

La vista era desalentadora. Los hombres eran presa del desconsuelo, estaban sentados aquí y allá en grupos hablando en voz baja. Había otros sentados aparte con la cabeza gacha. Quizá pensaban en sus hogares, en sus esposas, en sus hijos, a los que no volverían a ver más. Aquí y allá se oía un canto melancólico, un coro quedo en un dialecto del norte que no comprendía. Quizá eran los hombres de Menón de Tesalia a los que faltaba el comandante del maravilloso manto blanco y la voz más hermosa y poderosa, el rubio solista.

Algunos habían encendido un fuego, otros trataban de preparar algo para cenar, pero la mayoría de los hombres parecían atontados, heridos por el rayo. No había nadie que los mandase, estaban rodeados de enemigos por todas partes, no sabían siquiera dónde se encontraban y por qué camino podrían volver a casa. Pero de pronto vi a Jeno subir de un salto a un carro y gritar:

—¡Soldados!

En el imprevisto silencio que se hizo, su voz resonó como un toque de trompeta, y muchos se dirigieron hacia donde él estaba. Iluminado por las llamas de una hoguera, parecía una aparición. Debía de haber meditado aquel efecto, debía de haber estudiado muy cuidadosamente qué se pondría y cómo aparecería ante sus hombres.

—¡Soldados! —gritó de nuevo—. Los persas nos han traicionado y, como sabéis, han apresado a nuestros comandantes y matado a nuestros compañeros que fueron al encuentro con las banderas de la paz. Habían jurado que marcharíamos conjuntamente hasta la costa y que este pacto se mantendría para establecer en el futuro relaciones de amistad y acaso de alianza. También Arieo nos ha traicionado. Desde hace ya tiempo, acampaba con el ejército de Tisafernes y había cortado todo contacto con nosotros y nuestro mando…

A medida que su discurso tomaba impulso, los guerreros se acercaban al carro, primero en pequeños grupos y luego en secciones enteras. Muchos habían tomado las armas y se habían presentado con todo su equipo de combate para demostrar que no tenían miedo. Mientras paseaba la mirada en derredor, vi llegar de improviso de la oscuridad la forma de un jinete que avanzaba a paso de andadura y que se detenía inmóvil en la linde del campamento.

Jeno continuó su discurso:

—No podemos quedarnos inertes esperando el golpe de gracia. Tenemos que reaccionar. Por desgracia no podemos hacer nada para salvar a nuestros comandantes. Quizá a esta hora ya estén muertos y espero que hayan tenido una muerte rápida, digna de los guerreros que son, pero nosotros hemos de pensar en el futuro, en la vuelta, en el largo camino que nos separa de nuestros hogares...

Oí a uno de los soldados cerca de mí dirigirse a un compañero:

—Pero ¿no es ese el escritor?

—Sí, es él. Pero si tiene alguna idea que pueda sacarnos de este infierno, vale la pena escucharle.

—A escasa distancia de aquí —continuó Jeno—, extendido sobre una estera, yace un muchacho con el vientre reventado. Está agonizando y los médicos no saben si mañana estará aún entre nosotros o si habrá descendido al Hades. Ya lo habéis visto, ha tenido el valor de llegar hasta aquí sujetándose las entrañas con las manos para dar la alarma y salvarnos de la agresión enemiga. No podemos permitir que su sacrificio sea inútil, debemos ser dignos de su valor sobrehumano. Propongo que nos reunamos en asamblea y elijamos a nuevos comandantes para las grandes unidades, para suplir a los que hemos perdido y también nuevos comandantes de batallón. Vosotros me visteis combatir en Cunaxa, pero no era de vuestras unidades. Estaba presente solo porque Próxeno de Beocia me había invitado a seguirlo, pero he sido oficial de caballería y sé cómo organizar este tipo de unidades. Las necesitaremos para explorar los pasos, para ocupar los desfiladeros por los que tendremos que pasar, para hacer reconocimientos en el territorio y protegernos de eventuales emboscadas, para perseguir a los enemigos en fuga y hacer que no vuelvan ya a amenazarnos.

El jinete tocó con los talones el vientre de su caballo y avanzó lentamente hasta el carro desde el que Jeno estaba hablando: Sofo. ¿Quién si no?

Quizá había venido porque había llegado finalmente su momento, es más, me parecía incluso molesto por la iniciativa de Jeno, como si hubiera querido estar en su lugar.

—¿Y adónde iremos, ateniense? —preguntó alzando de golpe la voz.

Jeno lo miró y comprendió.

—¿Que adónde iremos? No tenemos mucha elección. No podemos volver atrás, no podemos ir hacia oriente porque nos alejaríamos de nuestros hogares y acabaríamos en el corazón del Imperio. No podemos ir hacia occidente porque más allá irá el ejército de Tisafernes con ese bastardo de Arieo. Debemos, pues, tomar hacia septentrión, atravesar las montañas y llegar a nuestras ciudades del Ponto Euxino. Una vez allí nos será fácil encontrar las naves que nos lleven a casa.

—Un plan excelente —aprobó Sofo apeándose de su caballo y subiendo al carro al lado de Jeno—. ¿Alguien tiene alguna pregunta u objeción que hacer?

Su imprevista aparición provocó un vago murmullo. Hasta aquel momento Sofo se había mantenido siempre al margen, no había tomado postura, raramente había sido consultado. Tampoco se sabía si había tomado parte de la batalla de Cunaxa, pero yo sí sabía que no había participado en ella. Durante determinados períodos de nuestra expedición parecía haber desaparecido totalmente. Pero ahora se comprendía que había llegado su turno.

Me había hecho también una idea de cuál podía ser su papel. Debía ser el de alguien que observa para contar, pero también el hombre en la reserva, el que, cuando todo fuera mal, cuando la situación se precipitase, tuviera la energía, la inteligencia, el valor y la astucia de reaccionar e inducir también a los demás a hacerlo. Se veía a las claras que en su vida no había hecho más que una cosa: combatir. Ahora estaba allí subido al carro al lado de Jeno, revestido con su armadura y con un manto negro sobre los hombros. La señal era clara y nadie parecía querer ignorarla, nadie reclamaba para sí el mando.

Se adelantó uno de nuestros intérpretes indígenas:

—Yo he oído decir que por esa parte no hay escapatoria de ningún tipo. El terreno es inaccesible, el clima muy rígido, el territorio una sucesión de cimas altísimas, de ásperas cordilleras, de ríos de corriente tumultuosa, de interminables ventisqueros. Esas tierras desoladas están habitadas por unas tribus salvajes ferozmente apegadas a sus tierras, indomables. Se cuenta que un ejército del Gran Rey de cien mil hombres se adentró en ese territorio hace algunos años. Nadie volvió.

Las palabras del intérprete ahogaron todo ruido, el campamento se sumió de nuevo en el espanto.

—No he dicho que fuera a ser un paseo —replicó Jeno—. He dicho que no tenemos elección. Pero si alguien tiene una idea mejor, que se adelante y la exponga.

Se hizo un silencio absoluto, solo las voces de la naturaleza salvaje, de los chacales y de las aves nocturnas, pudieron oírse claramente.

Habló Sofo.

—¡Soldados! —tronó—. Habéis oído bien, no tenemos elección y, por tanto, iremos hacia septentrión. Afrontaremos las pruebas que nos esperan: subiremos por las montañas remontando el curso de los ríos, ocuparemos los pasos con unidades rápidas y los mantendremos abiertos hasta que el último de nosotros haya pasado. Ninguno de vosotros será abandonado, ni los enfermos ni los heridos, todos serán socorridos y se les ayudará a recuperarse. ¡Ninguno será dejado atrás!

»Por el camino nos procuraremos lo necesario: mantas y prendas de abrigo para protegernos del frío, y comida. Si nos atacan, responderemos, y quien nos la haga se arrepentirá de haberlo intentado. ¡Soldados, somos diez mil! No nos ha domado el ejército del Gran Rey treinta veces más numeroso, no nos detendrán las tribus salvajes de las montañas.

»Soy Quirísofo de Esparta y os pido que me confiéis el mando de este ejército en lugar de Clearco. Podréis contar conmigo de día y de noche, haga frío o calor, tanto si estáis sanos como si estáis enfermos. ¡Correré todos los riesgos, afrontaré todos los peligros y amenazas y, por todos los dioses del Cielo y del Infierno, os devolveré a vuestros hogares, os lo juro!

En otra situación quizá habría estallado un rugido, un grito de entusiasmo ante aquellas palabras, pero eran demasiadas las incógnitas y las incertidumbres, demasiadas las dudas; los guerreros se daban cuenta de cuáles y cuántas dificultades les aguardaban y ya sabían que muchos de ellos caerían, que la Cer de muerte estaba ya señalando con negra calina a quienes se llevaría con ella al Hades. Se alzaron unas pocas voces para aclamar el discurso. Sofo prosiguió diciendo:

—Sé cómo os sentís, pero os juro que mantendré mis promesas. ¡Ahora votad! ¡Quien esté de acuerdo conmigo que se adelante y toque el asta de mi lanza! Si la mayoría de vosotros no me da su confianza, no importa, obedeceré al que elijáis en mi lugar, pero antes de que monte el tercer turno de guardia, este ejército deberá tener un comandante o estaremos todos muertos dentro de pocos días.

Pensé en cómo debían de sentirse Clearco y Agasias, Próxeno y Sócrates y sobre todo Menón. Este me había contado las atrocidades de los tormentos que se acostumbraban entre los persas con un espantoso realismo, y ahora él era la víctima. Lo sentí por él, con un nudo en la garganta y un vacío en el corazón que me hacía tambalearme. ¿De qué color era en ese momento su manto blanco? ¿Y qué quedaba de su cuerpo escultural?

Fue Jeno el primero en tocar el asta de la lanza de Sofo. Después de él Agasias de Estinfalia y luego Glus y Neón, que lo miró fijamente un momento a los ojos, y luego otros oficiales y, uno por uno, todos sus hombres en ordenada fila.

Pero yo no conseguía estarme de brazos cruzados mirando aquel largo desfile de hombres que elegían a los nuevos comandantes. Quería saber qué había sido de los otros que habíamos perdido. Quería saberlo por Melisa, que se atormentaba en la incertidumbre.

No sé cómo encontré el valor, pero conseguí alejarme y alcancé la orilla del Tigris. Me desnudé atándome el vestido en torno a la cintura, me metí en el agua y me dejé llevar por la corriente. Había en el cielo una luna casi llena, y el río rebrillaba de mil reflejos, el agua estaba tibia. No hizo falta mucho para llegar al lugar donde se alzaba el pabellón. Era una gran tienda semejante a las que utilizan los nómadas del desierto, sostenida por unos palos y unos largos tirantes. No había otras en una amplia extensión de terreno: debía de ser aquel el lugar en el que se había producido la emboscada y estaba ocupado aún porque se veía traslucir del interior la luz de las linternas y los centinelas habían encendido un fuego en el lado sur.

Me acerqué a la orilla y permanecí pegada al terreno para no ser descubierta, porque más allá en un amplio radio había nutridos grupos de jinetes persas diseminados en torno a la tienda. Enseguida comprendí de qué modo se había producido la emboscada. En la orilla había pisadas por todas partes: se veían huellas de calzado hasta donde alcanzaba la vista y rastros de barro que se dirigían hacia la tienda. Junto a mí vi numerosas cañas cortadas de la medida de un codo y abandonadas sobre el terreno. Cogí una y soplé dentro: estaba vacía.

He aquí de donde había partido la emboscada: ¡del río! Los incursores se habían escondido debajo del agua, entre la vegetación palustre, respirando con las cañas y luego se habían lanzado fuera de improviso, una vez que los nuestros habían entrado en la tienda, y habían arrollado a nuestra guardia probablemente disparando a distancia con el arco. Tal vez eran los mismos que ahora patrullaban el terreno a todo alrededor. Me quedé allí, agazapada en el fango esperando, largo rato, hasta que la luna comenzó a acercarse al ocaso.

¡En aquel momento los vi salir!

Estaban encadenados y eran conducidos uno detrás de otro, el primero iba atado a la silla del caballo de un oficial persa. No conseguí reconocerlos y no intenté acercarme más para no ser descubierta. Solo cuando todos hubieron desaparecido a lo lejos me dirigí a la tienda abandonada dando vueltas alrededor de ella. Vi los cuerpos insepultos de nuestros soldados con los que los persas se habían ensañado, y los chacales estaban completando la obra. Dentro de poco no quedaría de ellos más que los huesos, de esos jóvenes que solo un día antes estaban llenos de vida y de valor.

Miré al interior de la tienda, pero no pude descubrir nada: las linternas ya no estaban y todo estaba oscuro, no se distinguía nada.

Me volví a poner en camino a buen paso, volviendo a subir por la orilla izquierda del río y llegué al campamento antes de que fuese de día.

Sofo había sido confirmado como comandante por la gran mayoría de los guerreros, los otros oficiales caídos en la emboscada habían sido simplemente reemplazados mediante el método de levantar la mano: Agasias de Estinfalia, Timas de Dardania, Jantias de Acaia y Cleanor de Arcadia, aparte de Jeno. Cuando todo hubo terminado estaba a punto de romper el día.

Nadie había dormido, nadie había comido. Aquellos jóvenes no tenían en el cuerpo más que la desesperada voluntad de sobrevivir.

14

Melisa se secó las lágrimas y trató de contener su llanto:

—¿Estás segura de haberlos visto? —preguntó.

—Estoy segura de que eran ellos, a pesar de la oscuridad. He contado cinco, llevaban nuestras túnicas militares, y también podía reconocer sus andares, su manera de caminar. ¿Quiénes si no podían ser?

—¿Y no has oído nada? ¿Alguna palabra, alguna señal?

—No, estaba a demasiada distancia y no me atrevía a acercarme. He permanecido agazapada en el barro de la orilla para que no me vieran, pero luego, al irse, lo he visto todo y sé que durante mucho tiempo el horror que me ha herido los ojos será la pesadilla de mis noches.

—¿Has visto signos de tortura?

—Ya te lo he dicho, estaba oscuro, dentro del pabellón no se veía nada.

—Si me lo hubieses dicho, habría ido contigo.

—Mejor que no. Tal vez no lo habrías aguantado y las dos nos habríamos visto en problemas.

—Responde con sinceridad: ¿crees que hay una posibilidad de que alguno se salve?

—Lo que piense yo importa poco, el destino nos ha llevado a una serie de acontecimientos que nos superan y nosotros somos como pajuelas a merced de la corriente. Pero si quieres saber mi opinión, te diré que considero que tenemos muy pocas probabilidades de que alguno de ellos sobreviva, pero si alguno fuera a conseguirlo ese sería Menón.

El rostro de Melisa se iluminó y casi me arrepentí de haberle creado ilusiones:

—¿De veras lo crees? —preguntó.

—Sí, pero temo que esto no tiene mucha importancia: su situación es desesperada. Sin embargo, Menón es el más astuto, el más inteligente, y nunca pierde la sangre fría. Solo sucumbirá si lo matan enseguida y no le dejan tiempo para pensar, o bien cuando haya agotado toda posibilidad de escapar. Pero si hay aunque solo sea una posibilidad de salvarse la encontrará. Pero mientras tanto no te angusties, y trata también tú de sobrevivir porque de ahora en adelante no será fácil, sobre todo para ti.

Melisa inclinó la cabeza:

—Lo sé. Sin Menón, soy de nuevo una presa. Ya sabes, Abira, cuál ha sido mi vida y cuáles son mis artes, y sin embargo Menón me defendió sin pedirme nada a cambio. Fui yo quien le pedí que hiciera el amor conmigo, que se quedara en mi cama, y pareció que aceptase casi de mala gana.

—Quizá porque también él te quería y pensaba en cuántas probabilidades tenía de sucumbir y dejarte sola y desprotegida. Quería que tú fueses libre de manejar sin impedimentos la única arma verdaderamente poderosa que posees: tu belleza.

Me quedé con ella hasta que se adormeció. Mientras volvía a pie por detrás del recinto de los caballos en dirección a mi tienda, vi a Sofo que pasaba entre los cuerpos de guardia y a Neón que se reunía con él y se lo llevaba aparte, cerca de la valla. Yo me detuve, inmóvil, presagiando que algo extraño estaba a punto de ocurrir. Neón le estaba diciendo algo. Sofo escuchaba, parecía alterado, reaccionaba duramente, hacía ademán de irse, Neón lo retenía por un brazo. Le oía gritar: «¡Estas son las órdenes y no tienes elección!». Luego se pusieron a discutir de nuevo en puro dialecto que no conseguía entender. Neón se fue y Sofo se quedó solo. Apoyó los brazos sobre la empalizada y la cabeza sobre ellos como agobiado por una preocupación insoportable. Contenía el aliento. Estaba tan cerca que podía oírlo jadear. De repente alzó la cabeza, dio un gran puñetazo sobre el madero maldiciendo y se alejó a grandes pasos.

Al día siguiente sufrimos diversos ataques. Los enemigos querían poner a prueba nuestra capacidad de resistencia y también la moral de nuestro ejército que se había quedado sin jefes. Encontraron la horma de su zapato, pero enseguida fue evidente que éramos vulnerables a los ataques de su caballería. Mientras Arieo había estado a nuestro lado, habían sido sus jinetes los que nos habían cubierto, junto con los de Ciro: la flor de su nobleza, jóvenes fidelísimos a él y de extraordinario valor. Ahora ya no, y cada vez que los nuestros replicaban a los persas se alejaban enseguida al galope y en unos instantes estaban fuera del alcance de nuestros lanzamientos.

Sofo mantuvo la promesa de no abandonar a nadie, de no dejar detrás a ningún herido, a ningún enfermo. Me preguntaba, sin embargo, si también mantendría la promesa cuando los heridos fueran decenas y centenares. Nicarco de Arcadia vino junto a nosotros, acomodado en un carro. Tenía el vientre hinchado como un odre y duro como el cuero, pero el cirujano, a cada parada, le sondeaba con una cánula de plata y hacía salir los humores malignos de sus vísceras. Tenía una fiebre altísima y el calor del sol se sumaba al de su cuerpo provocándole delirios. Se quejaba tanto durante la mayor parte de la noche que algunos de sus compañeros deseaban que muriese, así acabaría de sufrir él, y también ellos. En cambio yo pensaba que en alguna parte, lejos, debía de haber una persona que esperaba de todo corazón que volviera, que cada día rezaba a un dios para que lo protegiese de los innumerables peligros de su oficio y lo devolviese sano y salvo. Quizá era una muchacha, como Melisa, quizá era su padre o su madre. Y aquellas esperanzas, aquellas oraciones merecían ser atendidas porque eran como cuando

Melisa pensaba en Menón, como cuando yo pensaba en Jeno si estaba lejos y en peligro.

La idea de ir en contra del curso del Hado me infundía una gran satisfacción y, por eso, me desvivía por asistir a Nicarco, por combatir la muerte que, como un chacal, merodeaba durante toda la noche en torno a su carro para llevárselo al reino de las cabezas pálidas.

Atravesamos un río sobre un puente de barcas y proseguimos en dirección a una ciudad abandonada que los indígenas llamaban Al Sarruti.

Las mujeres que seguían la expedición no eran pocas y me di cuenta de ello al ver que me adelantaban en fila cerca de los carros que ahora eran utilizados para los heridos. Eran todas más bien jóvenes, mortalmente asustadas por aquella situación tan desconcertante, algunas estaban también embarazadas y me preguntaba cuánto resistirían a las marchas extenuantes, a los grandes esfuerzos y a las privaciones de todo tipo. Los hombres de los que eran amantes o que las tenían en custodia, hubieran querido sin duda encontrarse en otra parte, pero en aquel momento no tenían elección y pasarse al campamento enemigo debía de parecerles harto arriesgado.

Era evidente que ahora comenzaban las grandes dificultades; lo que habían vivido hasta aquel momento no era aún lo peor: antes, al menos, tenían comida y vino y a nuestros comandantes, hombres que sabían infundir confianza y tomar siempre las decisiones adecuadas. Me di cuenta de que el hecho de que yo estuviese tan enamorada de Jeno no quería decir que él estuviese a la altura del cometido que se había propuesto, de que verdaderamente sería capaz de llevar a sus compañeros hacia la salvación. Quizá lo consiguiera Sofo, que finalmente se había destapado pese a callar lo que no podía decir. Y quizá saldrían otros que hasta ese momento habían permanecido en la sombra.

Una noche, mientras preparaba algo para cenar con las escasas vituallas que habían quedado, le conté a Jeno lo que había hecho la noche de la emboscada a los comandantes, cómo había nadado por el río hasta el pabellón y que los había visto arrastrarse encadenados. Le dije que había descubierto que la emboscada se había producido desde el río, por unos hombres apostados bajo el agua que respiraban por medio de cañas.

Mi relato lo impresionó, es más, lo turbó porque había hecho lo que solo podría haber hecho un hombre, según su forma de pensar. Pero lo que lo turbó principalmente fue la razón por la que lo hice: traerle a Melisa noticias del hombre que amaba, aunque se tratase de Menón de Tesalia, a quien él despreciaba.

—¿Escribirás sobre el desprecio que sientes por él en tu diario? —le pregunté.

—Por supuesto —respondió—, cada uno debe tener la fama de la que se ha hecho merecedor.

—Pero eres tú en este momento quien decide a qué tipo de fama se ha hecho merecedor, cosa que no me parece justo. ¿Qué sabes tú de su vida? ¿Y has pensado que en tu ciudad alguien a estas horas podría escribir de ti cosas no mejores?

Jeno me miró asombrado, quizá más porque conseguía expresar en griego frases tan elaboradas que por la sustancia de lo que decía.

También le hablé de la escena a la que había asistido, de la trifulca secreta entre Neón y Sofo, pero él pareció no darle mayor importancia: probablemente una diferencia de puntos de vista sobre la conducta que había que seguir, nada de lo que preocuparse. En cambio a mí me parecía inquietante porque no había visto nunca a Sofo tan alterado.

Me quedé despierta largo rato incluso después de que él se hubiera acostado y, mientras miraba hacia occidente, hacia los lugares de los que había venido, casi instintivamente veía pasar extrañas formas en la oscuridad, sombras que se deslizaban raudas, y me parecía también oír voces amortiguadas, llamadas atenuadas por la distancia.

Barcas en el Tigris.

También veía el carro de Melisa cubierto por una capota y me preguntaba qué sería de ella. Oía el zollipo de las aves nocturnas y pensé que eran los gritos de nuestros comandantes torturados y muertos, espectros relucientes que recorrían la noche.

Luego nada.

Me desveló un ruido extraño que no habría sabido decir qué era y desperté a Jeno.

—¿Qué es eso?

—No lo sé. El viento puede traer sonidos de muy lejos.

El viento…, cada vez que lo oía soplar pensaba si no sería el mismo que levantaba el polvo de Beth Qada, o si era, en cambio, el que ruge y hace presagiar acontecimientos extraordinarios.

—Es el ruido de un ejército que se acerca —dijo Jeno aguzando el oído—. No te muevas de aquí.

Se revistió con la armadura y fue a buscar a Sofo y a los demás.

Los oficiales difundieron la alarma en silencio y poco después vi a los hombres despertar uno por uno a los compañeros aún dormidos, y en poco tiempo el ejército se puso en marcha mientras un pequeño grupo a caballo mandado por Jeno partía a paso de andadura en dirección al ruido que se volvía cada vez más nítido. Una claridad apenas visible esclarecía el horizonte hacia oriente, detrás de una línea de áridas colinas. Mientras tanto nosotros nos habíamos puesto en camino y yo había enganchado los mulos y hecho cargar la tienda en el carro. El criado se había habituado a obedecerme en ausencia de Jeno. Junto a mí había una muchacha montada en otro carro, embarazada.

—¿Sabes quién es el padre de tu hijo? —le pregunté.

La muchacha señaló la larga columna de guerreros que serpenteaba en la oscuridad:

—Uno cualquiera de ellos —fue su respuesta y dio una voz a los mulos.

Llegamos al cabo de poco al borde de una quebrada que atravesaba nuestro camino. Era una profunda fractura del terreno, una hendidura de la roca arenosa que se extendía a lo largo de un trecho de occidente a oriente. Las paredes eran pronunciadas y al fondo había una gran cantidad de pedruscos esparcidos aquí y allá, como diseminados por una fuerza inmensa.

Era completamente árida, pero durante el invierno debía de llenarse de agua cenagosa descargada por los temporales en las montañas, crecidas imprevistas que había visto muchas veces también en mi tierra. Eran las crecidas furiosas que hacían rodar las piedras en el fondo.

El descenso solo era posible en dos o tres puntos donde los rebaños de cabras y de ovejas habían abierto en la pared unos senderos que llegaban al fondo y de nuevo subían por la orilla opuesta. Únicamente uno de los tres pasos permitía la bajada de los carros, no sin peligro debido a la semioscuridad de la hora que precede al amanecer. Dos volcaron y tuvieron que ser devueltos al sendero mediante los palos de la tienda y luego apuntalados desde abajo con las astas de las lanzas durante un determinado trecho. Los infantes y los jinetes cruzaron aprovechando los otros dos senderos.

Jeno, Sofo, Agasias de Estinfalia, Timas de Dardania, Jantias de Acaia y Cleanor de Arcadia avanzaban a caballo y se volvían a menudo hacia atrás. Estaban a unos veinte o treinta pasos uno del otro y se lanzaban continuamente llamadas, pero sin levantar demasiado la voz. Eran todos jóvenes, entre los veinte y los treinta años, de formidable complexión física y se habían tomado muy en serio su encargo. También yo, que en el fondo era ajena a aquella expedición, seguía pensando en los que habíamos perdido.

Sofo mantenía de continuo los ojos fijos en oriente, en el punto por el que se esperaba que asomase el sol. De repente el astro solar apuntó por las colinas y Sofo volvió hacia mediodía. Sus ojos buscaban algo y también yo miré hacia el mismo lado. Un relámpago fulguró repetidamente por la llanura y Sofo exclamó: «¡La señal, llegan! Haced lo que hemos decidido». A aquella orden los oficiales a caballo descendieron rápidamente hacia el fondo de la quebrada y cada uno se puso al mando de su sección. Inmediatamente los hombres rompieron filas y se lanzaron hacia la orilla opuesta en orden disperso, cada uno buscando la salida más rápida. Nuestra caravana con los carros, las acémilas, las mujeres y los no combatientes había alcanzado el fondo de la quebrada y arrancaba fatigosamente hacia la otra margen. Comenzaba a pensar que no se ocupaban ya de nosotros y nos dejaban atrás. Vi a dos oficiales que desde la orilla opuesta de la quebrada hacían grandes gestos para exhortarnos a reunirnos con ellos lo antes posible, pero yo no quería separarme de los demás.

Cuando comenzamos a subir la pendiente que teníamos delante oí el ruido de un galope a mis espaldas y me sentí perdida. Eran en cambio los nuestros a caballo, los exploradores mandados por Jeno que habían dado la señal y bajaban por el sendero a toda velocidad.

Jeno gritó:

—¡Abandonad los carros, subid, enseguida! ¡Abandonad los carros!

Los exploradores repitieron lo mismo:

—¡Vamos, corred lo más deprisa posible, abandonad los carros, nos están pisando los talones!

Desmontamos todos y subimos lo más deprisa posible hacia el borde superior de la quebrada. Vi que Melisa tropezaba y gritaba de dolor a cada paso y corrí a prestarle ayuda. Las sandalias que calzaba no eran adecuadas para el terreno y sus pies no habían pisado nunca piedras puntiagudas y esquirlas de negro sílex: se lastimaba sin cesar, a cada paso. La sostuve casi a la fuerza y comencé a arrastrarla hacia la meta, pero no lo conseguía. Jadeante y desesperada, grité a voz en grito: «¡Jenooooo!», y enseguida me lo encontré a mi lado sonriendo tras la máscara de su yelmo. Se nos había acercado antes de que yo lo llamase.

En pocos instantes nos llevó a la cima y otros hombres hicieron lo propio con el resto de mis compañeros de desventura.

—¡Todos detrás de la roca! —gritó Sofo, y nosotros obedecimos porque el ruido del galope persa lo teníamos ya a nuestras espaldas. Apenas a buen recaudo, miré jadeando hacia donde habían ido Sofo y Jeno y... ¡no vi nada!

—Pero ¿dónde se han metido? —exclamé.

—Nos han dejado solos —lloriqueó Melisa—. Se han ido y nos han abandonado.

—No digas tonterías. Van a pie como nosotros, no pueden haber desaparecido. —Le pedí que guardara silencio porque los persas estaban asomando con sus caballos desde detrás de las rocas que bordeaban la orilla. También ellos se detuvieron desconcertados, inspeccionando con la mirada la vacía extensión yerma cubierta de hierba seca. En el silencio sepulcral del lugar se dejaba sentir solamente el soplo del viento que doblegaba las hierbas y hacía volar las umbelas blanquecinas del diente de león. Pero por poco tiempo.

Resonó un grito agudo y cadencioso, al que siguió enseguida un clangor metálico. Los nuestros eran invisibles porque estaban agazapados en la hierba y se pusieron en pie todos a la vez ya formados.

Diez mil escudos se apretaron como una muralla de bronce, diez mil lanzas se avanzaron amenazadoras, miles de mantos rojos se desplegaron en el viento como estandartes. Y los yelmos que cubrían los rostros. No los había visto nunca así, nunca me habían parecido tan impresionantes. Cascos de bronce que dejaban al descubierto solo los ojos y la boca y transformaban a cada hombre en un ser quimérico. Desaparecía la expresión del rostro, los ojos eran relámpagos en la oscuridad, cada movimiento de la cabeza se convertía en una amenaza. El adversario que se oponía a cara descubierta podía imaginar detrás de la máscara metálica que tenía delante cualquier potencia feroz. Cuando el rostro es impenetrable todo el resto se olvida.

Los jinetes trataron de reaccionar al espanto y cargaron a una orden de su comandante, pero los nuestros estaban demasiado cerca y ya avanzando. Los caballos no consiguieron tomar impulso y se encontraron con las lanzas encima en pocos instantes. La falange avanzaba como una máquina y nadie podía resistirse. Los jinetes trataban en vano de pasar. A cada intento, las líneas se apretaban y las filas se espesaban, quien estaba detrás empujaba con el escudo a quien tenía delante, las lanzas se clavaban en los cuerpos de los adversarios y pronto el enfrentamiento se transformó en una carnicería. Miraba horrorizada a hombres y caballos precipitarse dentro de la quebrada, unos arrollando a otros, sembrando trozos de carne y chorros de sangre sobre las piedras aguzadas, sobre los salientes rocosos, sobre las hojas cortantes de los negros sílex.

Luego la falange se abrió y dejó avanzar a los arqueros, honderos y lanzadores de jabalina que cubrieron a los supervivientes con una lluvia de dardos letales. Cuando finalmente pudimos asomarnos también nosotros al borde del despeñadero, el sol brillaba triunfal en un cielo purísimo, pero la tierra..., la tierra no era más que desolación y carnicería. El escuadrón de caballería persa estaba reducido a una confusa, atroz fosa común, y los lamentos desgarradores de los moribundos encogían el corazón.

Pero no se había acabado.

Cleanor de Arcadia consideró que aquella vista no era lo bastante aterradora, quiso que los soldados de Tisafernes, una vez llegaran, se encontrasen delante de un horror sin límites. Tenían que comprender que se castigaba su traición, su emboscada, sentir con toda la fuerza la furia de los mantos rojos privados mediante el engaño de sus comandantes.

Había un grupo de incursores tracios con el ejército, montañeses feroces y primitivos a las órdenes de Timas de Dardania. Se les dijo que se ensañaran con los cadáveres de todos los modos posibles utilizando las segures, las mazas y los cuchillos. Me volví del otro lado y huí a acurrucarme detrás de una roca, y me quedé allí hasta que oí a Jeno que me llamaba porque era hora de reanudar la marcha.

Los carros fueron arrastrados hasta la cima y el ejército reanudó la marcha bajo el sol, ya alto en el cielo. De vez en cuando volvía la mirada atrás y veía buitres cada vez más numerosos revolotear sobre la quebrada.

¿Cómo hacían para sentir el olor de la muerte tan pronto y desde tan lejos? Pero me daba cuenta de que también yo lo sentía. Lo llevaba encima Jeno que cabalgaba a poca distancia y lo llevaban encima todos. Los tracios parecían unos carniceros, estaban cubiertos de suciedad de pies a cabeza.

Avanzamos durante todo el día sin que sucediera nada más y hacia el atardecer llegamos a la ciudad abandonada. Estaba rodeada de una muralla de adobe y en el centro había una torre piramidal que llamaban por aquellos lugares zigurat, parcialmente en ruinas también. El basamento estaba aún revestido de lápidas de piedra gris con imágenes de guerreros de pobladas barbas rizadas y de cabellos recogidos en trenzas. Las figuras estaban pintadas con fuertes colores e impresionaban mucho por lo imponentes. Todo el lugar, sin embargo, estaba demolido y algunas de las losas de la base estaban hundidas, las figuras yacían en el suelo con la cara en el polvo.

—Así es cómo terminaba el orgullo humano —pensé.

Jeno entró para mirar lo que había en el interior y yo lo seguí. A medida que nos adentrábamos la luz de la entrada se hacía cada vez más floja hasta verse reducida a una especie de claridad en la que flotaba un polvillo centelleante. En un momento dado me pareció haber pisado algo vivo que opuso resistencia a mi pie y lancé un grito. Mi grito y mi movimiento tan bruscos despertaron a miles de murciélagos que dormían en el interior y la atmósfera se llenó de ellos. Aquellos bichejos asquerosos me golpeaban y rozaban por todas partes, y perdí el control. Gritaba cada vez más fuerte hasta que Jeno me dio un fuerte bofetón y me llevó afuera lo más deprisa posible. Había comprendido que corríamos peligro de muerte. El intenso batir de alas de los murciélagos había levantado una polvareda tan densa que nos habríamos asfixiado.

Jeno consiguió ponerme a salvo tapándome la boca y la nariz con el manto y conteniendo también él la respiración. Apenas afuera, me desplomé sobre el suelo y respiré ávidamente el aire fresco del atardecer.

—¿Has visto qué fácil es morir? —dijo Jeno entre jadeos—. Incluso sin hacer la guerra.

—Tienes razón —respondí—. Si no me hubieses dado la bofetada, habría perdido completamente el control de mí misma y habría muerto asfixiada.

Alcé los ojos y vi que en lo alto de la pirámide había una gran cantidad de personas de todas las edades. Eran los habitantes de la región que se habían refugiado allí arriba esperando quizá estar al abrigo de los ejércitos que transitaban la zona. También algunos de los nuestros treparon hasta la cima para observar los movimientos de Tisafernes, pero no vieron a nadie. Acampamos entre las ruinas y durante gran parte de la noche oí llorar a los niños que estaban con sus madres en lo alto de la torre. Las mujeres no se atrevían a bajar y a mezclarse con nosotros, y no tenían nada consigo con qué alimentar a sus hijos. Me consolaba pensando que dentro de poco los ejércitos se alejarían y la gente podría volver a sus hogares y a su trabajo.

Viajamos todo el día siguiente hasta otra muralla en ruinas que debía de haber circundando una ciudad otrora poderosa. Ya no se veía a los enemigos, ¿acaso los estragos de la quebrada los habían detenido? Eso esperábamos, pero era difícil de creer. Seguramente estaban en alguna parte de la llanura esperando el momento oportuno para tomar la iniciativa.

Vimos el Tigris. Una maravilla. Discurría rápido y de vez en cuando transportaba por la corriente barcas de formas extrañas, redondas como canastos, que daban vueltas sobre sí mismas a cada recodo o a cada remolino del río, pero sin chocar nunca. Comenzamos a confiar en que nuestros perseguidores se hubieran distanciado lo suficiente y por la noche fui a ver a Melisa para curarle los pies malheridos ungiéndoselos y masajeándolos. Me equivocaba: a la séptima noche reaparecieron. Eran muchos, demasiados, siempre de una superioridad aplastante.

Estaban avanzando con escuadrones de caballería, pero se mantenían a cierta distancia. Habían comprendido cuál era nuestro punto flaco. Sabían que no teníamos caballería y estaban seguros de que Arieo no nos iba a socorrer: ¿por qué había de hacerlo? Estaba sorprendida de mí misma: también yo comenzaba a pensar y a razonar como un soldado.

A una señal de los vigías, se dio rápidamente la alarma y los soldados se dispusieron en línea de marcha con una retaguardia en formación de combate. A cada ataque de los jinetes enemigos los nuestros reaccionaban, pero los atacantes enseguida se retiraban y los lanzamientos de venablos no tenían efecto alguno. Los suyos, en cambio, eran mortíferos; también cuando huían conseguían herir asaeteando por detrás con extrema precisión con los arcos de doble curvatura de los jinetes de la estepa. Los nuestros, que no se lo esperaban, fueron heridos en gran número y tuvieron que ser socorridos por los compañeros y puestos en los carros. Esa misma noche se preparó una gran tienda y ocho cirujanos se pusieron manos a la obra. Nunca había visto nada semejante, ni trabajar a tantos a la vez. Todos tenían instrumentos afiladísimos, agujas, pinzas, tijeras y otros instrumentos que ignoraba aún para qué servían. A la luz de las lámparas de aceite sajaban y cosían, y, allí donde las heridas tenían los labios abiertos, volvían a unir la piel desgarrada con las tijeras como si fueran pedazos de tela.

Lo que me impresionaba era la capacidad de los heridos

para soportar el dolor. Cuando uno veía que los otros no se quejaban, no lloraban, no gritaban, se veía obligado de algún modo a hacer lo mismo. Mordían su pedazo de cuero frunciendo los labios y enseñando los dientes como perros, mugían pero no dejaban salir su voz. Jadeaban con los dientes apretados. Así, todo el dolor se concentraba en los ojos, tan intensamente dolientes que nunca podría a olvidar aquellas miradas de angustia y de agonía.

Algunos murieron porque los médicos no consiguieron cortar las hemorragias. Me quedé al lado de uno de ellos hasta que expiró. Estaba desnudo en medio del charco de su propia sangre. Su yacija estaba empapada de ella y una mancha se extendía también sobre el terreno. Le sostuve la mano para acompañarle en el tránsito definitivo, para que no afrontase, solo, la oscuridad de la muerte. Ni la sangre ni la suciedad empañaban del todo su belleza, y me parecía imposible que un cuerpo tan perfecto y vigoroso fuera a ser de ahí a poco carne inerte y fría. Lo que recuerdo de él es la mirada febril y, luego, la palidez que se extendió rápidamente por su rostro y por sus miembros. Antes de exhalar el último suspiro tuvo un momento de lucidez y me miró intensamente:

—¿Quién eres? —murmuró.

—Soy quien tú quieras, muchacho: soy tu madre, tu hermana, tu prometida…

—Pues entonces —respondió—, dame de beber. —Y se quedó mirando fijamente el cielo con los ojos desorbitados e inmóviles.

15

Nuestra marcha era ya un sufrimiento. El ejército estaba obligado a moverse compacto y todos iban revestidos con la armadura desde la salida hasta después de la puesta del sol. Viajar sin ella habría significado una muerte segura, pero moverse de aquel modo era un esfuerzo casi insoportable. Los jinetes de Tisafernes nos atacaban a oleadas continuas disparando con los arcos y con las hondas para reventar a los guerreros, y cuando estos trataban de reaccionar los persas se alejaban el mínimo indispensable para permanecer fuera de tiro. Se alternaban sin descanso en estas escaramuzas, de manera que a nosotros nos parecían incansables.

Solo la oscuridad traía alivio, porque los persas nos temían y acampaban a considerable distancia para evitar así ser sorprendidos por un ataque nocturno.

Una noche Jeno pidió a los comandantes que se reunieran en consejo porque tenía una idea que exponer. Sofo, Jantias, Timas, Agasias y Cleanor llegaron uno tras otro a nuestra tienda y yo los serví toda la noche llevándoles vino de palma rebajado con agua. Jeno había concebido un plan genial.

—Hemos de actuar inmediatamente —comenzó—. Si no nos los quitamos de encima, no podremos abastecernos de vituallas y no tendremos nunca tregua. Los hombres acabarán por perder los ánimos y las fuerzas y se habrá acabado todo. Han aprendido la lección: atacarnos frontalmente significa acabar hechos pedazos y, por tanto, no lo harán más. Quieren cargarnos cada vez con más heridos e inválidos, no dejarnos comer ni beber. Si nos impiden también dormir, y podrían hacerlo sin esfuerzo, estaremos acabados en tres o cuatro días a lo sumo. Por fortuna, no se les ha ocurrido.

—Bien —intervino Sofo—, ¿y cuál es, pues, tu propuesta?

—La noche es el único tiempo que tenemos para actuar.

—¿Quieres atacarles? No creo que sea posible —le interrumpió Jantias—, seguramente tienen centinelas y no conseguiremos acercarnos.

—No. Quiero que nos alejemos. Escuchad: deberá ser mañana o nunca. Habréis notado que un grupo de jinetes nos observa desde doscientos o trescientos pasos. Esperan a que hayamos plantado las tiendas y se van. Una vez seguros de que hemos acampado se vuelven para informar a sus mandos de que pueden estar tranquilos. Nosotros en cambio fingiremos plantar el campamento, encenderemos algún fuego para dar la impresión de preparar la cena y, cuando hayan desaparecido, nos pondremos de nuevo en camino. Las armas en los carros para ir más ligeros y expeditos, los cascos de los caballos y mulos fajados para moverse en silencio absoluto. Se comerá y beberá de camino, las paradas serán muy pocas, las precisas para recuperar un poco de fuerzas. Cortos sueños vigilados por turno por los demás.

Los comandantes lo escuchaban atentos. ¡El escritor, quién lo hubiera dicho! Aquel ateniense tan joven parecía saber lo que se decía y yo habría podido explicar la razón: Jeno me había contado varias veces que su maestro le había enseñado a razonar y a extraer enseñanzas de la experiencia.

—Nuestros soldados de asalto tracios —prosiguió— me han contado que cuando se trasladan con los rebaños de los pastos de montaña a los del llano se ven obligados a evitar en lo posible pararse para no ser atacados por otras tribus y depredadores del ganado: descansan con sueños cortos, a veces incluso de pie apoyados en un árbol, y de hecho no se detienen nunca. El cuerpo se habitúa a sacar el máximo de las paradas que se le conceden. El sueño, aunque corto, se vuelve más profundo relajando completamente los miembros.

»No nos detendremos tampoco al día siguiente, ni por la noche. Tienen que creer que hemos tomado otro camino y dispersarse para buscarnos. Entretanto nosotros habremos llegado al pie de las montañas, donde la caballería persa no podrá moverse con tanta rapidez y facilidad como en el llano. En ese momento se decidirá qué hacer.

Sofo aprobó la idea:

—Me parece lo más acertado, y esperemos que vaya todo bien. Por otra parte, no tenemos mucha elección. Estos han manifestado claramente sus intenciones. Nos han arrebatado a los comandantes y ahora nos quieren muertos del primero al último. Ni Artajerjes ni Tisafernes quieren que ni uno solo de nosotros llegue al mar y cuente cómo se puede llegar casi hasta Babilonia sin perder un solo hombre.

Esta era la única verdad: no era una mera cuestión de venganza. Se trataba de no dejar difundir una información vital para la supervivencia del Imperio.

Sofo se dirigió a los otros comandantes:

—Pasaréis estas instrucciones de sección a sección y cada unidad de combate se organizará con los turnos de descanso y todo lo demás. Las paradas las indicaré yo con una señal que haréis correr.

—Hay una cosa más —prosiguió Jeno—. Necesitamos un destacamento de caballería aunque sea pequeño: no para que podamos enfrentarnos a los persas, sino para que al menos los tengan vigilados de cerca como durante la última batalla, o para ir de avanzadilla en busca de los pasos más adecuados.

—¿Y de dónde sacamos los caballos? —preguntó Timas.

—Los desengancharemos de los carros —respondió Jeno.

Y ante aquellas palabras, casi dejé caer la jarra que tenía en la mano. Estaba hablando de renunciar a los medios de transporte.

—Apenas lleguemos al pie de las montañas —prosiguió con calma—, tendremos en cualquier caso que renunciar a ellos.

Pensé en los pies de Melisa y también en los míos y se me hizo un nudo en la garganta. ¿Cómo mantendría el paso con los demás? Y aquella muchacha embarazada que había visto en el carro, ¿qué sería de ella? ¿Y cuántas otras había en esa misma situación? Sofo había prometido que no dejaría atrás a nadie, pero hablaba de los guerreros que lo servían. Yo me temía que no tuviese en cuenta a las mujeres. Pero estaba ya decidido. La elección que había hecho de modo tan instintivo al huir con Jeno comenzaba ahora a presentarme sus consecuencias más duras.

Los comandantes se fueron uno tras otro y se reunieron cada uno con su unidad. Sofo había cambiado desde que saliera de la sombra. Había recogido sin problemas la herencia de Clearco, había conseguido que la asamblea de los guerreros lo eligiera sin oposición. Había impuesto su presencia, el timbre de su voz, el relámpago de sus ojos, la actitud de quien sabe lo que quiere y adónde quiere llegar. Había un entendimiento instintivo, una corriente que fluía que le había hecho ganarse a los hombres del primero al último. En el momento de dejar nuestra tienda miró fijamente a Jeno apoyando una mano en uno de sus hombros y dijo:

—Te diré lo que nos falta: ¡un prestidigitador que haga desaparecer a todo un ejército! —E hizo chasquear los dedos.

Tenía también sentido del humor.

—Tú lo hiciste —rebatió Jeno— en la quebrada, cuando ocultaste a los guerreros entre la hierba seca.

Los otros rompieron a reír con una carcajada descarada y despectiva, incontenible.

—Todavía recuerdo la cara que pusieron al ver cómo nos levantábamos con los escudos embrazados —dijo Jantias, el aqueo de larga y sedosa cabellera que le caía sobre los hombros y de cuello de toro.

—¡La de alguien que mira cara a cara a la muerte! —exclamó Agasias, moreno de piel, de cabellos y de mirada.

—¡Y que sabe que ha perdido la partida! —rebatió Timas el dárdano, de tez aceitunada, esbelto como un sabueso y de corta barba puntiaguda.

—Si creen que nos tienen en un puño cometen un gran error —concluyó Cleanor, y parecía mirar fijamente, en ese momento, a los enemigos con sus ojos grises de halcón. Cleanor era un manojo de nervios y músculos, estaba plantado sobre dos muslos gruesos como columnas y parecía impaciente por demostrar que estaba a la altura de su tarea—. Si quieren cogernos, tendrán que venir a por nosotros —siguió diciendo— y para conseguirlo tendrán que bajar del caballo.

Salieron riendo burlonamente y sus voces se amortiguaron en la oscuridad.

Jeno se lavó y se acomodó en la estera y yo me tumbé a su lado. Hicimos el amor con un apasionamiento que me recordaba otros tiempos. Estábamos en peligro, acosados y perseguidos sin tregua, y sin embargo él estaba en el colmo de la excitación y de la energía. Él, el escritor sobre el que tantas ironías y sarcasmos habían llovido durante la larga marcha, estaba ahora entre los pocos que tenían ideas para sacar a los diez mil compañeros fuera del peligro de muerte. Y también tenía el valor de hacerlo. Cuando se hubo tumbado cerrando los ojos, le cogí una mano y le hice la pregunta que desde hacía un tiempo me acuciaba:

—Los persas quieren aniquilarnos, pero ¿crees que hay alguien en tu país que desea el retorno de este ejército?

—¿Qué quieres decir?

—No lo sé. Es una intuición, una sensación, pero me gustaría que me dieses una respuesta, si te parece bien.

La respuesta de Jeno fue un largo silencio.

—Si no quieres hablar, no importa.

—Este ejército está formado en su totalidad por mercenarios…

—Lo sé.

—A excepción de dos.

—Sofo…

—Sí.

—Y tú. Y esta expedición ha sido mantenida en secreto: no creo que cuanto era secreto antes pueda ahora divulgarse. ¿Quién es Sofo?

—Un oficial del ejército de Esparta. Probablemente de muy alto rango.

—¿Puedo preguntarte cómo lo sabes? ¿Te lo ha dicho él?

—Por la pulsera de mimbre que lleva siempre en la muñeca izquierda. Dentro lleva escrito su nombre y el número de la sección que manda. La tropa la lleva en la derecha. Es una costumbre del ejército espartano. Cuando uno cae en el campo de batalla puede ocurrir que su cuerpo, si no es recuperado por sus compañeros, sea despojado por los enemigos de todo cuanto lleva encima de valioso. Una pulsera de mimbre no vale nada y por tanto no la roban, pero lleva inscrita la identidad del caído. En el interior de esa pulsera está escrito Quirísofo.

Traté de pronunciar aquel nombre interminable, pero sin resultado:

—Creo que seguiré llamándole Sofo… ¿Y cuál es su papel? ¿Por qué apareció de improviso?

—Esto no lo sé.

—¿Crees que te lo dirá?

—Creo que no.

—¿Nos salvaremos?

—Deseo con todas mis fuerzas que así sea, pero para el hombre es difícil apartarse del curso del propio destino una vez que ha sido hilado por las Moiras.

No sabía quiénes eran las Moiras que hilan el destino de los seres humanos, pero no por ello dejaban de atemorizarme igualmente. También en nuestras aldeas se hablaba de mujeres de largos cabellos oscuros, vestidas de negro, con unas profundas ojeras oscuras, que merodeaban de noche llevándose a los vivos al reino de los muertos donde el aire es polvo y el pan arcilla seca...

—Pero por lo que a mí me toca no dejaré de intentar nada para salvar a estos hombres. Son extraordinarios combatientes y son ya mi patria en vista de que no podré volver a Atenas.

—¿De veras quieres abandonar los carros?

—No tenemos elección.

No pregunté nada más y permanecí en silencio presa de la angustia. Él debió de advertirlo. Me estrechó contra sí y me susurró al oído: «No te abandonaré».

El día siguiente no fue menos duro que los anteriores: los ataques eran incesantes y el ejército tenía que avanzar en formación cerrada con los carros en el centro, manteniendo los escudos alzados. Era un esfuerzo enorme porque un escudo de aquellos pesaba como una fanega de trigo. Imaginaba lo que debía parecer nuestra formación vista desde lo alto: una especie de enorme erizo metálico que avanzaba fatigosamente, atormentado por todas partes por miles de cazadores a caballo que disparaban una lluvia de flechas y de dardos de todo tipo.

Los dardos se clavaban en los escudos y los hacían todavía más pesados. De vez en cuando nuestros incursores intentaban un contraataque: apostados detrás de algún realce del terreno disparaban con los arcos y con las hondas consiguiendo abatir cierto número de enemigos. Jeno me dijo que los honderos de Rodas podían darle a un hombre en medio de la frente desde una distancia de cincuenta pasos.

Llegamos para acampar después de haber superado algunos pequeños relieves del terreno, y allí dio inicio la ejecución del plan acordado entre los comandantes. Se encendieron algunos fuegos de campamento, se plantaron algunas tiendas y se apostaron los centinelas. Apenas oscureció, los persas que nos controlaban como cada atardecer se alejaron para llegar a su campamento y nosotros empezamos a desmontarlo todo. El astro de la noche era grande y luminoso en medio del cielo, con el añadido de una hoz de luna de una curvatura perfecta y con los cuernos vueltos hacia arriba. El terreno era de un color claro y no sería difícil seguir nuestro itinerario; la oscuridad protegería la marcha nocturna. Los hombres desmontaron las tiendas y a continuación comieron algo, pero, a una señal de los comandantes y con la palabra de Sofo que pasaba de un hombre a otro, se pusieron en movimiento sin el mínimo ruido.

Marchamos durante toda la noche en silencio, a buen paso. Los guerreros habían puesto los escudos sobre los carros para caminar más expeditos, pero ninguno había identificado con precisión el suyo: tenían muy claro dónde estaban y el trayecto más corto para recuperarlos y embrazarlos en caso de necesidad. Todas las órdenes pasaban de boca en boca, en voz baja y con gran celeridad.

La primera parada duró lo mínimo indispensable. Los hombres se acostaron en el suelo y durmieron un poco, luego reanudaron el camino.

Nunca olvidaré aquel viaje de noche. No sucedió nada de extraordinario: no hubo batallas, asaltos o emboscadas. Nadie murió o fue herido: no fue más que un atravesar la noche de un extremo a otro, recorrer en silencio la oscuridad. Podían percibirse mil misteriosos aromas: el de los amarantos secos, el del polvo o de los sílex que desprenden el calor que los ha hecho arder de día, el perfume lejano de las retamas que florecían en los montes y de los rastrojos de la llanura.

De vez en cuando resonaba de la nada el canto de un ave solitaria o nos sorprendía, de imprevisto, un aleteo cuando pasábamos junto a un matorral; podía verse el astro de la noche declinar lentamente hacia el horizonte. Reinaba en el cielo una sensación mágica que se perdía en el azul, en la luna que mantenía su esplendor en el filo de la hoz de plata, y el largo desfile de hombres que cruzaba la noche se hubiera dicho un ejército de fantasmas. A veces me parecía ver blancas crines ondear al viento y recortarse contra el cielo figuras de jinetes, pero me di cuenta de que daba cuerpo a los sueños o quizá a los pensamientos de algún otro. La única realidad era el paso pesado de aquellos hombres que trataban de escapar de la aniquilación.

En un momento dado me eché en el carro porque pensaba que pronto no tendría ya aquel privilegio, tendría que marchar por el polvo ardiente y por el barro helado precisamente como todos los demás. Antes de cerrar los ojos pensé en Nicarco de Arcadia, en su vientre reventado: no lo veía desde hacía rato y me pregunté si estaba aún vivo o si había sido ya abandonado al borde del camino sin sepultura.

El mío era un sueño vigilante porque el traqueteo del carro y el ruido de las ruedas me impedían abandonarme a la inconsciencia. Una vez vi cernerse sobre mí la poderosa figura de Cleanor de Arcadia que estrechaba entre sus muslos enormes los flancos de su caballo para obligarlo a afrontar, reluctante, un difícil paso en mitad de una cuesta, y poco después, más abajo, vi oscilar en la brisa la cimera del yelmo de Jeno. Los nuevos comandantes mantenían las filas de sus tropas con pulso firme.

La segunda parada fue más corta que la primera y la marcha se reanudó más lenta. El cansancio comenzaba a dejarse sentir. Finalmente, la claridad del alba iluminó el horizonte, y los cinco comandantes, más Jeno, se reagruparon en un pequeño realce del terreno y volvieron la mirada en derredor, en silencio, las mandíbulas contraídas, las manos apretadas en la empuñadura de la lanza. También los guerreros se detuvieron y miraron hacia el mismo lado, allí por donde podía aparecer el enemigo a caballo. Esperaron un rato y luego soltaron un grito exultante.

—¡Los hemos perdido! —gritó Jeno.

—¡Sí, los hemos despistado! —exclamó Jantias de Acaia.

—¡Lo hemos conseguido! —gritaron otros. Pero Sofo les bajó los humos:

—Aún no. Es demasiado pronto para decirlo y no podemos relajarnos. Descansaremos un poco, quien tenga algo de comer que trate de refocilarse y luego de nuevo en marcha. ¿Veis allí esas alturas? Pues allí comienzan las montañas y solo cuando las hayamos alcanzado podremos considerarnos al abrigo de las cargas de la caballería persa. A una orden mía que cada uno se ponga de nuevo en marcha.

El sol comenzó a alzarse en el horizonte, cada vez más caluroso y despiadado, y los hombres se volvieron atrás temiendo a cada instante ver la nube blanca que anunciaba el martilleante galope de los jinetes de la estepa. Y en cambio no sucedió nada. Con un grupito de exploradores Jeno iba hacia delante y hacia atrás a lo largo de la columna y de vez en cuando llegaba hasta más lejos con la evidente intención de prevenir un ataque.

Hacia el mediodía el paisaje se hizo más variado y ondulado y en un determinado punto, desde una elevación del terreno, se ofreció a la vista una colina, justo enfrente de nosotros, verde, distinta del color pardo del resto del territorio. En torno a la cima había diseminadas algunas aldeas y en lo alto se erguía un palacio fortificado. Era una visión estupenda, una combinación de colores y de volúmenes tan fascinante como solo era posible verlos en sueños. Revoloteaban sobre el castillo grandes aves con las alas desplegadas que se dejaban llevar por el viento de la tarde, en las torres flameaban banderas de tela azul y amarilla y la hierba, increíblemente verde, se movía oscilante al soplo del viento, cambiando de color y de luz a cada movimiento.

Encontraron el castillo abandonado, mientras que en las casas los campesinos esperaban temblando un ataque despiadado. No sabiendo adónde ir, se habían quedado con las mujeres y los hijos. La guerra pasaría como una tempestad imprevista y luego se propagaría lejos.

Los nuestros cogieron todos los víveres que encontraron, las vituallas reservadas para el invierno. Les servirían para sobrevivir, como también a los campesinos que las habían acumulado. Sin ellas quizá morirían o tal vez verían morir a sus hijos, a los más pequeños. A los más fuertes se los habían llevado.

Yo crucé sola el castillo porque aquella construcción sin duda la había soñado de niña y había imaginado que habitaba en ella una criatura fabulosa, un hombre capaz de transformar las piedras en oro o de tomar vuelo de noche desde una de las torres como un ave de presa. Pasaba de una estancia a otra mirando a mi alrededor y por primera vez vi lo que Jeno llamaba «obras de arte». Figuras esculpidas en relieve, otras pintadas en las paredes, otras incluso talladas en la madera de las puertas. Miraba con la boca abierta monstruos alados, leones con cabeza y pico de pájaro, hombres que combatían contra panteras y tigres, otros también que se hacían llevar en un carro uncido con dos avestruces. Sabía que nada similar había existido jamás y que habían sido hombres los que habían creado aquellas imágenes igual que los narradores inventan historias que nunca han ocurrido en sus relatos porque a nadie le basta la vida que lleva y quiere otras más variadas y emocionantes. ¿No había hecho eso también yo? Pero yo lo había hecho en la realidad abandonando mi aldea, mi familia y a mi prometido para perseguir una loca aventura.

Quien vivía en el castillo se lo había llevado todo: no había quedado ni un mueble ni una alfombra ni un lecho. Solo encontré, en el fondo de una habitación desnuda, una muñeca, una pequeña muñeca vestida con un pedazo de lana gris. La cogí y me la llevé conmigo al campamento y me pareció haber recogido al último superviviente de una catástrofe.

Tampoco aquella noche descansamos. Sofo y el resto de comandantes estaban decididos a llevar a cabo el plan de Jeno: la distancia entre nosotros y los persas debía de mantenerse a toda costa para no tenerlos encima inundándonos con una lluvia de dardos letales. Los hombres descansaron solamente una hora y vi a uno de los nuestros medir el tiempo plantando dos pértigas en tierra y esperando a que la luna cubriese el espacio entre una y otra. Ahora daban muestras realmente de cansancio, aunque la comida les había dado energía y ganas de proseguir: rostros fatigados, imprecaciones al mínimo tropiezo, gruñidos cuando recibían una orden. Pero Jeno era infatigable: no era ya «el escritor», sino que ahora era un comandante y era evidente que quería que su labor fuese digna de ser recordada y ansiaba también el aprecio de sus compañeros de aventura. A veces lo notaba ausente, lo cual me provocaba una sensación de frialdad.

Al llegar la medianoche el cielo se oscureció, nubes bajas y negras ocultaron la hoz de la luna y continuamos galopando hacia oriente. A trechos, aquí y allá, veía el súbito fulgor de los relámpagos iluminar los enormes cuerpos oscuros de las nubes del interior, encenderse sus bordes y flecos como un fuego y estallar resplandores zigzagueantes entre cielo y tierra seguidos del rugido lejano de los truenos. La estación comenzaba a declinar, los días a hacerse más cortos y las montañas incubaban tempestades. Nos internábamos en un mundo a cada paso más desconocido y extraño.

Al amanecer del día siguiente aparecieron las primeras estribaciones montañosas: se terminaba la llanura, comenzaba una tierra distinta y áspera, difícil e impenetrable, y sin embargo todos estaban jubilosos. Eran guerreros y querían combatir con armas iguales. Apenas si se veía el sol, velado y pálido detrás de una cortina de finas nubes: delante tenían una colina más bien alta que dominaba el cruce de dos grandes caminos. Por lo que entendía, tomaríamos hacia septentrión, donde nacen las tormentas y los fríos vientos que dejan ateridos los miembros.

Los cinco comandantes se reunieron en consejo formando un círculo, montados en sus caballos. Era una vista curiosa: los cuartos traseros y las colas de los animales mirando hacia afuera, las cabezas hacia adentro, de modo que se daban con los morros unos contra otros a cada momento. Eran sementales no castrados y todos querían aventajar a los demás. Yo me preguntaba si no ocurría lo mismo entre los jinetes que los montaban.

El consejo duró muy poco, el tiempo, supongo, para intercambiar algunas opiniones. Inmediatamente después Jeno separó a un grupo de infantes y los mandó a la cima de la colina para guarnecerla y defender el paso, pero apenas había dado la orden cuando otro grupo asomó por la parte opuesta: ¡persas! También ellos iban a pie, porque los flancos de la colina eran demasiado pronunciados para los caballos, pero corrían veloces al ir con armamento ligero. Jeno acicateó igualmente a su caballo Halys pendiente abajo para animar a sus hombres a ir más rápidos. Oí que uno gritaba:

—¡Eh, tú! ¡Cuesta poco decir que corran los demás cuando uno va montado a caballo: yo tengo que llevar este escudo que pesa como una losa!

No conseguí captar qué respondió Jeno, pero lo vi saltar a tierra, arrebatar el escudo del que había gritado y correr delante de todos hacia la cima. Estaban llegando más persas, la vanguardia de su ejército, y cada uno incitaba con gritos a sus compañeros para empujarlos a llegar los primeros a la cima. Era un espectáculo casi grotesco: una operación de guerra se transformaba ante mis ojos en una competición de velocidad con los espectadores apoyando a sus campeones.

Los nuestros, mandados por Jeno, llegaron los primeros y formaron en círculo pegados unos a otros. Los demás no intentaron siquiera echarlos de la cima: eran mantos rojos, mejor dejarles estar. El paso estaba tomado: ahora nuestro ejército podía atravesar la Gran Encrucijada y encaminarse hacia las montañas remontando el valle de un riachuelo.

El grueso del ejército persa llegó en las horas siguientes y se alineó a cierta distancia. Nuestros cinco comandantes se situaron en la entrada del valle montados en sus corceles, uno al lado del otro, y yo miraba a Jeno que resplandecía como una estrella con su armadura ornada de plata: había tenido un gran éxito, había hecho grandes méritos.

Oí una voz detrás de mí que me preguntaba:

—¿Crees que atacarán?

—¡Melisa! ¿Qué haces aquí?

—¿Crees que vendrán hacia nosotros? —repitió.

—No lo creo, ¿por qué iban a hacerlo? Nosotros estamos bien defendidos por la posición elevada. Los flancos del valle nos protegen: ellos están abajo y en desventaja. Han logrado su objetivo de empujarnos hacia una tierra baldía de la que no ha vuelto nadie.

Melisa bajó la cabeza:

—Yo exijo a mi Menón —dijo con lágrimas en los ojos.

—Nadie puede devolvértelo —respondí—. Pero aquí estás en lugar seguro. Nadie te hará ningún daño.

—¿Es cierto que quieren abandonar los carros?

—Es cierto —respondí—. No podemos subir esas montañas tirando de ellos.

—Pero yo no conseguiré salir adelante en ningún caso —dijo con voz temblorosa.

—Solo tendrás que caminar. No será tan terrible. Primero te saldrán ampollas en los pies que reventarán y sangrarán, luego callos y finalmente te acostumbrarás.

—¡Pero así daré asco! —gimió.

Comprendí que Menón no estaba en el fondo presente en su corazón como parecía. La consolé del modo más adecuado:

—Siempre te quedarán otros muchos atractivos. Cuando los hombres se vuelven para mirarte, no los he visto empezar nunca por los pies.

Melisa se secó las lágrimas:

—No has venido a verme en los últimos días.

—Tampoco tú. De todas formas, estaba muy ocupada. Pero, si me necesitas, siempre puedes buscarme y contar conmigo. No te dejaré atrás.

Se me ocurrió espontáneamente pronunciar la frase que le había oído a Sofo y también a Jeno y mientras la pronunciaba me sentía también yo un pequeño comandante, porque en nuestro grupo había gente seguramente más débil que yo, empezando por Melisa.

Ella me abrazó con fuerza diciendo «gracias» y se fue. Y mientras se alejaba vi que Cleanor de Arcadia la miraba y poco después también Timas de Dardania. Y ninguno de los dos le miraba los pies.

Por la noche Sofo dirigió una pequeña arenga al ejército formado:

—¡Soldados! Hemos conseguido llegar a un terreno donde la caballería de nuestros enemigos no puede molestarnos. También quisiera deciros que lo peor ha pasado, pero no puedo, porque no es cierto y ya os han contado bastantes mentiras. Lo peor está aún por llegar. Nuestro itinerario está marcado: a oriente iríamos hacia el interior del Imperio persa, en el mediodía hemos estado y visto ya lo que es, en occidente está Tisafernes con su ejército que ha conseguido alcanzarnos y quiere aniquilarnos. Tenemos, por consiguiente, que dirigirnos hacia septentrión, hacia las montañas, altísimas y ásperas, adonde él no nos seguirá. ¿Y sabéis por qué? Porque de ahí no ha vuelto nunca nadie. Es una tierra escarpada en la que se alzan pequeños ventisqueros que perforan el cielo, habitada por tribus salvajes y feroces. Pero esto no es todo: está el invierno, el peor de nuestros enemigos. Tendremos que remontar valles angostos, senderos escabrosos, abriéndonos camino con las armas, afrontar la furia de los temporales, el fulgor de los rayos, el granizo y terribles neviscas. Como comprenderéis, en semejantes condiciones los carros serían un estorbo. Lo cargaremos todo a lomo de animal y los quemaremos. Así seremos más rápidos y ligeros. ¡Ya os dije cuando dieron muerte a nuestros comandantes que esto no nos doblegaría y os repito que no conseguirán detenernos! Y ahora quemad los carros.

Los hombres obedecieron, descargaron las vituallas, las tiendas y las armas y amontonaron los carros en un único lugar. Hubo un momento de vacilación, luego uno de los soldados al que no había visto nunca antes cogió un tizón de un fuego y lo lanzó en la pila. Las llamas hicieron presa casi enseguida, avivadas por el viento, y la madera seca y madura ardió crepitando con unas llamas azuladas. Se alzó una hoguera gigantesca que seguramente nuestros enemigos vieron de lejos. La luz intensísima iluminaba a los guerreros que estaban inmóviles y como atónitos mirando en silencio.

Ninguno de ellos en aquel momento podía imaginar qué sucedería después de que el fuego se hubiera convertido en cenizas.

16

Cuando nuestro fuego comenzó a languidecer apareció otro en la llanura que teníamos enfrente de nosotros, al pie de las montañas, y por sus dimensiones parecía ser algo muy distinto de la hoguera de doscientos o trescientos carros.

—Mira allí, Cleónimo, ¿qué es aquello? —preguntó uno de los soldados.

—No lo sé —respondió su compañero, un muchacho moreno y membrudo.

Jeno, que estaba cerca, observó a su vez, luego se acercó a Sofo y los dos confabularon durante unos instantes. Poco después un par de exploradores a caballo fueron enviados hacia el lugar en el que se propagaban las llamas. Mientras tanto los hombres comenzaron a alejarse en pequeños grupos, cada uno volvía al punto en que habían sido descargados los bagajes para coger sus pertenencias: sobre todo la tienda y las armas. Comida había en abundancia.

Era un momento difícil: todos se habían acostumbrado a acomodar sus cosas en el carro, sabían dónde y cómo encontrarlas, ahora tenían que hacer de mala manera un hato con ellas para cargarlas sobre un asno o un mulo. Se oían trifulcas e imprecaciones que se fueron aplacando enseguida. El espectáculo que se ofrecía en septentrión era tan impresionante que imponía a todos silencio: las montañas se veían oprimidas por una capa negra como la pez, nubes henchidas y pesadas se cernían sobre la inmensa cordillera y, de vez en cuando, descargaban sobre ella las centellas de unos rayos deslumbradores, ramificadas y retorcidas como serpientes, mientras que el trueno rugía rodando cuesta abajo, repercutiendo entre oscuros bastiones rocosos. Oía lo que pensaban los hombres: «Es allí a donde tenemos que ir».

Dejábamos atrás una tierra hostil, pero dominada siempre por la luz y el calor del sol, para adentrarnos en el reino de la noche y de las tempestades. Volviéndonos hacia el mediodía, sentíamos aún el aliento tibio de la tierra entre los dos ríos que acariciaba el rostro; mirando a septentrión oíamos, lejano y amenazador, el eco de la tormenta. Estábamos en la divisoria entre dos mundos, ambos enemigos, pero uno mostraba solo la hostilidad de los hombres, el otro también la de los elementos.

Los exploradores volvieron para informar de cuanto habían visto en los fuegos que ardían en la llanura: Tisafernes había hecho quemar las últimas aldeas a lo largo del río para que no pudiéramos abastecernos de víveres. Nuestros jinetes habían encontrado a cientos de campesinos desesperados que huían con sus familias llevándose consigo lo poco que habían podido cargar sobre sus espaldas.

Yo trataba de comprender qué pensamientos debían de cruzar por la mente de aquellas gentes que probablemente habían vivido en paz desde su nacimiento, que habían llevado siempre la misma vida que los vecinos de mis aldeas, pobre y monótona, pero satisfecha con lo necesario, con comida y techo, y de repente ya no tenían nada y miraban mudos el fuego que anulaba pasado, presente y futuro.

La guerra.

Cuando Jeno vino a acostarse a mi lado le pregunté:

—¿De qué viviremos?

—De lo que encontremos —respondió.

No pregunté más. Había comprendido muy bien qué quería

decir; a partir de ese momento iríamos consumiendo los recursos de los territorios que atravesásemos, como una bandada de cuervos, como una nube de langostas, dejándolo todo desierto a nuestro paso. Ahora todos dormían quizá pensando en las esposas e hijos que habían dejado en sus hogares, pero al día siguiente se convertirían en «los Diez Mil», los demonios de la guerra, esconderían la humanidad del rostro detrás de la máscara del yelmo porque cada día y cada noche, durante décadas y meses o quizá años, tendrían que vencer o morir.

Al día siguiente vimos ascender solamente humo de la llanura y al ejército de Tisafernes formado para defender la Gran Encrucijada. ¡Aún temían que quisiéramos volver atrás! Pero ¿quién habría podido imaginar siquiera enfrentarse al más poderoso Imperio de la Tierra?

Tomamos nuestro camino flanqueando un torrente de aguas turbulentas y espumeantes que corrían a desembocar en el Tigris. Uno de los guerreros trató de sondear la profundidad, pero la lanza desaparecía debajo del agua sin llegar a tocar fondo.

Habíamos cargado nuestro bagaje a lomos de tres mulos, atados uno al otro para formar una pequeña reata. Yo iba delante llevando al primero del ronzal. Busqué con la mirada a Melisa, pero no conseguía distinguirla. El sendero no era muy ancho y el ejército formaba una fila larguísima que serpenteaba al fondo del valle hacia un desfiladero que ahora se veía cada vez mejor delante de nosotros cuando los rayos del sol, no oscurecidos por el manto de nubes, iluminaban las cumbres destacando sus contornos sobre el telón de fondo negro de los nimbos.

Comenzamos a subir, trepando por el sendero montañoso cubierto de piedras aguzadas, a veces cortado a pico sobre el valle, al borde del torrente que rebullía de espuma blanca debajo entre los gigantescos pedruscos que apuntaban del fondo y de las orillas. Las laderas de la montaña estaban cubiertas de bosques, de plantas seculares de enormes troncos rugosos. Yo avanzaba con gran esfuerzo: nunca había caminado por la montaña y si, por una parte, sufría las penalidades, los rasguños y los cortes que me producía el caminar sobre las piedras, por otra me excitaba la sensación de subir cada vez más alto casi a cada paso.

Habituada a recorrer largas distancias siempre con la misma perspectiva, siempre con la misma llana e ilimitada extensión de la estepa y del desierto, el cambio de panorama y la ampliación del campo visual casi a cada revuelta del sendero me encendían de asombro y me llenaban de estupor.

En un determinado momento, volviendo la vista atrás, llamaron mi atención dos imágenes distintas: una lejana, el ejército de Tisafernes que se movía hacia occidente y parecía una larga serpiente negra que reptaba por las arenas del desierto; la otra próxima, la muchacha embarazada que había visto en el carro.

El general persa mandaba a su ejército hacia Anatolia y hacia el mar para tomar posesión de la nueva provincia en lugar de Ciro, ya seguro de que estaríamos todos muertos entre las ásperas montañas y los picachos de septentrión, en la región que engendra las tempestades y el viento que ulula. La muchacha estaba tendida en un borde del sendero, incapaz de moverse, derrengada. Para ella y para el hijo que llevaba en su seno no había mañana. Nadie se paraba. Los guerreros pasaban por su lado apoyándose en la lanza, sus mantos a veces la acariciaban, pero no había quien le tendiese una mano.

Demoré el paso a propósito aprovechando el hecho de que Jeno estaba lejos, en la retaguardia con sus jinetes, hasta que me detuve. Até el mulo de cabeza a un carrasco y me acerqué a la muchacha.

—Levántate inmediatamente —le ordené.

—No me veo capaz.

—Levántate, ¿o quieres acabar devorada por las bestias del bosque? Te comerán viva poquito a poco, así tu carne no se estropeará y tampoco la del pequeño bastardo que llevas en la tripa. Levántate, idiota, o te ganarás unos palos también de mí.

Fui convincente, y la muchacha consiguió volver a ponerse en pie con mi ayuda y seguirme hasta donde estaban los mulos.

—Ahora agárrate a la cola del último mulo y déjate llevar. Y cuidadito con que dejes de andar, que te muelo a palos, ¿entendido?

—Ya te he oído —contestó la muchacha.

—Muy bien. Entonces sigamos adelante.

Me preguntaba dónde se encontraba Melisa en aquel momento y me imaginaba que no estaba en mejores condiciones que la muchacha que llevaba detrás de mí agarrada a la cola del tercer mulo. También me preguntaba qué final había tenido Nicarco de Arcadia, el joven que había salvado a todos superando el dolor de sus carnes abiertas para dar la alarma. Me hubiera gustado preguntárselo a alguno de los cirujanos: ellos seguramente lo sabían, pero solo el pensar que me dieran la respuesta que me temía me impedía hacerlo. Así me quedaba al menos el consuelo de la duda.

De este modo llegamos al desfiladero, un paso entre dos cimas recubiertas de bosques, luego el ejército empezó a bajar. Cuando nos llegó el turno a nosotros pude ver algunas aldeas, anidadas entre los repliegues de la montaña, construidas con la misma piedra que las rocas sobre las que se encontraban. Era necesario prestar mucha atención para distinguirlas del terreno circundante. Por doquier reinaba una extraña calma. Se oía el canto de los pájaros y luego ni siquiera eso. Quizá callaban ante la inminencia del temporal que las negras nubes aborregadas sobre las cimas hacían presagiar. Finalmente llegamos al fondo del valle y entramos en las aldeas.

No había un alma.

Nuestros hombres miraron alrededor estupefactos: era evidente que la gente había estado viviendo en aquellas casas hasta pocas horas antes. Estaban las bestias en los cercados, los manteles en las mesas, los fuegos languidecientes en los hogares. Hice entrar a la muchacha embarazada en una de las casas para que se calentase al fuego y le di algo de comer. Hacía mucho frío en aquel lugar.

Los soldados comenzaron a saquear las viviendas, pero Sofo les paró los pies. Subió al saliente de una roca y comenzó a decir:

—¡Que nadie de vosotros toque nada! Escuchad: cogeremos únicamente lo necesario para comer, nada más. Así comprenderán que no venimos con ninguna intención hostil y esperemos que ello sea suficiente para que se comporten bien. Mirad a vuestro alrededor: tenemos que pasar por esas sierras, trasponer puertos de montaña como el que acabamos de atravesar y ellos pueden hacernos pedazos cuando quieran. Conocen cada palmo de su territorio. Pueden estar presentes por todas partes sin que nosotros lo advirtamos, golpearnos impunemente en cualquier momento. Nuestra fuerza consiste en desplegarnos hombro con hombro en campo abierto, dispersos en una larga fila somos vulnerables. Tenemos que hacer lo posible para no ganarnos su enemistad.

Los hombres refunfuñaron un poco y luego obedecieron. Ahora yo había comprendido que en aquel ejército las órdenes se cumplían, pero era necesario que los soldados fuesen convencidos por sus mandos de que estaban haciendo lo debido.

Inspeccionaron las aldeas para recoger todas las vituallas que pudiéramos encontrar, las reunieron en el centro de una explanada y contaron los animales que podíamos llevar con nosotros para garantizar una supervivencia lo más larga posible. Durante las rebuscas vieron que, dentro de algunas cuevas, ocultos por la vegetación había mujeres y niños que fueron puestos enseguida bajo vigilancia. Quizá no habían querido seguir a los hombres a las montañas, quizá no les había dado tiempo. Era un descubrimiento importante y los comandantes se pusieron contentos: tenían en sus manos a rehenes que canjear por nuestro paso. Pero yo no compartía su entusiasmo y no creía que los habitantes de las aldeas se doblegaran tan fácilmente.

La columna de nuestros hombres en marcha era tan larga que cuando llegaron los últimos comenzaba ya a oscurecer. No traían buenas noticias. Después de haber pasado el desfiladero habían sido atacados por la espalda por los indígenas: habían perdido a cuatro de sus compañeros, abatidos por un denso lanzamiento de flechas y de piedras, y traían con ellos a una decena de heridos. La bienvenida de aquella tierra salvaje.

Jeno había capturado con su retaguardia a algún prisionero: pastores que no habían querido abandonar sus rebaños.

En aquel momento cada uno buscó un refugio para la noche. Los oficiales fueron los primeros en instalarse en las casas. Los otros se amontonaron en gran número en el espacio restante. Nadie quería dormir en los apriscos porque comenzaba a hacer frío y la noche sería húmeda. Obviamente no fueron suficientes para una cuarta parte de nuestros soldados. Quien había conseguido conservar una tienda la montó, los otros se construyeron amparos improvisados con ramas y esteras encontradas por ahí o bajo los cobertizos para los animales.

Pensaba en qué le sucedería al día siguiente a aquella pobre embarazada, y cómo podría arrastrarse hasta el próximo desfiladero agarrándose a la cola de mi mulo.

Jeno hizo montar la tienda a nuestros servidores y también yo conseguí cocinarle algo para cenar. No había renunciado a escribir: a la luz de la lucerna abrió su cajita, extrajo un rollo blanco, lo fijó en los bordes de la tapa, como si fuera una mesita, y empezó a trazar los signos de su lengua. Me hubiera gustado mucho comprender qué era lo que escribía, pero me había dado ya una respuesta: «No era necesario». Pero, a veces, si estaba de buen humor o le había gustado hacer el amor conmigo, me leía lo que había escrito. Muchas cosas que él contaba las había visto o notado yo también, pero con ojos distintos. A mi vez, yo había visto cosas a las que él no había dado importancia. Así se lo hacía ver, y aunque se las contaba con precisión y todo pormenor, sabía que no serían incluidas en el rollo blanco que desenrollaba poco a poco, casi todos los días, llenándolo de muchos diminutos signos regulares, perfectamente alineados. Eran un poco como su pensamiento: preciso, organizado, en cierto sentido previsible, y, sin embargo, aquí y allá se veía un salto, una dificultad, un imprevisto encabritarse de los caracteres y pensaba que ello era debido a la emoción.

Salí antes de acostarme y miré a mi alrededor. No estaba sola; muchos otros miraban hacia septentrión porque las cimas de los montes estaban consteladas de fuegos: desde lo alto nuestros enemigos nos estaban observando. Llamé:

—¡Jeno!

—Ya lo sé —respondió tranquila su voz—, hay fuegos en los montes.

—¿Cómo lo sabes si no vienes a ver? —pregunté.

—Oigo las conversaciones de los que los están observando.

Estaba tan enfrascado en lo que escribía que no podía dejar su rollo blanco. Me disponía a entrar cuando algo llamó mi atención: una figura envuelta en un mantón se acercaba al alojamiento de uno de nuestros comandantes, quizá de Cleanor. Me pareció reconocer aquella manera de contonearse y la curva de esos flancos bajo el vestido más bien ceñido, pero estaba ya oscuro y no podía fiarme del todo de lo que veían mis ojos.

Cuando Jeno apagó la lámpara yo estaba ya en la primera fase del sueño, en esa duermevela que te permite oír y percibir lo que sucede a tu alrededor, pero que te impide moverte. También oí durante un rato las llamadas de los centinelas que gritaban su nombre y sección para mantenerse alerta, luego el cansancio me venció y me hundí en el silencio.

Cuando volví a abrir los ojos, Jeno ya no estaba. E inmediatamente después la tienda fue desmontada y replegada por nuestros dos servidores y yo me quedé a cielo abierto, por el que pasaban nubes cada vez más negras. El viento soplaba ya impetuoso y se oía de vez en cuando el retumbo lejano del trueno. En lo alto, en las montañas, se veían blancas columnas de agua descender del cielo y los robles doblegarse al soplo furioso del viento. Me levanté recogiendo deprisa nuestras cosas para cargarlas en los mulos. Lo primero de todo la cajita con el rollo blanco.

Jeno estaba con los otros comandantes reunidos en torno a Sofo para tomar decisiones. Poco después vi partir a un grupo de los nuestros con uno de los prisioneros para dirigirse al desfiladero. Iban a parlamentar, a pedir que nos dejaran pasar ofreciendo a cambio los rehenes, y no era seguro que fuéramos a tener éxito.

Nuestros enviados no tardaron en regresar. Uno de ellos, herido de una pedrada, cojeaba. No los habían dejado siquiera acercarse.

Lo único que sabíamos de nuestros enemigos era su nombre. Se llamaban carducos y se consideraban enemigos del Gran Rey, y por lo que se veía no podía ser de otro modo. El hecho de que también nosotros lo fuéramos no importaba nada. Al final de la reunión Sofo dio las órdenes que habían sido establecidas: todos los animales no válidos debían ser abandonados, los prisioneros liberados, aparte de algunos. Y, para asegurarse de que la orden fuese respetada, una docena de oficiales se situaron a lo largo del sendero. Así algunos soldados fueron descubiertos mientras trataban de llevarse a alguna bella muchacha o, según sus gustos, a algún guapo muchacho que habían elegido entre los prisioneros, y fueron obligados a dejarlos en las aldeas.

Vi que el mercader que alquilaba sus prostitutas a los soldados abandonó también a tres o cuatro. Un par de ellas cojeaban: debían de haberse dislocado un tobillo por el sendero accidentado que habían recorrido y no habrían podido sin duda afrontar la subida; otras se encontraban mal, tenían fiebre. El bastardo rufián habría podido hacerlas subir a lomos de alguno de sus asnos, pero era evidente, dada la situación, que estos le interesaban más. Yo, por mi parte, no podía hacer nada: tenía una ya a mi cargo y Jeno no habría permitido sin duda que tomase conmigo a más. También él necesitaba los mulos.

Sofo quería demostrarles a los indígenas que no tenía intenciones hostiles, en vista de que no había tomado rehenes, no había permitido estupros ni violencia, así como tampoco robos pese a que en las casas había muchos objetos de bronce. Pero su buena voluntad no había de servir para nada. Aquellos salvajes estaban convencidos solo de una cosa: cualquiera que pisase su tierra tenía que morir.

El ejército comenzó a subir hacia el desfiladero, y yo me aseguré de que la muchacha embarazada se cogía a la cola del mulo y venía detrás de mí. De vez en cuando le hablaba para cerciorarme de que seguía allí. Sabía perfectamente que, si se caía, nadie se detendría a ayudarla.

Cada guerrero avanzaba completamente revestido de su armadura. Entonces comprendí por qué tenían unas piernas tan gruesas y musculosas: se habituaban desde chicos a marchar durante días enteros con el peso encima de las armas. Su fuerza era impresionante: avanzaban con el enorme escudo al brazo, con el peto revestido de un cascarón de bronce, con la pesada espada terciada y la larga y maciza lanza empuñada como si formaran parte de su cuerpo.

El ejército tenía su propia sonoridad que cambiaba con las situaciones. Era un sonido confuso hecho de todas las voces y de todos los rumores. En la llanura era el redoblar del tambor y el sonido de las flautas que marcaban el paso, pero en la montaña era distinto: se avanzaba como se podía, ya más rápidos, ya más lentos, y no había lugar para el tambor y para las flautas. El silencio se llenaba, por tanto, de los miles y miles de voces de guerreros en marcha. El conjunto era algo extraño: la suma de tantas palabras, de llamadas, de rebuznos y relinchos, de tintinear de armas a cada paso, ruidos distorsionados, disonantes, que sin embargo se unían en una única voz. La voz podía callar de repente o bien hacerse más oscura. El tintineo de las armas podía hacerse dominante, y entonces el ejército hablaba con un sonido metálico y cortante, o bien podía imponerse la voz de los hombres, expresión de un cuerpo gigantesco y multiforme que resonaba como un vocerío o un oscuro retumbo, o como un trueno ascendente o un estridor agudo como los picos de montaña que amenazaban.

El sendero se hacía cada vez más rápido y, sin embargo, la marcha parecía avanzar sin obstáculos. Pero el cielo estaba oscuro y lleno de nubes y no tardó en empezar a llover a cántaros, una lluvia fría, fuerte y pesada que enseguida me caló hasta los huesos. Sentía que el agua me corría entre los hombros espalda abajo, los cabellos pegados a la frente, las ropas que se adherían a las piernas y casi impedían andar. Los rayos me aterraban: torrentes de fuego rasgaban el cielo plúmbeo, desgarraban las grandes nubes negras que galopaban desgreñadas envolviendo las cimas con una densa calina, y el trueno estallaba con tanto fragor que hacía temblar el corazón dentro del pecho.

Los guerreros no parecían impresionados por la furia de la tempestad: continuaban avanzando a ritmo regular, aguantando el paso con la lanza, se habían calado el yelmo en la cabeza y a cada relámpago, a cada estallido de rayo, sus relucientes armaduras resplandecían con destellos cegadores. Quien tenía caballo iba a pie y tiraba de él por las bridas, guiándolo en los puntos difíciles o tratando de calmarlo cuando se encabritaba por el estallido de los truenos y la luz deslumbrante de los rayos y de los relámpagos.

Yo me volvía para mirar a la muchacha que a cada momento tenía mayores dificultades y contaba los pasos que aún podría dar antes de desplomarse. Estaba flaca y demacrada, lívida por el frío, y su vientre cada vez más hinchado e insosteniblemente pesado. Todo el calor que le quedaba en el cuerpo se concentraba para proteger al niño, pero pronto también él tendría frío y sería el fin. Se tambaleaba, resbalaba, y su absoluta fragilidad contrastaba con el andar poderoso de los guerreros recubiertos de bronce. Cada vez que se caía adelantaba una mano para no golpearse el vientre y se cortaba y hería con las piedras puntiagudas. Y el camino que había que recorrer era todavía largo y difícil.

Las nubes estaban cada vez más próximas y yo, que desde niña las había visto correr altas y distantes en el cielo, pequeñas y blancas, me preguntaba cómo serían cuando las tocase. En un determinado punto el sendero torcía a la izquierda, de manera que veía desfilar delante de mí a la columna entera y observé, a no mucha distancia de mí, primero la mole imponente de Cleanor, luego su caballo, a sus dos ayudas de campo y luego un extraño aparejo: dos mulos, uno delante del otro, cuyos arreos sostenían dos varas en las que descansaba a su vez un palanquín improvisado cubierto de pieles curtidas. Un refugio de envidiable bienestar en la situación miserable en la que todos se hallaban.

¿Qué tesoro cabía custodiar en la litera que avanzaba oscilando al paso de los mulos? No dudé ni por un momento de que el tesoro no era otro que Melisa, con su bien calentita entrepierna.

En ese mismo instante se oyó un grito y un grupo de carducos se abalanzó sobre nuestra vanguardia. Inmediatamente resonaron las trompetas y acudieron los guerreros hacia la cabeza de la columna andando a duras penas hacia arriba por la resbaladiza pendiente hasta formar la línea frontal. La carga de los atacantes se abatió contra los escudos, se rompió contra las lanzas tendidas hacia delante y muchos cayeron al primer impacto. Los otros fueron rodeados por nuestros incursores y masacrados. La marcha se reanudó bajo la lluvia que arreciaba.

También yo pasé, cuando fue mi momento, junto a los caídos: yacían dispersos sobre el terreno y entre las rocas. La mayoría unos sobre otros a lo largo de la misma línea, otros más abajo, donde nuestra infantería ligera los había rodeado y dado muerte cuando trataban de huir. Eran velludos, iban vestidos con tejidos de lana basta, calzaban polainas de piel no curtida, con barbas y cabellos largos, y sus armas eran cuchillos parecidos a los de los carniceros. Una pobre gente que defendía su tierra y a sus familias contra los guerreros invencibles, pensé en cuánto valor debían de tener al atacar a unos autómatas cubiertos de bronce y de hierro, todos iguales entre sí, sin rostro, semejantes a criaturas fantásticas, seres quiméricos engendrados por semen no humano. Imaginad el momento en que sus cuerpos serían llevados a sus cabañas, el llanto de las viudas y de sus hijos huérfanos.

Tal vez no habían comprendido que lo único que nosotros queríamos era pasar y que no volveríamos nunca más, no habían vuelto aún a las aldeas para descubrir que solamente habíamos cogido comida sin tocar nada más. Los muertos encenderían más aún el odio y la sed de venganza, habría nuevas batallas y nuevos choques feroces, nuevos muertos y nuevos heridos. Atravesar aquella tierra sería una empresa muy dura, porque no solo teníamos a los hombres, sino también al cielo y a la tierra en contra.

Más tarde vi a Jeno al final de la columna que protegía la retaguardia con sus jinetes a pie. Le distinguía por la cimera, veía que se exponía continuamente y temblaba por él. Luego, de nuevo, volvía la mirada hacia la muchacha embarazada que subía a duras penas agarrada a la cola del mulo. Sabía que era un animal dócil, acostumbrado a arrastrar tras de sí un peso desacostumbrado. Habría bastado con una coz de sus temibles cascos y dos vidas se habrían apagado en un solo instante.

No conseguía comprender qué energía sostenía a la muchacha y pensé en la fuerza misteriosa que empuja a todos los seres de la Tierra a la conservación de la propia vida y la de su prole. Pensé en las muchas vidas que había visto truncadas durante mi aventura con Jeno y en las pocas que había tratado de salvar. La Muerte no podía ciertamente tener en cuenta mis esfuerzos, pues era demasiado grande la desproporción entre lo que ella se había llevado y lo que yo trataba de arrancarle.

Se me había ocurrido una idea, pero estaba reflexionando todavía cuando vi la cabeza de la columna hundirse en el vientre de la nube que cubría la cima de la montaña.

Y desaparecer.

17

Entrar en una nube no tiene particularmente nada de extraño. De lejos parece como algo que tiene forma y consistencia; pero a medida que uno se acerca, deja de tener ya ese aspecto, es solo un aire más denso, una especie de neblina que te rodea por todas partes: los sonidos se atenúan, las voces se tornan más bajas, las formas se confunden, volviéndose vagas o incluso indistinguibles. Nuestros hombres parecían sombras surgidas del más allá, y el ondear de sus mantos parecía un fenómeno de la naturaleza como el susurrar de las hojas o el fluctuar de la hierba en las laderas del monte.

Cuando llegamos finalmente a la cima oímos gritos y clangor de armas provenientes de la retaguardia y me sentí presa de la angustia. Jeno estaba expuesto delante de todos: ¿cómo saldría del paso en medio de la bruma ante unos enemigos apostados en los bosques o entre los repliegues del terreno? ¿Volvería a verlo o me quedaría sola?

La nube se abría delante de nosotros revelando un terreno aún más impracticable y difícil, una ladera rocosa atravesada por un sendero que subía hacia la cima del monte. Me di cuenta de que en la montaña no es posible tener nunca la certeza de haber llegado a alguna parte, después de una cima puede aparecer otra más alta, lo que parece próximo puede estar muy lejano y lo que parece lejano puede estar en realidad relativamente cerca. El hombre debe adaptar su propio camino a las formas y a los contornos del suelo, que no son nunca los mismos.

Por suerte el temporal se había calmado y caían unas pocas gotas de vez en cuando, o también chaparrones imprevistos de las copas de los árboles remecidas por el viento, que hacían estremecer. Pero de pronto se produjo algo que me espantó: la rapidez de la marcha había aumentado, los hombres apretaban continuamente el paso sin que se comprendiera la razón. Aunque era imposible conocer lo que sucedía en la cabeza o en la cola de una columna tan larga, todos sabían que había que adaptarse al comportamiento de todo el ejército, al igual que cada músculo en el cuerpo sinuoso de una serpiente colabora en los movimientos de sus anillos adaptándose a lo que se mueve hacia delante y hacia atrás.

El camino era cada vez más fatigoso y en pendiente, y sin embargo la marcha se hacía cada vez más expedita. Nosotras las mujeres no íbamos a conseguir mantener el paso por mucho más tiempo y yo me afanaba inútilmente incitando a la muchacha a no darse por vencida. Observaba con el rabillo del ojo los movimientos desgarbados de su cuerpo torpe y desmadejado, los esfuerzos para mantenerse en equilibrio, oía los gritos de dolor que se le escapaban de la boca. ¿Era posible que nadie me ayudase? Ni siquiera nos veíamos, solo los mulos que conducía eran valiosos. Y Jeno estaba demasiado ocupado en sus deberes de comandante, en demostrar su valía y lo infravalorado que había estado hasta que nuestros jefes fueron traicionados y hechos prisioneros. Aquel a quien todos llamaban con sarcasmo «el escritor» caracoleaba ahora a caballo con extraordinaria maestría, golpeaba con precisión, mataba y hería, atacaba y se replegaba, incansable y consciente, a cada movimiento que hacía, a cada oscilar de la cimera sobre el yelmo, del efecto que producía sobre los demás.

Yo y la muchacha que llevaba tras de mí, sucias, empapadas y enfangadas, no teníamos en cambio nada bonito o fascinante, nada que llamase la atención: no teníamos la menor importancia y al ejército le era indiferente que sobreviviéramos o sucumbiéramos. Y esto me creaba tal despecho que, cuando vi a la muchacha empujada y arrojada de malos modos al suelo por uno de los soldados que corría hacia adelante, tiré de su manto, apenas lo tuve al alcance de mi mano, y grité:

—Eh, tú, bastardo, ¿por qué no miras dónde pisas? ¿Es que no ves a esa con el barrigón que has tirado al suelo? Su coño no vale ahora nada, ¿verdad? Menos que nada, maldita sea, y que reviente no le importa un carajo a nadie, pero si no hubiera sido una como ella la que te llevó en su vientre durante nueve meses tampoco tú existirías. ¡Corre, maldita sea, corre para que te jodan!

Para gran asombro mío había pronunciado palabras que en condiciones normales me habría sonrojado solo de pensarlas, pero el hombre se detuvo y se quitó el yelmo descubriendo una doble hilera de dientes blanquísimos.

—Si no corremos, moriremos, muchacha, corremos porque hay que llegar a esa parte cuanto antes. Una vez que hayamos llegado, y si sigo con vida, trataré de encontraros y de echaros una mano. Tratad de aguantar.

No creía lo que veían mis ojos y oían mis oídos: aquel joven era Nicarco de Arcadia, el héroe que había conseguido volver para dar la alarma con las tripas entre las manos. Balbuceé:

—Pero tú…, pero yo. —Era inútil: había ya desaparecido, se había calado el yelmo y convertido de nuevo en una máscara de bronce, como los demás, uno de los Diez Mil.

Era un milagro, pensé: si él lo había conseguido, lo conseguiríamos también nosotras:

—Tenemos que seguir adelante —le grité a la muchacha—. ¡Aprieta los dientes y no aflojes, ya verás como lo conseguimos!

Las nubes se hicieron más ralas y finalmente comprendí lo que estaba sucediendo en la cabeza de la columna. Los carducos habían ocupado el paso y estaban formados en gran número, muy juntos, en una posición elevada. Tenían unos arcos enormes, tan altos que se veían a distancia, y habían acumulado grandes piedras que nos lanzarían encima.

La columna se detuvo.

Inmediatamente después vi pasar veloz a Jeno a caballo y alcanzar en la cabeza a Sofo. Podía imaginar lo que estaban diciendo:

—Pero ¿os habéis vuelto locos? Nos habíais dejado atrás sin decirnos nada y estábamos ante un continuo ataque.

—¿Es que no los ves? Echa un vistazo hacia allá arriba, estaba tratando de llegar el primero al desfiladero.

Estábamos cercados y se comprendía que Sofo no tuviera ninguna intención de afrontar un combate en condiciones de inferioridad.

Al menos podíamos recuperar el aliento. La muchacha había abandonado la cola del mulo y se había sentado jadeando. Até el mulo de cabeza a un arbusto y me reuní con ella: tenía unas ojeras negras y profundas, estaba pálida y flaca y respiraba entrecortadamente. Cerca de ella había un charco de agua de lluvia recogida en una cavidad de la roca.

—Bebe —le dije— y luego lávate las manos que tienes cubiertas de mierda del mulo. Tengo todavía algo de comer. —Le di un pedazo de pan, que mordisqueó vorazmente. No recordaba cuánto tiempo hacía que no comía.

Jeno protestó, de todas formas, porque quería que se le avisase si había algún peligro y estaba fuera de sí por haber perdido a dos de sus mejores hombres. Basias de Arcadia había sido golpeado por una piedra que había rodado desde lo alto y le había aplastado el yelmo y hundido el cráneo. El otro había sido traspasado por una flecha que había perforado el escudo y la coraza y se le había clavado en un costado: una de esas pesadas, mortíferas flechas de los carducos con grandes puntas piramidales.

Pero lo que más lo perturbaba era haber tenido que abandonar insepultos a sus caídos. Jeno era religioso y la idea de que los cuerpos de sus hombres sufrieran vejaciones y mutilaciones, que sus espíritus no pudieran encontrar la paz en el más allá por la falta de exequias lo atormentaba. Por otra parte, en la batalla de la quebrada les habían infligido mutilaciones horrendas a los cuerpos de los enemigos caídos únicamente para espantar a los persas. Era una religión solo válida para los griegos.

En la incertidumbre general propuso una solución: en los choques de retaguardia había conseguido capturar a dos prisioneros, había que interrogarlos para saber si había otro paso por el que pudieran subir también las bestias de carga. Contábamos con un intérprete, mejor dicho, con dos. Uno hablaba persa y carduco, el otro sabía persa y griego. ¡Quién sabe cómo los habían conseguido! Evidentemente había alguien en el ejército que pensaba en estas cosas y sabía cómo conseguirlas. Pero seguramente esto había sucedido después de que los comandantes hubieran sido apresados y después de que hubiéramos decidido marchar hacia septentrión.

El primer prisionero no despegaba los labios. Ni las amenazas, ni los golpes en el rostro y en el cuerpo habían sido suficientes para soltarle la lengua. Cleanor lo golpeó con el mango del asta en el estómago doblándolo en dos y luego en la espalda con gran fuerza haciéndolo desplomarse de rodillas, pero no le sacó ni una palabra. En ese momento Sofo hizo una seña a uno de sus hombres, que desenvainó la espada y lo traspasó de parte a parte. El carduco se aflojó como un saco vacío derramando sobre el terreno un ancho charco de sangre.

Jeno se quedó sorprendido por aquel gesto, pero inmediatamente después comprendió que había sido la opción más adecuada, porque el otro comenzó a hablar diciendo que sí, que había otro paso por el que se podía subir con los mulos y las bestias de carga hacia el desfiladero. Había callado hasta ese momento por temor a lo que pudiera contar su compañero.

—¿Hay algo más que debamos saber? —preguntó Sofo. Y hablaba tan tranquilo mientras el hombre pasado por las armas se estremecía en el suelo dando las últimas boqueadas de la agonía.

—Sí —respondió el carduco—. Hay una altura que domina el paso y es preciso ocuparla por anticipado, pues si no, caeréis de nuevo en la trampa y nadie podrá ayudaros.

Entretanto el cielo se había despejado y el sol, que comenzaba a declinar, incendiaba las nubes de rojo y de oro y expandía por el valle un aura de paz y de quietud. Se oían los reclamos de los pájaros y el susurrar de grandes árboles que yo no había visto nunca en mi vida. Algunos tenían troncos enormes y copas tan grandes que habrían podido cobijar a más de cien hombres. Otros, más arriba, hacia las cimas, tenían forma puntiaguda y eran de un verde muy oscuro o bien de un intenso color azul. El agua corría por todas partes. En el fondo del valle espumaba y retumbaba entre rocas colosales, a lo largo de las laderas de las montañas precipitándose de peña en peña con saltos abisales, columnas blancas de espuma que expandían cortinas iridiscentes al refractarse de la luz y en las neblinas dejadas por el temporal. En el bosque goteaba de las ramas y se desprendía de las hojas, adornaba los tallos de las flores de perlas resplandecientes y traslúcidas. A mí, que venía de la aridez de la estepa, me parecía una riqueza inconcebible, pero también el signo de una naturaleza tan desmesurada y hostil como para constituir una amenaza para nuestras vidas.

Era necesario organizar una operación muy arriesgada porque los dos pasos, el ya defendido por los carducos y el que los nuestros querían ocupar, estaban a la vista uno del otro. Los oficiales decidieron que debían lanzar dos operaciones simultáneas: Jeno atacaría frontalmente a los carducos que ocupaban el desfiladero para que pensaran que queríamos forzarlo, desviando así la atención de la acción principal, y un contingente de voluntarios seguiría al prisionero al amparo de la noche y ocuparía la altura que dominaba el otro desfiladero. Al amanecer, un toque de trompeta indicaría que el grueso del ejército podía pasar. En aquel momento los enemigos se darían cuenta del engaño y atacarían para bloquear también el segundo desfiladero, y nuestro contingente, ya en el lugar, tendría que contraatacar y conservar a toda costa la posición hasta que nuestro ejército hubiera pasado y la retaguardia de Jeno se hubiera asegurado de que protegía su fuga.

Fue Jeno quien me lo explicó todo antes de partir y con tal claridad y eficacia que lo comprendí sin esfuerzo. Debía de ser la costumbre viviendo con los soldados, pero también yo comenzaba ya a tener algunas nociones de táctica militar y también alguna idea sobre cómo actuar en tales situaciones.

—¿Cuándo se pondrá en ejecución este plan? —le pregunté.

—Ahora mismo.

—¿Te has ofrecido tú a mandar la acción de distracción con el ataque al paso?

—Sí.

—¿Por qué? Hoy ya has luchado, has perdido a dos de tus mejores hombres. Podrían hacerlo otros en tu lugar y nadie te criticaría por ello.

—Porque soy el mejor en este tipo de acciones. Y porque Agasias de Estinfalia mandará la otra acción: la marcha hacia el segundo desfiladero, junto con el guía indígena. Después de mí, el mejor es él.

—¿Y Sofo?

—Él no tiene comparación.

—Sí, llevas razón, no tiene. Y quizá por esto siempre aparece en el momento oportuno en el lugar adecuado.

—¿A qué te refieres?

—A nada. Es solo una sensación. Te echo de menos. Desde que nos adentramos en esta región te veo solo de lejos, alguna que otra vez. Vivo en el terror de que te ocurra algo. La muerte está al acecho detrás de cada árbol en esta tierra.

Jeno me rozó una mejilla con una áspera caricia:

—Desde el momento que venimos al mundo pende sobre

nuestra cabeza una condena a muerte. Solo queda por saber el cómo y el cuándo.

—Yo lo veo de modo distinto.

—Lo sé. Tú luchas contra la muerte, crees que se puede cambiar el curso de los acontecimientos. Pequeña bárbara presuntuosa.

—Y también lo consigo. He vuelto a ver a Nicarco de Arcadia.

—También yo he oído decir que ha salido bien parado. Está en la sección de Agasias, con los otros arcadios. Ese muchacho tiene el pellejo duro.

—No te expongas inútilmente. Morir por nada es de estúpidos.

Jeno no reaccionó. Miró a la muchacha embarazada:

—¿Crees que la salvarás también a ella?

—A ella y a su hijo.

El sol se ponía tras los montes. Jeno se caló el yelmo, embrazó el escudo y me dejó en custodia a Halys, su caballo. Era un animal maravilloso, de pelaje claro, con unos ojos grandes y expresivos, jarretes delgados, musculatura poderosa y unas largas crines que Jeno peinaba siempre cada noche cuando los criados lo almohazaban.

—Mantente siempre a buen recaudo —me recomendó—. Estos disparan a una distancia increíble. Quiero encontrarte cuando vuelva, ¿entendido? Y también quiero encontrarle a él —añadió dando una palmada sobre el lomo del caballo. Halys bufó complacido.

Sonreí y asentí con la cabeza mientras se alejaba.

Mientras tanto el otro contingente se había reunido ya bajo el mando de Agasias, que llevaba consigo al guía con las manos atadas a la espalda. Esperaban dentro del bosque a que Jeno partiera al ataque y atrajese sobre sí la reacción furibunda de los carducos.

Gente dura y feroz.

No se contentaban con que abandonáramos sus tierras, debíamos dejarnos la vida todos por haber osado entrar en ellas. Ninguno de nosotros debía sobrevivir. No pocas veces pensaba que semejante actitud encarnizada tenía una razón distinta de la simple defensa del territorio, pero el secreto de los carducos, si existía, debía de ser custodiado muy celosamente.

Ordené a la muchacha que se estuviera quieta y a buen recaudo, llevé a Halys detrás de un grupo de árboles seculares y fui a buscar un sitio para mí a fin de seguir el curso de los acontecimientos.

Jeno estaba subiendo, veía su cimera blanca agitada por ráfagas de viento. El sol se había puesto y el valle se veía iluminado por una luz cárdena, irreal. Los hombres lo seguían dispuestos en abanico al amparo de los escudos.

El desfiladero estaba ya cubierto de nimbos tempestuosos iluminados de continuo por relámpagos, y enseguida comenzó a llover recio, a ráfagas muy violentas. Jeno gritó para dominar el estruendo de los truenos y mandó a sus hombres al asalto del desfiladero. Pero apenas comenzaron a trepar por la pendiente, un ruido todavía más amenazador que los truenos estalló en lo alto, como si la montaña se disgregase desde dentro.

Vi una avalancha de pedruscos precipitarse hacia abajo con tremendo estruendo. Las piedras se golpeaban unas con otras, rebotando sobre las rocas, se fragmentaban saliendo disparadas hacia todas partes, arrastrando en su caída a otras piedras. Jeno gritó más fuerte aún para dominar el ruido amenazador del desprendimiento y sus hombres corrieron muy veloces en busca de un amparo.

Otros, no pudiendo llegar a tiempo a un saliente rocoso lo bastante grande, se agacharon contra el suelo cubriéndose con los escudos.

El temporal aumentó de intensidad y a cada estallido de relámpago, a cada fulgor de rayo veía las armaduras de los nuestros lucientes de lluvia resplandecer cual fuego.

Yo no podía divisarlo, pero debía de haber un obstáculo entre los nuestros y la posición de los carducos, porque Jeno se había detenido y trataba de avanzar, ya por una parte, ya por otra, sin conseguirlo en ningún momento. A cada intento, los enemigos hacían rodar numerosas piedras y los impetuosos derrumbes provocaban el deslizamiento de otras masas de guijarros y de esquirlas de roca arrastradas por los turbulentos riachuelos de agua que vertía la tempestad por las laderas de la montaña. Era un espectáculo terrible que los rayos volvían más espantoso aún. Un rayo hirió de lleno un árbol colosal que se abatió contra el suelo en una inmensa ruina y enseguida se incendió como una antorcha, expandiendo una mancha de luz bermeja sobre todo el valle.

Jeno esperó a que la fuerza del fuego se hubiera aplacado y empezó a lanzar de nuevo asalto tras asalto manteniendo ocupados a los enemigos hasta la noche, momento en que regresaron al campamento porque ya no se veía y los hombres estaban exhaustos. A muchos que no habían podido siquiera comer nada, no les quedaba ya en el cuerpo ni una chispa de energía.

Los vi regresar y se me encogió el corazón. Estaban cubiertos de lodo, no pocos perdían sangre a causa de los golpes recibidos, otros se apoyaban en sus compañeros apretándose con la mano las heridas y tenían en los ojos una expresión difícil de describir, pero imposible de olvidar.

El último en llegar fue Jeno después de que todos los hombres que le habían sido confiados hubieran vuelto y se presentó ante Sofo para saber qué había sido de los demás.

Agasias y los suyos debían de estar ya en su destino y haber tomado la altura desde la cual podía controlarse el segundo desfiladero. Tal vez al día siguiente consiguieran evitar la trampa de los carducos. Miré a la muchacha embarazada y pensé que aquella podía ser su última etapa. Tendríamos que marchar igual de rápidas que los hombres, afrontar los mismos riesgos entre avalanchas de piedras y densos lanzamientos de flechas mortíferas. Los nuestros habían traído algunos de aquellos dardos: eran de dos brazos de largo y parecían jabalinas, cuando caían desde lo alto tenían una fuerza irresistible.

Solo existía una solución, pero habría que actuar por sorpresa y quizá incluso hacer uso de la fuerza, aunque la palabra me hacía sonreír solo de pensar en ella. Jeno salió para tomar parte en una reunión. Entonces me ocupé de la muchacha y le llevé unas mantas y también algo de comer.

—¿Cómo te llamas? —le pregunté, cayendo en la cuenta de que aún no sabía su nombre.

—Lystra.

—¿Qué nombre es ese?

—No lo sé. Mi amo me ha llamado siempre así.

Su griego era peor que el mío, con un acento extraño y bastardeado, mezcla de muchos dialectos y de muchas jergas.

—¿Y de dónde eres?

—No lo sé. Era muy pequeña cuando me compró.

—Y no sabes por tanto siquiera cuántos años tienes.

—No.

—¿Y sabes cuánto falta para que nazca tu hijo?

—No. ¿Qué más da?

No podía dejar de darle la razón.

—Presta mucha atención. Ahora come y luego duerme. Trata de descansar lo mejor que puedas. Acomódate debajo de ese saliente de roca para no mojarte si llueve. Ahora ha dejado de hacerlo, pero nunca se sabe en estos parajes.

La muchacha se puso enseguida a comer sin que tuviera que repetírselo.

—Mañana vendrá lo peor. Si conseguimos salir de esta, quizá podamos estar por un tiempo no digo que tranquilas, pero tampoco con el corazón en un puño a cada instante. Mañana podrá suceder de todo y cada una deberá preocuparse de sí misma, no cabe esperar ayuda de nadie. No sé si será peor o mejor de lo que ha sido hoy, pero tú no sueltes en ningún momento la cola del mulo. Si sucediera, grita, que yo trataré de echarte una mano, pero no puedo asegurarte que esté en condiciones de hacerlo.

Lystra me miró con su expresión de bestia atemorizada.

—No se puede decir que vayamos a morir, pues podemos conseguir salvarnos, pero no cuentes con nadie, ni siquiera conmigo, ¿entendido?

—Entendido —respondió la muchacha con la misma expresión aterrada.

Le di otro mendrugo. Era duro y viejo, pero pan al fin y al cabo.

—Este guárdatelo para mañana, pero no te lo comas hasta que sientas que no puedes dejar de hacerlo. No hay situación tan mala que no pueda empeorar, ¿entendido?

—Entendido.

—Y ahora a dormir.

Me volví para alejarme y casi me topo contra la coraza de hierro de un jovenzuelo.

—Por fin os encuentro. Antes no he podido, ha habido que repartir muchas tortas. Pero veo que estáis bien y me alegra. No quería tirarla al suelo.

—Nicarco de Arcadia. ¿Quién lo hubiera dicho? ¿Sabes que yo te asistí cuando estabas más allá que acá?

—Tu cara no me es nueva, en efecto.

—Trata de no dejarte abrir de nuevo la panza, porque esta vez no será fácil coserte.

Sonrió con su expresión de adolescente ya muy talludito, de héroe inconsciente, y se alejó en busca de su sección.

Hice plantar la tienda y encendí el fuego. No era fácil porque toda la leña disponible estaba húmeda, pero había esclavos en cada sección que debían mantenerlo siempre vivo, día y noche, dentro de una tinaja de la que todo el mundo podía tomarlo. Finalmente conseguí obtener una llama bastante viva y no demasiado humosa y también cocer algo caliente, una sopa de cebada insípida con aceite de oliva. Nos quedaba aún una pequeña reserva que Jeno conservaba como un precioso tesoro y que debía utilizar con la máxima economía. Conseguí llevarle un poco también a Lystra.

Jeno volvió más tarde de la reunión de los comandantes, donde habían programado casi todos los pasos de cada una de la secciones para el día siguiente.

Estábamos inmersos en una atmósfera extraña, en suspenso. Desde lo alto llegaban hasta nosotros ruidos indescifrables, gritos y llamadas en una lengua que nadie comprendía; de vez en cuando un desmoronarse de guijarros delataba que alguien se movía allí arriba en la oscuridad y nos espiaba.

También nuestros centinelas estaban alerta, se hablaban continuamente y esto transmitía una sensación de inquietud casi palpable. De repente, un silbido imprevisto, y un dardo enorme se clavó con un sordo ruido en el tronco de una planta a escasa distancia. Habría podido traspasar a un hombre de parte a parte.

E inmediatamente después: otro silbido, un grito de agonía. Luego la voz de Jantias alta como un grito de águila:

—¡Todos a buen recaudo! ¡A buen recaudo!

Un zumbido estremeció el aire, un sonido de cientos de dardos que asaeteaban la oscuridad. Jeno se puso en pie de un salto y me cubrió con el escudo: una flecha golpeó el borde, otra el umbo y se desvió al suelo. Gritos por doquier, confusión, llamadas.

No pudimos contar los muertos y los heridos hasta el día siguiente con la luz del sol. Eran muchos.

Estábamos rodeados por un enemigo invisible que, tras haber sido cogido por sorpresa, se había adaptado a nuestra forma de combatir, a las características de nuestras armas, y reaccionaba con toda la fuerza y el coraje de que era capaz.

Al día siguiente nos esperaba una prueba muy dura, nuestros hombres tendrían que vencer obstáculos casi insuperables, tendrían que batirse con energía y valor sobrehumanos. Todo estaba en juego y si al final de la jornada los nuestros tenían que ceder, los supervivientes no iban a tener otra elección que batirse hasta el último aliento y hasta la última gota de su sangre para no morir como animales en el matadero tras haber sufrido los tormentos más crueles.

Los cirujanos estaban ya manos a la obra para salvar a nuestros heridos.

Jeno, tras despojarse de la armadura y desceñirse la espada del cinto, escribía a la luz de la lucerna.

18

Mientras nos disponíamos a dormir, nuestro contingente con el guía avanzaba a lo largo del sendero para ocupar el desfiladero por el que tendríamos que pasar. Avanzaban en silencio tratando de no hacer ruido y de que no se desprendieran las piedras. Llegaron así hacia la cima de la colina donde los enemigos que la defendían estaban preparando el campamento para pasar la noche. Fueron cogidos por sorpresa y sus vidas segadas. Los pocos que se salvaron se dieron a la fuga. Pero la montaña es engañosa: no era aquel el punto que dominaba el desfiladero. Había otra altura en una posición más elevada con otro grupo de carducos de guardia, pero estaba ya demasiado oscuro para intentar un ataque y los nuestros se detuvieron.

Al amanecer se movieron, mientras también nosotros nos poníamos en camino, y se dirigieron hacia la segunda altura. Se había levantado una niebla húmeda, semejante a la nube que había atravesado el día antes, pero proveniente de la tierra más que del cielo. Se deslizaba como un fantasma entre los barrancos y los despeñaderos, dejando asomar las asperezas del terreno, las cúspides afiladas, las puntas de los árboles. Era un velo lechoso y fluctuante dentro del cual nuestros guerreros podían moverse sin dejarse ver. Cuando los enemigos se dieron cuenta de su presencia estaban ya demasiado cerca y fueron barridos.

Quizá lo había mandado así uno de los dioses que protegen

a los mantos rojos y que se mueven sin ser vistos en los senos más recónditos del aire.

Inmediatamente después oímos resonar la trompeta que nos llamaba a acercarnos al desfiladero. Yo había dormido mal y me dolía todo, incluso ese sonido estridente, pero despertaba las fuerzas. El segundo toque de trompera me pareció casi el canto del gallo que en mi aldea anunciaba la salida del sol.

Se había despertado ya Lystra, mi muchacha embarazada, y se había puesto en fila con los mulos. El cielo estaba casi despejado, el aire frío lo hacía temblar aquí y allá con estremecimientos azules.

Jeno ya no estaba y tampoco su caballo. Mejor así, habría podido actuar con mayor libertad.

Cuando nos poníamos en movimiento me di cuenta de lo que estaba sucediendo: la mayoría de los hombres, al mando de Sofo, subía directamente la pendiente hacia la altura ocupada por los nuestros. Veía a otros comandantes, Timas de Dardania, Jantias, el de larga melena, Cleanor, brillante de sudor, buscar otros senderos para atacar la pronunciada pendiente incitando a sus hombres. Se ayudaban para subir, alargándose unos a otros las astas de las lanzas.

Nosotros, en cambio, teníamos que emplear el sendero más ancho, el que permitía el paso también de las bestias de carga.

Por fin vi a Jeno. A nuestras espaldas, como un perro pastor con su rebaño, estaba atento a que nadie se quedase atrás, que nadie se perdiese. Estábamos protegidos a derecha e izquierda y los enemigos llegaron por la izquierda. Grupos aullantes de carducos, con sus arcos desmesurados. También Jeno gritó, llamó a sus hombres, que se colocaron enseguida en columnas paralelas y atacaron la altura en la que estaban diseminados los enemigos. Atrajeron sobre sí los dardos y las piedras para que nosotros pudiéramos seguir subiendo en una larga fila retorcida. Habría podido disponer sus columnas en tenaza pero no lo hizo: era evidente que quería dejarles una escapatoria por si querían emprender la retirada. En cierto sentido, hacía la guerra ofreciendo condiciones de paz, lo que parecía una contradicción. Pero los carducos o no comprendían o, en cualquier caso, no lo aceptaban. Mientras subía sin apartar en ningún momento la vista de la maniobra que Jeno estaba mandando, me vino a la mente lo que había pensado sobre los intérpretes: que alguien había tenido que conseguirlo. ¡Qué tontería! ¿Quién habría podido hacerlo y cómo? ¿Y acaso había habido tiempo para ello? Los persas nos habían acosado en todo momento de cerca y lo mismo habían hecho los carducos, que no nos daban tregua incluso después de haber dejado sus aldeas. De haber sido hombre, uno de esos comandantes de las grandes unidades o uno de los comandantes de batallón, me habría gustado saber más cosas de esos intérpretes, pero ya mis dudas no habían sido tenidas en cuenta al poner en guardia a Jeno sobre lo que podía ocurrir en el encuentro con Tisafernes. Y habíamos perdido a nuestros cinco comandantes...

Antes de nuestra llegada al tercer recodo, Jeno había ocupado la altura y puesto en fuga a los enemigos. El camino hacia el desfiladero estaba libre. Y también el cielo seguía estando despejado. Solo algún cirro pasaba leve como un copo de lana y desaparecía detrás de las cimas. Jeno se situó en mitad de la cuesta con la infantería ligera delante y la pesada armadura detrás. No se fiaba de volver de retaguardia.

Y no le faltaba razón: al cabo de un rato se produjo otra incursión desde otra altura. Me temí que aquello no fuera ya a acabarse, que nos atacarían sin descanso, desde cualquier recoveco, apareciendo de cualquier barranco, garganta o despeñadero. No terminarían los ataques, no tendríamos ya paz mientras quedase vivo uno solo de nosotros.

Un tercer ataque y luego un cuarto. Ya no los contaba. A cada pico, a cada puerto aparecían asomando de la nada y lanzaban dardos, en nubes, en bandadas, que silbaban agudos cayendo como una granizada letal. Y piedras en enormes cantidades.

De vez en cuando miraba a Lystra que subía cada vez más jadeante. Le gritaba: «¡Agárrate a la cola del mulo!», pero quizá tenía miedo porque los animales estaban inquietos y espantados por todo aquel alboroto y aquellos gritos que estallaban de repente, y se arrastraba penosamente con sus solas fuerzas tratando de no perder el contacto. A medida que conquistaba una altura, Jeno dejaba una defensa y avanzaba para ocupar la siguiente. Tenían que reunirse con los otros o serían dejados al margen y destrozados.

Jeno lanzó poco después su tercer ataque contra una altura ocupada por los enemigos y consiguió expulsarlos: el final de nuestro esfuerzo parecía al alcance de la mano, pero en ese momento llegaron a la carrera un par de guerreros gritando para llamar su atención. Jeno se lanzó hacia abajo.

—¿Qué ocurre? —exclamó antes incluso de encontrarse con ellos.

—Los enemigos han vuelvo a tomar la primera colina —respondieron jadeando—, eran miles, no hemos conseguido repelerlos, bastantes de los nuestros han muerto, otros están heridos. Míralos, están ahí abajo.

Jeno se volvió hacia la segunda colina desde la que los carducos lanzaban su grito de guerra y de victoria, un grito estridente y sincopado, similar al de un ave rapaz nocturna.

Buscó con la mirada a su ayuda de campo y cuando lo hubo encontrado lo llamó con un silbido:

—Tráeme aquí a un intérprete —dijo apenas aquel se hubo acercado.

El intérprete llegó al cabo de poco.

—Ve allí abajo —le ordenó Jeno—, y diles que pido una tregua para que cada uno pueda recoger a sus muertos.

No renunciaba nunca a sus convicciones: hacía la guerra, hería, mataba como los demás, pero observar estas reglas, cumplir ciertos ritos le hacía sentirse un ser humano y no una fiera. El rito de la piedad por los caídos era uno de estos. Abandonar insepulto a un compañero le procuraba un dolor inmenso y se atormentaba a veces durante días.

Mientras se celebraban las negociaciones, los enemigos se reagruparon cada vez más numerosos y las dos fracciones de nuestro ejército, la que había ocupado el desfiladero y la que subía fatigosamente por el sendero, trataban de unirse en el paso. Aceptar la negociación había sido evidentemente solo una estratagema para los carducos. De repente atacaron en masa lanzando gritos salvajes y haciendo rodar enormes pedruscos pendiente abajo. Corrí hacia donde estaba la muchacha y la eché a tierra bajo el borde del sendero.

—¡Agacha la cabeza! —gritaba—. ¡Mantén agachada la cabeza!

Un pedrusco golpeó de lleno a uno de nuestros mulos y lo derribó con la espina dorsal rota. Yo lo miraba mientras trataba de ponerse penosamente en pie y nunca olvidaré la expresión de pánico en sus ojos desorbitados. Uno de los guerreros, al pasar junto a él, le clavó la jabalina en la base del cráneo con un golpe seco y frío. Puso fin a su angustia y permitió a la columna avanzar.

Apenas cesó la caída de los pedruscos, levanté la cabeza y vi a Jeno en pleno campo mandar a los suyos al contraataque. Iba como un loco hacia la cima de la colina gritando: «¡Adelante, adelante!». Era extraordinario, no había límite a su coraje y arrancaba el primero de todos, sin preocuparse de la lluvia de dardos que martilleaban el suelo en torno a él.

De pronto, otra vez aquel fragor espantoso, el retumbo del derrumbe que lo arrolla todo. Los carducos lanzaban nuevos pedruscos y piedras contra nosotros. ¡Y Jeno estaba sin escudo! Al tener que moverse rápido para mandar el ataque, lo había dejado colgado de la silla de su caballo. Vi una piedra enorme golpear contra un escollo rocoso y romperse en cuatro proyectiles mortíferos. Uno de los nuestros fue cogido en pleno pecho y estampado a veinte pasos de distancia; otro fue golpeado en el muslo izquierdo, que quedó destrozado. El joven se desplomó gritando de dolor e inmediatamente el grito se apagó porque había perdido en pocos momentos toda la sangre de su miembro triturado.

Yo miraba con el corazón en un puño la cimera blanca de Jeno fluctuar temeraria entre la granizada de dardos y piedras desafiando a los ministros de la Muerte que trataban de herirlo a cada paso, como perros rabiosos.

—Ahora cae —me decía para mis adentros y me sentía desfallecer—, ahora cae. —A cada piedra que le rozaba el yelmo, a cada flecha que se clavaba a un palmo de su pie o volaba entre el cuello y el hombro, pareciendo traspasarle, sin rasguñarle.

Mis ojos vieron centellear, herida por el sol, la punta de un dardo e intuí, perfecta, la trayectoria. Esta vez mi corazón se paraba, esta vez mi vida se apagaría con la suya y la de Lystra y la de todos los jóvenes combatientes que lo seguían monte arriba. ¡El dardo buscaba el pecho de Jeno y le hirió con la velocidad silbante, pero, sin hundirse en la carne y en las vísceras, resonó, finalmente, en el metal! Un escudo se había interpuesto para cubrirle, un joven héroe había presentado su obstáculo de bronce para protegerlo desviando el dardo que se hincó en el suelo. Luego, flanco a flanco, ambos protegidos por el escudo resplandeciente, reanudaron la subida llevando detrás de ellos a los otros. Y también el contingente que había ocupado de noche el desfiladero se fue volando en su ayuda. Las filas se compactaron, los mantos rojos flameaban a plena luz del día, los escudos relampagueaban deslumbrando a los enemigos.

Ahora los carducos estaban cerca, sus miradas ferinas reflejaban el terror, ya no eran fantasmas oscuros de la noche, fuerzas arcanas y amenazadoras, espíritus de las cumbres que provocaban desprendimientos, eran pastores velludos cubiertos de pieles que huían en desbandada sembrando el terreno de muertos y heridos. Vi a Timas de Dardania mandar a los suyos agitando un pendón rojo con el asta de la lanza, a Cleanor rugir como un león lanzando en su persecución al batallón de sus arcadios, y las guedejas de Jantias caer sobre sus hombros a cada salto. Y el sonido de las flautas seguía la marcha y marcaba el compás del grito de guerra: «¡Alalalai! ¡Alalalai!».

Había terminado. Junto al desfiladero, se abrió el valle, y los hombres se detuvieron, apoyados en las lanzas, para recuperar el aliento y tomar conciencia de que seguían vivos. Y yo vi la cimera blanca y me olvidé hasta de la muchacha embarazada. Grité con todo el aliento que tenía en el cuerpo: «¡Jeno! ¡Jenoooo!», y me precipité hacia él arrojándole los brazos al cuello. Sabía que le crearía embarazo, así delante de todos, pero no me importaba nada, solo quería sentir cómo latía su corazón, ver cómo le brillaban los ojos, cómo chorreaban de sudor sus cabellos bajo la celada del yelmo.

También él me abrazó y me estrechó durante unos instantes, como si estuviéramos solos, delante del pozo de Beth Qada. Luego la mirada de Sofo le buscó y él respondió. Pero apenas dispuso de un poco de tiempo buscó al muchacho que le había salvado la vida. Se llamaba Euríloco de Lusio y era muy joven: no creo que contase más de dieciocho o diecinueve años y tenía la mirada brillante e inconsciente de los adolescentes, pero los hombros y los brazos del luchador.

—Te debo la vida —le dijo Jeno.

Euríloco sonrió:

—Les hemos dado una buena paliza a esos cabrones, y hemos salidos sanos y salvos, al menos por el momento, eso es lo importante.

Había un grupo de aldeas, también desiertas, y los hombres pudieron acomodarse para descansar y estar al abrigo de la humedad y del frío de la noche que se hacía cada vez más penetrante. También había provisiones, tan indispensables para nosotros e incluso vino. Lo encontró uno de los hombres de Jantias, oculto dentro de cisternas abiertas en la roca y enlucidas en su interior. Había para dar de beber a medio ejército y

Sofo dio orden enseguida de ponerlo bajo vigilancia. No cabía excluir que lo hubieran puesto allí expresamente: también el vino, tan fuerte y abundante, podía ser un arma en una situación semejante. La noche en apariencia tranquila no complacía a nadie. Ya se sabía cómo actuaban los carducos.

Cuando los hombres se estaban preparando para descansar llegó el ayuda de campo de Jeno junto con el intérprete con una noticia que dejó maravillados a todos.

—Han aceptado, comandante —dijo.

—¿El qué? —preguntó Jeno.

—La tregua para recoger a los caídos.

Jeno le miró incrédulo:

—¿En qué condiciones?

—Nosotros recogeremos nuestros muertos, los carducos recogerán los suyos.

—¿Nada más?

—También quieren… —Volvió la mirada alrededor hasta que dio con el guía que había conducido a Agasias y a los suyos al desfiladero —… a él.

—¿Al guía? Por mí está bien.

Pero para el otro no lo estaba. Cuando supo que lo entregarían a los suyos el hombre se desesperó, imploró y lloró, se prosternó delante de cada uno de los comandantes que había aprendido a reconocer por los yelmos crestados y por las armaduras ricamente decoradas tratando de agarrarse a sus manos. Rechazado por uno, se hincaba delante de otro, les abrazaba las rodillas, suplicaba con tan acongojante pasión que habría conmovido a un corazón de piedra. Sabían qué atroz castigo le esperaba y mucho más lo sabía él. Al ceder a la violencia había pensado probablemente que lo conservaríamos con nosotros, que nos vendría bien alguien que conociera los lugares y los pasos y que tal vez lo dejaríamos irse en el momento en que no lo necesitásemos. Quizá sabía dónde refugiarse, en casa de unos parientes, de amigos que vivían en alguna aldea perdida donde nunca llegaría a ser conocida su forzada traición.

Nunca había imaginado que sería canjeado vivo por unos muertos.

Se lo llevaron y, antes de ser arrastrado a su destino, no sé por qué, se volvió hacia mí, hacia una mujer que no contaba para nada, quizá porque vio compasión en mi rostro. Y yo percibí en sus ojos el mismo pánico que había captado en los de mi mulo cuando, golpeado por un pedrusco, se había dado cuenta en un instante de que la mitad de su cuerpo estaba ya muerto.

Los nuestros subieron por el sendero por el que habían luchado hacía apenas unas pocas horas llevando antorchas encendidas para iluminar el camino, seguidos por los porteadores de parihuelas improvisadas, y volvieron entrada la noche con los cuerpos de nuestros caídos.

Eran unos treinta por lo menos, cuyas vidas se habían visto truncadas en plena juventud, habían sobrevivido a la gran batalla en las puertas de Babilonia para encontrar una muerte, oscura e insignificante, en un país salvaje. Los miré uno por uno y no pude contener el llanto.

El rostro de un joven de veinte años pálido de muerte, con los ojos opacos y abiertos a la nada, encoge el corazón.

Jeno ofició las exequias: formó un batallón del ejército para rendir honores mientras las flautas entonaban una música tensa y aguda como un grito de dolor. Los cuerpos fueron quemados en tres grandes pilas de leña, las cenizas recogidas en vasijas de barro, dispersadas con vino, los nombres de los caídos vitoreados diez veces con las lanzas apuntadas hacia el cielo y, mientras la reverberación de las llamas teñía de rojo los escudos y las corazas, sus espadas calentadas al rojo en el fuego de la pira fueron dobladas ritualmente para que nunca nadie más pudiera usarlas, y enterradas con las urnas.

Luego se elevó un canto, un himno de sombría melancolía como los que escuchaba en las noches tibias de Siria bajo el cielo estrellado del desierto, y me parecía oír la voz sola y poderosa de Menón de Tesalia destacar entre las de sus compañeros. Tampoco él estaba ya, como los jóvenes quemados en el fuego, los que aquella misma mañana yo había visto subir por las pendientes escarpadas, ayudarse entre sí con las astas de las lanzas, llamarse unos a otros, para darse ánimos, para mantener lejos la muerte que ya les había mirado insistentemente como un lobo rabioso, el canto doliente y poderoso de los amigos los acompañaba en el más allá, en el mundo ciego donde el aire es polvo y el pan, arcilla.

Al día siguiente reanudamos la marcha y enseguida nos dimos cuenta de que nos habíamos hecho ilusiones. Los enemigos eran aún más agresivos, el camino cada vez más duro y difícil. Avanzábamos por un territorio todavía más áspero, formado de montañas imponentes, de cordilleras que se sucedían sin interrupción, un territorio en el que no había ya tregua, ni posibilidad de negociación. La nación salvaje que nos acosaba exigía muertos, exterminados del primero al último.

Se reinició el enfrentamiento implacable, colina tras colina, altura tras altura. Jeno iba esta vez delante, montado en su corcel, mientras Sofo cerraba en la retaguardia la cola del ejército. Recorrían el cielo unas nubes grises, largas y delgadas como hierros de lanza, que volaban hacia el mediodía en sentido contrario a la dirección de nuestra marcha. Quizá Jeno habría visto en ello un presagio infausto.

Pero entretanto se movía con increíble energía y rapidez: cada vez que veía una altura desde la cual el enemigo podía atacarnos o impedirnos el paso, se lanzaba a ocuparla seguido de los suyos; si la colina estaba ya en manos enemigas, atacaba con entusiasmo incansable. Pero los carducos eran astutos, muchas veces abandonaban la posición antes de que se produjese el choque e iban a esconderse o a ocupar otra. Para ellos era fácil; iban vestidos solo con pieles y llevaban un arco, mientras que los nuestros estaban recubiertos de hierro y de bronce y embrazaban un escudo enorme, cada paso les costaba el doble.

Los carducos querían reventarlos, despojarlos de toda energía y luego, quizá, asestarles el golpe de gracia cuando fueran incapaces de dar siquiera un paso. Pero no conocían a los mantos rojos: vi a Euríloco de Lusio, el muchacho que había salvado a Jeno con su escudo, batirse como una joven fiera; recogía los dardos de los carducos y los disparaba de nuevo contra ellos como si fueran venablos, a menudo dando en el blanco, y vi los brazos oscuros de Agasias de Estinfalia, relucientes de sudor, golpear con incansable ferocidad, segar la vida de hombres como si fueran espigas de trigo, abrirse paso en medio de la sangre y entre los gritos, y a Timas y Cleanor llevar a sus batallones hacia lo alto, alternativamente, de manera que unos recuperasen el aliento mientras los otros se batían. Bajo la protección de su inmenso esfuerzo, al precio de su sangre y de sus heridas, la larga columna con las bestias de carga, los criados y las mujeres avanzaba lentamente, paso a paso, hacia un punto de parada que aún no podíamos imaginar.

Luego terminó el esfuerzo, el sol se posó en las copas de los bosques, los últimos gritos se apagaron en estertores de muerte o en una jadear afanoso, un halcón levantó el vuelo hacia el punto más alto del cielo y, de improviso, casi al oscurecer, apareció un valle.

La mirada se demoró en una visión de paz.

La llanura era vasta y apenas ondulada, cerrada sobre el fondo de una leve altura y estaba recorrida de un lado a otro por un torrente de aguas cristalinas. En el lado septentrional se alzaba un saliente rocoso enrojecido por los rayos del ocaso y coronado por una aldea. Casas de piedra; eran las primeras que veíamos desde hacía tiempo. Cubiertas por techumbres de paja, con ventanucos y pequeñas puertas. Un sendero recortado en la roca descendía hacia el torrente y una muchacha de ropas rojas y verdes, de cabellos negros circundados de cobre fulgente, subía con andares graciosos llevando en la cabeza un rodete y un ánfora. Se hizo tal silencio al verla que me pareció oír el tintinear de las ajorcas que llevaba en los tobillos.

Por fin dormiríamos bajo techo, en una de las muchas casas; algunos trataban de acomodarse en los almacenes de cereal y otros, bajo las techumbres que protegían al ganado.

Sofo dispuso centinelas en torno a la aldea y una segunda línea a los pies de las alturas que rodeaban la explanada.

Todos esperaban que hubiese terminado.

Nadie se lo creía.

La muchacha que había visto bajar al río no volvió. Y todavía pienso en su figura agraciada y soberbia y me pregunto si no era una visión, una divinidad de los montes o del río que abandonaba su lugar baldío y desértico para desaparecer en el bosque o en las aguas cristalinas que corrían entre las rocas y la arena.

Los soldados encendieron los fuegos pese a saber que éramos observados, cosa que les daba igual con tal de poder tomar por fin una comida caliente. Jeno invitó a su mesa a Euríloco de Lusio y a Nicarco de Arcadia junto con Sofo y Cleanor. Yo no comprendía si era o no una cena de adiós y una cita en el más allá como había hecho ochenta años antes un rey de los mantos rojos que se había batido contra el más grande ejército persa de todos los tiempos. Había sido Jeno quien me había contado la historia de aquel rey que había dado origen a una leyenda, un rey que no llevaba corona, ni mitra, ni ropajes recamados, solo una túnica de burda lana y el manto rojo como sus trescientos jóvenes que morían para no rendirse y renunciar a la libertad en un lugar llamado las Puertas Ardientes. Una historia emocionante.

Me vinieron a la mente las palabras de Sofo: «Comamos y

bebamos... que mañana...»; el viento, soplando de improviso, se llevó las últimas palabras.

Cuando todos hubieron vuelto a sus alojamientos me acerqué a Jeno con un cuenco de vino caliente.

—¿Qué pasará mañana? —le pregunté.

—No lo sé.

—¿Seguirán atacando?

—Mientras quede uno solo de ellos y tenga aliento.

—Pero ¿por qué, por qué no nos dejan irnos? ¿Es que no comprenden lo que más les conviene?

—¿Te refieres a que dejarnos pasar les supondría un coste infinitamente menor, más conveniente para ellos?

—Exactamente. Han perdido muchos hombres, han quedado más aún heridos y perderán muchos más. ¿Qué sentido tiene? Vale la pena combatir si se quiere rechazar a un enemigo, pero nosotros estamos ya aquí y no queremos sino salir por la otra parte. Y también saben perfectamente que el arma que queda en tu cuerpo te mata, la que te traspasa de parte a parte sin dañar órganos vitales te perdona la vida. Nadie quiere morir sin un motivo. ¿Cómo te lo explicas?

Jeno tomó un sorbo de su vino y respondió:

—Ya sabes lo que nos dijo el intérprete: un ejército del Gran Rey invadió este país y desapareció en la nada. Lo hicieron ya una vez y volverán a hacerlo de nuevo con nosotros. Simplemente quieren que se sepa que cualquier ejército que entre en su territorio será aniquilado. Así no habrá más ejércitos que invadan su país.

—¿Y Tisafernes? También él quería aniquilarnos. ¿Siempre por el mismo motivo?

Jeno asintió:

—Por el mismo: quien entra no vuelve a salir.

—Pero ¿por qué no lo hicieron cuando estábamos rodeados, sin comida y sin agua? ¿Por qué quisieron matar a nuestros comandantes?

Jeno meneó la cabeza.

—¿Y los intérpretes de dónde han salido? ¿Quién nos los ha enviado?

—No lo sé.

Le había insinuado unas dudas, las mismas que tenía cuando nuestros comandantes fueron al encuentro con los persas.

—Cuidado, Jeno, la virtud no puede nada contra el engaño.

—Lo sé, pero aquí todos se baten con el mismo valor, todos arriesgan por igual su vida. Cada uno de mis compañeros, desde el comandante en jefe hasta el último soldado, cuenta con mi plena confianza. Y otra cosa más: nadie tiene interés en traicionar. La única manera en que cada uno de nosotros puede esperar salvarse es cumplir con su deber, ser un cuerpo único con el resto del ejército.

—Eso es cierto —respondí—, pero dime una cosa: ¿hay alguien interesado en que este ejército desaparezca en la nada? ¿Hay alguien que sufriría un grave daño si regresara el ejército?

Jeno me miró fijamente durante un instante con una expresión indescifrable. Era como si quisiera comunicarme un pensamiento indecible, precisamente como la criada de la Reina Madre. No insistí, no dije nada más. Ya era mucho que me escuchase. Lo ayudé a quitarse la armadura y fui a buscar agua para él al torrente a fin de que pudiera lavarse y relajarse durmiendo. Solo después fui a ver a la muchacha embarazada. Estaba extenuada y se había abandonado sobre la tierra desnuda.

El viento arreció arrastrando por el cielo débiles formas blancuzcas, una horda de espectros temblones, almas perdidas de quien no estaba ya.

19

—Levántate —le dije—. Te daré una piel de carnero y una manta. La albarda del mulo te servirá de almohada.

Lloró:

—No lo consigo. Y perderé al niño entre las piedras de estas montañas.

—No, lo salvarás: es hijo de los Diez Mil. El pequeño bastardo lo conseguirá. Y gracias a él te salvarás tú misma… O gracias a ella. Pues podría ser una niña.

—Mejor que no. Nacer hembra es un destino amargo.

—Nacer es duro para todos. ¡Cuántos jóvenes, ayer, hoy, han perdido la vida, cuántos la perderán aún! Tú y yo estamos vivas. Dime, ¿has querido alguna vez a alguien?

—¿Querido? No. Pero sé a qué te refieres. Alguna vez he soñado con ello. Soñé con un joven que me miraba de forma encantadora y me hacía sentir hermosa. Yo esperaba que viniera a visitarme apenas cerraba los párpados.

—Y ahora, ¿no vuelve ya a visitarte en sueños?

—Murió. La muerte es más poderosa que los sueños. ¿Nos enterrarás cuando muramos? Si puedes, cúbrenos con tierra y piedras, no nos abandones a las bestias del bosque.

—Olvídate de ello. Cuando uno está muerto no le importa ya nada.

Cogí la piel de carnero y la manta y la ayudé a tumbarse. Le traje las sobras de la cena que había escondido y un poco de vino para darle fuerzas.

Se acomodó para dormir y esperé a que su joven viniera a visitarla bajo los párpados.

La luna asomó tras las montañas iluminando el valle, brilló reflejada en mil destellos argentados en el torrente que corría borbotando sobre un lecho de limpia arena.

Solo quería dormir, abandonarme agotada al lado de Jeno, pero miré a los guerreros que montaban la guardia, cansados como niños que se caen de sueño; velaban encerrados en sus cascos de metal, envueltos en los mantos que se oscurecían con la noche.

Me hubiera gustado saber lo que pensaban.

Los otros ya dormían con los últimos ecos del combate todavía en los oídos. ¿Cuáles eran sus sueños? El paso de una madre, quizá, llevando entre las manos la fragancia y la tibieza de un pan dorado.

Había perros vagabundos que seguían desde hacía tiempo al ejército, cada vez más enflaquecidos porque no había restos de comida para ellos. Aullaban tristes a la luna.

El viento sopló desde las frías esquinas del cielo, había emprendido el vuelo como una rapaz nocturna de su nido entre los montes nevados, pero la tienda estaba tibia por el calor de Jeno, su cuerpo era suave bajo la lana del manto y yo me dormí en su calor soñando con otros paisajes, otros sonidos, otros cielos. La última imagen que vi antes de caer en el sueño fue el apoyo que sostenía sus armas y su manto: en la oscuridad parecía un guerrero feroz que vela pensando en matanzas entre una multitud de seres dormidos. El último sonido que oí fue el ruido de un río más grande, un rebullir de aguas impetuosas entre ásperos pedruscos, entre barrancos rupestres. El viento…

El viento había cambiado.

Me desperté por el frío punzante que me helaba los pies; vi que los tenía desnudos fuera de la manta y me levanté para sentarme a fin de cubrirlos. Jeno ya no estaba, y el apoyo que sostenía su armadura estaba vacío.

Agucé el oído y oí un extraño ruido, un zumbido confuso y en la lejanía, relinchos y resoplidos de caballos y largos y lastimeros sonidos de cuerno.

Los perros ladraban merodeando macilentos en torno al campamento.

Me puse en pie de un salto, me vestí y salí de la tienda. Un grupo de oficiales corría al galope adelante y atrás, a lo largo de la baja cima que cerraba nuestro horizonte hacia septentrión. A escasa distancia de mí los comandantes de las grandes unidades, Jantias, Cleanor, Agasias, Timas y Jeno, estaban reunidos en torno a Sofo, armados, las manos apretando la empuñadura de las lanzas, los escudos dejados en el suelo. Celebraban consejo.

Vi que los guerreros indicaban algo y me volví a mi vez: las cimas de los montes a nuestras espaldas estaban atestadas de carducos. Agitaban las picas y se oían sus cuernos de guerra que hacían llegar hasta nosotros una cólera implacable.

—No se irán nunca —decía uno—, no nos los quitaremos de encima jamás.

—Entonces, esperémosles aquí y enfrentémonos a ellos de una vez por todas —respondió otro.

—No vendrán, se quedarán en las cimas para atacarnos de lejos, hacer rodar pedruscos, tender emboscadas. Han comprendido ya: lanzan el golpe y luego huyen, ya no se dejan atrapar.

—¡Mirad! ¿Qué pasa por ese lado? —gritó un cuarto.

Muchos soldados corrían hacia la cima donde los oficiales a caballo se habían detenido y observaban algo que tenían delante. También yo fui en la misma dirección llevando un odre como si quisiera llenarlo en el torrente. Y lo que vi cuando hube llegado a la cima hizo que se me parara el corazón: teníamos un río delante de nosotros que atravesaba el valle de occidente a oriente y recibía el curso de agua que corría en sentido lateral a nuestro campamento. ¡Del otro lado había formado todo un ejército!

Estos no eran pastores salvajes, sino guerreros con pesadas armaduras, infantes y jinetes con corazas y grebas de cuero, yelmos cónicos con penachos de crines, negros y ocres.

Eran miles.

Sus macizos corceles piafaban expeliendo nubes de vapor por los ollares.

Estábamos en una trampa, atrapados entre las montañas y el río impetuoso, con una horda de guerreros implacables a nuestras espaldas y de frente un poderoso ejército cerrando filas en la orilla opuesta. Habían llegado justo a tiempo para impedirnos el paso y a nuestras espaldas los carducos, que nos habíamos hecho la ilusión de haber dejado atrás, eran más numerosos y aguerridos que nunca. ¿Cómo era posible? ¿Quién había coordinado a dos ejércitos de dos distintas naciones enemigas entre sí con tanta precisión? Mil pensamientos y sospechas inquietantes acudieron a mi mente en un instante y al mismo tiempo fui presa de un sentimiento de impotencia aún más angustioso: aunque nuestros comandantes hubieran coincidido en sus ideas no habría servido de nada. Solo los dioses, si existían y si se preocupaban de nosotros, podían sacarnos del callejón sin salida en el que estábamos.

Dos de los oficiales a caballo, a escasa distancia de mí, de rostro atezado, los mantos agitados por el viento, se recortaban contra un cielo algo oscuro. Sus discursos no parecían distintos de mis pensamientos.

—Esta vez no tenemos escapatoria.

—No digas eso, trae mala suerte. Pero ¿quiénes son esos? No son persas y tampoco medas o asirios.

—Son armenios.

—¿Cómo lo sabes?

—Lo ha dicho el comandante de batallón.

—Nosotros tenemos armas mejores y más pesadas.

—Pero tenemos detrás a los carducos dispuestos a batirse hasta el último hombre.

—También nosotros.

—Ya. También nosotros.

Llegó al galope Timas de Dardania.

—¿Qué hacemos, comandante? —preguntó el primero de los dos oficiales.

—No es tan terrible como parece.

—¿Ah, no?

—No.

—¿Y quién te lo ha dicho?

—El comandante Quirísofo.

—Que tiene mucho sentido del humor, como es sabido…

—Además es un espartano. A ellos les gustan las situaciones desesperadas. Yo veo la situación muy fea —dijo el otro oficial.

—También yo —confirmó el primero.

—Un momento, escuchad —dijo Timas—. Los carducos saben perfectamente que, si bajan de esos montes, los haremos pedazos. Es más, es lo que buscamos: que lo intenten, pondremos fin para siempre a su interminable persecución. Y además aquí el valle es muy ancho y no pueden lanzarnos piedras encima. Por otra parte, tenemos a esos, que son el verdadero problema.

—¿Y el río? También el río es un problema.

—Ya veremos —repuso Timas—. El consejo del estado mayor considera que lo único que hay que hacer es cruzar el vado, atacar y dispersarlos antes de que los carducos se decidan a bajar. Cuando tengamos el río a nuestras espaldas los salvajes no nos molestarán más.

—¿Cuándo?

—Ahora. Se come y luego se ataca, necesitamos todas nuestras fuerzas.

Timas volvió a caballo y espoleó hacia el campamento. La trompeta advertía que la comida estaba lista.

—Bien, se come, se pasa al otro lado, los masacramos y reanudamos el camino. Pero ¡si es muy sencillo! Ya, cuesta poco decirlo. Pero ¿qué profundidad tiene el agua?

—Veamos —respondió el segundo oficial e inmediatamente después desmontó y bajó hacia el río. El otro lo siguió y protegiéndose con el escudo avanzaron hacia el centro de la corriente. Los armenios se mantenían a distancia y no parecían interesados en lo que estaba sucediendo. Tal vez sabían por qué.

Y también yo me lo imaginé enseguida. Grité: «¡Cuidado!», y en ese mismo instante el primero de los dos resbaló y se lo llevó la corriente. El segundo, al intentar cogerlo, resbaló a su vez y lo vi gesticular entre las tumultuosas olas, tratando de agarrarse a cualquier asidero. Los caballos relincharon, piafaron e inmediatamente partieron a la carrera con las bridas entre las patas siguiendo a sus dueños.

Me puse a gritar:

—¡Socorredlos! ¡Por ahí, por ese lado! —Algunos soldados lo advirtieron y espolearon a sus cabalgaduras a gran velocidad a lo largo de la orilla, pero los vi detenerse al cabo de poco. Se habían rendido a un destino ineluctable.

Sofo lo decía en serio. Apenas hubo tomado una colación, el ejército se dispuso formando una columna con un frente de cincuenta hombres y marchó rápido hacia el río. Se quedaron unos pocos protegiendo el campamento y guardando sus espaldas contra los carducos, que continuaban gritando y lanzando prolongadas llamadas con los cuernos. Parecía que cada vez eran más.

Quizá algunos de los hombres lo advirtieron una vez que había ya sucedido, pero era evidente que no había alternativa a la acción prevista y el ejército siguió adelante. La cabeza de la columna entró en el río, pero el fondo estaba cubierto de rocas resbaladizas a causa de las algas y era muy difícil sostenerse en pie. Se dieron la mano unos a otros, pero no habían llegado aún al centro del río cuando el agua les llegaba ya al pecho, y la corriente era tan impetuosa que embestía los escudos y resultaba casi imposible aguantar su fuerza. Alguno intentó alzarlos en alto por encima de la cabeza, pero enseguida los armenios dispararon una salva de dardos y los escudos fueron inmediatamente bajados para proteger pecho y vientre. Delante de mis ojos tenía a un ejército que luchaba contra un río, pero era una lucha desigual, pues la fuerza de los remolinos era insostenible y el agua estaba helada. Poco después, con toques repetidos, la trompeta tocó a retirada y los nuestros se replegaron arrastrando tras de sí a los heridos y llamando con grandes voces a los cirujanos.

Estábamos metidos en una trampa. Los enemigos solo iban a tener que esperar. Los carducos comenzaban a bajar, paso a paso. Los armenios permanecían inmóviles.

Sofo envió hacia las montañas a un destacamento de infantería ligera, honderos y arqueros cretenses, para mantener a distancia a los carducos.

No sucedió nada durante todo el día y se respiraba la sensación de impotencia que gravitaba sobre el campamento, si no de desesperación.

Otra vez llegó la noche.

Lystra, por lo menos, podía descansar y recuperar fuerzas. Pero ¿dónde estaba Melisa? No conseguía distinguirla en ninguna parte mientras, a la caída de la tarde, se veía a varias de las jóvenes prostitutas seguir aquí y allá a los soldados que les llevaban de la mano adentro de las tiendas. Quizá los guerreros presagiaban el final y querían disfrutar del amor por última vez. Hacia medianoche un grupo de tesalios y de arcadios se reunieron en torno al campamento y tras haber cenado se pusieron a cantar.

Eran los hombres de Menón de Tesalia y tenían unas voces poderosas y profundas que evocaban los valles y los montes de su tierra natal. Aunque no comprendía bien las palabras, la armonía era tan intensa y vehemente que los ojos se me inundaron de lágrimas. Y cuando en un determinado momento el canto aumentó de intensidad hasta convertirse en una voz tonante y luego se unió al grito solitario de la trompeta para callar enseguida, el eco repercutió varias veces en las montañas con tanta fuerza que pareció despertarlas de su sueño pétreo. Solo al pasar junto a la hoguera crepitante, en el torbellino de pavesas que ascendía hacia lo alto, solo cuando observé los rostros de los soldados iluminados por la luz roja del fuego, comprendí que ese último grito se había alzado con tanta potencia para que lo oyera él, el comandante Menón, en el subterráneo mundo de los muertos.

Yo daba vueltas por el campamento con la cabeza cubierta y escuchaba fragmentos de conversaciones, palabras que se superponían a otras, lamentos a veces, llamadas, toses. La voz del ejército, la que de lejos sonaba unida y discorde, armónica y disonante al mismo tiempo, mostraba y hacía oír los sonidos humanos y bestiales de que estaba hecha. Voces de la memoria, de imprecaciones, de ira sofocada, de miedo, de melancolía. Y cantos de animales y oscuro resoplar de cuerpos ligados en la excitación de un amor que rayaba ya en la muerte.

Tras volver a la tienda, vi que todavía no había nadie: Jeno velaba con los otros jefes buscando una salida ahora que todo parecía obstruido, cuando la larga marcha de hombres indomables parecía haber llegado a su epílogo.

Cuando regresó lo vi sombrío, desmoralizado. Por lo que pude deducir de las pocas palabras que conseguí intercambiar con él, Sofo parecía más preparado para una muerte gloriosa para él y para los suyos que para infundirles la voluntad de vencer.

—¡Pero debes darles una esperanza de victoria, mejor dicho,

la certeza! ¡Tú eres el comandante, por Hércules! —había gritado Jeno.

—Sí, es cierto —había respondido Sofo—. Es lo que he hecho.

Ninguno de los comandantes de las grandes unidades había tenido dudas de que se preparaba más para la muerte que para la victoria.

Jeno se acostó en su yacija y permaneció mudo esperando el sueño. Yo me quedé fuera, sentada, pensando.

Me pareció ver por un instante entre los troncos del bosque fluctuar una franja blancuzca, el fantasma de una figura incierta, elusiva, luego nada. Los muertos venían a llevársenos...

Y en cambio, entretanto, ocurría lo impredecible.

Como supe más tarde, los dos oficiales —uno se llamaba Epícrates, el segundo Arcágoras, y estaban entre los primeros que habían ocupado la colina del desfiladero— se habían batido con todas sus fuerzas para no verse arrastrados por los remolinos y por los torbellinos provocados por lo rápido de la corriente y por los pedruscos enormes que, casi a cada meandro, a cada recodo, la obstaculizaban creando formidables turbulencias. Cuantas veces habían tratado de agarrarse el uno al otro para unir sus fuerzas, otras tantas la violencia de la corriente los había separado no solo en distancia, sino también en profundidad, porque el peso de la armadura se hacía cada vez más pesado. Era ya cuestión de momentos y además la coraza de lino prensado se había empapado completamente y los arrastraría aguas abajo. Zarandeados de continuo de una parte a otra, se estampaban contra las rocas, las piedras, los salientes rocosos, torturados a cada golpe por desgarradoras punzadas. El frío intenso penetraba hasta dentro de los huesos y la respiración se hacía cada vez más corta y fatigosa.

De pronto, cuando estaba ya extenuado para abandonarse al abrazo mortal del río, Arcágoras vio a escasa distancia delante de sí un tronco caído de la orilla dentro del agua. Era un roble muy grande que aún permanecía arraigado en la margen gracias a una gruesa raíz, pero el agua estaba a punto de desenterrarla, para arrastrar al coloso abatido. Arcágoras se dirigió hacia él con sus últimas fuerzas, se agarró a él e inmediatamente sintió que lo cogían de un pie: era Epícrates, su compañero, que también había entrevisto la salvación y no quería sin duda dejarla escapar.

Arcágoras fue casi arrastrado, pero, tras darse cuenta de lo que ocurría, se mantuvo más tenazmente aún, permitiendo a su compañero aferrarse a su cintura, a sus hombros y finalmente alzarse sobre el tronco. Una vez allí fue él quien lo ayudó a subir encima y a ponerse a salvo.

Saltaron a tierra en el mismo instante en que el roble, con un seco crujido, se desarraigaba definitivamente y era arrastrado en medio de un rebullir de espuma. Luego, tras haberse recuperado, se pusieron en camino a lo largo de la orilla escarpada remontando la corriente para alcanzar el campamento antes de que el ejército partiera dándolos por extraviados y perdidos.

Una vez más, extenuados y solos en un territorio desconocido, debían de combatir en una lucha contra el tiempo. Marcharon apretando los dientes, venciendo el dolor que les producía el menor movimiento por las contusiones y heridas sufridas al golpearse contra las rocas en su impetuoso descenso por los rápidos del río. Marcharon venciendo los espasmos del hambre y del frío, con el viento que les helaba encima las ropas mojadas, deteniéndose tan solo cuando las contracturas de los músculos paralizaban sus miembros y obedeciendo nada más que a su denodada voluntad de seguir adelante y reunirse con sus compañeros.

El gris amanecer iluminó finalmente la extensión de montañas y de bosques y el río dejó oír su voz desde el fondo de la garganta rupestre en la que se precipitaba furioso. Arcágoras y Epícrates se asomaron para mirar abajo y vieron que la angostura producía un reflujo que ensanchaba el lecho del río más arriba en un remanso más bien amplio y tranquilo, recorrido solo en el centro por una corriente más rápida. El reflujo había acumulado un depósito de arena y de guijarros que demoraba el fluir del agua en el punto más ancho entre las dos orillas.

Mientras descansaban vieron en la otra orilla a un viejo, a una mujer y a dos niños que entraban en una cueva que se abría bajo un saliente rocoso y escondían unos hatillos que tal vez contenían sus pobres pertenencias.

—Si han pasado ellos, también podemos pasar nosotros —dijo Arcágoras.

—Comprobémoslo enseguida —aprobó Epícrates. Bajaron hacia la orilla y, una vez llegados a un punto llano, se despojaron de la armadura, el cinturón y la espada, y se adentraron en la corriente armados solo con puñal. El fondo era de arena y de guijarros muy finos y, cuando estuvieron en el centro del agua, esta no llegaba siquiera a la ingle.

—¿Sabes qué significa esto? —dijo Arcágoras.

—Pues que hemos descubierto el vado, que el ejército puede pasar por aquí y atacar a los armenios por la espalda.

—Bien. Apresurémonos a avisarlos antes de que hagan ninguna locura.

Volvieron atrás y después de haberse revestido con las armaduras se encaminaron de nuevo hacia una colina que se alzaba a escasa distancia, cubierta de un bosque de encinas. Había un sendero que subía, creado por el paso de pastores y ganados, y los dos oficiales lo recorrieron hasta la cima donde finalmente se ofreció la vista del campamento y del valle atravesado por el torrente. Pero al mismo tiempo descubrieron al ejército, formado en columna y en orden de batalla, que marchaba por segunda vez para atravesar y atacar a los armenios, mientras los carducos bajaban corriendo monte abajo para sorprenderlos por la espalda. Arcágoras comenzó a gritar: «¡Deteneos! ¡Deteneos!».

—Déjalo estar, no pueden oírte. Tratemos de alcanzarles, corramos, rápido! —replicó Epícrates y se lanzó a la carrera, pero, apenas se hubo movido, un oso enorme salido del bosque se detuvo delante de él.

—¡Vete, maldita sea! —gritó tratando de echarlo con un palo, pero el oso se ponía cada vez más agresivo y tuvo que echar mano a la espada tratando de mantenerlo a distancia. El animal gruñía amenazador, abriendo de par en par la boca y mostrando unos colmillos enormes, y alzaba las patas delanteras enseñando sus enormes uñas. Epícrates trató de esquivarlo, pasando por su lado, pero la bestia se le adelantaba con movimientos muy rápidos y se acercaba amenazadora. Arcágoras gritó:

—¡Ven corriendo aquí, donde estoy yo, rápido, atrás, atrás! —Pero Epícrates veía a sus compañeros abajo en la llanura afrontar un duelo a muerte con el río y con los enemigos y quería alcanzarlos a toda costa. Un instante antes de que el oso lo embistiese con su enorme mole, las manos de Arcágoras lo arrastraron y lo estamparon contra el suelo.

—Pero ¡qué haces! —gritó saltando de nuevo en pie, pero enseguida se dio cuenta. El oso se había calmado y estaba atravesando el sendero en dirección al río.

Era una osa y sus cachorros retozaban en el borde del precipicio. Los recogió y se los llevó tranquila al bosque.

Epícrates recuperó el aliento:

—¿Cómo has hecho para...?

—He visto a las crías y he comprendido —respondió Arcágoras—. Soy arcadio y estoy acostumbrado a los osos desde niño. La primera regla dice que si te entrometes entre los cachorros y la madre, eres hombre muerto. Por suerte, los he visto y he comprendido. Y ahora, corramos.

Se precipitaron pendiente abajo hasta quedarse sin aliento.

Dos centinelas que montaban la guardia a lo largo del río vieron un par de figuras acercarse a la carrera.

—¡Alto ahí! —gritaron—. O sois hombres muertos. —Y mientras uno se acercaba, el otro blandía la lanza dispuesto a lanzarla.

—¿Es que no me reconoces, estúpido? —fue la respuesta.

—Comandante Arcágoras... Comandante Epícrates...

—Corred enseguida adonde está Sofo y decidle que hemos encontrado el vado. Rápido, nosotros estamos extenuados.

Los dos jóvenes corrieron rápidos como atletas adelantándose el uno al otro. Arcágoras y Epícrates se dejaron caer en el suelo completamente rendidos.

La columna fue detenida un momento antes de meterse dentro del río.

Arcágoras y Epícrates fueron conducidos a presencia de Sofo. El consejo, que se había disuelto apenas unas horas antes, fue convocado inmediatamente de nuevo para escuchar lo que los dos tenían que referir. Estaba presente también el nuevo amigo de Jeno, Licio de Siracusa, que estaba al mando del pequeño grupo de caballería constituido después del abandono de los carros.

Un destacamento de dos mil hombres fue enviado a enfrentarse con los carducos, que, sorprendidos, se detuvieron, el resto se quedó formado en línea a lo largo del río.

—Un tronco de árbol desarraigado por alguna tempestad se extendía hacia el centro del río —comenzó Arcágoras— y conseguí aferrarme a una de las ramas. Epícrates, a quien ves aquí a mi lado, consiguió agarrarse a mi pierna derecha y los dos nos levantamos finalmente sobre el tronco. Fue un milagro: estábamos congelados y a punto de ceder.

—Conseguimos saltar a la orilla —continuó el otro— y nos pusimos enseguida en camino. La corriente era muy rápida y nos había arrastrado río abajo varios estadios. No queríamos que nos dejaseis atrás...

—... o perdernos la fiesta si habíais decidido atacar —apostilló el otro.

—Sí —prosiguió diciendo Arcágoras—, y ha sido a la salida del sol cuando nos hemos dado cuenta de dónde estábamos: a menos de una hora de marcha del campamento. Estábamos todavía mirando a nuestro alrededor cuando hemos oído voces y nos hemos escondido. Eran una pareja de ancianos y dos niños que cruzaban el río hacia la otra orilla.

—Justo en aquel lugar había un saliente rocoso que caía a pico sobre el agua y en la base de la roca una pequeña cueva donde el hombre y la mujer estaban escondiendo unos hatillos. En resumen, si dos viejecitos y dos niños han conseguido cruzar sin problemas, me parece a mí que podemos pasar también nosotros.

Epícrates contó también el episodio de la osa y a todos les pareció un prodigio de los dioses aquella aventura que había indicado al ejército la vía de salida.

Se preparó inmediatamente un plan: una parte del ejército simularía un nuevo intento de atravesar el río, mientras que el resto pasaría el vado más abajo y atacaría a los armenios por la espalda. Un batallón mantendría a raya a los carducos.

Jeno me pidió que trajera vino, el último que nos quedaba, para ofrecerlo a los dos amigos que habían descubierto el vado.

—Bebed, os lo habéis ganado. —Los dos bebían a grandes tragos y dijeron que en aquel momento estaban dispuestos a todo…

—Y ahora movámonos —ordenó Sofo. El ejército se puso en marcha a lo largo de la orilla del río detrás de los oficiales que habían descubierto el vado. Jeno mandaba como de costumbre la retaguardia. En el centro estaban las acémilas con los bagajes y las muchachas que seguían al ejército. Las habían reagrupado a todas y eran muchas.

El batallón que se había quedado detrás buscó respaldo en el río por una parte e hizo frente a los carducos por otra. Pero cuando los armenios vieron que los nuestros bajaban por la orilla del río en el sentido de la corriente destacaron a dos escuadrones a caballo y los enviaron en la misma dirección. Yo estaba con las muchachas, al lado de Lystra, porque aquel me parecía el lugar adecuado en una tesitura semejante y busqué largo rato con la mirada a Melisa sin conseguir encontrarla. ¿Dónde había ido a parar?

Llegados al vado, los nuestros comenzaron a avanzar hacia la otra orilla, donde habían llegado ya los jinetes y apenas hubieron pasado el punto más profundo se echaron hacia delante gritando: «¡Alalalai!».

Eran de nuevo ellos: los mantos rojos, irresistibles, temerarios, arrolladores, y las muchachas de la orilla, como enloquecidas, los incitaban gritando con todas sus fuerzas:

—¡Ánimo! ¡Adelante, adelante! ¡Más rápido!

—¡Demostrarles a esos quiénes tienen cojones!

Y otras obscenidades aún más impúdicas que hasta yo misma me puse a gritar y que no me atrevo a repetir, pero los nuestros se sintieron apoyados por aquellas incitaciones y empujados a que se viera de qué eran capaces. Al mismo tiempo Jeno y Licio de Siracusa se lanzaron dentro del agua con la caballería levantando una nube de salpicaduras y acometiendo enseguida por el flanco al escuadrón enemigo.

Las muchachas estaban tan seguras de sus hombres que ya habían comenzado a pasar el vado. Muchas, para no mojarse los vestidos, se lo arremangaban hasta la ingle enseñando el premio que los guerreros tendrían si vencían. Pero en aquel momento los guerreros debían mirar delante de sí, y no perder de vista a los enemigos ni por un momento.

En lo alto de una colina vi a dos jinetes armenios, quizá dos comandantes, volver grupas y correr a gran velocidad hacia septentrión. Ya sabían cómo acabaría. Poco después la caballería armenia se replegó ante el impacto insostenible de los nuestros. El haber encontrado una vía de salida tan inesperada y en circunstancias casi milagrosas había multiplicado desmesuradamente sus fuerzas. Habían vuelto a ser la avalancha de bronce que había arrollado todo obstáculo desde las Puertas Cilicias hasta el Tigris y los montes de Armenia.

Sofo desalojó a los infantes del promontorio rocoso que dominaba la cueva y continuó avanzando, pero la caballería se había retirado solo la distancia suficiente para tomar impulso y cargar. Esta vez actuaban en serio. Sofo comprendió y formó a sus hombres para resistir la embestida. Gritó:

—¡Primera fila: de rodillas! ¡Segunda fila: protegerse! ¡Tercera fila: de pie! ¡Lanzas… en ristre!

Yo estaba tan cerca que podía oír sus órdenes y ver a la caballería armenia atacar con sus macizos corceles. Tomaron velocidad, lanzaron una, dos salvas de venablos y, al final, fueron a estamparse contra un muro de bronce. Los nuestros no cedieron ni un palmo, la cuarta, quinta y sexta línea apoyaron a sus compañeros con los hombros y los escudos. Los caballos y los jinetes armenios se ensartaron en las puntas de las lanzas, muchos se desplomaron al suelo provocando otras caídas. Una vez más se desencadenó la sangrienta orgía cruel de los machos: ¡la batalla!

El choque se transformó en una reyerta rabiosa, en una carnicería, en un magma de estrépitos y de relinchos, de gritos y de órdenes aulladas, de clangores de acero.

Luego el fragor calló casi de improviso y oímos el canto de victoria que los griegos llamaban «Paian».

La batalla había terminado.

Los mantos rojos habían vencido.

Jeno cargó furiosamente con sus jinetes para atacar a los armenios que aún custodiaban el campamento que se encontraba a cierta distancia de nuestras tropas formadas junto al río. Pero los armenios habían visto cómo se había desarrollado la batalla y podían ver a la infantería de Sofo que avanzaba victoriosa. Temiendo que los griegos les cortasen la retirada, abandonaron su posición huyendo por el camino que conducía hacia las montañas.

En aquel momento Jeno, dándose cuenta de que su presencia ya no era necesaria, volvió sobre sus pasos para echar una mano a sus compañeros atrapados entre dos ejércitos enemigos en el primer vado.

Al llegar vio que una parte del batallón estaba tratando de cruzar por un punto algo menos difícil para ir a establecer una cabeza de puente en la otra orilla. Del lado opuesto, hacia mediodía, los carducos habían descendido río abajo y se habían alineado para atacar frontalmente.

Creían que tenían ventaja, porque el batallón que había quedado a solas parecía un grupo pequeño, una presa fácil. El sonido del cuerno dio la señal de ataque y se pusieron en marcha entonando un canto nunca antes oído.

Desde la parte septentrional del río Sofo atacó a la infantería armenia y la puso en fuga, luego formó a los suyos para proteger el vado. En el silencio que se había hecho en el río oíamos también nosotros el canto de los carducos.

No había en aquellas voces entusiasmo ni excitación, no había cantos de guerra que hacen olvidar a los hombres la muerte, era un canto lúgubre hecho de dos tonos ya asonantes y armónicos teñidos de melancolía, ya disonantes y casi estridentes como llantos de plañideras, acompañados del sonido aún más oscuro del tambor. Ignoraban que se dirigían a su aniquilación.

Asistimos en silencio a la matanza. Los nuestros se desplegaron en cuño, enristraron las lanzas y atacaron a la carrera gritando obsesivamente «¡Alalalai!». Se hundieron en la masa de los enemigos como un cuchillo en el pan y no pararon hasta que no los hubieron aniquilado. Durante días y días habían visto a sus compañeros destrozados por los pedruscos que habían rodado de lo alto, heridos por los dardos que llovían del cielo, traspasados de noche por cuchillos que asaeteaban la oscuridad. Ahora saldaban cuentas de acuerdo con las leyes de la guerra.

Cuando hubieron terminado volvieron hacia el río. Lavaron las armas en la corriente y se unieron al canto de sus compañeros que gritaban: «¡Io Paian!». Me pregunté si alguno había comprendido que los Diez Mil no se podían detener, que ni los hombres ni el río lo habían conseguido.

Jeno me vio y acicateó al caballo dentro de la corriente para venir a donde yo estaba.

20

Fue una fiesta memorable: en el campamento de los armenios había víveres, mantas, tiendas, bestias de carga, armas y una gran cantidad de objetos preciosos: copas, alfombras, platos de plata, hasta una bañera. Jeno cogió una tela para mí: muy bonita, como no había visto nunca en mi vida, amarilla con hilos de oro en el borde. Y también encontró un espejo para que me mirase mientras me la ponía encima. Era una lámina de bronce pulimentada que reflejaba las imágenes, un poco como cuando uno se descubre en el agua de un estanque o de un pozo.

Se preparó un banquete suntuoso en el que participaron muchas de las muchachas. También ellas se habían acicalado y estaban increíblemente atractivas. A una mujer joven le basta con poco para estar bella y deseable. Alguna hasta se había pintado con bistre los ojos y con minio los labios. Las miraba cómo abrazaban y besaban a los jóvenes guerreros, cómo pasaban de uno a otro dando a cada uno el calor y la excitación de que eran capaces. Eran las amantes y las esposas de aquellos muchachos y se veía que, al no tener la posibilidad de amar a uno solo como quizá habrían deseado, los amaban a todos lo mejor posible. Me había dado cuenta de ello al verlas incitarles a combatir y a vencer, apoyándolos con sus gritos, con las aclamaciones, con las obscenidades.

Los cinco comandantes se presentaron con sus mejores trajes y con otros adornos tomados del campamento armenio y tenían un aspecto impresionante. Timas era el más joven de todos, aparentaba poco más de veinte años, era esbelto y seco, con unos dientes muy blancos, ojos oscuros y expresivos, y se había batido con energía inagotable. Había sido él quien había mandado el último asalto contra los carducos. Era él la punta del cuño que había penetrado a fondo en su formación rompiendo en dos y luego arrollando una y otra ala.

También vi a Agasias de Estinfalia con dos muchachas, una a cada lado, y a Jantias de Acaia con su melena suelta como la crin de un león que tenía a otra sobre sus rodillas, medio desnuda aunque comenzara a hacer fresco. El vino ayudaba. Y por último, a Cleanor de Arcadia. Melisa debía de estar con él, pero no la vi. Me lo esperaba: ella no era de compartir con nadie. En esto era muy hábil, al hacerse indispensable e irrenunciable para un hombre, haciéndolo esclavo de su belleza y de sus artes, a tal punto de hacer con él lo que quisiera. Quizá solo Menón de Tesalia había hecho lo que él quería y por eso había dejado en ella un recuerdo y, tal vez también, un sentimiento.

Sofo se divertía, pero parecía lúcido, bebía con moderación y no andaba con las muchachas. Se controlaba y mantenía siempre la mano apoyada en la empuñadura de la espada.

Solo faltaba Jeno. Alguien debía vigilar mientras los otros se entregaban a la diversión olvidando que habían estado cerca de la muerte. Había dispuesto un doble cordón de centinelas y un cambio, porque los otros habrían sido probablemente inutilizables por el vino y la orgía, y él en persona pasaba de un cuerpo de guardia a otro completamente armado para controlar que todo estuviera en orden, que cada uno cumpliese con su deber.

Lo vi sentado en lo alto de una colina escrutando el paisaje. Hacía una bonita noche y la luna casi llena se alzaba desde las crestas de los montes e iluminaba pequeñas nubes blancas raudas, estriándolas de una luz perlina. Me acerqué caminando tranquila a lo largo de la pendiente.

—Bonita velada, ¿no? Y no es tampoco muy fría.

—Si se queda despejado, esta noche lo será. Tendrás que taparte bien.

—Gran victoria, cuando todo parecía ya perdido.

—Ya. He ofrendado un sacrificio a los dioses para darles las gracias. Creo que esto ha sido un prodigio.

—¿Crees de veras en los dioses?

—Mi maestro de Atenas creía en ellos, aunque a su manera.

La luna se liberó en ese momento del velo efímero de una nube e iluminó casi como si fuera de día el valle que se extendía delante: un territorio llano con otro río bastante grande que lo atravesaba oblicuamente de un lado a otro. Hasta donde alcanzaba la vista no se veía ni un alma, ni un poblado, ni una cabaña, ni una tienda.

—No vive nadie en estos lugares. Es extraño, son buenas tierras para el pasto.

—Temen a los carducos —respondió Jeno—, tal vez hacen incursiones más allá del río.

—Así pues, son enemigos.

—Sin duda.

—Pero ayer los armenios aparecieron exactamente en el lugar y en el momento en que podíamos ser machacados entre dos ataques concéntricos. Como si se hubieran puesto de acuerdo.

—No vuelvas a empezar con estas sospechas. Eso no es posible. Estos dos pueblos se odian.

—Entonces alguien podría haberlos coordinado. ¿Cómo sabían los armenios cuándo estaríamos en el vado para pasar?

—Pura casualidad.

—¿Y el tiempo? Ahora me he acostumbrado a observar: veo perfectamente cuánto se requiere por la mañana para movilizar al ejército, cuánto para comer, para vestirse, para gobernar los animales, para revestirse con la armadura, para ocupar el puesto en las filas. El ejército de los armenios era más grande que el nuestro, ¿desde cuándo sabían que estaríamos aquí precisamente ayer? ¿Cómo consiguieron llegar en el momento justo con tanta precisión?

Jeno miraba pensativo rebrillar el río delante de sí en el valle:

—Esta tierra es increíblemente rica en agua, ese es el Tigris y nosotros remontaremos su corriente hasta sus fuentes.

—No quieres responder a mi pregunta.

—Quirísofo es espartano, yo ateniense. Nuestras ciudades han luchado durante treinta años en un conflicto sangriento y devastador, la juventud más fuerte y floreciente ha visto segada su vida, campos quemados, ciudades saqueadas, naves que han acabado en el fondo del mar con sus tripulaciones; venganzas, represalias, violaciones, torturas…

—Sé lo que es la guerra.

—Y sin embargo nosotros dos somos amigos, nos cubrimos las espaldas el uno al otro, combatimos por la misma causa con el mismo ahínco y pasión.

—¿Y cuál es la causa?

—Salvar a este ejército, salvar a los Diez Mil. Ellos son la patria común, cada uno de nosotros es el sujeto y el objeto del combate, del valor, del coraje. ¿Comprendes?

—Comprendo, pero no consigo de todos modos sentir la misma confianza que tú.

—Esta tierra es Imperio persa: ¿te asombra que traten de aniquilarnos? Los armenios estaban mandados por oficiales persas y obedecían a un sátrapa. Su nombre es Tiríbazo. No nos darán tregua, pero estamos preparados.

—Lo sé. Aunque no sea más que una muchacha ignorante, recuerda que las mujeres ven y sienten lo que los hombres no ven ni sienten. Cuando no haya enemigos capaces de hacernos frente, surgirán de nuevo de donde no te lo esperarías nunca.

—¿Qué quieres decir?

—Nada. Pero ese día acuérdate de lo que te digo.

Permanecí a su lado contemplando la luna que ascendía en

el cielo, escuchando los gritos y la algazara provenientes del campamento, los chillidos de alegría de las muchachas, las llamadas de los centinelas que repercutían de una colina a otra, los nombres de los compañeros que llamaban a sus compañeros para mantener lejos la oscuridad, para que las presencias oscuras e invisibles de la noche supieran que el sueño no vencería su obstinación.

Al final los ruidos de la fiesta se atenuaron, para apagarse luego del todo. Cuando se hizo el silencio la trompeta sonó solitaria y el segundo turno de guardia subió a hacer el cambio.

Jeno me llevó dentro de la tienda y me amó con pasión, pero en completo silencio. Ni una palabra, ni un suspiro. Oía resonar mis palabras como una lúgubre profecía y no tenía otras que oponer, ni siquiera palabras de amor.

Más tarde lo vi levantarse y con vino en una copa de plata acercarse a la orilla del río que habíamos dejado a nuestras espaldas. Libó en honor a la divinidad turbulenta porque aquel día había derramado sangre contaminando las aguas purísimas.

El río impetuoso como un toro salvaje se llamaba Centrites, y al día siguiente lo dejamos a nuestras espaldas y comenzamos a recorrer la meseta que subía y subía, lentamente, casi imperceptiblemente, si no hubiera sido por el aire que se hacía más fino y más frío y nuestro respirar cada vez más frecuente.

Lystra podía ya caminar sin sufrir demasiado: el terreno estaba cubierto de hierba seca que los rebaños habían pastado hasta reducirla a una alfombra espesa y uniforme, de un color amarillo y gris continuamente cambiante con el mudar de la luz. Aquí y allá tallos de avena con sus minúsculas espigas que resplandecían como el oro y otra planta cuyas semillas tenían la forma de pequeños discos plateados, como las monedas de los griegos. La columna avanzaba expeditamente y recorrimos una etapa entera desde la mañana hasta la puesta del sol sin que se manifestara peligro alguno. Jeno y Licio de Siracusa vigilaban con sus exploradores a caballo, galopando arriba y abajo, de la vanguardia a la retaguardia, para prevenir cualquier posible ataque.

El paisaje cambiaba continuamente y delante de nosotros se erguían grandiosos plegamientos montañosos, inmensos ventisqueros, valles profundos cual barrancos que la luz del sol destacaba de modo dramático. Los días se acortaban, la luz se tornaba más roja y oblicua, el cielo más azul y casi completamente despejado de nubes.

Los guerreros avanzaban mirando en torno a sí, observando un país que nadie de su raza había visto nunca antes. La marcha parecía tan fácil, tan tranquila, tan agradable, y comencé a esperar que de verdad llegásemos pronto a la meta.

La meta era el mar.

Un mar interior, en septentrión, cerrado entre tierras, un mar al que se asomaban muchas ciudades griegas con puertos y naves con las que se podría ir a cualquier lugar.

También a casa.

Me lo había dicho Jeno y él lo sabía todo: de tierras, de mares, de montes y de ríos, conocía las leyendas antiguas y las palabras de los sabios, y escribía, escribía también, todas las noches a la luz de la lucerna.

Al cabo de unos días llegamos a las fuentes del Tigris y yo me senté cerca del pequeño riachuelo que brotaba de una roca, cristalino como el aire después de un temporal. Era como un niño: inquieto, gárrulo, tornadizo, pero yo sabía cómo sería de adulto porque lo había visto: enorme, plácido, majestuoso, tan fuerte y poderoso que podía llevar sobre el dorso naves enteras y las extrañas barcas, redondas y en forma de canasto.

Me lavé la cara y las piernas en el agua gélida y tuve una sensación magnífica, de gran vigor, y dije también a Lystra que se diera un chapuzón: fortalecería al hijo y le traería también suerte a ella, porque aquella agua alimentaba a millones de personas, así como les proporcionaba refresco y sustento, irrigaba sus campos a fin de que tuvieran pan, llenaba de peces las redes de los pescadores. ¡Qué misteriosa maravilla centelleaba en el agua del riachuelo que cantaba entre las rocas y en las arenas negras y lucientes! Bebimos largos sorbos de un agua tan pura que la sentimos fluir dentro de nosotros como sabia vital. El agua debía de ser así en todas partes el día que nació el mundo.

Luego atravesamos otro río que discurría por una vasta meseta rica en pueblos. Aquí llegaron mensajeros de parte del gobernador persa diciendo que tenía intérpretes y quería hablar con nuestros comandantes.

Apenas lo supe por Jeno le imploré que no fuera, pero él se sonrió:

—¿Nos crees tan estúpidos? ¿Crees que no hemos aprendido la lección? Quédate tranquila, que esta vez no pasará nada.

En efecto, todo el ejército fue a la cita porque la gran llanura lo permitía. Formados como cuando mandaba Clearco: en cinco filas en un largo frente a lo largo de dos mil pasos, en perfecto orden, con los escudos abrillantados como espejos, los yelmos crestados, las grebas relucientes, los hierros de las lanzas que parecían perforar el cielo.

Sofo, Jantias, Timas, Cleanor, Agasias, a caballo, se colocaron al alcance de la voz. Sofo ligeramente adelantado respecto de los otros cuatro.

Detrás de ellos a diez pasos, en los espacios intermedios, Jeno, Licio, Arcágoras, Aristónimo... y Neón.

Detrás también una pequeña sección de caballería, no menos resplandeciente que los demás.

Enfrente tenían un fuerte contingente de tropas armenias, quizá incluso las que habían combatido en el Centrites, y a la cabeza Tiríbazo, el sátrapa tocado con la mitra blanda, la espada de oro al cinto, la barba muy negra cuidadosamente rizada, al mando de un escuadrón de magníficos jinetes.

Se adelantó el intérprete que hablaba un griego perfecto, signo de que venía de una de las ciudades de la ribera del mar septentrional que no debían de estar lejos.

—Hablo en nombre de Tiríbazo —dijo—, sátrapa de Armenia y ojo del Gran Rey, el hombre que lo ayuda a montar a caballo. Tiríbazo os manda decir: no incendiéis las aldeas, no queméis las casas, coged solo la comida que necesitéis y os dejaremos pasar, no sufriréis más ataques.

Sofo se volvió para consultar con una mirada a sus oficiales superiores: cada uno de lo cuales asintió, diciendo que estaba bien y él se acercó al intérprete:

—Transmite a Tiríbazo, sátrapa de Armenia, ojo del Gran Rey, el hombre que lo ayuda a montar a caballo, que su propuesta nos parece bien y que tenemos intención de mantener nuestra palabra. Por nuestra parte no tendrá nada que temer, pero si traicionara el pacto, que mire a estos hombres formados y que recuerde que todos los que nos han atacado han sufrido un duro castigo.

El intérprete asintió, hizo una inclinación, luego volvió grupas y fue a informar a su señor. Inmediatamente después hizo una indicación de que el acuerdo era válido y el ejército se puso en movimiento con una conversión perfecta colocándose frente a septentrión. Los armenios no se movieron y más tarde los exploradores nos dijeron que nos seguían de lejos a una distancia de unos diez estadios. No se fiaban, evidentemente.

Seguimos adelante así durante varios días, siempre con los armenios a las espaldas y subiendo cada vez más alto. Una mañana me desperté al amanecer y vi un espectáculo de una belleza que iba más allá de todo lo imaginable. Delante de mí se extendía un paisaje de montañas hasta donde se perdía la vista, pero en esas cimas y en esos ventisqueros interminables se erguían tres o cuatro picos mucho más altos, blancos, que se recortaban contra el cielo de un azul intensísimo, y hubo un breve momento en que solo ellos fueron heridos por la luz del sol y se iluminaron como cristales, como piedras preciosas, centelleando solitarios en la inmensa extensión montañosa aún sumida en la oscuridad.

Resplandecían de un color rosado, intenso y límpido como si hubieran estado hechos de una sustancia etérea, gemas titánicas talladas por las manos de los dioses. Me di cuenta de que también un grupo de jóvenes guerreros contemplaba el espectáculo con idéntica admiración y maravilla. Jeno en cambio dormía, extenuado por las fatigas que cada día debía afrontar para asegurar la tranquilidad del ejército en marcha. Las gemas solitarias de la tierra de Armenia no entrarían a formar parte de su relato, de los densos caracteres regulares con los que llenaba su rollo cada vez más voluminoso.

Cuando se despertó se lo indiqué, pero la magia se había desvanecido. Dijo:

—Son montañas cubiertas de hielo; también las tenemos en Grecia: el Olimpo, el Parnaso, el Pelión y la Osa, pero no ciertamente tan altas. El hielo refleja la luz como solo las gemas preciosas pueden hacerlo. Dentro de poco lo verás.

Me lo dijo con un tono que no tenía nada de entusiasta.

Un atardecer llegamos a unas aldeas agrupadas en torno a un gran palacio. Cada poblado estaba construido encima de una altura, con casas hechas con piedras y cubiertas de paja, y de cada chimenea salía un hilo de humo blanco y denso por la temperatura ya muy fría del aire. El sol que se ponía atravesaba con los rayos las columnas de humo enrojeciéndolas y casi destacándolas una por una. Eran centenares, esparcidas en una decena de alturas diseminadas en la meseta. Del palacio no llegaba en cambio signo de vida alguno.

Los soldados se dispersaron para albergarse en todas las casas y las encontraron llenas de todo tipo de víveres: trigo, cebada, almendras, fruta seca, uva pasa, vino añejo, dulce y fuerte, carne salada o ahumada de oveja, de buey y de cabra. Era la tierra de la abundancia.

Yo me alojé con Jeno y sus criados en una construcción maciza que se alzaba en las márgenes de la primera altura que habíamos encontrado. Era un almacén y un secadero para la carne, pero se estaba bien y Jeno lo prefirió porque tenía así un hogar y no tenía que compartirlo con otra gente.

Encendí el fuego y cociné, y nunca olvidaré la sensación de comodidad, de descanso y de calma que me proporcionó aquella cena tranquila al lado del hombre que amaba en una tierra maravillosa, en un lugar mágico que nunca habría imaginado que pudiese existir. Luego…

¡La nieve!

No la había visto nunca aunque sabía que existía. Los mercaderes que atravesaban el Tauro en invierno nos la describían a nosotros niños que escuchábamos atentos, pero no había nada comparable a lo que tenía ante mis ojos. Había abierto la puerta y miraba muda del asombro: la reverberación del hogar que se expandía en el exterior revelando una aparición de una belleza sobrecogedora, la manifestación de la grandeza de la naturaleza y de los dioses que la habitan y que toman formas mudables con el paso de las estaciones y el cambio de los lugares.

Caían innumerables copos blancos del cielo en una danza blanda y leve, remolineando en el aire y posándose en el suelo que se iba blanqueando casi a cada instante formando una alfombra blanca y muelle como el vellón de un carnero recién nacido. A lo lejos las columnas de humo que ascendían de las chimeneas, ahora que se había hecho de noche, elevaban hacia el cielo el alma del fuego que las alimentaba. La nieve, que seguía cayendo cada vez más copiosamente, las atravesaba enrojeciéndose durante un instante para luego volver a encontrar el inmaculado candor de su naturaleza, y me transmitía una sensación de atónita maravilla, tan profunda y vibrante que no sería capaz de describirla, ni siquiera recurriendo a la memoria.

Aunque era de noche, había en el aire una luz apenas perceptible, tenue, difusa y omnipresente, carente de sombras, por la que se habría podido caminar sin equivocarse de dirección y distinguir cada forma y cada presencia. Eran los copos blancos los que la traían presa en su interior y la irradiaban de la tierra y del cielo.

Quién sabe por qué en aquel momento pensé que solo el inmaculado manto de Menón de Tesalia habría podido confundirse con esa blancura, sin dejar más signo que las huellas de un paso silencioso. Huellas… que vi y no vi, tal vez imaginadas.

Se oyó el ladrar de un perro; el ululato de su hermano salvaje le respondió desde los bosques de los montes transformados en blancos colosos amodorrados, se oyeron las voces de nuestros soldados, luego las llamadas de los centinelas y luego nada.

El mundo entero era blanco, tanto el cielo como la tierra, y todo se hundía en un silencio abisal.

Dormí profundamente al amor del fuego encendido: un gran tronco que ardió durante toda la noche difundiendo en el ambiente una tibieza suave y grata. Quizá el silencio, quizá la atmósfera tan suave y mullida, hicieron que conciliara el sueño, quizá la conciencia de haber hecho la elección adecuada cuando había seguido a Jeno: una elección que me regalaba experiencias intensísimas, visiones de sueño, paisajes encantados, sensaciones de violencia y de delirio, momentos de extenuada dulzura.

También Jeno estaba tibio a mi lado, y lo sentía moverse de vez en cuando. Una vez, tras abrir los ojos, vi su mano buscar la empuñadura de la espada y luego abandonarse de nuevo al sueño que dominaba su cuerpo. Fuera, bajo la techumbre, Halys, su caballo, dejaba oír a veces su presencia con resoplidos y quedos relinchos o piafando en el suelo helado con una pata. Era un animal fiero y potente que había sacado muchas veces a Jeno de peligros mortales. Lo quería también a él y en medio de la noche le llevé una manta para protegerlo de los rigores del frío. Él refregó su morro contra uno de mis hombros: era su manera de agradecérmelo.

A la mañana siguiente nos despertamos por un increíble alboroto que provenía del exterior y Jeno salió corriendo con la espada empuñada, pero era una falsa alarma. Los nuestros habían salido y jugaban como niños en la nieve: se la tiraban encima, sepultaban en ella a sus compañeros, la apretaban y lanzaban bolas con las manos y con las hondas.

Los vecinos de la aldea habían salido también de sus casas y observaban sonriendo a los guerreros venidos de lejos divertirse de aquel inofensivo modo. Algunos de sus niños se unieron al juego antes de que los padres pudieran impedirlo.

Brillaba el sol, se asomaba sobre la vasta extensión nevada y a causa del manto inmaculado provocaba un mágico centelleo, como si se hubieran incorporado diamantes o cristales de roca. Vi también descollar en el horizonte, en tres puntos distintos y distantes, los picos altísimos heridos por el sol de la aurora, rojizos como rubíes, y pensé en cómo serían cuando llegáramos a contemplarlos de cerca. Luego de golpe resonaron gritos de alarma y de desesperación: se había propagado el fuego en algunas de las viviendas.

Sofo gritó:

—¡Apagad esos fuegos, enseguida! —Y los hombres se precipitaron con cubos y palas a arrojar nieve en las casas que ardían porque el agua estaba congelada. Fue todo inútil: las casas, que tenían techumbres de madera y de paja, acabaron convertidas en cenizas en poco rato y solo quedaron de ellas unas ruinas renegridas que eran como una ofensa para la vista en medio de la blancura cegadora de la aldea. La gente que habitaba en ellas lloraba aparte.

Sofo hizo tocar a reunión y los hombres formaron en un espacio llano fuera de la aldea.

—¿Quién ha prendido fuego a las casas? —preguntó.

—Han ardido solas —respondieron algunos.

—¿Todas?… Bien. Si los autores de esta bravata salen y confiesan, recibirán nada más que un castigo, si les descubro yo, y les descubriré, les aplicaré el máximo castigo, la pena capital. Hemos hecho un pacto con los persas: que nos dejarán pasar si no prendemos fuego a sus aldeas. Quien ha jugado con fuego ha puesto en peligro la vida de sus compañeros.

Una veintena de soldados, cabizbajos, entre ellos los que habían hablado, uno tras otro, dieron un paso adelante.

—¿Por qué lo habéis hecho? —preguntó Sofo.

—Creíamos que hoy nos iríamos.

—Y, por tanto, no os importaba nada que la gente se quedase sin techo en pleno invierno.

Nadie dijo una palabra: parecían mudos.

—Muy bien. Os habéis comportado como unos estúpidos y tendréis que aprender a vuestra costa lo que significa quedarse sin techo en invierno. Esta noche dormiréis a la intemperie, fuera del recinto vigilado por los centinelas. Si no sobrevivís, tanto mejor, pues me habré librado de un grupo de mentecatos. Ahora ayudaréis a los habitantes de las casas que habéis quemado a reparar las techumbres, a volver a poner puertas y ventanas.

Los hombres obedecieron y cuando cayó la noche fueron acompañados fuera del círculo vigilado y abandonados con un puñal, el escudo y un manto como únicos instrumentos de supervivencia.

Entretanto el cielo estaba cubierto. Comenzó a nevar de nuevo.

21

Me sentía mal por ellos.

Habían sido unos inconscientes, unos estúpidos. Habían quemado las casas de una pobre gente que no les había hecho ningún mal, pero ¿acaso no es normal que entre diez mil hombres haya una veintena de necios?

En el fondo, no habían matado a nadie. Había sido una bravata que se exponían a pagar con su vida.

—Si se quedan al sereno, morirán —dijo Jeno.

—¿Por qué?

—Porque, aunque no mueran, los matarán los enemigos si advierten que han salido fuera de la línea de vigilancia de los centinelas.

—Pero ¿por qué habrían de morir al sereno?

—Porque el calor huye hacia arriba: si hay nubes, lo retienen. Es como tener un techo sobre la cabeza.

—¿La orden de Sofo vale para todos?

—También para ti.

—Pero yo no soy soldado.

—Eso no cambia nada. Las órdenes de Quirísofo valen para todos. Él es el comandante supremo, y además se lo merecen. Deben sentir en su propia carne lo que significa no tener un techo en una tierra como esta, en esta estación y de noche.

Traté de pensar en la manera de llevar fuera unas mantas,

pero Jeno me exhortó a no hacerlo. Entonces me instalé cerca de la ventana y de vez en cuando miraba el cielo: se veía avanzar unas nubes desde occidente, pero estaban aún lejos. Si no llegaban a tiempo para cubrir el cielo, aquellos muchachos morirían.

Jeno me contó una historia, una de esas que se representaban en sus teatros, la historia de una muchacha como yo que había desobedecido las órdenes del rey de su ciudad por piedad hacia dos muchachos: sus hermanos.

—Un rey de una antigua ciudad de mi tierra, llamada Tebas, antes de irse, había dejado el reino a sus dos hijos con un pacto jurado por ambos: reinarían alternativamente un año cada uno. Pasado el primer año, el que ocupaba el cargo dejaría la ciudad y volvería el otro para reinar. Por desgracia la codicia de poder se impuso y cuando Polinices, que así se llamaba el segundo, se presentó para reinar, el otro, Eteocles, se negó a abandonar la ciudad. Entonces Polinices estrechó una alianza con siete reyes y puso cerco a Tebas.

»Los guerreros de ambos bandos combatieron furiosamente movidos por un odio cada vez más despiadado. Al final los dos hermanos decidieron enfrentarse entre sí a duelo, pero del enfrentamiento a muerte que siguió ninguno de los dos salió vencedor. Murieron ambos a causa de las heridas sufridas.

»El sucesor, llamado Creonte, dio orden de que los cuerpos fueran dejados insepultos como admonición para todo aquel que infringiera las leyes de los lazos de sangre y de la confianza en los juramentos prestados.

»Los dos jóvenes tenían una hermana llamada Antígona, comprometida con el hijo de Creonte. Indiferente a la voluntad del soberano, que había amenazado con la pena de muerte a quien infringiera su decreto, Antígona dio sepultura según los ritos a sus hermanos echando sobre sus cuerpos un puñado de polvo. Sorprendida por la guardia, fue detenida y sometida a juicio. Antígona proclamó su inocencia porque había una ley más elevada que la de los reyes y de las ciudades: la ley del corazón, el derecho natural que impone la piedad para los muertos, cualquiera que sea el crimen con el que se hayan manchado las manos, la obligación moral de conceder las exequias a los parientes, la ley del alma y de la conciencia, superior a cualquier otra establecida por el hombre.

Mientras Jeno me contaba la historia de Antígona se me había pasado el tiempo sin casi darme cuenta, y cuando volví los ojos hacia la ventana vi caer los copos de nieve, el cielo blanco, la tierra inmaculada de la que había sido borrada toda huella del paso del hombre. La visión mágica que hechizaba mi mirada, tan lejana del polvo de Beth Qada, las maravillosas laderas blancas, millones de mariposas de hielo que se perseguían como en una danza de amor antes de posarse en el suelo y desaparecer en el manto de espuma ligera no me hicieron olvidar que la naturaleza es siempre cruel y lo que a mí me parecía maravilloso, mientras estaba rodeada por la tibieza del fuego, era para otros letal.

—¿Cómo acabó la historia? —pregunté como despertándome de un sueño.

—Mal —respondió Jeno—, con una serie de muertos. Por eso procura que no te vengan extraños pensamientos. Ahora duerme. Yo iré a dar una vuelta para inspeccionar los cuerpos de guardia.

Pero yo había tomado ya mi decisión y la historia de Jeno me había convencido más aún —¿por qué me la había contado?—: llevaría unas pieles de oveja y de cabra a los estúpidos jóvenes que yacían fuera en el frío y bajo la nieve protegidos únicamente por sus mantos. Pero cuando me disponía a salir la trompeta desgarró el aire detenido con un largo sonido de alarma. Dejé caer las pieles y salí. En los montes que teníamos a nuestro alrededor brillaban fuegos en la oscuridad, grandes hogueras, hojas de fuego que irradiaban una roja aureola trémula a través del remolinear de la nieve.

Los guerreros salieron de las viviendas en las que estaban alojados, armados y revestidos con sus mantos. Sofo y sus comandantes se dirigieron a los soldados:

—Es demasiado peligroso dormir separados en pequeños grupos. Podrían sorprendernos durmiendo al amparo de la noche y del silencio y masacrarnos. ¡Pasaremos la noche todos juntos, armados y listos para el combate, en el centro de la aldea principal! Cualquiera que sea encontrado oculto dentro de una casa será expulsado fuera del campamento con un manto y un puñal nada más.

Y así fue. Los hombres esparcieron la paja de los heniles por el suelo y se tumbaron unos cerca de otros. Solo las muchachas permanecieron en las casas. También yo me quedé con Lystra, a la que había instalado en un establo donde el calor de los animales la protegería del helor.

Nevó durante toda la noche y, a la mañana siguiente, se había acumulado sobre la tierra una espesa capa blanca: también sobre nuestros hombres. Estaban entumecidos y ateridos, pero el heno, la paja y los mantos de burda lana los habían protegido suficientemente.

Los veinte compañeros que habían sido expulsados fuera del círculo de los centinelas habían desaparecido. Aquellos locos debían de haberse alejado para buscar un refugio y tal vez habían sido masacrados.

—Peor para ellos —dijo Jeno—, que se lo hubieran pensado antes. —Pero no había terminado de decirlo cuando el manto de nieve se alzó en varios puntos y aparecieron los veinte guerreros como espectros del Averno.

—¡Mira tú a esos bastardos! —exclamó Jeno al ver aquello. Habían sobrevivido cubriendo los escudos con los mantos, apuntalando los escudos con ramas secas y obteniendo así unas minúsculas, pero eficaces protecciones capaces de retener su calor. Acurrucados allí debajo, se habían protegidos del frío durante toda la noche.

Jeno no pudo contener una carcajada y también los demás rompieron a reír al ver a sus compañeros regresar incólumes a sus secciones.

Pero ahora había que sacar a los soldados de su entumecimiento antes de un posible ataque.

Jeno dio ejemplo. Se levantó, cogió un hacha y se puso a cortar leña con el torso desnudo. Entretanto era ya pleno día: el aire estaba frío, pero dejaba pasar los rayos del sol que comenzaban a calentar. De las techumbres de las casas pendían puñales de hielo de los que comenzó a gotear agua a medida que el sol calentaba más. Al ver lo que hacía Jeno, también los otros se pusieron manos a la obra y en poco rato el campamento se animó con una frenética actividad. Se encontró grasa animal y también un ungüento extraído de una planta que crece por aquellos parajes. La pusieron al fuego y la disolvieron, tras lo cual se llamó a las muchachas para que ungieran y masajearan el torso y la espalda de nuestros soldados ateridos para devolverles su energía. No fue demasiado difícil: tenían veinte años.

Se preparó la colación y los hombres repararon las fuerzas. Se envió a un grupo de exploradores a los montes en una misión de reconocimiento y volvió hacia mediodía con un prisionero que sabía muchas cosas. Tiríbazo preparaba una emboscada en un paso obligado.

Volvía a empezar todo de nuevo: una batalla en cada desfiladero, una emboscada en cada angostura. Había una maldición que pendía sobre nuestra cabeza, una suerte que nos golpearía inexorablemente. Pero los Diez Mil no parecían preocuparse por ello: apenas les fue comunicado, los soldados no vacilaron ni un instante. Terminada la colación, se armaron y se pusieron en marcha.

El cielo empezaba de nuevo a cubrirse, cosa que no me desagradaba: el reflejo del sol sobre la nieve era peor que el del desierto. Un fulgor insoportable que me hacía fruncir los párpados hasta reducirlos a unas hendiduras.

La visión del ejército moviéndose en el paisaje nevado era algo impresionante: una larga serpiente oscura que se desanudaba lentamente a través de la blancura inmaculada de la nieve. Me pregunté cómo era posible reconocer el camino cuando los senderos y los pasos eran indistinguibles, pero en este caso el itinerario era obligado y llevaba hacia una línea de montañas transversales a nuestro camino y coronada por una cima más imponente que las demás. Al cabo de unas horas de marcha un destacamento de infantería ligera se separó del resto del ejército y tomó directo hacia el desfiladero de las montañas por un atajo indicado por el prisionero. Quería ocupar el desfiladero antes de que Tiríbazo apostase allí a sus tropas.

Detrás de la infantería ligera Sofo envió también a un contingente de infantería pesada, los mantos rojos con sus pesadísimos escudos. Los primeros servían para llegar al desfiladero, los otros para defenderlo en caso de contraataque del enemigo.

Antes del atardecer, los nuestros ocuparon el desfiladero y expulsaron a los armenios y a los otros mercenarios que habían sido enviados allí, y se apoderaron del campamento de Tiríbazo lleno de todo tipo de riquezas. Si lo que quería el sátrapa de Armenia era causar buena impresión a los ojos de su rey con esa acción, mal le había ido. Ahora debía dejar de preocuparme. Los sombríos pensamientos que tenía por la mañana se habían disipado antes de la puesta del sol: no parecía existir obstáculo que los nuestros no consiguieran superar sin problemas.

Las bajas habían sido hasta aquel momento limitadas. Tres o cuatro hombres en total, incluidos los heridos que habían muerto a continuación. Comenzaba a razonar como un soldado y me sentí mal. Trescientos o cuatrocientos hombres caídos en combate eran en cambio muchos, pero aunque hubieran sido cien o cincuenta o incluso solamente uno, serían demasiados. Un joven de veinte años que muere es un desastre irremediable. Para él, para sus padres que lo han traído al mundo, para la mujer que lo quiere, si tiene una, a todos les ha sido arrebatado y no lo tendrán nunca más. Y por el hecho de que desde que el mundo es mundo no ha nacido nunca ni nacerá nunca alguien como él hasta la consumación de los tiempos.

También vi el Éufrates, pequeño igual que el Tigris, y me pareció algo sagrado porque era el padre y el dios de nuestra Tierra. Sin él todo habría sido árido y dominio indiscutible del desierto. Lo atravesamos con el agua algo por debajo de la cintura y todavía recuerdo el intenso frío que durante un instante me hizo perder la sensibilidad de las piernas.

La nieve seguía siendo más copiosa a medida que se avanzaba y los guerreros, cuando se paraban en las aldeas, se procuraban tela para fajarse las piernas, habitualmente desnudas, y los pies, pero aun así el frío era punzante. Mientras caminábamos, las cosas iban bastante bien, pero cuando se detenían se ponían lívidos a causa del frío.

Avanzamos así durante varios días, siempre subiendo, pasando por pendientes de montañas altísimas, de roca viva, blancas contra el cielo azul o gris contra el cielo nuboso. El aire cortaba la cara como un cuchillo.

Me di cuenta de que Lystra no podía más: caminar por la nieve alta le costaba un esfuerzo tremendo y su gravidez estaba cada vez más avanzada. Ya era solo cuestión de tiempo que la perdiéramos. Un día, mientras trataba de ayudarla a levantarse, divisé a los dos mulos con la litera que había visto al afrontar las primeras montañas del país de los carducos. Dejé a la muchacha y, corriendo lo más deprisa posible, paré al mulo de cabeza. El criado que conducía la reata alzó las bridas para golpearme, pero yo evité el azote.

—¡Quítate de en medio! —gritó—. ¿Acaso quieres hacer parar a toda la columna?

—No, no pienso quitarme de en medio. Tengo que hablar con la mujer que va ahí dentro.

—No hay nadie ahí dentro, solo vituallas.

—¿Ah, sí? Pues, entonces, déjame hablar igualmente.

Se había producido una aglomeración. Con el rabillo del ojo observé a Cleanor que miraba atrás, hacia nosotros, con una expresión de inquietud que venía a confirmar mis sospechas. Grité:

—Melisa, sal de aquí. ¡Sé que estás ahí! ¡Sal, te he dicho!

Al final Melisa se dejó ver desplazando el paño que la mantenía oculta.

—Abira..., hace mucho tiempo que no nos vemos.

Mientras tanto los soldados se habían desviado ligeramente de su camino sorteándonos, de modo que no había ya motivo para apresurarnos.

—Hace mucho tiempo que te escondes —respondí—. Yo no he parado de buscarte.

—Bien, ahora me has encontrado. Nos vemos esta noche a la hora de la cena y hablamos, ¿te parece bien?

—No, es algo que debemos hacer ahora mismo. ¿Ves a esa muchacha, la de la tripa? Pues no puede más, dentro de poco se dejará caer en la nieve y morirá y con ella su hijo. No la he traído hasta aquí, alimentado y socorrido para verla morir.

—¿Y entonces?

—Pues entonces tómala contigo.

—No hay sitio, lo siento.

—En ese caso, baja tú.

—¿Estás loca? Ni pensarlo.

—Yo fui hasta el campamento persa por ti, porque no podías quedarte sin noticias de Menón. Arriesgué mi vida, ¿y tú no eres capaz de hacer esto por mí? Estás muy bien, tienes quien se cuida de ti. Solo has de caminar a pie un poco, dejar que descanse y se caliente, luego caminará ella durante un buen trecho. Para ti es un sacrificio soportable, para ella supone salvar su vida, mejor dicho, dos vidas.

Melisa era inconmovible. Simplemente no podía concebir renunciar a sus comodidades y su situación presente le parecía incluso demasiado incómoda para aceptar una peor.

—Te he dicho que te bajes.

Melisa meneó la cabeza.

Lystra se acercó:

—Por favor…, déjalo estar, ya me las arreglaré.

—Tú, ¡chitón!

Melisa corrió la cortinilla. La negociación se había terminado. Aquel gesto hizo que me subiera la sangre a la cabeza:

—¡Abre la cortinilla, melindrosa, ramera! ¡Bájate inmediatamente!

Arranqué con la mano la cortinilla, la cogí de un brazo y tiré de ella con todas mis fuerzas.

—¡Déjame! —gritaba—. ¡Déjame ya! ¡Cleanor! ¡Cleanor, auxilio!

Por suerte Cleanor tenía otras cosas que hacer: dos mulos cargados de víveres habían doblado las rodillas más adelante y estaba tratando con sus hombres de ponerlos de nuevo en pie.

La tironeé con violencia y la hice caer en la nieve. Ella se puso a chillar más fuerte aún, pero los soldados reían divertidos y nadie pensaba en entrometerse en una pelea de mujeres. Ella me agarró de un pie tratando de hacerme caer, pero yo le asesté un puñetazo en pleno rostro tan fuerte que la dejé tendida en el suelo. Y mientras ella chillaba y lloriqueaba, yo ayudé a la muchacha a subir. El mulero miraba desconcertado sin saber qué hacer.

—¡Y tú qué miras, imbécil! —grité decidida—. ¡Mueve el culo, maldita sea, vamos, muévete!

No sé cómo ni por qué me obedeció. Mi manera de imprecar como un soldado debió de ser tan colérica que no provocó la menor reacción. La caravana se puso en marcha y yo detrás de ellos. Melisa, viendo que nadie le prestaba atención, se puso en pie y empezó a caminar.

—Espérame —lloriqueaba—, espérame.

No le hice caso. Y tampoco me volví a continuación cuando gemía:

—¡Tengo frío, se me hielan las piernas, estoy mal, no me sostengo de pie…, auxilio, que alguien me ayude!

Al final se resignó, dejó de llorar y de quejarse y cuando nos detuvimos para hacer un alto me cuidé también de ella, puse nieve en una venda y se la apliqué en el ojo magullado e hinchado.

—Doy asco, no me querrá ya nadie.

—Tonterías, estás guapísima y con la nieve se te deshinchará enseguida. Se lo vi hacer a uno de los cirujanos. Además aprenderás a arreglártelas sola, no te vendrá mal: no hemos salido aún de este lío.

—Me has hecho daño.

—También tú me lo has hecho. Estamos en paz.

Se secó los ojos con el dorso de la manga y me enternecí.

—Mira a esa pobre —dije señalando a Lystra—. Podría dar a luz de un momento a otro, imagínate que estuvieras tú en su lugar. Trata de resistir hasta la noche. Luego descansarás.

Y así siguieron adelante, sin descanso, sin reposo. Mientras el cielo se volvía cada vez más fosco comenzó a soplar un viento fuerte y frío que atería los miembros y hacía agrietarse los labios. Avanzamos así durante días: de vez en cuando Lystra pedía bajar para dejar subir a Melisa, pero esta se sentía incómoda en aceptar y las más de las veces se negaba. Se estaba convirtiendo en una mujer fuerte y digna de respeto. Y también las otras muchachas se mostraban a la altura: no se quejaban, no pedían ayuda, y si alguna caía o se sentía mal las otras la socorrían. Por la noche, con aguja e hilo, tratábamos de confeccionar calzados para afrontar mejor la nieve, remendar los rotos de sus ropas y de las de sus compañeros. El frío seguía siendo más punzante, la posibilidad de aprovisionarse cada vez más escasa, las discusiones más frecuentes, sobre todo entre los hombres.

Ahora se estaba combatiendo a un enemigo distinto y realmente implacable, un enemigo sin rostro pero con voz, la voz silbante del viento y de la ventisca: el invierno.

Continuamos subiendo: rebasamos el primero de los tres grandes picos que había visto relucir como diamantes desde la colina del otro lado del vado del río turbulento. Su aspecto era de lo más imponente que hubiera visto nunca en mi vida. Por sus laderas descendían anchas franjas de roca negra que parecían ríos petrificados.

Emergían de la nieve, parecidos a dorsos de monstruos dormidos y llegaban hasta el sendero que estaban recorriendo. Incrustadas en la roca había piedras negras, facetadas y esplendentes como gemas, más grandes que un puño, perfectas, magníficas.

—Es un volcán dormido —me dijo Jeno—. Cuando se despierta vomita ríos de roca incandescente que corren a lo largo de sus laderas y luego se agruman y solidifican convirtiéndose en lo que ves ahora.

—¿Cómo lo sabes?

—Me lo dijo un amigo que estuvo en Sicilia y vio la cólera espantosa del Etna.

—¿Qué es Sicilia?

—Una isla que está a occidente y que tiene un volcán gigantesco que vomita humo, llamas y roca fundida que se solidifica precisamente como esta. Algún día iré, quiero verla personalmente.

—¿Y me llevarás también a mí?

—Sí —respondió—. Te llevaré también a ti. Ya no nos separaremos.

Me asomaron las lágrimas a los ojos al oír aquellas palabras y el viento casi las heló en mis mejillas. Jeno era un joven maravilloso y había hecho bien en fiarme de él, en seguirlo en esa aventura. Aunque estuviera muerta, aunque al final nuestro viaje terminara en la desolada extensión helada que estábamos atravesando, no lo lamentaría.

En cada parada las dificultades crecían. Ya no era cuestión de incomodidades que soportar, sino de vida o de muerte: quien encontraba un alojamiento o un fuego encendido vivía, quien no lo encontraba moría. Al cabo de algunos días de marcha se puso a nevar de nuevo y esta vez no era nada bonito ni agradable: no eran los grandes copos blancos que había visto danzar, al calor del hogar, en el cielo oscuro en las aldeas de las fogatas, eran las agujas de hielo que el viento nos estampaba en la cara con furia insoportable. Nada podía detener la tormenta: el aire helado penetraba cualquier defensa, traspasaba los miembros como un puñal, enrigidecía los movimientos, cegaba la vista, hacía chasquear las ropas y los mantos que en vano tratábamos de ceñirnos encima.

El silbido del viento se volvía ensordecedor, hería los oídos como un aullido continuo, inhumano, se movía uno en una atmósfera nebulosa en la que todo era incierto, donde cada figura era un fantasma, una larva apenas distinguible en el remolinear de la nevisca. El cansancio y el frío doblegaban a cada paso la voluntad de resistir, se transformaban en mortal postración contra la que era casi imposible reaccionar. Los animales estaban sometidos a las mismas pruebas durísimas. Algunos, exhaustos y cargados hasta lo increíble, acababan por ceder y se hundían de golpe en la nieve. Nadie trataba de liberar las cargas, de recuperarlas, porque nadie tenía una gota de energía más que la que le permitía dar un paso después de otro.

Llegaban los lobos y desgarraban a mulos y caballos aún vivos. Los relinchos de dolor y de terror de los animales resonaban en el valle de abajo y se apagaban enseguida en el torbellino lechoso.

Hacia el atardecer, la tormenta parecía aplacarse, pero las mismas presencias amenazaban, espantosas e inquietantes. Largo y lastimero, el aullido de los lobos resonaba desde las montañas y los bosques doblados bajo el peso de la nieve. A veces, en la noche, podíamos ver los ojos rojos brillar en la oscuridad al reflejo de nuestros fuegos. Varias veces el gañido desesperado y enseguida apagado de los perros que nos seguían nos hacía comprender que habían caído víctimas de un hambre más poderosa y terrible que la suya.

Estaba estupefacta del heroísmo de Melisa: ella, bellísima, irresistible, la muchacha ya mítica por haber corrido desnuda desde la tienda de Ciro hasta el campamento de Clearco, ella a la que todos los soldados hubieran querido poseer al precio que fuese, incluso al precio de la propia vida, avanzaba con la nieve hasta las rodillas con increíble resistencia dejando a Lystra, una pequeña prostituta de ínfimo orden, el único lugar protegido de la larga columna de guerreros y de mujeres en marcha.

Ya no había espacio para el amor. Allí donde la oscuridad nos sorprendía buscábamos un refugio para acomodarnos y robar a la noche unas horas de sueño. Los turnos de guardia eran cada vez más breves, porque resistir a la mordedura del frío intenso era casi imposible y no era raro que quien fuera a hacer el cambio de guardia se encontrara a sus compañeros fríos y rígidos, momias de hielo adosadas a un árbol con los ojos desorbitados y vidriosos.

Una noche llegamos a una explanada casi llana protegida a septentrión por unas peñas bastante elevadas que detenían la nieve; a todo alrededor había decenas de troncos medio carbonizados, quizá a causa de un incendio estival. Algunos soldados se pusieron a talarlos con las hachas, otros a amontonar la ramiza, y, luego, los que custodiaban el bien más preciado, las brasas bajo las cenizas en orzas de barro, encendieron los fuegos. Enseguida todos se reunieron en torno a ellos, después se encendieron otros y luego otros más, pero los últimos de la columna llegaron tarde, cuando había casi oscurecido y la madera disponible poco menos que se había agotado, y no consiguieron encontrar un sitio lo bastante próximo para calentarse. Estallaron peleas, trifulcas, algunos echaron mano a las armas, otros se dedicaron a actividades más vergonzosas: ceder un sitio al lado del fuego previo pago. Pedían a cambio grano, vino, aceite, mantas, calzado, cualquier cosa que pudiera garantizar la supervivencia durante unos días, unas horas, cualquier cosa.

Comprendí que nuestros soldados se estaban rindiendo al más temible de los enemigos: el egoísmo. Cleanor de Arcadia, el toro, vio la escena, oyó a uno de los suyos que se negaba a ceder su sitio a un compañero que no tenía nada que darle a cambio. Se arrojó sobre el soldado convertido en despiadado mercader, lo aferró por los hombros y lo empujó contra el fuego que ardía:

—¿Quieres estar caliente? ¿Te gusta el calor, bastardo? ¡Pues ya te daré yo ese gusto, hijo de perra!

El otro trató de reaccionar, pero nada podía parar la fuerza de Cleanor que lo empujaba cada vez más hasta que se prendió fuego su manto. En aquel momento el comandante lo dejó y el otro se fue corriendo gritando, ardiendo como una antorcha. Se arrojó al suelo rodando sobre la nieve, salvó su vida, pero llevaría siempre las cicatrices de su vergüenza.

Entre los últimos en llegar estaba Jeno.

Siempre.

Su sitio estaba entre los últimos para recoger a quien se caía, para alentar a los guerreros extenuados, para mantener con el ejemplo la disciplina, infatigable. Tenía consigo a Licio de Siracusa, a Aristónimos y a Euríloco, incursores temerarios y arrojados, dotados de una fuerza formidable y de un ánimo indomable. Pero a veces no bastaba con su empeño. No bastaba con volver a levantar a los caídos, sacudirlos, abofetearlos o emprenderla a puñetazos con ellos gritándoles:

—¡Levántate, gusarapo, inútil cobarde, bastardo hijo de perra!

No bastaba ya. Uno de los cirujanos dijo que lo que comían no les proporcionaba las fuerzas para soportar el frío, el viento, el cansancio. Tenían que comer más o morirían. Y Jeno espoleó a su caballo a lo largo de la fila de las bestias de carga, buscó por todas partes hasta encontrar comida y se la dio a sus muchachos agotados.

Alguno se volvió a levantar.

Otros se desplomaron ya sin vida.

Un blanco sudario los cubrió, sus últimas palabras se desvanecieron en el silbido de la tormenta.

22

Mientras Sofo se hallaba en una misión de reconocimiento con los suyos, Jeno, dándose cuenta de que los soldados no podían más, los formó en medio de la nieve. Los comandantes dieron la voz de firmes y los hombres se irguieron como guerreros, a pesar del cansancio, con valor, con dignidad, apretando las manos lívidas de frío en la empuñadura de las lanzas. Los nudillos blancos, las uñas oscuras.

Les pasó revista y en su rostro demacrado, en su barba hirsuta y en los ojos enrojecidos, se podía leer todo el sufrimiento que veía en las caras de los muchachos que sufrían sus mismos dolores.

Los escrutaba uno por uno, les ajustaba el manto en torno a los hombros, bajaba la mirada ante las llagas y los miembros congelados, ante los calzados y ropas que no protegían ya nada. Luego habló.

—¡Soldados, escuchad! Hemos superado muchos peligros, puesto en fuga al ejército más poderoso del mundo, hemos derrotado a un pueblo bárbaro y salvaje que quería aniquilarnos, desafiado la corriente de los ríos, franqueado puertos de montaña, hemos escapado al cerco simultáneo de dos ejércitos, pero ahora tenemos que hacer frente a un enemigo sin rostro ni piedad, un enemigo contra el cual las armas de nada sirven. No pocos de nosotros están ya muertos y hemos tenido que dejarlos atrás sin exequias y sin los honores que merecían. Estamos en una tierra hostil en condiciones terribles, pero tenemos que sobrevivir. ¿Os acordáis de lo que decía Clearco? «¡Sobrevivid, soldados! ¡Sobrevivid!» Esta es la orden que yo os doy. La misma que os daba él.

»Nos atormentan dos cosas sobre todo: el frío y la luz. El frío es el más peligroso, de la luz puede uno defenderse.

»No estéis nunca parados de noche. Patear contra el suelo cuando estéis de guardia, palmeaos el cuerpo. Buscad siempre un lugar al abrigo del viento. Cuando durmáis quitaos el calzado. He visto a muchos de vosotros con los pies hinchados. Es una mala señal. Los cirujanos dicen que inmediatamente después viene la congelación y luego la muerte. En otras condiciones se podría intentar amputar. Aquí no sería más que una tortura inútil.

»Muchos de nosotros se han perdido porque se han quedado deslumbrados por la luz, que aquí es muy fuerte. Cuando se despeja el cielo y resplandece el sol, el reflejo os ciega. Muchos de vosotros tienen los ojos enrojecidos. Si no os protegéis, perderéis la vista e inmediatamente después la vida. Cubríos los ojos con una venda oscura y dejad solo una pequeña ranura, no hay otra manera.

»Quien encuentra un abrigo y un fuego encendido vive, quien llega tarde y duerme expuesto al frío y a la oscuridad muere. No es justo que los que os protegen las espaldas paguen con la vida. Cada día la sección de vanguardia se cambiará con la unidad de retaguardia y, así, hasta lograr una perfecta alternancia. De este modo las probabilidades de sobrevivir serán las mismas para todos. Una última cosa: recordad que mientras estemos unidos las posibilidades de salvarnos serán mayores, mientras observemos las reglas y nuestro código de honor podremos superar las dificultades más duras. Quien salva la vida de sus compañeros salva la suya propia, quien solo busca salvarse a sí mismo morirá y morirán también los demás. ¡Y ahora en marcha!

Desplazó a la retaguardia a la sección de cabeza, pero se quedó con ellos. Para él la regla no valía.

¿Cuánto tiempo aún continuaría la tortura? ¿Volvería alguna vez la primavera? ¿En qué mes estábamos y en qué día? Había pasado una vida entera desde que había partido de mis cinco aldeas, y a veces echaba de menos el polvo del desierto que asfixiaba y quemaba las bocas. En marcha no volvía nunca la vista atrás, porque no quería ver a los hombres caer uno tras otro, a las bestias doblar las rodillas y no levantarse, a las filas adelgazarse.

Jeno ya no encontraba tiempo para escribir, pero estaba segura de que ni un acontecimiento, ni un instante de una aventura tan tremenda escaparía a su memoria, igual que no escapaba a la mía. Tampoco sabía dónde estaba Melisa y dónde Lystra, la muchacha que estaba a punto de dar a luz. Faltaba poco.

Aquella noche debíamos alcanzar a Sofo, que había ido en una misión de reconocimiento con un grupo de infantería ligera y de tracios, los más resistentes, acostumbrados como estaban al frío intenso que en invierno castigaba sus tierras. Al caer las tinieblas se habían acuartelado en algunas aldeas y habían hecho entrar cuatro batallones: algunos habían encontrado alojamiento, otros se habían quedado al aire libre, pero con grandes fuegos encendidos. Los últimos, entre ellos yo misma y Jeno con sus hombres, estaban todavía tan distantes que fueron sorprendidos por la oscuridad en medio de la meseta.

Una noche ventosa, despejada, larga y gélida. Millones de estrellas, también ellas de hielo, brillaban en el negro firmamento, el camino blanco que lo atravesaba de un extremo a otro parecía una estela de nieve levantada por el viento.

La zona era yerma y desnuda, no había árboles ni arbustos y no se veía un lugar protegido en parte alguna. Jeno reunió a hombres y animales, hizo buscar palas en las albardas y en las cargas y comenzaron a liberar una extensión suficiente de terreno a todo alrededor creando un parapeto que pudiera proteger del viento cortante. Encendió alguna linterna, repartió lo poco que había de comer y algún trago de vino. En el centro mandó reunir primero a los animales y luego a los hombres apiñándolos para que no se perdiera el calor. Los últimos, de centinela en el exterior, fueron protegidos con los mantos.

Pasamos así la noche, pero por la mañana encontramos a una docena de los nuestros tiesos en la nieve, rígidos, con los ojos reducidos a perlas de hielo.

Emprendimos viaje a lo largo de una cordillera de bajas colinas y en un determinado punto un grupo que caminaba por la cima vio algo: una zona oscura en medio del blanco, un terreno libre de nieve. Comenzaron a gritar: «¡Venid! ¡Venid de este lado!», y el ejército se acercó hasta la cima. Desde allí se divisaba la gran mancha oscura de la que se alzaba una columna de vapor, detrás de nosotros se distinguían bandas armadas de indígenas que nos seguían para matar y despojar a quien se quedaba atrás. Eran grupos de unos cincuenta hombres cada uno, cubiertos de pieles, armados de picas y de cuchillos. En la zona libre de nieve descubrimos una fuente de agua caliente en mitad de un páramo cubierto de hielo que llenaba una piscina natural de un par de codos de profundidad. También el terreno de alrededor estaba caliente y los hombres se arrojaron al suelo: ¡una tierra seca!

Ya no querían moverse de allí; Jeno trató de ponerlos en pie:

—Os dejaré descansar, pero luego habrá que partir de nuevo.

—No nos moveremos ya de aquí —dijo uno.

—Ya puedes matarnos, que no nos moveremos de aquí —añadió otro.

—Estáis locos. ¿Qué pensáis hacer aquí? No hay nada, nada más que un poco de calor. Si no os morís de frío, lo haréis de hambre o seréis masacrados por esos. ¿Qué diferencia hay?

Los dejó descansar convencido de que después se sentirían mejor y reanudarían el camino. Pero se equivocaba. Muchos de ellos habían realizado el último esfuerzo para llegar a la fuente caliente, se habían desnudado y estaban sumergidos en el agua, en un baño maravilloso que los consolaba de los sufrimientos padecidos, de las incomodidades, del frío intenso. Jeno sabía qué estaban pensando y también lo sabía yo. Mejor morir de extenuación en la cavidad de la fuente milagrosa, como en un útero caliente, que afrontar de nuevo sufrimientos, frío, dolor sin tregua.

Jeno consiguió volver a poner en pie por las buenas y por las malas a la mayoría, pero una treintena se quedaron atrás porque no conseguían caminar siquiera, ni mucho menos sostener el peso de la armadura.

Se resignó:

—Está bien —exclamó—, pero se os dijo que ninguno sería dejado atrás y es mi intención mantener la palabra. Seguiremos adelante hasta un sitio en que encontremos un refugio y luego enviaré a unos compañeros capaces de llevaros con nosotros.

Nunca olvidaré la vista de aquellos muchachos desnudos como niños bañándose, en el agua transparente, que nos miraban partir con los ojos llenos de una melancolía infinita. Jeno murmuró que le parecían los compañeros de Odiseo entre los comedores de loto, pero no sé qué trataba de decir.

Creo que nuestro cansancio dependía también del aire. No había estado nunca tan arriba y tampoco los demás, pero me daba cuenta de que teníamos que respirar mucho más deprisa de lo normal y que cada movimiento me costaba un esfuerzo mayor.

Alcanzamos finalmente la vanguardia del ejército y Sofo vino a nuestro encuentro:

—Venid adentro; aquí hay comida y bebida, se duerme caliente en las casas y hay sitio para todos. La gente no es hostil.

Jeno se alegró:

—Finalmente una buena noticia. Dame unos caballos o unos mulos, comida, ropas secas y una unidad fresca: lo necesito enseguida.

Continuaba pensando en los muchachos que estaban en su baño humeante. El sol comenzaba a declinar. La noche avanzaba desde septentrión como un velo oscuro que cubría una parte del cielo. Todavía les quedaba una hora de vida, tal vez dos. No más.

Jeno recibió los mulos y los caballos. Dejó las consignas a Euríloco de Lusio y a Licio, luego se puso a la cabeza de un grupo de infantería ligera y de asalto formado por tracios y volvió atrás.

Los jóvenes estaban inmersos en su baño, jugaban, se echaban agua encima, pero fuera hacía más frío a cada instante. La luz se debilitaba, el vapor se adensaba cada vez más y yacía en torno a algunos arbustos y a dos árboles secos que se erguían como imágenes desesperadas creando formas admirables en las que los rayos del sol del ocaso creaban infinitos matices de color. La luna, aún muy pálida, asomaba del perfil montañoso impasible para observar la escena. Las voces perforaban el vapor, las imágenes se confundían, el eco repercutía sonidos indistintos.

Faltaba poco para la noche.

Faltaba poco para la muerte.

La negra divinidad descendía de los picos helados sin dejar rastro en la nieve inmaculada, hendiendo el viento con el perfil afilado de su desnuda calavera. Enviaba, invisible, filas de saqueadores que caían de las pendientes empuñando las armas de la matanza.

Los jóvenes los veían llegar, pero no reaccionaban: ¿para qué? El final sería rápido y tibio: la tibieza de la sangre se mezclaría con la tibieza del agua y luego oscuridad y silencio.

Jeno asomó en lo alto de una colina, puso de manos al caballo que relinchó expulsando vapor por los ollares como un dragón, desenvainó la espada y gritó:

—¡Alalalai!

Y enseguida, detrás de él, aparecieron quinientos guerreros, incursores y soldados de asalto, bien comidos y equipados. Se dispusieron en abanico en todo el arco de la pendiente para cerrar toda vía de escape a los saqueadores. Su carrera levantaba nubes de blanco polvo de nieve. Los guerreros irisados se lanzaban contra los enemigos, contra los que atacaban la retaguardia, los que hostigaban a los dispersos que se habían quedado atrás solos y perdidos, los que se peleaban gritando en la noche para disputarse el botín y las bestias de carga que no conseguían ya levantarse.

Los tracios y la infantería de asalto se abatieron con gran ardor contra los adversarios y les dieron muerte sin posibilidad de salvación, uno tras otro, ensartándolos con las jabalinas, traspasándolos con los puñales, haciéndolos pedazos con las largas espadas afiladas.

La blanca extensión se manchó de negro y de rojo y se hizo un silencio total.

Jeno no tomó parte en el combate, no era necesario. Lo observó inmóvil en la silla de su Halys y solo cuando hubo terminado incitó al animal con los talones hacia el centro del valle libre de nieve. Desmontó y se acercó a la fuente caliente de la que ahora no llegaba sonido alguno. Atravesó la nube de vapor y apareció ante sus compañeros que se habían detenido atónitos a observar y a escuchar lo que estaba sucediendo.

Jeno les miró y los contó. No faltaba nadie.

—Salid de ahí, vestíos y revestíos con las armas. A cuatro estadios de aquí hay de todo: alojamientos, comida y bebida y fuego para que os calentéis. ¡Estáis salvados, soldados!

Los jóvenes lo miraron como si fuera una aparición milagrosa, luego salieron del agua sin decir palabra, se pusieron las ropas secas, volvieron a tomar las armas y montaron en las bestias de carga que Jeno había traído consigo.

La muerte tendría que esperar.

Antes de que se hiciera de noche franquearon las puertas de la aldea.

Nadie había visto nunca lugares como aquellos. Había al menos una decena de grandes aldeas hechas de casas con los muros de piedra y la techumbre de paja, pero debajo de cada casa había otra excavada bajo tierra. En los sótanos se encontraban provisiones de todo tipo, y grandes orzas de cerveza, ligera y espumeante, muy agradable. También había gallinas y ocas, asnos y mulos, grandes depósitos llenos de heno y los habitáculos de los hombres.

Por fin se estaba caliente allí abajo. Después de muchos sufrimientos, nuestros hombres podían refocilarse y dormir sin alarmas ni gritos salvajes de salteadores. Jeno se puso de nuevo a escribir, anotó con la máxima precisión los acontecimientos de los últimos días y visitó una por una las aldeas tomando apuntes. Los comandantes de las grandes unidades, Cleanor, Timas, Agasias y Jantias se instalaron en las mejores casas con sus mujeres, yo fui a buscar a Melisa, que se había salvado y estaba de nuevo con Cleanor.

—Ahora eres una verdadera mujer, una persona que puede afrontar cualquier prueba en la vida. Has tenido valor y pasión.

—Por fuerza —respondió entre risas—, me obligaste a ello.

—Tienes razón, pero creía que era lo justo. Y lo sigo creyendo.

—Me llamaste ramera.

—Lo siento. Estaba fuera de mí.

—No me ha sido posible elegir mi destino, pero tengo sentimientos y siempre los tuve, soy una mujer, igual que tú.

—También eso lo sé.

—No me ofendas nunca más o te sacaré los ojos.

—De acuerdo.

—¿Cuánto falta para la meta?

—Me temo que nadie lo sabe.

—¿Me estás diciendo que no se sabe adónde nos dirigimos? Jeno debería saberlo y tú eres su compañera.

—El ejército se orienta con el sol tratando de dirigirse siempre hacia septentrión. Jeno prevé que tendremos que atravesar otra gran cadena montañosa antes de llegar al mar.

—¿Y cuánto nos llevará?

—Dos décadas deberían bastar. Ninguno de nuestros hombres ha atravesado nunca esta región. Y además...

—¿Qué?

—Tengo dudas, temores, sospechas...

—¿De qué tipo?

—Tal vez no son más que sensaciones, pero han sido muchas, demasiadas coincidencias: el engaño a nuestros comandantes, ejércitos que aparecen como por arte de magia para impedirnos el paso, trampas que se desvelan de improviso, como en el río turbulento. La resistencia suicida de los carducos no tenía además ningún sentido... Hay enemigos invisibles de los que es difícil defenderse. Creo que cabe esperarse de todo.

Melisa suspiró e inclinó la cabeza desanimada.

—No me hagas caso —continué—, como he dicho tal vez veo lo que no existe.

Melisa levantó la cabeza:

—Si fuera a ocurrir algo, permanece cerca de mí, ayúdame, te lo ruego. Eres la única persona de la que me fío.

—Creo que Cleanor te defenderá a cualquier precio. Con él estás a buen recaudo.

—Permanece cerca de mí de todos modos.

La dejé para reunirme con Lystra, que podía dar a luz de un momento a otro, y le pedí ayuda a Jeno para que me consiguiera un cirujano porque no tenía la menor idea de qué hacer.

—Las mujeres paren solas —respondió—. Los cirujanos tienen otras cosas de qué ocuparse.

Me lo esperaba.

Nos quedamos durante un tiempo para recuperar las fuerzas y varias veces Sofo cenó con nosotros. Era un hombre fascinante, alto, atlético, de ojos guiñadores, siempre ocurrente: parecía que nada le preocupase. Solo de vez en cuando tenía momentos casi imperceptibles de ensimismamiento: su mirada se veía ensombrecida por imprevistos pensamientos. Él era un verdadero espartano, un descendiente de aquellos trescientos que ochenta años antes habían parado los pies al Gran Rey en los pasos angostos de las Puertas Ardientes, como las llamaba Jeno.

Los oía discutir, valorar las posibilidades, los itinerarios, las direcciones que tomar.

—Cuando encontremos un lugar conocido por los griegos —dijo en un determinado momento Jeno—, nuestros sufrimientos se habrán terminado. Sabremos adónde dirigirnos y en poco tiempo llegaremos a un punto desde el cual volver a la patria. Siempre hemos ido hacia septentrión sin desviarnos nunca a no ser el mínimo necesario. Al menos eso espero.

Sofo sonrió:

—Conocía a un individuo que había salido borracho de una taberna para volver a casa. Caminó durante toda la noche y a la mañana se encontró en la misma taberna. O allí se servía el mejor vino o había dado vueltas en círculo sin darse cuenta.

Jeno y los otros oficiales presentes se rieron a gusto. Era ya muy fuerte la sensación de que la meta no debía de estar lejos. La comida y la cerveza contribuían al optimismo, y los armenios que vivían en los pueblos donde se habían detenido parecían gente tranquila y dispuesta a prestarnos ayuda. Había motivos para pensar que lo peor había ya pasado. Fui de nuevo a ver a Lystra antes de acostarme:

—Ahora saca a este hijo, muchacha, sácalo aquí que hace calor y no nos falta de nada.

Lystra me respondió con una sonrisa cansina.

Volvimos a ponernos en marcha una mañana gris y sin viento. Sofo pidió al jefe de la aldea que nos hiciera de guía, y este se vio obligado a aceptar. Tenía siete hijos varones: cogieron a uno de ellos para asegurarse de que no nos traicionaría y se lo dieron en custodia a un individuo de Atenas. Pero quizá lo habría hecho de todos modos: tenía a los Diez Mil que comían tres veces al día y había de quitárselos de encima como fuese.

Al cabo de unos días de durísima marcha por la nieve que nos llegaba hasta la ingle, Sofo perdió la paciencia porque no había visto ni una cabaña ni una aldea y empezó a insultar al jefe, que se defendió con firmeza:

—No hay aldeas en esta región. No puedo daros lo que no hay.

—¡Bastardo! —exclamó Cleanor—. Nos has desviado del camino.

—¡Eso no es cierto!

—¡Confiesa que nos estás desviando del camino!

El hombre reaccionó vociferando más fuerte aún. Entonces Cleanor cogió un bastón y comenzó a darle una tunda. El jefe de la aldea gritaba, trataba de defenderse, pero estaba inerme y los golpes caían con una potencia devastadora. Intervino Jeno:

—Déjale, ¿no ves que no sabe nada? Tenemos en nuestro poder a su hijo. Si supiera, hablaría.

Cleanor no le hizo ni caso y siguió atizándole hasta que cayó al suelo escupiendo sangre.

—Le has roto las costillas, ¿estás contento ahora? —se encaró con él Jeno, fuera de sí.

—He hecho lo que había que hacer: ¡este bastardo nos toma por necios!

Jeno agachó la cabeza y se marchó. Le oí rezongar para su capote:

—No tiene sentido, no tiene sentido...

Nevó durante toda la noche. A la mañana siguiente el hombre se había ido.

—¿Cómo que se ha ido? —exclamó Jeno apenas le hubieron informado de ello. Se vistió deprisa y corrió a ver a Sofo.

—¿Qué significa que se ha ido? ¿Dónde estaban los centinelas? ¿Por qué nadie lo ha visto?

—Habrán pensado que, disminuido como estaba, no podía moverse o que no abandonaría a su hijo.

—¿Habrán pensado? ¿Qué significa habrán pensado? ¿Dónde están los responsables? ¡Quiero interrogar a los hombres que estaban de centinela esta noche!

Sofo le respondió con cara de pocos amigos:

—Tú no interrogas a nadie, escritor, tú no tienes ninguna autoridad, no tienes ningún grado militar en este ejército.

Furibundo, Jeno le dio la espalda: nunca había sido tratado así por su amigo.

—¿Adónde vas?

—¡A donde me parece!

Sofo moderó el tono de voz:

—También yo estoy fuera de mí, pero no puedo castigar a unos hombres que han pasado la noche bajo la nieve y tienen a sus espaldas meses de cansancio inhumano. Saldremos de esta igualmente.

—Si tú lo dices… —respondió a secas Jeno y se fue.

No le había visto nunca discutir de aquel modo y también los oficiales se quedaron mal. Jantias lo llamó:

—Espera, ven aquí. Tenemos que hablar.

—Déjalo estar —dijo Timas—. No es el mejor momento. Hablaremos más tarde.

Jeno volvió a la retaguardia sin decir una palabra. Estaba furioso.

Nos pusimos de nuevo en marcha y caminamos todo el día y también el día siguiente bajo la nieve que caía cada vez más copiosamente hasta que, hacia el atardecer, llegamos a orillas de un río. A occidente los nubarrones se abrían dejando algún claro por el que se filtraban los últimos rayos del ocaso que expandían un reflejo sanguinolento sobre el agua y la nieve.

Un espectáculo irreal, una atmósfera encantada que duró aún unos pocos instantes.

El río era ancho, corría lleno y rápido de izquierda a derecha y por tanto, pensé, hacia oriente. No había manera de cruzarlo, pero al menos no había otros peligros a la vista.

Sofo reunió al estado mayor y convocó también a Jeno que no quería ir, pero Agasias y Cleanor lo convencieron y consiguieron llevárselo casi a la fuerza.

—¿Qué hacemos? —preguntó Sofo con cara sombría.

—Un puente —respondió Jantias—. En esas colinas hay árboles.

—¿Un puente? —repuso Timas—. Puede hacerse. Plantaremos dos palos juntos, los ataremos entre sí, prepararemos una pasarela y avanzaremos con otros palos hasta que hayamos llegado al otro lado.

—Movámonos —dijo Cleanor—. Yo creo que, si conseguimos pasar al otro lado, lo demás es cosa hecha: detrás de esa cadena montañosa que tenemos enfrente deberíamos ver el mar.

—U otra cadena montañosa —lo enfrió Agasias—. La montaña engaña, ¿acaso no te has dado cuenta?

—Yo te digo que está el mar —replicó Cleanor.

—Es inútil discutir si está o no el mar —comentó Agasias.

Jeno callaba. Miraba fijamente la corriente y trataba de comprender.

—Deberíamos descubrir qué río es este —dijo—. Y por desgracia nuestro guía se ha largado.

—¿Quieres acabar con esta historia del guía? —espetó Sofo—. ¡Ya se ha ido, basta ya!

—Tratemos de mantener la calma —medió Timas para poner paz.

Jeno prosiguió:

—Este es un río grande, importante, seguramente tiene un

nombre que quizá también nosotros conocemos. Si conseguimos saberlo, tal vez podría calcular con cierta precisión dónde estamos y establecer la dirección que nos conviene tomar. En nuestra situación, evitar largas desviaciones o emplear tiempo y energías en la construcción de un puente puede ser decisivo.

Agasias se cogió la cabeza entre las manos como si tratara de dar con una idea.

—Haría falta alguien de estos lugares que hablara también nuestra lengua. No me parece que se vea a nadie por ahí.

—Entonces se hace el puente —concluyó insistente Jantias.

—Un momento —lo interrumpió Sofo—. ¡Mirad allí!

Justo en ese momento pasaba un hombre por la orilla del río con un perro y un cuévano de leña a la espalda.

—¡Corramos antes de que escape! —gritó Agasias y, tras dejar en el suelo la lanza y el escudo, echó a correr como una centella en dirección al hombre aparecido como por ensalmo. Los otros fueron detrás de él y Jeno consiguió superar a Agasias corriendo por donde la nieve era menos alta.

El hombre con el cuévano se detuvo a mirar, más lleno de curiosidad que asustado, al grupo de extranjeros que se precipitaban hacia él saltando como locos en medio de los montones de nieve. El perro se puso a ladrar alarmado, pero no se movió.

Jeno fue el primero en llegar, jadeando:

—¿Qué río es este? —preguntó con un suspiro.

El perro ladró de nuevo. El hombre meneó la cabeza. No comprendía.

—¡El nombre de este río! —gritó Timas apenas llegar.

Agasias comenzó a hacer gestos para representar la corriente que pasaba por entre las orillas:

—El río, ¿entiendes? ¿Cómo se llama este condenado río?

—No comprende, ¿no ves que no entiende? —dijo Jantias.

El hombre se sacudió, pareció entender lo que le preguntaban. Dijo:

—*Hirvan*? *Hirvan kistea*? *Pase*... *Pase*.

—*Pase*... —repitió Jeno—. *Pase*... Este es el nombre. *Pase*..., ¡sí, claro! ¡Claro! ¡Es el Fasis! ¡Este río es el Fasis! ¡Sé dónde estamos! A partir de ahora ya no nos perderemos. Nada de puentes, solo tenemos que seguirlo y nos llevará al mar y a una hermosísima ciudad. ¡Lo hemos conseguido, muchachos, lo hemos conseguido!

Todos se pusieron a gritar de entusiasmo, a tirarse puñados de nieve como niños.

Solo yo no conseguía entender.

No entendía por qué el agua iba hacia oriente, hacia el corazón del Imperio persa, de la parte opuesta al mar.

23

Aquella noche, en la tienda, abrazados el uno al otro bajo una piel de carnero escuchamos el rumor del río que corría raudo hacia su destino. Y muchos pensamientos e interrogantes se acumulaban en mi mente.

—¿Cómo puedes estar tan seguro de que el que discurre hacia abajo es el Fasis? ¿Y por qué el Fasis debería llevarnos a la salvación?

Como otras veces, Jeno me estrechó contra sí y me contó una historia maravillosa:

—Solo el Fasis puede ser tan grande y caudaloso en esta región. He observado las estrellas y no tengo dudas. Además, el nombre con el que lo ha llamado el hombre, *Pase*, es sin duda el verdadero del que deriva el nuestro. Aparte también Quirísofo está seguro de ello y me ha apoyado en el propósito de seguir la corriente.

—Pero el agua va en dirección contraria a la que debería moverse nuestra marcha. Si la seguimos, acabaremos en una tierra más lejana y desconocida aún que la que estamos atravesando.

—El agua discurre hacia abajo y hacia el mar y por tanto, aunque por ahora el río va hacia oriente, mejor dicho, hacia occidente, es solo por la pendiente del terreno. Pero luego cambiará y bajará hacia el mar y la desembocadura, cerca de la cual se alza una ciudad en un lugar visitado por uno de nuestros héroes hace muchos siglos.

—¿Y quién era ese héroe? ¿Y por qué llegó hasta estas tierras remotas?

—Se llamaba Jasón y era un príncipe. Se lo habían llevado de la residencia real siendo muy pequeño la noche en que su padre Esón fue asesinado por su hermanastro Pelias, que se había hecho con el poder en su lugar. Fue criado a escondidas por un ser maravilloso, de sabiduría infinita, y cuando fue adulto dejó la cueva en los montes donde había crecido y volvió al palacio. Al cruzar un río perdió una sandalia y se presentó así en el palacio real dando un susto de muerte al tío al que un oráculo había vaticinado que sería destronado por un hombre con una sola sandalia.

»Entonces Pelias le mandó llevar a cabo una empresa considerada imposible y en la que perdería seguramente la vida: traer a casa el vellocino, todo de oro, de un carnero mágico y gigantesco, que era considerado el más poderoso talismán sobre la faz de la Tierra. Este objeto precioso se encontraba en Cólquida, la extrema región oriental del mundo, y estaba vigilado por un enorme dragón que expulsaba llamas por sus fauces.

»Jasón aceptó el desafío, reunió a los héroes más fuertes de Grecia, construyó la primera nave de la historia del hombre a partir de un solo pino gigantesco del monte Pelión y partió. Llegado a Cólquida, se presentó ante el rey solicitando ayuda, pero fue la princesa, la bellísima Medea, la que se enamoró de él y le confió los secretos que le permitirían vencer al dragón y volver a casa.

»Jasón llevó a la patria el vellocino de oro, se convirtió en rey de su ciudad y se casó con Medea.

—¿Y cómo terminó la historia?

—Su unión se convirtió en una pesadilla y acabó sangrientamente.

—Quién sabe por qué vuestras historias siempre acaban mal.

—Porque son parecidas a la realidad. En la realidad muy pocas historias acaban bien.

Sus palabras me dejaron helada: ¿nuestra historia acabaría como la de Jasón y Medea? Jeno reanudó su relato:

—Siglos después, sin embargo, otros grupos griegos llegaron a la tierra de Medea y en la desembocadura de este río fundaron una ciudad del mismo nombre: Fasis. Sé exactamente dónde se encuentra, a lo largo de la costa del mar llamado Ponto Euxino en una tierra rica y fértil. Si seguimos el río, nos llevará hasta allí y nuestros sufrimientos se habrán terminado.

—Y cuando lleguemos a la ciudad de Fasis, ¿qué haremos?

Jeno suspiró:

—No sabemos siquiera si estaremos vivos mañana ¿y tú me preguntas qué haremos entonces? Tratemos de sobrevivir, Abira, en lo demás ya pensaremos llegado el momento.

De repente la visión antes serena de nuestro inmediato futuro se ensombreció como el cielo que teníamos sobre nuestras cabezas. El silencio me oprimía y traté de retomar la conversación:

—¿Qué piensa Sofo de tu idea?

—Está de acuerdo conmigo. Está dispuesto a apoyarme sea como sea.

—¿Y los demás?

—Quieres saber demasiado.

—¿Y los demás? —repetí.

Jeno dudó, luego cedió:

—Están en contra. Ni uno de los comandantes de las grandes unidades está convencido de esta opción. Ha habido una fuerte discusión, casi una pelea. Ha aparecido también Glus, al que no veía desde hacía tiempo y también estaba en contra. Pero yo me he mantenido firme y he contado con el apoyo de Quirísofo. Se irá a donde hemos decidido nosotros. No existe río que no vaya al mar. Y este va a nuestro mar.

—Que los dioses te oigan —respondí y no dije nada más. Dentro de mí no estaba nada convencida de ello.

A la mañana siguiente nos pusimos en camino, pero no había entusiasmo, ni determinación. Jantias, Timas, Agasias, Cleanor debían de haber hablado con sus oficiales subalternos y estos debían de haber informado a los soldados. Se iba hacia oriente y por aquel lado estaba el Imperio persa, nadie lo ignoraba. Aunque quizá no habíamos salido en ningún momento de él, estábamos aún en el interior del territorio del Gran Rey. Quizá toda la tierra, a excepción de la de los griegos, pertenecía al Gran Rey.

Una tarde llegamos al pie de un desfiladero atestado de guerreros que impedían el paso. Se estaba verificando lo que habíamos afrontado tantas, tantas veces. En aquella tierra montañosa cada valle era un territorio cerrado, una pequeña patria que defender con uñas y dientes, y para nosotros, que expugnar a toda costa. ¿Cuántos valles había aún entre nosotros y el mar? ¿Cuántos desfiladeros que tomar al asalto? ¿Cuántas aldeas que saquear? Paseaba la mirada a través de la extensión infinita de montes, de picos nevados, de cimas centelleantes, de cascadas y de torrentes tumultuosos y no conseguía imaginar el final. Tampoco Jeno, tampoco él, que lo sabía todo, podía decir cuántas montañas impracticables, cuántos despeñaderos escarpados tendríamos que escalar antes de ver brillar las aguas del mar. Aquel mar que yo no había visto nunca y, estaba segura, no vería jamás.

El río..., a veces lo teníamos cerca, a veces nos alejábamos de él, pero no lo perdíamos de vista. Era nuestro guía, nuestro sendero líquido y undoso que un día nos conduciría a través de prados floridos, paisajes encantados, acariciados por el viento de primavera. Y Lystra llevaría allí a su niño para que diera los primeros pasos.

Oí un grito, una orden seca y luego el alarido de miles de hombres y el fragor ensordecedor de las armas de los guerreros que se lanzaban al ataque. Los comandantes parecían dirigir un juego, desplazaban secciones de una zona a otra, lanzaban falsos ataques y se retiraban para luego acumular al grueso de las fuerzas en otra parte y asestar el mazazo definitivo. Era una partida de caza de resultado conocido.Veía a Jantias golpear con potencia devastadora, a Timas avanzar corriendo por la pendiente, incitando a sus hombres, a Cleanor cargar con la cabeza baja detrás del escudo y arrollar cada obstáculo, a Jeno pasar al galope con la lanza empuñada y a los demás, los héroes de aquel ejército perdido: Aristónimo de Metidrio, Agasias, Licio de Siracusa, Euríloco, Calímaco... Los reconocía por el timbre de voz, por la manera de gesticular, correr al ataque, llamar a grandes voces a sus compañeros. Eran leones en libertad en medio de una manada: nadie podía resistírseles.

Antes de que cayera la noche los defensores del puerto de montaña yacían dispersos por la pendiente, cada uno donde había sido alcanzado por el golpe fatal. Los nuestros acamparon guardando el paso.

Las mujeres y las bestias de carga llegaron después, cuando solo el reflejo de la luna sobre la nieve permitía no perder el sendero. Del otro lado del desfiladero, unas manchas oscuras resaltaban en la blancura difusa: aldeas fortificadas resguardadas cada una en un saliente rocoso. Las vituallas tomadas en las aldeas armenias se habían casi terminado: el ejército tenía hambre.

Al día siguiente al amanecer Sofo ordenó distribuir lo que había quedado de comer, luego hizo tocar las trompetas para el ataque.

El ejército rodeaba las aldeas una por una, los incursores ponían a prueba la resistencia con ataques y retiradas obligando a los defensores a lanzar flechas, dardos y piedras, armas primitivas y poco eficaces, luego avanzaba la infantería pesada. Vi a Cleónimo, a Agasias y a Euríloco de Lusio revestidos con sus armaduras correr rampa arriba hacia la entrada, como en una loca competición de atletas superándose unos a otros, empujándose con gritos y carcajadas, y echar abajo las puertas de cañizo de un simple empujón de los escudos y arrastrar dentro a sus compañeros que venían lanzados.

Entonces conocí hasta qué punto podían llegar el amor por la libertad, el apego a la propia tierra, el terror a un enemigo desconocido.

Vi a las mujeres de la aldea arrojar a sus pequeños desde lo alto del recinto amurallado contra las rocas de abajo, y luego hacerlo ellas y despanzurrarse contra las aguzadas piedras. Y también vi a los hombres, después de haberse batido hasta el extremo, agotadas todas sus fuerzas, despuntadas y rotas las armas, correr la misma suerte que sus hijos y esposas.

Cargado con el botín y las vituallas, el ejército prosiguió su camino, siguiendo siempre el río, cada vez más hacia oriente.

Avanzamos durante días sin detenernos nunca, pasando cerca de la otra montaña que había visto mucho tiempo antes, al amanecer, resplandecer en el horizonte como una piedra preciosa. Era inmensa, perforaba las nubes con su cima, y las laderas, recorridas por negros plegamientos, se alzaban majestuosas en la vasta meseta atravesada por el río.

Luego comenzó a nevar, con grandes copos, sobre los campos interminables y silenciosos, durante un día y una noche sin interrupción. O tal vez durante dos o tres: esos días terribles se confundían y se superponían en mi memoria. Solo recuerdo que perdimos a uno de nuestros criados, extraviado en la tormenta.

A la mañana siguiente le sobrevinieron a Lystra los dolores del parto. Esperé a que todo hubiera terminado mientras los soldados saciaban su hambre, desmontaban el campamento y se disponían a ponerse en camino. Había hecho que nuestro otro criado preparase una tablazón con dos varas para atar a uno de los mulos: una especie de arrastre sobre el que acomodar a la muchacha y al niño cuando naciera, pero las cosas no fueron como me esperaba. Los dolores del parto se prolongaron con fuertes contracciones y gritos de espasmo, pero el niño no venía al mundo. Jeno llegó ya armado y llevando de las bridas a su caballo:

—¿Qué quieres hacer? Tenemos que movernos, el ejército no puede esperar.

—No pienso abandonarla en estas condiciones, sería descuartizada por los lobos. Está a punto de parir, ¿es que no lo entiendes?

—La haré cargar sobre el arrastre y andando.

—No, el niño está a punto de nacer, debe permanecer quieta y tumbada. Ya falta poco. Tú vete, déjame a mí con el criado y el mulo con el arrastre, os alcanzaremos. No será difícil sin duda seguir las huellas de vuestro paso.

Jeno, aunque a regañadientes, consintió sabiendo lo fuerte que yo era y la experiencia que había ya adquirido en condiciones de extrema incomodidad: «¡No cometas ninguna imprudencia, ten cuidado!», dijo mientras se despedía de mí con un gesto de la mano. Incitó al caballo a lo largo de la columna en marcha para ponerse a la cabeza de sus exploradores.

Seguía nevando, y los ruidos del ejército en marcha se fueron amortiguando. El criado estaba turbado e inquieto.

—Vamos —decía a cada momento—. No podemos esperar más. Si perdemos el contacto estamos muertos.

—Un poco más, un poco más y nacerá —respondía con cada vez menos convencimiento.

Cansada y extenuada, Lystra no conseguía empujar. Yo trataba de ayudarla, hacía presión sobre su vientre, gritaba:

—¡Empuja! ¡Trae al mundo a este hijo, pequeña mujerzuela, trae al mundo a este hijo de mil padres! —Y a cada instante que pasaba me sentía impotente y presa de la angustia. La idea de no vencer la lucha contra el tiempo me producía una sensación de ahogo.

Gritaba, imploraba llorando y sollozando:

—Empuja, expulsa al bastardo, vamos, ¡ea!, empuja. —Y también me ponía a gritar—: ¡Jeno, Jenoooo! —como si pudiera oírme o ayudarme.

Lystra estaba pálida, helada y cubierta de sudor, tenía unas ojeras oscuras y profundas. Su respirar era un silbido doloroso.

Me miró fijamente con una expresión llena de melancolía y de espanto:

—No lo consigo —dijo con un hilo de voz—, perdóname, pero no lo consigo.

—Sí que lo consigues, ¡maldición!, mira, ya veo los cabellos, ayúdale a nacer, ya falta poco, vamos, ¡ayúdale, ayúdale!

Lystra me miró de nuevo durante un instante con lágrimas que surcaban sus chupadas mejillas, luego echó la cabeza hacia atrás y permaneció inmóvil con los ojos abiertos mirando fijamente la nieve que caía del cielo blanco e impasible.

La aferré por los hombros y empecé a sacudirla.

—¡No te mueras, no te mueras, despierta, ten ánimo, ahora nos vamos, yo te llevo, yo te llevo!

No sabía lo que me decía, profería palabras sin sentido mientras sacudía aquel cuerpo inerte que dejaba colgar los brazos como una muñeca desarticulada. Me dejé caer sobre ella para infundirle un poco de mi calor y permanecí inmóvil llorando, no sé por cuánto tiempo.

Cuando me recuperé, miré a mi alrededor para pedir ayuda y me di cuenta con terror de que estaba sola. ¿Cuánto tiempo había pasado? ¿Dónde estaba el criado? ¿Por qué lado se había ido el ejército? La nieve caía densa y copiosa, el silencio que me rodeaba ahogaba todo ruido, incluso el de mi respirar, del que solo veía las nubecillas de vapor.

Traté de ponerme en pie, pero no lo conseguía, la nieve lo cubría todo con un revoloteo confuso, con una niebla densa y casi impenetrable. En un determinado momento me pareció descubrir sombras oscuras que venían hacia mí.

Me puse a gritar con todas mis fuerzas, hasta que los gritos se me morían en la garganta. Traté de moverme, de encontrar las huellas del paso del ejército, pero todo era igual en cualquier dirección, estaba sola al lado de un cadáver rígido y ya recubierto completamente por la nieve.

Moriría también yo.

Dentro de poco.

Seguiría a Lystra y a su hijo.

No vería más a Jeno.

Ni la aldea polvorienta de Beth Qada. El pozo…, las amigas…, mi madre. Nada…

Me entró una somnolencia pesada, amodorrante… y dulce. Y recuerdo que tuve un sueño. Mientras me sumía en el olvido soñé que veía una forma incierta que avanzaba hacia mí. La forma tomó los contornos de una figura fantástica. Un jinete blanco sobre un caballo blanco, el rostro embozado con un borde del manto que le caía de los hombros.

Lo vi saltar a tierra, también él ligero como un copo de nieve, y avanzar hacia mí.

—¿Quién eres? —pregunté mientras lo veía inclinarse para levantarme del suelo. Luego la imagen se disolvió también en el torbellino de nieve, me desvanecí en el amodorramiento del que ni siquiera los sueños ni las visiones consiguen escapar.

Pensé… la muerte.

Jeno.

El rostro que se me aparecía en la débil luz del atardecer era el suyo.

—¿Dónde estamos? —conseguí murmurar.

—En el campamento. Estás en lugar seguro.

Enseguida me vino a la mente la imagen de Lystra y me brotaron las lágrimas de los ojos.

—Lystra está muerta.

—Me lo imaginé. Lo siento.

—¿Cómo has hecho para encontrarme?

—Te han encontrado los centinelas aquí afuera debajo de un abeto, casi aterida.

—No es posible.

—Tampoco yo consigo explicármelo.

—Creo haber visto…

—¿El qué?

—A un hombre cubierto de nieve, todo blanco.

—Quizá era mi criado. No ha regresado aún. Podría haberte encontrado él y traído.

—¿Y dónde está ahora?

—Tal vez anda por ahí. Pero es inútil buscarle ahora. Dentro de poco estará completamente oscuro. Es demasiado peligroso.

Dormí toda la noche. A la mañana siguiente un grupo de exploradores encontró los restos del mulo y de nuestro criado. Los lobos habían dejado solo los huesos. Jeno compró otro criado a los mercaderes que aún nos seguían y proseguimos.

Continuamos avanzando hacia oriente durante muchos días, siempre siguiendo el río, y todas las tardes, en las reuniones del estado mayor, los comandantes de las grandes unidades y de los batallones insistían en que proseguir en aquella dirección era una locura, que ya habíamos recorrido una gran distancia y nada hacía pensar que el río nos llevaría al mar. Solo uno de ellos de nombre interminable, y al que yo llamaré Neto, aventuró una hipótesis inquietante:

—Existe la posibilidad de que este río desemboque en el río Océano que circunda la Tierra y no en el Ponto Euxino, como vosotros esperáis.

—Pero ¿qué dices? —rebatió Jeno.

—Demuéstrame por qué no puede ser —replicó Neto.

—Estamos sufriendo las bajas más serias desde que partimos —dijo Jantias—, hemos perdido más hombres por el frío y la nieve que en la gran batalla contra el Gran Rey.

—¡Y la responsabilidad es tuya, Jenofonte! —exclamó Neto.

—No —le interrumpió Sofo—, la responsabilidad es mía.

Yo tengo el mando supremo. Y estoy convencido de que Jenofonte tiene razón. Tenemos que seguir el río y pronto nos conducirá al mar. Hemos hecho enormes esfuerzos por llegar hasta aquí, no podemos echarlos a perder volviendo atrás.

Intervino Jeno:

—Nadie que yo conozca ha llegado nunca hasta el río Océano, a no ser uno de los almirantes del Gran Rey, un griego de Carianda, y por lo que sé está muy lejos, a miles de estadios de distancia. ¿Recordáis lo que decía Ciro? «El Imperio de mi padre es tan grande que se extiende a septentrión hasta donde los hombres no pueden vivir por el frío y al mediodía hasta donde no pueden vivir por el calor.»

—¡Pero no dijo nada de oriente! —insistió Neto.

—No por ello cambian las cosas: el extremo occidente y el extremo oriente están a la misma distancia del santuario de Delfos y no es posible que este río desemboque en el Océano, pues sería más largo que el Nilo.

—Yo sé por qué quieres seguir este río —dijo Neto—. ¡Crees que es el Fasis y quieres fundar una colonia en su desembocadura!

Muchos de los presentes se volvieron hacia Jeno gritando e imprecando. Jeno desenvainó la espada y se lanzó contra Neto. Lo habría matado si uno de los presentes no le hubiera parado los pies.

—Es una infamia —gritó—. Una falsedad que ha sido propalada para desacreditarme. Es envidia por lo que he hecho hasta ahora por el ejército.

—Es un rumor que corre por el campamento, admítelo —respondió Neto tras reinar de nuevo la calma—. Eres un hombre sin tierra y sin patria. Si volvieras a Atenas, te despellejarían porque combatiste contra los demócratas en los tiempos de la batalla del Pireo.

Neto estaba al corriente de todo o, al menos, conocía el pasado de Jeno y su condición de desterrado.

—Si consiguieras fundar una colonia con estos hombres, adquirirías gloria eterna, verías que te erigirían una estatua en la plaza de la nueva ciudad con una inscripción dedicatoria al fundador. Es esto lo que sueñas, ¿no? Tanto más cuanto que estos hombres no saben adónde ir. ¿Acaso no sería una buena solución?

Volvió a estallar una furibunda discusión. Jeno consiguió retomar la palabra:

—Pongamos que tienes razón: ¿y entonces qué? Aunque tuviera esta idea, ¿qué habría de malo en ello? En cualquier caso, decidiría la asamblea del ejército. Yo no tengo poder alguno para tomar una resolución tan importante. Ni siquiera el comandante Quirísofo podría imponer una cosa semejante. Pero si crees que yo estoy tan cegado por la ambición como para poner en peligro la vida de mis compañeros a los que estimo y por los que siento apego, como para arriesgar mandarlos a todos a la muerte perdiéndolos en un páramo helado sin fin, entonces eres un perro bastardo, un bellaco que se esconde tras las calumnias. Yo estoy tratando de ponerlos a salvo por el camino más seguro, no de hacer que mueran de privaciones uno tras otro.

—Si te pones así... —gritó Neto echando mano a la espada.

—¡Ahora basta ya! —exclamó Sofo—. Seguiremos adelante, Jeno tiene razón: el río no puede ser otro que el Fasis y por tanto será solo cuestión de días y luego comenzará a descender hacia el mar. Lo seguiremos y estaremos salvados. Mantened la moral de vuestros hombres, dadles ejemplo. Hemos superado mil obstáculos y superaremos también este.

La reunión se disolvió entre refunfuños y recriminaciones, pero la marcha se reanudó y seguimos de nuevo adelante, durante días y días. La resistencia de nuestros guerreros era increíble; aparte del frío, de las tormentas, tuvieron que enfrentarse varias veces con tribus indígenas aguerridas que tendían emboscadas, atacaban de noche, se escondían en la nieve alta y aparecían de repente con gritos que helaban la sangre.

Sofo adoptó una buena táctica para obtener lo que quería: evitar convocar al estado mayor. Dar solo órdenes. La cosa funcionó durante bastante tiempo, luego el descontento comenzó de nuevo a crecer.

Jeno no escribía más que brevísimas anotaciones. Varias veces lo vi de noche dentro de la tienda abrir la cajita con el rollo blanco, mojar la pluma en la tinta, pergeñar algunas palabras y luego interrumpirse. No me atreví a preguntarle la razón: me imaginaba la causa. Hubiera tenido que justificar ante sí mismo una elección que estaba causando cuantiosas bajas y todo tipo de incomodidades, pero lo que más me asombraba era el apoyo incondicional de Sofo. No se podía tratar simplemente de un acuerdo sobre la elección de lo que había que hacer; en determinados momentos la elección era tan manifiestamente equivocada que hubiera tenido que despertar al menos una duda. Y yo tenía dudas, siempre angustiosas.

¡Cómo me hubiera gustado saber leer los signos que Jeno había trazado en el rollo las pocas veces que lo hacía, comprender qué confiaba a la memoria y qué condenaba al olvido! Estaba preocupado, con semblante sombrío, taciturno. Cada día era más difícil hablar con él.

Una tarde afrontamos de nuevo una situación muy dura: el desfiladero que teníamos delante de nosotros estaba cerrado por unas densas filas de guerreros, cubiertos de pieles y con grandes arcos similares a los de los carducos, que nos acribillaban con lanzamientos continuos que la infantería pesada conseguía bloquear disponiéndose en orden cerrado con los escudos superpuestos unos a otros. A nuestras espaldas se desencadenó un nuevo ataque y Jeno tuvo que hacer dar la vuelta al frente de sus hombres para repeler los ataques provenientes de aquel lado. Una vez más estábamos rodeados. Vi a los comandantes de las grandes unidades reunirse con los guerreros más fuertes del ejército: Euríloco de Lusio, Aristónimo, el de las largas piernas esbeltas, Aristea, el de los cabellos rojos color de fuego, y poco después convocar a los trompeteros y a los flautistas. Esto solo podía significa una cosa: atacar con la cabeza baja y no detenerse hasta que el frente enemigo se hubiera desquiciado y roto.

El grupo elegido se dispuso en el centro de un cuño de infantería pesada y cuando los flautistas comenzaron a tocar al unísono el ritmo de marcha, cuando los tambores redoblaron haciendo temblar el corazón de todos, el cuño se puso en marcha, de los escudos apretados en forma de teja plana asomaban únicamente las macizas lanzas de fresno, los estropeados mantos rojos destacaban aún de modo exagerado en la extensión nevada. Las flechas se clavaban en los grandes escudos volviéndolos más pesados, pero el avance proseguía inexorable remontando la pendiente. Cuando ya faltaba poco para el contacto entre las dos formaciones estalló el clangor de las trompetas, tan fuerte como nunca lo había oído antes, dominó a las flautas y a los tambores, inflamó todo el valle. En aquel momento el cuño se abrió, otro batallón de refuerzo hasta aquel momento parado se lanzó por el pasadizo, al mando de cinco comandantes y de los diez guerreros más valerosos del ejército. La columna así formada llegó ante el enemigo con tal violencia que arrolló una tras otra las filas de los combatientes rompiendo la formación, luego se dividió en dos replegando a sus espaldas los fragmentos que habían quedado separados, seguida a muy poca distancia del resto del ejército. En menos de una hora no quedaba vivo ninguno de los indígenas, pero cada uno de ellos se había batido con tan salvaje encarnizamiento que muchos de los nuestros habían sido heridos o mutilados y no pocos muertos.

Terminada la carnicería, todo el ejército se volvió atrás y se reunió con la retaguardia de Jeno que estaba ya a punto de replegarse y reavivó el ardor del combate. El grito de guerra resonaba continuo, a oleadas de cientos, miles de voces, y cuando finalmente los gritos, los chillidos y el penetrante sonido de las flautas se apagaron, los exploradores a caballo subieron a la cima ya despejada para pasear la mirada por la extensión de tierra que se ofrecía inerme delante de ellos.

No se oyeron gritos de exultación como todos se esperaban. Debía de haber algo del otro lado tan terrible que apagaba el entusiasmo. Jeno acicateó a Halys pendiente arriba y cuando llegó a la cima desmontó y miró espantado delante de sí: ¡el río que nos había servido de guía hasta aquel punto había desaparecido!

24

Todo el ejército fue presa del espanto: había soportado las pruebas más duras, los padecimientos más inhumanos. Había sufrido la pérdida de muchos compañeros, que se habían arrastrado penosamente a través de territorios cada vez más ásperos y baldíos con la esperanza de que hubiera un camino seguro al término del cual los esperaría el final de todo dolor, la salvación, el abrazo del mar. Y ahora todo se desvanecía en un solo instante precisamente cuando hubieran tenido que festejar otra victoria.

Neto se acercó con una sonrisa burlona en el rostro:

—Tu río ha desaparecido. ¿Y ahora qué hacemos?

Jeno no respondió y se quedó en silencio mirando la blanca extensión intacta.

—¿Entonces qué? —insistió Neto.

—Entonces nada. El río no ha desaparecido. Este valle está expuesto al viento de septentrión y es muy frío. El río está helado y la nieve lo ha cubierto. Con la luz del día conseguiremos localizarlo.

—¿Ah, sí? ¿Y luego? ¿Esperaremos a que vuelva la primavera y el deshielo? Es una posibilidad, sin duda, pero cuando tu río vuelva a correr nosotros no estaremos ya, porque no se ve ni una aldea, ni un refugio de ningún tipo, ni un lugar donde aprovisionarnos de comida.

Sofo puso fin a la disputa:

—Acamparemos aquí y mañana, con la luz del día, se tomará una decisión. Los que nos han atacado no han llovido del cielo: sus aldeas estarán en alguna parte de las cercanías. Mientras tanto buscad leña en el bosque y encended fuegos: el cielo está despejado y hará mucho frío esta noche.

Y, así, los guerreros que habían luchado y vencido, cansados y hambrientos, depusieron lanza y escudo, aferraron las segures y comenzaron a recoger leña.

También Jeno, que había combatido durante horas y perdía sangre por un par de heridas superficiales, tras haberme pedido que le vendara las heridas se unió a los otros para talar los árboles del bosque.

Nuestro criado despejó un espacio lo suficientemente grande y plantó la tienda reforzando su base con nieve. Yo extendí las pieles, las mantas y los mantos y encendí la lucerna. Jeno encontraría a su vuelta la ilusión de una casa acogedora y un mínimo de tibieza. A pesar del esfuerzo y del cansancio, el campamento se alzaba, tienda tras tienda, a veces con simples protecciones improvisadas: pieles atadas alrededor de tres lanzas entrecruzadas.

Comenzaron a llegar haces de leña y se encendieron los primeros fuegos, signo de una vida que continuaba ardiendo y no quería rendirse. Recogí en un vaso de barro unas brasas y las llevé al interior de la tienda para calentarla y, mientras buscaba un poco de cebada que tostar y moler en el mortero para la cena, mi mirada cayó sobre la cajita del rollo. Habría dado cualquier cosa por conocer lo que Jeno había escrito en un mes y medio de marcha a lo largo del río… ¡Melisa! Quizá ella comprendía los signos de los griegos y sabía transformarlos en palabras.

Salí y la busqué por el campamento hasta que la vi en el real de los arcadios.

—Te necesito —dije.

—¿Qué quieres?

—Ven conmigo, te lo diré por el camino.

Cuando estuvimos en la entrada de nuestra tienda me detuve:

—¿Tú entiendes los signos escritos?

—¿Quieres saber si sé leer? Sí, por supuesto: una mujer de mi nivel debe saber leer, escribir, cantar y danzar.

—Ven, entra. Lee lo que hay escrito aquí. Y abrí el rollo de la cajita.

—¿Estás loca? Si llega Jeno, nos partirá la cabeza a las dos.

—No, está aún cortando leña y luego irá a ver a Sofo para discutir lo que hay que hacer mañana. Lo hace casi todas las tardes. Pero no te preocupes: yo estaré en la entrada y escucharé mientras lees en voz alta lo que ves en el rollo. Si fuera a llegar, te avisaré y te dará tiempo a guardarlo. Si pregunta por qué estás aquí, diré que te he invitado yo a calentarte en el brasero.

De mala gana Melisa abrió el rollo y leyó lo que había escrito desde que habíamos llegado a orillas del río maldito.

¡Casi nada!

Unas pocas frases, las distancias, las etapas y ni siquiera todas. No figuraban las marchas extenuantes, los caídos, los heridos, los muchos compañeros perdidos: ¡una larga estela de muertos a lo largo de un sendero que no llevaba a ninguna parte! No había una sola palabra sobre la gran montaña en forma de pirámide y tampoco sobre la decisión de seguir el río. Ni una alusión, ni una frase.

—¿Estás segura de que no hay nada más? —pregunté incrédula.

—No hay nada más, te lo puedo asegurar.

—No me engañes, te lo ruego.

—¿Por qué iba a hacerlo? Te juro que lo que has oído es lo que está escrito aquí.

Guardé el rollo y cerré la cajita.

—Vamos —dije—, te acompañaré de vuelta a tu alojamiento.

La tomé del brazo y volví con ella al real de los arcadios.

—¿Por qué estás tan alterada? —me preguntó.

—¿Que por qué? No dice una sola palabra sobre la decisión de seguir el río y sobre las terribles consecuencias de esta resolución.

—Ha querido anotar solo lo esencial: en estas condiciones no puede encontrar tiempo para escribir. Lo hará más adelante cuando hayamos vuelto y tenga tiempo para recordar y reflexionar sobre lo ocurrido.

—¿Quieres decir que para ti esto es normal?

—No veo en ello nada extraño.

—Yo, en cambio, sí. Y puedo decirte que en condiciones no menos difíciles le he visto escribir durante horas hasta entrada la noche. Si no escribe es porque no quiere.

—No entiendo qué quieres decir.

—Escucha, debo pedirte también que me ayudes.

—Pero ¿cómo?, ¿no te basta con lo que hemos hecho esta noche?

—No. Tengo una sospecha terrible y no consigo liberarme de ella. Tengo que entender como sea qué está pasando y solo hay una manera.

—¿Y cuál es?

—Entrar en la tienda de Sofo cuando él no esté.

—Olvídate de ello. Te quiero, pero me preocupo también de mí y no tengo la menor intención de que me vapuleen como a las putas a disposición de ese viejo rufián baboso que las alquila.

—El riesgo aquí es mucho mayor, no solo para mí y para ti, sino para todos. Un riesgo... mortal.

—Bonita novedad. ¿Qué otra cosa cabe esperar en esta situación?

—Ahora no tengo tiempo de explicártelo, pero lo comprenderás y sabrás llegado el momento. No corres ningún riesgo. Debes convencer a Cleanor para que invite a su tienda a Sofo y a Jeno y tal vez a otro oficial del que se fíe. Dile que solo él goza de la máxima consideración del comandante supremo y que debe conseguir comprender cuáles son sus verdaderas intenciones y convencerle de que establezca un término después del cual habrá que volver atrás.

»Primero te dirá que no te mezcles, que no es asunto tuyo, que no es cosa de mujeres, pero luego pensará en ello y al final dirá que la idea fue suya y hará lo que pediste.

—¿Y si lo hiciese?

—Cuando tenga lugar la reunión por fuerza tendrás que salir, entonces dile que estarás conmigo hasta que haya terminado.

—¿Y luego?

—Entraremos en la tienda de Sofo y buscaremos algo que pueda explicar este enigma.

—Lo siento, Abira, pero no me veo con ánimos. Me da demasiado miedo.

—Pero yo no sé leer.

—Lo siento —repitió—. No puedo ayudarte.

—Entonces haz lo que te he dicho. Ya pensaré yo en lo demás. Me las arreglaré sola.

Melisa suspiró:

—Pero ¿no comprendes que es una locura?

—Tú no lo entiendes, créeme. Debemos descubrir como sea qué está sucediendo o moriremos todos. Te lo ruego.

Melisa dudó de nuevo y luego dijo:

—No te prometo nada. Veré qué puedo hacer.

—Gracias —respondí—, sé que eres una muchacha valiente.

La dejé delante de la tienda de Cleanor y regresé cuando era de noche.

Jeno llegó tarde y agotado de cansancio. En el campamento los fuegos despedían luz y calor y muchos de nuestros soldados se habían dispuesto en torno a las hogueras para calentarse o para coger brasas que llevar a las tiendas.

Sabía que no era el mejor momento para hacerle preguntas, pero cobré valor y hablé con él mientras le cambiaba las vendas:

—¿Qué sucederá mañana?

—No lo sé.

—Te echarán la culpa a ti de haberlos traído a un territorio completamente desconocido y de encontrarse sin una meta.

—Ya tengo bastantes preocupaciones para que te metas también tú.

—Lo hago porque te quiero.

—Pues, si me quieres, cállate.

—No. Debes prepararte para lo que pueda suceder mañana.

—No pasará nada. El lecho del río se podrá distinguir con la luz del día y casi sin ninguna duda conseguiremos seguirlo.

—Sabes que puedes fiarte de mí: ¿estás seguro de verdad de que la decisión de seguir el río es la acertada? ¿No tienes ninguna duda? ¿No te sientes mal por todos los muertos que hemos ido sembrando a lo largo de este camino, por los compañeros perdidos en perseguir un sendero que termina en la nada?

Jeno se volvió de golpe hacia mí y el reflejo del brasero iluminó dos ojos velados por las lágrimas.

—Una parte de mí ha muerto con ellos —respondió—, pero si estoy vivo es solo porque la suerte me ha perdonado la vida. Nunca me he escondido, siempre he afrontado los mismos riesgos, he sufrido las mismas heridas, las fatigas, las vigilias, el frío y el hambre. He compartido con ellos mi comida cuando la tenía. Habría podido morir cien veces en los combates que he afrontado. Si los dioses me han perdonado la vida significa que tengo una tarea que cumplir: llevar a casa a este ejército. O si esto no es posible, encontrarles un nuevo hogar.

—Es decir, fundar una nueva ciudad. Pero entonces es verdad lo que dice Neto.

—Es algo en lo que he pensado varias veces, sí, lo que no significa que esté dispuesto a sacrificar a mis compañeros por una ambición mía.

—Pero ¿crees de veras que los dioses se preocupan de nuestro destino? ¿Te lo enseñó tu maestro en Atenas? ¿No te ha entrado nunca la duda de que el destino de este ejército sea vencer o morir? ¿Por qué Sofo ha apoyado siempre tu propuesta con tanta convicción? ¿Él solo entre todos los oficiales? ¿Y por qué no escribes más?

—Estoy cansado.

—No. Tú sabes que este camino no lleva a ninguna parte y no quieres dejar memoria de tu error. Estás equivocado, Jeno, aunque de buena fe, y el apoyo incondicional de Sofo te ha confirmado en el error.

Jeno esta vez calló y yo imaginaba que le venían a la mente los muchos extraños acontecimientos que habían jalonado nuestra marcha: la aparición imprevista y misteriosa de Sofo, las tropas, las inexplicables coincidencias, la emboscada a los comandantes y su promoción, inmediatamente después, al mando supremo junto con el inquietante y enigmático Neón, y, por último, la decisión de continuar siguiendo una dirección que nos dispersaría en la nada.

Fui una vez más yo quien interrumpió sus pensamientos.

—¿Sabes que los soldados y también los oficiales y los comandantes de las grandes unidades hablan con sus mujeres después de que han hecho el amor? ¿Y que luego las mujeres se confían entre sí? Tú me has contado cómo fuiste enrolado y cómo fueron enrolados tus compañeros por Próxeno de Beocia.

—En secreto.

—Y lo mismo ocurrió con todos los demás. Dime, Jeno, porque aquí está la clave del enigma, ¿por qué fuisteis enrolados a escondidas y en secreto?

—Para coger por sorpresa al enemigo.

—¿Y cómo? Había cien mil asiáticos con Ciro en Sardes que nos siguieron hasta el campo de batalla: ¿cómo arreglárselas para mantener oculto a un ejército semejante? ¿Crees que el Gran Rey no tenía espías en su propio territorio? ¿Y crees que Ciro no lo sabía? El motivo debía de ser otro y tú sin duda lo sabes. ¡Tienes que saberlo! Y es ese motivo el que puede resolver el misterio y hacernos comprender qué suerte nos espera.

Hubo otro silencio y extrañamente, en la larga pausa en la que cada sonido era tragado por la nieve que había empezado de nuevo a caer, me volvió a la mente el sueño que había tenido, el jinete nebuloso que se me había aparecido al sentir la caricia persuasiva de la muerte. ¿Acaso los dioses querían confiarme también a mí una misión? Por eso uno de ellos se me había aparecido de la nada y me había transportado volando por los aires hasta la linde del campamento donde alguien pudiera encontrarme. A veces, sí, si volvía a pensar en ello, me parecía que el misterioso jinete montaba un caballo alado.

Jeno no me respondió aquella noche. Quizá el cansancio pesaba a tal punto sobre sus párpados como para impedirle que pronunciara una sola palabra de más, o quizá no podía aceptar que desde hacía tanto tiempo una muchacha sencilla, una pequeña bárbara de Oriente comprendiese lo que a él se le había escapado o que, más probablemente, él no había querido comprender.

Le dejé dormir, con la leve tibieza del brasero, encima del vellón de carnero que le recordaba antiguas leyendas, pero yo quería añadir la última tesela al cuadro que estaba recomponiendo y tenía necesidad de alguien que pudiera reconstruirlo para mí. No Melisa, no creía que ella tuviera la información que andaba buscando. Necesitaba a uno de los oficiales o de los soldados, alguien que supiera y que no pudiera decirme que no.

¡Nicarco de Arcadia! El hombre al que los persas habían rajado el vientre la noche en que nuestros comandantes habían sido capturados a traición y al que yo había asistido y contribuido a arrebatar a la muerte.

El día después, cuando el cielo se abrió en amplios relumbrones de luz, las orillas del río se tornaron visibles y algunos de los exploradores descubrieron la capa de hielo que lo cubría bajo la nieve. Pero el momento de pánico había sido grande.

Una vez más prevaleció la intransigencia de Sofo, para mí mucho más sospechosa porque Jeno parecía haber perdido, al menos en parte, su seguridad. No supe de qué habían hablado los altos oficiales en la reunión con el comandante, pero corrieron voces de un encuentro turbulento y tempestuoso que habría concluido al amenazar Sofo con seguir adelante solo con quien quisiera seguirle.

Era evidente que una solución semejante habría sido un desastre y que la parte del ejército dejada a la deriva habría sido aniquilada antes y la otra no mucho después. Sofo dijo que se seguiría adelante hasta el punto en que el hielo del río se hubiera disuelto y que luego no habría ningún problema. Con una de sus proverbiales salidas añadió que los dioses ayudan siempre a quien va hacia abajo. Lo peor pronto habría pasado. Esto me preocupaba aún más.

Continuamos siguiendo el curso del río, avanzando así durante dos etapas y al final del segundo día de marcha atravesamos una garganta muy estrecha entre dos paredes rocosas y, del otro lado, acampamos cuando oscurecía en una zona casi llana.

Buscar a un hombre en medio de miles que caminan en columna a una distancia de media parasanga es una empresa poco menos que desesperada, pero sabía dónde y cómo acampaban los arcadios en cada parada y tras un par de etapas y de algunas inútiles tentativas conseguí encontrarlo.

—¿Cómo anda la tripa? —le pregunté antes incluso de que se diera cuenta de quién era yo.

—¿Eres tú, muchacha? La tripa está bien: algún dolor de vez en cuando, y algún fastidio sobre todo cuando está vacía durante días enteros y no tengo más que nieve para comer, pero, como se dice, hubiera podido ser peor.

—Necesito hablar contigo.

—Esperaba más.

—Si Jeno te oye, te abre en canal, pero antes te corta los testículos.

—Soy todo oídos —respondió enseguida con su amplia sonrisa de muchacho demasiado crecido.

—Háblame de la gran guerra.

—¿La gran guerra? ¿Por qué?

—Por nada. Responde y basta.

Nicarco me miró de reojo como para descubrir en mi mirada el motivo de una pregunta tan extraña, luego dijo:

—No tomé parte en ella, era demasiado pequeño.

Ya. ¿Cómo no se me había ocurrido?

—... Pero nuestro comandante sí, y no para de calentarnos la cabeza con el relato de sus hazañas. Pero, muchacha, la gran guerra duró treinta años y nadie en el mundo estaría en condiciones de contarte todo lo que sucedió en ella, aparte, quizá..., sí, pero ¿por qué no te diriges a tu Jeno, al escritor? Él es mucho más instruido que yo.

—Porque tiene cosas más importantes de qué ocuparse y, si le queda un poco de tiempo, escribe.

—Me parece muy bien.

—Tengo suficiente con el último período. ¿Qué pasó antes de que diera comienzo esta aventura?

—Bien, los atenienses perdieron, los espartanos ganaron.

—Pero ¿no habían luchado en el mismo bando hace muchos años, en los tiempos de las Puertas Ardientes?

—Eso era agua pasada. En ese momento se disputaban la amistad de los persas. Extraño, ¿no?

—¿Y con quién estaban los persas?

—Con Esparta.

—No me lo puedo creer.

—Pues así es. No habrían vencido en el mar contra Atenas de no haber contado con el dinero de los persas. Y los persas se lo daban porque querían destruir la flota ateniense, que era su pesadilla.

—¿Y quién les daba el dinero?

—El príncipe Ciro. Es cosa más que sabida.

—¿Nuestro príncipe Ciro?

—Él precisamente.

—Comprendo.

—¿Has comprendido? ¿Qué has comprendido?

—Lo que quería saber. No digas a nadie que te he hecho estas preguntas. Por favor.

—Pierde cuidado. En parte porque no es ningún secreto: te he dicho que lo saben todos.

—Todos menos yo. Te doy las gracias, muchacho. Adiós. Y trata de conservar tu pellejo hasta que llegues a tu casa.

—Lo intentaré —sonrió Nicarco.

Por la manera en que me miró sacudiendo la cabeza se veía que no conseguía comprender la razón de mi visita, pero por su manera de sonreír se deducía que le había dado placer volver a verme.

Tenía un nudo en la garganta de la emoción. Nunca habría podido imaginar a qué acontecimientos iba a asistir al dejar mi aldea, nunca habría creído resolver enigmas que me superaban, comprender acontecimientos que habían cambiado el destino de naciones enteras. Ahora todo me parecía claro: Ciro quería el trono, y para conseguirlo debía procurarse los mejores soldados del mundo, los mantos rojos, con cuantos pudiera contar, y todos aquellos que habían sido instruidos por ellos en la técnica de combate. Pero los espartanos estaban aliados con su hermano, el gran rey Artajerjes, y, por tanto, estaban ante un dilema: si Ciro tenía éxito en su empresa, les debería el trono y las ventajas que obtendrían de ello serían enormes. Si no lo conseguía, tenían que demostrar al Gran Rey que eran ajenos a esta expedición, que Ciro había reclutado a los guerreros por su cuenta y sin consultárselo. ¡He aquí la verdadera razón del secretismo del plan! Querían hacer un doble juego y asegurarse que mantenían sus ventajas, ganara quien ganase.

Pero luego, una vez puesta en marcha la operación, debían

de haber tenido sus dudas: ¿y si la situación se escapaba de las manos? ¿Si surgían imprevistos? Debía de haber, en cualquier caso, una manera de remediarlo, pero para hacerlo se necesitaba a alguien que supiera cómo actuar, alguien que obedeciera directamente sus órdenes. He aquí por qué en un determinado momento del viaje, poco antes de que yo conociera a Jeno, había llegado Sofo. He aquí por qué nadie sabía nada de él, y tampoco Neón era sospechoso.

Para los Diez Mil no había alternativas: debían vencer o morir, o mejor aún, desaparecer. Nadie tenía que estar en condiciones de revelar qué había detrás de aquella extraordinaria, temeraria expedición.

Pero las cosas no habían ido de acuerdo con lo previsto. El ejército había perdido, pero los Diez Mil habían vencido. Habían sobrevivido y eran un peligro porque constituían la prueba de que Esparta había traicionado la alianza con el más poderoso Imperio de la Tierra: había traicionado al Gran Rey y había ayudado a su hermano a matarlo.

Extraje mi conclusión definitiva, aquella en la que ni yo siquiera quería creer. Me senté en una piedra para que me dieran los rayos del sol, con los ojos cerrados, y empecé a elaborar el último pensamiento: Sofo servía para esto, trayendo a los sobrevivientes a un lugar del que no podrían ya volver y la idea de Jeno había llegado muy oportunamente. No había tenido que hacer nada más que secundarla. Esto significaba, obviamente, también otra cosa: que Jeno se estaba equivocando, que se encaminaban hacia el fin, hacia una meta de la que no habría ya vuelta atrás.

Pero tenía que demostrarlo: cada vez que yo había tratado de insinuarle una sospecha, Jeno se había negado a aceptar siquiera la hipótesis, ahora, delante de semejante barbaridad podía reaccionar de forma imprevisible. Para sus adentros seguía creyendo que el mayor peligro provenía del Gran Rey. Yo necesitaba una prueba para demostrarle que el peligro aún mayor estaba oculto y el único lugar en el que podía encontrarla era en la tienda de Sofo.

Durante toda la noche rumié mis pensamientos esperando que Jeno y otros de sus compañeros volvieran de una partida de caza, actividad en la que como siempre él destacaba. Y, en efecto, las piezas cobradas fueron muy abundantes: ocho ciervos, cuatro puercoespines, dos jabalíes, media docena de liebres cogidas con lazo y algunas aves de ojos maravillosos. El macho tenía una cola larga y puntiaguda hecha de plumas de color bronce y un plumaje de increíble esplendor en el cuello y en las alas. Más modesto era el plumaje de las hembras, pero no menos exquisita la carne. En honor al río que estábamos siguiendo y que creíamos que era el Fasis, Jeno y los suyos llamaron a aquellas aves «faisanes», y también me regaló sus plumas para que me hiciera unos adornos con ellas.

La abundancia de comida puso a muchos de buen humor y disipó el grave clima de desaliento y de sospecha que reinaba en el campamento. Que el comandante en jefe estuviera tan seguro de lo que hacía era visto como un buen augurio.

También me planteaba un interrogante: ¿qué ocurriría si no encontraba nada y, aún peor, si fuera sorprendida hurgando en el bagaje del comandante supremo? ¿Me defendería Jeno o me abandonaría a mi suerte? Y Melisa ¿me ayudaría?

Le imploré mentalmente a Lystra y a su pequeño nonato esperando que me oyesen y me prestasen ayuda. Imaginaba al niño con su piel arrugada de viejo prematuro sentado en la infinita pradera del más allá mientras jugaba con las flores estériles del asfódelo. Me había acostumbrado al más allá de los griegos, más melancólico aún que el nuestro.

Quería ahuyentar de mí la imagen angustiosa que asaltaba mi mente para que no me atormentase en sueños y empecé a caminar por las lindes del campamento ciñéndome el mantón para protegerme del aire punzante de la noche, cuando una visión inquietante me detuvo.

Al reverberar de los fuegos, al final de un recorrido de huellas negras y profundas, un hombre cubierto con una capa gris me daba la espalda con la cabeza hundida entre los hombros, de modo que casi no se veía.

Me acerqué hasta que estuve a pocos pasos de él y pregunté con un coraje que me sorprendió a mí misma:

—¿Quién eres?

El hombre se volvió y casi se me paró el corazón: con una mano sostenía un animal destazado, tal vez una liebre o un conejo, y con la otra devoraba el hígado crudo ensuciándose la cara de sangre.

A duras penas reconocí en él a uno de los augures que había visto otras veces celebrar ritos propiciatorios en los momentos más duros.

—¿Qué estás haciendo? —balbuceé.

El hombre respondió con un oscuro gorgoteo de la voz:

—He sacrificado este animal a las divinidades de la noche… Y he observado su hígado para conocer el vaticinio…

—¿Y bien?

—Debo devorarlo para conocer la verdad hasta el fondo.

—¿Qué verdad?

El rostro del adivino se contrajo en una mueca:

—La muerte…, qué muerte nos está reservada.

25

Aunque mi indagación daba la impresión de acercarse a su objetivo, el paso siguiente, el que me proporcionaría la prueba definitiva, parecía alejarse cada día más.

Al día siguiente de nuestra llegada al gran valle, el sol que se alzaba en un cielo diáfano había revelado sin lugar a duda, incluso bajo la capa nevada, el trazado del cauce del río que serpenteaba tortuoso de un extremo al otro de una gran llanura circular, una vasta cuenca nevada completamente rodeada por una cresta montañosa. Al fondo, en la parte opuesta a aquella a la que habíamos llegado, se mostraba otra abertura por la que probablemente salía el río para proseguir su curso hacia un mar desconocido.

Sofo había tenido razón una vez más, y Jeno había recuperado la confianza en sus hipótesis. El resto del ejército seguía paciente, firme en su convencimiento de que el paso pesado de los guerreros era imparable y que conduciría al ejército a la meta. Conservábamos aún perseverancia, valor, energía, disciplina. Acabaría el invierno, esto era cierto, y pronto la tierra aparecería libre del castigo del hielo.

Pero aquella tierra desconocida parecía no tener nunca fin, pues más allá de la línea curva de aquella especie de cráter en que se encontraba ahora el ejército se veía a lo lejos una cadena más alta que delimitaba el horizonte.

Otros compañeros habían caído a lo largo del camino adelgazando más aún nuestras filas, otras muchachas como Lystra, a la que siempre recordaba, habían perdido la vida por el esfuerzo, el frío y las penalidades, y finalmente otra maciza cadena montañosa comenzaba a perfilarse en el horizonte. La vista de esos montes lejanos llenó a Jeno de consternación y me obligó a mí a poner fin a cualquier incertidumbre. Si encontrara algo en la tienda de Sofo, convencería a Jeno, que gozaba ya de una alta consideración entre los soldados, para que convocara una asamblea y se decidiera volver atrás. Ni siquiera Sofo podría oponerse a una decisión del ejército en armas.

Aquella tarde me encontré a Melisa sentada aparte en el varal de un carro con la cabeza entre las manos. Lloraba.

—¿Qué ha pasado? —le pregunté.

Alzó el rostro y vi también en sus perfectas facciones los signos del cansancio y del insomnio.

—No puedo más: no consigo tener atado a mí a Cleanor porque no hay nunca un momento en que podamos estar tranquilos juntos. Las continuas tensiones hacen que no pueda soportarme tampoco a mí. Quiere que mantenga en perfecto orden su tienda, que cocine, que lo cuide. La fatiga anula todo lo demás. Quizá dentro de poco no me querrá ya, o me cederá a cambio de un mulo o de un saco de cebada. Y entonces que los dioses me ayuden.

Era el momento adecuado. Los dioses me ayudaban a mí, estaba segura de ello, y ayudándome a mí la salvaría también a ella.

—¿Estás convencida ahora, Melisa, de que moriremos todos y que no habrá escapatoria para nadie si proseguimos hacia oriente? ¿Ves esas montañas en el horizonte? Desde aquí no parecen demasiado altas debido a la distancia. Cuando estemos más cerca desaparecerán en toda su espantosa imponencia. ¿Cómo afrontar pruebas cada vez más duras? ¿Cómo encontrarán los guerreros la fuerza de batirse de nuevo hasta el infinito?

Han hecho ya lo imposible, afrontado y superado lo que un ser humano puede soportar. Sofo nos está conduciendo a la aniquilación. No tengo ya ninguna duda. También Jeno está convencido ya de ello, pero no lo deja entrever.

»Ayúdame. Yo trataré de convencer a Jeno de que se vea con Cleanor y Sofo en una reunión restringida para discutir sobre el itinerario que se hace seguir y sobre la posibilidad de que la cadena montañosa que se perfila en el horizonte sea tal que impida completamente el avance en esa dirección. Tú, por tu parte, le dirás a Cleanor que Jeno quiere verle juntamente con el comandante supremo para una reunión muy importante. No será difícil. Mientras tanto actuaremos nosotras. He descubierto que Neón, el ayuda de campo del comandante, es muy sensible a las bellas mujeres y una de nuestras muchachas puede distraerlo.

Melisa se levantó y me abrazó:

—Yo no soy como tú, Abira, tengo miedo, temo delatarme.

—No, yo estoy segura de que te las arreglarás muy bien, que las cosas irán según lo previsto. Has estado magnífica: has superado pruebas en las que ni siquiera tú hubieras imaginado poder sobrevivir. ¡Hagámoslo, enseguida!

—¿Y si no encontramos nada?

—Entonces convenceré a Jeno de que convoque a la asamblea, pero te necesito. Tú sabes leer, Melisa, y yo no tengo tiempo de aprender.

—Está bien —respondió resignada—. ¿Cuándo?

—Cuanto antes mejor. No queda tiempo.

—Está bien. Te lo haré saber.

Al cabo de dos días Melisa lo había preparado todo para el encuentro y yo le proporcioné carne de caza para que la cena pudiera prolongarse también en nuestra ausencia.

A la primera ocasión que tuve, informé a Jeno de que Cleanor aceptaba tener la reunión en su tienda con la presencia del comandante Sofo.

Ahora ya mi loco plan estaba en práctica y la conciencia de ser tan frágil, débil y de estar expuesta a cualquier consecuencia me hacía temblar. La ansiedad me atenazaba la garganta y el pecho, el corazón me latía y por la noche no conseguía dormir. Con el paso de las horas, conforme se aproximaba el momento en que deberíamos actuar, el miedo crecía hasta convertirse en pánico, un estremecimiento interior que no conseguía ya dominar, y a menudo me sentía a punto de renunciar, de dejar que los acontecimientos siguieran su curso.

Pasó así la primera jornada y también la segunda.

La noche se acercaba y esperaba el momento en el que Melisa vendría a buscarme para ir juntas a inspeccionar la tienda de Sofo. La cita era a la caída de la noche.

Jeno se puso el manto y sin nada más salió diciendo que la cita había sido fijada por Cleanor y que la idea de una reunión restringida era una buena idea. Solo en un segundo momento, si se tomaban decisiones importantes, se convocaría a todo el consejo.

Las cosas comenzaban con buen pie. Cuando se hubo ido, dejé pasar un rato y salí a mi vez. Nevaba, pero el cielo no estaba del todo cubierto y de vez en cuando se veía la luna entre los grandes claros que se abrían entre las nubes. Me dirigí hacia la tienda de Sofo manteniéndome a cierta distancia, oculta por los mulos que estaban atados a algunos palos hincados en el terreno.

El comandante salió al poco, sin armadura pero con la espada al cinto, y se dirigió a su vez hacia el alojamiento de Cleanor. Se encontró a Jeno antes de llegar a destino, se saludaron y se abrazaron. Bastaba la tenue palidez de la luna para que se distinguieran las figuras.

Me quedé aún haciendo compañía a los mulos hasta que vi asomar por la izquierda a la muchacha que debía distraer a Neón. Era una de las jóvenes prostitutas que acompañaban al ejército y Melisa debía de haberla instruido bien porque llevaba un traje elegante, ligero pero ceñido, que permitía resaltar sus formas. Probablemente se estaba muriendo de frío, pero cumplía con gran habilidad su cometido.

Demoró el paso cuando estuvo a escasa distancia de él, pero sin pararse. Neón le dijo algo que no llegué a entender y ella le contestó sin dejar, aunque lentamente, de caminar. Neón fue tras de ella y trató de cogerla de una mano. La muchacha se dejó abrazar, pero se desprendió inmediatamente después y siguió andando.

Él se detuvo.

¡Sí, mi plan había encontrado dificultades! Neón era demasiado frío, demasiado controlado. Me sentí mal. ¿Ahora qué pasaría?

Neón pareció volver atrás. La muchacha continuó caminando volviéndose hasta que él miró a su alrededor como para cerciorarse de que nadie lo veía y luego la siguió. Inmediatamente después oía sus voces y risitas que salían de una tienda.

Ahora me tocaba a mí, pero debía esperar a Melisa. ¿Qué podía hacer sola? ¿Y mi joven amiga por cuánto tiempo conseguiría distraer al oficial? Ciertamente no por mucho rato: el tiempo de satisfacer sus ganas y luego volvería.

Melisa no llegaba. Miraba en dirección a la tienda de Cleanor esperando verla salir de un momento a otro, pero no sucedía nada. Quizá la habían retenido, quizá Cleanor le había pedido que se quedara sirviendo a sus invitados a pesar de lo reservado de la reunión. Decidí moverme yo, de todas formas.

Me acerqué a mi objetivo, a la entrada del alojamiento del mando del que emanaba la tenue claridad de una lucerna. Miré de nuevo si aparecía Melisa y al no ver a nadie entré. Extrañamente la agitación que me ahogaba se aplacó, en plena acción me sentí por primera vez tranquila.

No había mucho que revisar. El suelo estaba cubierto por una estera de mimbre, en un lado un apoyo sostenía la armadura del comandante Sofo, en el centro había una pequeña mesa y un par de taburetes, y en el otro lado una caja cerrada con un cerrojo, pero sin candado. Lo descorrí.

La caja contenía una manta, un manto de repuesto, nuevo aún, dos túnicas de lana gris. En el fondo los objetos de mayor valor: una copa y…

—¿Qué haces aquí? Pero ¿qué estás haciendo? —resonó una voz a mis espaldas. E inmediatamente después otras voces. Sentí que me recorría un estrechamiento doloroso, como transitar por un sentimiento que no había experimentado nunca en mi vida: la sensación de haber cometido una acción ilícita y tener que pagar sus consecuencias. Me volví pensando qué podía responder, pero en el tumulto de mi mente trastornada no se me ocurrió nada. No había escapatoria: tendría que afrontar inevitablemente mi castigo.

Tenía delante de mí a Neón, al ayuda de campo del comandante, pero podía ver también a Sofo que llegaba de improviso, y después de él a Cleanor y, por último, a Jeno, y detrás también a una figura indistinta que podía ser Melisa: la que sin duda me había traicionado.

No tardaron en llegar dos soldados sujetando por los brazos a la joven que había intentado engatusar a Neón. Había sido golpeada hasta sangrar. Estaba semidesnuda y lívida por el frío. Durante unos instantes pude ver solo la nieve, infinitos copos blancos que se balanceaban tranquilos en el aire inmóvil; del resto trataba de huir, de enajenarme.

Llegaron otros dos guerreros llevando unas antorchas encendidas, la figura difusa que se movía en el fondo tomó el aspecto de Melisa y el corazón se me paró.

Pero el corazón de una mujer tiene muchos recursos, y en un soplo, antes de abandonarme inerte a mi suerte, vi una imagen y una palabra que había llamado mi atención en el momento en que la voz ruda del ayuda de campo había resonado a mis espaldas: una hoja en el fondo de la caja con un dibujo y una palabra.

El dibujo representaba en la parte superior una serie de triángulos de distinta altura que quizá representaban montañas, en medio una línea retorcida que quizá indicaba un río con cuatro signos tan nítidos que se me habían grabado en la mente como cortes en una mesa de madera

ΑΡΑΞ

A lo largo de la línea retorcida había otra interrumpida por unos pequeños trazos, cada uno caracterizado por uno o dos signos.

—¿Qué buscabas en mi caja, muchacha? —preguntó el comandante Sofo con voz gélida. En ese mismo momento Melisa pasó corriendo por entre los hombres antes de que la retuvieran, gritaba:

—¡No quería, no quería, me han obligado!

También ella tenía señales de golpes en su bellísimo rostro. Cayó de rodillas llorando a lágrima viva y uno de los soldados la arrastró detrás sin que Cleanor hiciera un solo gesto.

—¿Qué buscabas? —repitió con dureza el comandante Sofo.

No sabía qué responder y no respondí.

—Tú deberías saber algo de esto —dijo volviéndose hacia Jeno, que me miraba petrificado. Jeno no respondió, pero se dirigió a mí:

—¿Por qué lo has hecho? ¿Qué querías coger? ¿Por qué no me dijiste nada?

Neón me propinó una bofetada que me hizo sangrar el labio.

—¡Te han hecho una pregunta! —ladró.

Jeno le cogió la muñeca antes de que me golpease de nuevo y la apretó con fuerza, luego comenzó a retorcerla. Una mirada de Sofo ordenó a su ayuda de campo hacerse a un lado.

Me cubrí la cabeza con el mantón porque no quería ver ni oír nada y rompí a llorar. Pero Jeno me hizo levantar, me descubrió el rostro y repitió con voz firme:

—Dime qué buscabas. No hay elección.

Lo miré fijamente con unos ojos inundados de lágrimas y luego miré a mi alrededor: Sofo, Neón con su máscara pétrea, la pequeña prostituta lívida y a punto de desvanecerse, Melisa más atrás sollozando, los dos guerreros armados y con las antorchas en la mano, parecía la armadura de Sofo, enrojecida por las llamas de las antorchas, ensangrentada. Y la nieve que todo lo amalgamaba. Saqué fuerzas de flaqueza.

—Buscaba una respuesta.

—¿Una respuesta? —preguntó Sofo y leí una imprevista inquietud en sus ojos.

—Sí, pero no soy más que una pobre muchacha y no puedo aguantar la fuerza de tu persona y de tu mirada. Hablaré con Jeno y, si él quiere, que hable contigo.

Sofo permaneció en silencio, desconcertado.

—Deja irse a Melisa y a la pobre muchacha. Ellas no saben nada. Les pedí que me ayudaran y lo han hecho. Lo sabrás todo por Jeno, después de que yo haya hablado con él.

—Puedo mandarte torturar —dijo Sofo, gélido.

—No lo dudo, pero no podría decirte nada que tú no sepas.

Lo miré fijamente a los ojos mientras pronunciaba esas palabras y de algún modo conseguí transmitirle lo que quería que comprendiese.

Jeno estaba trastornado, pero comenzaba a darse cuenta. Palabras que le había dicho, sospechas que le había insinuado volvieron a aflorar en su conciencia.

Neón había perdido su impasibilidad y mostraba una expresión taciturna. Melisa parecía insegura y trastornada. Cleanor, más atrás, no parecía haber tenido más reacción que la curiosidad con la que seguía cuanto estaba sucediendo.

Sofo le dirigió la palabra:

—Llévate a estas mujeres y también vosotros dos —dijo a los guerreros— podéis retiraros. No os necesito ya.

Cleanor se llevó a Melisa.

Sofo se dirigió a Jeno:

—¿Cómo has podido? ¿Cómo has podido violar mi tienda? Y ni siquiera has tenido el valor de actuar personalmente. Has mandado a la muchacha, y ella se ha hecho ayudar por las otras... —añadió sarcástico—: ¿Cuándo un secreto entre tres mujeres ha permanecido tal más de una hora?

—Yo no tengo nada que ver con esto, y si te digo que no tengo nada que ver es que es cierto. Sabes perfectamente que no miento jamás y que soy un hombre de honor. Mírame a los ojos, ¿acaso ves vergüenza o miedo en ellos? ¿Quién de nosotros dos está más afectado en este momento? ¿Quién tiene el ánimo más agitado?

Algo se había resquebrajado, algo había hecho mella en el ánimo de Sofo. Dejó escapar un largo resoplo y su mirada pareció perderse en el torbellino de copos de nieve que caían del cielo.

Nos alejábamos y no podía creer que Sofo no nos detuviese.

—¿Quieres saber qué buscaba? ¿El qué? —pregunté a Jeno apenas hubimos llegado a su tienda. No quería darle tiempo a que la emprendiera conmigo, a que desencadenara su ira contra mí.

Y antes de que pudiera decir una palabra o hacer un gesto me arrodillé, cogí un tallo de la estera de mimbre y con él tracé en el suelo la secuencia de formas triangulares, la línea retorcida, la segunda serie interrumpida por unos pequeños trazos verticales, luego, en la línea retorcida dibujé los cuatro signos del alfabeto de los griegos, ΑΡΑΞ, de modo tan nítido que reconocí el asombro en el rostro de Jeno.

—¿Qué es esto? —preguntó.

—Unos signos que he visto en una piel en la caja de Sofo. En mi opinión, representan los lugares en los que nos encontramos: estas son las montañas, esta la línea de nuestra marcha, estos signos son las etapas. Y esto es el río. Por consiguiente, Sofo sabe exactamente adónde estamos yendo.

Vi aumentar el estupor y la incredulidad en el rostro de Jeno mientras observaba mi dibujo.

—¿Estás segura de que era exactamente como lo has dibujado?

—Idéntico. —Sabía que tendría que mostrárselo y me lo había gravado en la mente en sus mínimos detalles—. Solo hay una cosa que no comprendo: qué significa esto. —E indiqué los cuatro signos de la lengua de los griegos.

Jeno inclinó la cabeza, abatido:

—Significa que tenías razón y que Sofo nos está engañando y quizá peor, mucho peor…

—¿Por qué?

—Porque estos signos dicen que él sabe perfectamente que el río no es el Fasis, como yo pensaba, sino el Araxes.

—¿Y qué diferencia hay?

—El Fasis lleva al Ponto Euxino, que es un mar constelado de ciudades griegas, el Araxes nadie sabe adónde va, pero probablemente al Caspio, un mar desconocido, un lugar en los confines del mundo.

—¿Y ahora qué harás?

—Lo abordaré.

—¿Cuándo?

—Ahora.

—No lo hagas, te lo ruego. Espera a mañana. Tómate tiempo para reflexionar.

Fue inútil. Jeno ya volvía hacia la tienda apartada de Sofo.

Esperé un rato aguzando el oído con el corazón en un puño. No conseguía estarme quieta y esperar a que Jeno volviese, estaba demasiado angustiada, demasiado ansiosa por su suerte. No había estado tan preocupada cuando le había visto combatir cuerpo a cuerpo con guerreros feroces, afrontar la refriega en el campo de batalla. Finalmente decidí seguir los pasos de Jeno y llegué a mi vez a la tienda, me escondí debajo del vientre de los mulos atados detrás, a un arbusto. Oí primero hablar a Sofo.

—Cualquier otro que me hubiera dicho semejante infamia no habría tenido tiempo de arrepentirse de ello, pero tú eres un amigo, has arriesgado la vida muchas veces por el ejército pese a no formar parte de él y he de tenerlo en cuenta, pero no me provoques de nuevo o...

—¿O qué? ¿Acaso quieres decirme que tienes algo que esconder? Escúchame bien: Abira, la muchacha a la que has sorprendido aquí, lo ha hecho todo por iniciativa propia. Y aunque pueda parecerte imposible, no me sorprende. Desde hace mucho tiempo me habla de cosas extrañas a las que no he querido dar crédito. Cosas para las que evidentemente buscaba una confirmación precisamente aquí. Y si es cierto lo que ha trazado en el suelo, debo admitir que tenía razón.

—Pero ¿qué dices? ¿Qué me cuentas?

Jeno repitió cuanto yo le había dicho: las cosas extrañas, las excesivas coincidencias y esto, pese a la extrema desventura en que me encontraba, me llenaba de orgullo. Y añadió:

—Pero lo que más me sorprende es ese signo en el suelo que representa claramente un río cuyo nombre Abira ha conseguido trazar. Es la prueba que buscaba: tú sabías perfectamente que el que estamos siguiendo no es el Fasis, como yo creía, sino otro río, diría, por las letras que ella ha trazado, que el Araxes, que no desemboca en el Ponto Euxino, sino en otra parte. Dónde exactamente nadie lo sabe, pero ciertamente no en el Ponto Euxino.

—Estás loco —le interrumpió Sofo—. Estás desvariando.

—¿De veras? Pues, entonces, ¿por qué no nos dejas ver el mapa del que Abira ha sacado este dibujo, tan exacto porque acababa de ver el modelo? Este dibujo prueba que tú, aun a sabiendas de que el río que estamos siguiendo no es el Fasis, has apoyado mi convicción con toda tu autoridad. ¿Sabes por qué, comandante? ¡Porque este ejército debe desaparecer, disolverse en la nada sin dejar rastro, he aquí por qué! No debías siquiera exponerte personalmente, bastaba con endosarme a mí la responsabilidad: «¡Tiene razón, Jenofonte, él ha comprendido, bastará con seguir este río y llegaremos al mar!». ¿No era esto lo que decías?

»Esa pobre muchacha a la que has sorprendido hurgando entre tus cosas lo comprendió perfectamente, porque no es uno de nosotros, no es un soldado acostumbrado ante todo a obedecer, a no preguntarse el motivo de una orden.

»Este ejército debía vencer o ser aniquilado, porque su sola supervivencia era la prueba de una traición, la prueba de que Esparta ha sido cómplice del intento de asesinato de su más importante aliado, el que le permitió ganar la guerra contra Atenas: ¡el Gran Rey!

Habría dado cualquier cosa por poder ver la expresión de Sofo y habría abrazado a Jeno con entusiasmo por lo que estaba haciendo. Temblaba de frío aunque estuviese envuelta en mi mantón, pero por nada del mundo me habría ido de allí.

De nuevo oí su voz.

—He aquí por qué el enrolamiento se produjo en secreto en lugares a trasmano y en pequeños grupos: no para mantener secreta la expedición al Gran Rey, cosa que no habría sido posible para un ejército de ciento diez mil hombres, sino para mantener secreta la implicación del gobierno espartano en una empresa con la mira puesta en derrotarlo y asesinarlo. ¿Qué os había prometido Ciro? ¿Y qué os había prometido la Reina Madre?

De nuevo silencio. Un silencio más elocuente que mil palabras. Luego la voz de Sofo, más fría que el viento que en ese momento me cortaba la cara y penetraba en mi corazón.

—Me pones en una situación muy difícil, Jenofonte, e imagino que eres consciente de ello. Admitamos por un momento que tienes razón, ¿qué esperas que haga yo llegado a este punto?

Jeno habló con voz calma, como si lo que estaba diciendo no fuera con él:

—Imagino que debes matarme y que debes matar también a la muchacha… Delito inútil el segundo: ¿quién le haría caso y por qué debería exponerse a terribles castigos y a la muerte? Está ya bastante aterrada: no es un peligro para ti.

—Te equivocas. Lo es, así como lo es también Melisa, a la que se ha confiado, y no puedo excluir que lo sea también Cleanor, que depende de Melisa para una parte importante de su equilibrio físico y de su salud mental…

Podía imaginar su expresión burlona. Sofo no renunciaba nunca a una ocurrencia incluso en las situaciones más dramáticas.

Siguió otro largo silencio. Por lo que trascendía de la tienda intuía que Sofo se había sentado y había hecho sentar también a Jeno. Quizá tenía necesidad de una posición más cómoda para lo que estaba diciendo, pero fue Jeno el primero en hablar:

—Estoy desarmado, puedes hacerlo también ahora: no opondré resistencia… —Me sentí traspasar por unas espadas de hielo—. … pero perdona la vida a la muchacha. Déjala en la primera aldea que encuentres. No dará nunca con el camino de vuelta y aunque diera con él terminaría en su aldea polvorienta sepultada en el olvido. Te lo ruego, comandante, en nombre de nuestra amistad, de todo lo que hemos padecido y pasado juntos. Se lo pediré yo y ella obedecerá. Le ordenaré que no hable nunca más con nadie.

Jeno me amaba. Y esto me bastaba para afrontar cualquier destino sin lamentarlo.

Vi a la sombra de Sofo inclinar la cabeza y me pareció oír un suspiro, antes de sus palabras:

—¿Te has preguntado qué destino tengo reservado para mí en el caso de que deba llevar a cabo la tarea que me atribuyes?

—Morir con ellos —respondió Jeno—, sobre esto no tengo ninguna duda. No he creído nunca que pudieras sobrevivir a tus soldados.

—Esto me conforta, en cierto sentido.

Ahora la voz de Jeno tembló de desdén, de emoción, se hizo doliente:

—Pero esto no te salva del deshonor: ¿cómo puedes conducirlos a la muerte? ¿Cómo puedes soportarlo?

—Un soldado sabe que la muerte forma parte del tipo de vida que ha elegido.

—Pero no esta, comandante, no esta muerte, no el ser conducidos como ovejas a un precipicio. Un soldado tiene derecho a una muerte en el campo de batalla y tú, que eres espartano, lo sabes mejor que nadie.

—Y yo que soy espartano sé que hay que obedecer las órdenes de la ciudad, al precio que sea. Sé que nuestras vidas pueden ser sacrificadas para que la nación sobreviva y prospere. ¿Qué crees que hizo Leónidas en las Puertas Ardientes? ¡Obedeció!

—Pero estos soldados no son espartanos, al menos por lo que yo sé, o quizá solo en una mínima parte. No puedes decidir por ellos. Les corresponde a ellos decidir su propio destino.

—Ah…, la democracia…

—Pero ¿no les ves? ¡Ven, sal de esta guarida, comandante, míralos!

Jeno había salido, oía su voz perfectamente clara. Y también Sofo salió. Delante de él las hogueras del campamento constelaban el manto blanquísimo de manchas rojas.

—Míralos, siempre te han obedecido, se han batido como leones en cien batallas, han perdido a muchos de sus compañeros, los han visto hundirse en la nieve, caer en los barrancos despanzurrándose contra las rocas, adormecerse en una muerte fría durante los turnos de guardia, velando mientras los otros duermen. Han sido heridos, mutilados, pero no se han detenido jamás, no han perdido nunca el ánimo. Como mulos, han escalado las montañas llevando el peso de las armas, del escudo, de sus bagajes, de los compañeros heridos o enfermos, sin protestar, sin quejarse jamás. Cuando ha sido posible y necesario les han dado sepultura sin derramar una lágrima, vitoreando su nombre, elevándolo en la punta de sus lanzas. ¿Y sabes por qué? ¡Porque tenían confianza en ti, porque estaban seguros de que los llevarías a la salvación! ¡Sabían, y lo creen aún, que al final de esta marcha interminable encontrarán la salvación!

»Haz de mí lo que quieras, cúlpame de todo, en el fondo es cierto, deja que yo afronte el destino y el castigo que ello comporta, pero llévalos atrás, comandante, llévalos a casa.

Siguió un largo, interminable silencio. Y en aquella quietud suspendida, abisal, oí distante, quién sabe cuánto, el rugir del trueno, vi el fulgurar imprevisto de los relámpagos en el horizonte. Dioses del Cielo, en alguna parte, quién sabe dónde, llovía, y la potencia de los relámpagos llegaba a mi mirada penetrando la muda danza de los copos de nieve. ¡Quién sabe dónde, la primavera estaba llegando!

Lloraba, acurrucada sobre mí misma, debajo del vientre de los mulos, lloraba con una emoción intensa y angustiosa, superada por emociones tan violentas que no conseguí de ningún modo recuperar el control de mí misma cuando, de pronto, oí unos gritos. «¡Mirad! ¡Mirad! ¡Allí!»

De nuevo otros gritos:

—Pero ¿qué pasa?

Luego la voz desesperada de Jeno:

—¡Oh dioses, dioses del Cielo! Pero ¿qué está pasando? ¿Has sido tú? Responde por todos los demonios del Averno, ¿has sido tú?

En el campamento los gritos habían cesado dando paso a un difuso y oscuro murmullo y luego a un silencio abisal. Salí al aire libre y lo que vi me dejó sin habla y sin aliento. En la cresta de los montes que rodeaban completamente nuestro valle se adensaba una multitud y cada uno de aquellos hombres llevaba una antorcha encendida. Una inmensa serpiente de fuego se pintaba en el borde del inmenso cráter reverberando sobre las pendientes un halo sangriento.

¡Guerreros!

Decenas, quizá centenares de guerreros. Otros también, como una cascada de fuego, descendían para bloquear la entrada y la salida de la garganta.

Esta vez había terminado de verdad. Esta vez no teníamos escapatoria.

Jeno aferró a Sofo por el hombro y gritó de nuevo:

—¿Has sido tú?

—No —respondió Sofo—. Pero es como si lo hubiese sido.

—¿Y ahora qué hacemos? —preguntó Jeno mientras acudían en tumulto todos los demás oficiales: Cleanor, Timas, Agasias, Neón.

—Moriremos —respondió sombrío el comandante Sofo— como unos guerreros.

—¿Morir? —respondió Jeno con una extraña expresión en los ojos—. Yo tengo otra idea.

26

Nevó toda la noche; las antorchas se apagaron en lo alto y los fuegos abajo, en el fondo del valle. El mundo fue tragado por la oscuridad y por el silencio. Al amanecer, los jefes del ejército reunidos al borde del gran cráter hicieron sonar los cuernos y comenzaron a descender al valle, pero muy pronto el que los mandaba a todos ellos, un gigante de cabellos rubios, los detuvo para esperar que la luz se volviera más fuerte porque no le cabía en la cabeza lo que tenía ante los ojos.

La gran cuenca estaba vacía, el ejército de los invasores había desaparecido. Solamente se veía por un lado un grupo de carros cubiertos con las lonas de las tiendas reunidos en círculo uno al lado de otro.

¿Acaso habían desaparecido? ¿Qué magia era aquella? La entrada y la salida del cráter estaban firmemente custodiadas por los suyos. No podían desaparecer.

Presa de un supersticioso terror, el jefe decidió que no descendería con todo el ejército, sino que mandaría de avanzadilla una columna de sus mejores combatientes. Más de cinco mil hombres armados hasta los dientes con yelmos cónicos y grandes escudos de piel de buey, dispuestos en columna con un frente de un centenar de hombres.

Avanzaron lentamente empuñando las largas espadas de doble filo. Ya habían descendido la pendiente y se adentraban en la zona casi llana. Estaban a una distancia de los carros de poco menos de doscientos pasos. Todo el valle se hallaba sumido en el más absoluto silencio porque también sus movimientos, amortiguados por la nieve, no producían el más mínimo ruido. Pero, cuando estuvieron exactamente en el centro del valle, de los carros se alzó un sonido de trompeta y como por ensalmo surgió de la nieve, sacudiéndose de encima el manto blanco, a derecha e izquierda de la columna, un ejército de fantasmas. Se arrimaron unos a otros, formaron las líneas, embrazaron los escudos que les habían cubierto durante la noche y empuñaron las lanzas. En unos pocos momentos dos filas, una a la derecha y otra a la izquierda de la columna que había bajado de los montes estaban en perfecto orden de batalla y al segundo toque de trompeta cargaron con las lanzas bajadas. Atrapados en medio, los indígenas ni siquiera pudieron hacer un amago de defensa y acabaron destrozados entre dos selvas de puntas de acero, aplastados entre los dos muros de escudos que se apretaban uno hacia el otro con fuerza insostenible.

Los otros, desde lo alto de la cresta montañosa, asombrados y espantados al ver aquello, ni siquiera reaccionaron y permanecieron mudos observando la actuación de aquellos seres sobrehumanos salidos de las entrañas de la Tierra. No daban crédito a lo que había sucedido aquella noche.

Jeno se acordó de cómo en las aldeas de las fogatas los jóvenes que habían sido condenados a pasar la noche a la intemperie, fuera del círculo de los centinelas, habían conseguido sobrevivir durmiendo debajo de los escudos cubiertos por los mantos y por la nieve caída del cielo.

Estalló un grito de entusiasmo en el fondo del cráter, los Diez Mil lanzaban el grito de victoria tan fuerte que resonó en todo el gran valle. Y ante aquel grito hasta las muchachas que seguían escondidas en los carros y yo misma, respondimos con gritos entusiastas de incitación.

Jeno acudió presuroso ante el comandante Sofo:

—¿Has visto? Podemos conseguirlo. Los hemos destrozado. Podemos romper el cerco e irnos. Han sufrido ya un duro golpe.

En medio de todo aquel entusiasmo, Sofo parecía impenetrable. Observaba la cresta del cráter.

—Mira —respondió—, están llegando otros, el vacío ha sido ya llenado. Nos atacan. Aunque se quedasen allí inmóviles, nos harían caer por hambre y por frío.

—Pero no es posible —exclamó Jeno—. ¿Cómo puedes abandonar a estos hombres que lo han dado todo sin una esperanza? Únicamente te piden una razón para batirse hasta el último aliento. ¡Sin esperanza no se puede vivir, pero tampoco se puede morir!

—Yo estaré con ellos —respondió Sofo—, yo descenderé primero al Hades.

Jeno volvió su mirada alrededor y vio a los otros comandantes de las grandes unidades: Timas, Cleanor, Jantias, Agasias, y de nuevo Neón, Licio de Siracusa, Aristea, Nicarco de Arcadia, Euríloco de Lusis, cubiertos de sangre y de hielo, que miraban consternados a su comandante incapaz de decirles una palabra.

Los sacó de su entumecido silencio la voz de Aristónimo, uno de los guerreros más fuertes y temerarios:

—Es inútil discutir —dijo—, vienen hacia nosotros.

Todos levantaron la mirada hacia lo alto del cráter, desde donde los guerreros de muchas tribus y naciones, quizá aquellos que habíamos derrotado, quizá aquellos que el Gran Rey había mandado detrás de nosotros, aquellos a los que habíamos saqueado sus aldeas, o aquellos que no habíamos encontrado nunca antes y que no querían dejarnos entrar en su tierra, o quizá aquellos que el comandante Sofo había llamado de un modo u otro, de todas partes, para que nos aniquilasen y ahora, apretados unos contra otros en un círculo de hierro, se estrechaban, a cada paso más, en torno a nosotros.

Sin esperar nada más, Cleanor y Timas gritaron:

—¡Hombres, en círculo! ¡Formación cerrada, todos en línea! —Y fueron a reunirse con sus secciones. Otro tanto hicieron Agasias y Jantias, así como Sofo, cada uno delante de su propio batallón, de modo que venían a colocarse en círculo delante de la línea curva del ejército cerrado en sí mismo por el último combate.

Sofo miró aquella apretada formación, los escudos alzados y superpuestos, las lanzas que asomaban por todas partes y una extraña expresión contrajo sus facciones. Parecía que su mirada penetrase en otra realidad y en otro tiempo.

—¡Atentos! —gritó Cleanor—, ¡arqueros!

—¡Rápido —urgió Sofo—, escudos en alto, retroceded detrás de los carros!

Los soldados mantuvieron en alto los escudos mientras nubes de flechas eran disparadas hacia ellos sin tregua. Muchos cayeron heridos porque las flechas llovían por doquier y con toda inclinación. Otros retrocedieron hacia el círculo de los carros, los volcaron y opusieron las cajas a la lluvia letal de dardos. Quien no encontraba amparo detrás de los carros se protegía con el escudo. Los lanzamientos cesaron cuando se agotaron las flechas. Siguieron momentos de tensión espasmódica. En el silencio que se había hecho en el campo de batalla los gritos de los caídos y de los heridos resonaban aún más desgarradores. Pasó todavía más rato sin que sucediera nada, luego, de repente dijo Agasias:

—¡Mirad!

Un grupo de guerreros, quizá una decena, todos a caballo, se habían separado del resto del ejército y se acercaban lentamente escoltando a su jefe supremo, el gigante rubio, mientras que el resto del inmenso ejército se detenía a unos cien pasos quizá de nuestras filas. Acaso querían ver cuántos habían sobrevivido al lanzamiento de sus flechas, ¿o quizá querían parlamentar?

Sus cabalgaduras se hundían en la nieve hasta los corvejones y el viento helado, que ahora soplaba silbando desde septentrión, agitaba sus crines. Se detuvieron al alcance de la voz.

El gigante rubio lanzó su lanza hacia el suelo y la clavó en el hielo gritando unas pocas palabras duras y cortantes.

—¿Qué quiere? —preguntó Cleanor.

—¿Qué ha dicho? —repitió Agasias.

Me adelante yo en medio del asombro de todos:

—Yo entiendo su lengua.

—¿Y bien? —preguntó Jeno.

—¡Ha dicho que entreguéis las armas!

—¡Entregar las armas! —repitió a voz en grito para que todos pudieran comprender.

Y ocurrió lo impensable. Sofo se sacudió como herido por un rayo, imágenes lejanas cruzaron por su mirada extraviada de loco. Se volvió hacia atrás para mirar a sus hombres atrincherados detrás de los carros con las lanzas apuntadas hacia el frente, luego de nuevo hacia delante para mirar a los ojos al gigantesco adversario. Alzó la lanza y el escudo y gritó con voz tonante en su áspero dialecto lacónico:

—*Molón labé!* ¡Ven tú a cogerlas!

Sus palabras se propagaron como fuego. Los cinco comandantes salieron con sus batallones del círculo de los carros y repitieron:

—*Molón labé!*

—*Molón labé!*

—*Molón labé!*

Y comenzaron a golpear las espadas contra los escudos.

Y también los guerreros se irguieron derechos cual hierros de lanza y comenzaron a golpear las espadas contra los escudos al tiempo que gritaban aquella frase, cargándose a cada golpe, a cada grito, de furia y de delirio.

El gigante rubio y su guardia fueron embestidos por aquel aullido de bronce como por un viento tempestuoso.

Sofo gritó:

—Formación en cuño, disponed los batallones en estrella y luego cada uno que avance hacia delante: atravesemos el frente enemigo en cinco puntos y avancemos hacia la cresta lo más deprisa posible. Nos reuniremos allá arriba. ¡Listos para la acción! ¡Jeno, tú conmigo! Cleanor, Timas, Jantias, Agasias, preparados para poneos en marcha. ¡Flautas, trompetas, adelante!

En aquel momento tuve la seguridad de que para nosotras las mujeres la cosa se había acabado, que nos dejarían abandonadas en aquel lugar, pero en cambio resonó la voz de Jeno no menos fuerte:

—Las mujeres dentro de los cuños. ¡No os perdáis, quien se quede atrás morirá!

Sonaron las trompetas. Los cinco batallones se lanzaron al ataque, cada uno en su propio sector divergiendo como los rayos de una rueda de su cubo. Vi a los comandantes de las grandes unidades reunirse con los guerreros más imponentes del ejército: Euríloco de Lusis, Aristónimo, el de largas piernas esbeltas, Aristea, de cabellos rojo fuego, Licio de Siracusa, Nicarco de Arcadia, y llamar a continuación a trompeteros y flautistas. Esto solo podía significar una cosa: atacar con la cabeza gacha y no detenerse hasta que el frente enemigo estuviera desquiciado y hecho pedazos. Las flautas comenzaron a sonar al unísono al ritmo de la marcha, los tambores redoblaron haciendo temblar los corazones, los cinco cuños como radios de una estrella comenzaron a avanzar, y de los escudos apretados en forma de teja asomaban solo las macizas lanzas de fresno, los estropeados mantos rojos destacaban aún exageradamente en la extensión nevada. Los enemigos empezaron de nuevo a disparar dardos que se clavaban en los escudos haciéndolos más pesados, pero el avance proseguía inexorable. Cuando ya faltaba poco para entrar en contacto con los enemigos estalló el clangor de las trompetas, tan fuerte como no lo había oído nunca antes, se superpuso a las flautas y a los tambores, encendió el valle entero. En aquel momento los cinco batallones al mando de sus comandantes golpearon al enemigo con tal violencia que arrollaron una tras otra las líneas de los combatientes, rompiendo la formación.

Los enemigos reaccionaron con rabioso encarnizamiento, pero su frente, pese a ser de un grosor de cientos de hombres, quedó abierto en cinco puntos: fueron arrollados y empujados hacia un lado. Pese a haber cedido inicialmente, cada uno de ellos se batió con tan salvaje furor que no pocos de los nuestros cayeron malheridos o muertos. El grito de guerra resonaba de continuo a oleadas de cientos, de miles de voces y en aquel grito vibraba una energía prodigiosa que nadie creía ya tener. Al cabo de un durísimo choque los enemigos, apiñados a causa del pánico y del desorden, comenzaron a ceder, a golpearse unos contra otros perdiendo cohesión y valor.

Cuando finalmente los gritos, los toques de trompeta y el penetrante sonido de las flautas se apagaron, el círculo de los enemigos estaba roto en cinco fragmentos, y los batallones de Sofo y de los otros comandantes subían hacia unas posiciones dominantes avanzando hacia el borde del cráter. Los incursores tracios y tribales de retaguardia lanzaron hacia abajo dardos de todo tipo, pero retrocedían siguiendo de espaldas el avance de ellos hacia la cima de la cresta.

Se llevó a término la increíble hazaña. Desde el borde del cráter, los Diez Mil lanzaron un grito de victoria. Después de semejante gesta nadie se atrevería a atacarlos.

Jeno, exhausto y jadeante, se acercó a Sofo:

—¿Has visto a tus hombres? ¿Los has visto? ¿Acaso no merecían salvarse, suponga lo que ello suponga?

Sofo permaneció mudo durante un rato, mirando alrededor, atónito y perdido, sin caberle en la cabeza lo que había ocurrido, como si se despertara de un sueño. Luego su voz perforó el silencio:

—Tienes razón, escritor, suceda lo que suceda, volveremos atrás, los llevaremos a casa.

Nadie se volvió, porque no habría soportado el ver a unos compañeros que se habían quedado al fondo del cráter o a lo largo de sus pendientes, heridos o moribundos, ni a las muchachas tragadas por el caos de sangre, de hierro y de hielo, tendidas en la nieve manchada de rojo.

Cuando los últimos gritos se hubieron apagado reanudamos el camino arrastrándonos a duras penas hasta un grupo de aldeas abandonadas por sus habitantes en las que fue posible pararse y reposar.

Al caer la noche, Jeno se me acercó y me abrazó estrechamente, luego se desprendió y me miró a los ojos:

—Dime la verdad: ¿de veras conocías la lengua de ese bárbaro?

—No. Pero comprendía que solo esa frase haría estallar el coraje de Sofo y de todos los demás. Fuiste tú quien me contó la historia del rey Leónidas en las Puertas Ardientes, ¿recuerdas?

Jeno me miró fijamente un largo rato, incrédulo.

27

Nos pusimos de nuevo en camino al día siguiente y nuestros oficiales encargados de estudiar el nuevo itinerario pensaron en ir hacia septentrión durante una decena de etapas y luego nuevamente hacia occidente. De ese modo, según ellos, llegaríamos no demasiado lejos del mar. Esperaban también utilizar unos guías que nos ayudaran a dar con el camino, contando con el hecho de que encontraríamos poblaciones que no nos conocían y que tal vez nos acogieran de manera menos hostil.

Reanudamos así la marcha. Los incursores ligeros en cabeza, luego los infantes de pesada armadura, y a continuación las acémilas con la carga y las mujeres que habían quedado. Por último la retaguardia a caballo al mando, como siempre, de Jeno.

Supe por él que Melisa se había salvado y me sentí muy contenta, pero no conseguí dar con ella durante varios días. Me evitaba por miedo a que le guardase rencor y cuando me di cuenta le hice saber por medio de una de las muchachas que la esperaría en la parada del atardecer en el centro del campamento.

La vi llegar cabizbaja tocada con un velo, los pies fajados en un calzado de piel de oveja asegurado con unas correas de cuero. ¿Qué fin habían tenido sus preciosas y elegantísimas sandalias? ¿Dónde había dejado sus afeites de belleza, la sombra de ojos, el ungüento para las cejas y el bálsamo para los cabellos?

Cuando alzó los ojos vi la punta de su nariz y sus mejillas enrojecidas por el frío, sus cabellos alborotados, sus labios agrietados, sus manos hinchadas por el frío intenso. Y pese a ello su belleza conseguía manifestarse igualmente, en la luminosidad de la mirada, en el frunce sensual de la boca, y hasta en el timbre y en la inflexión de la voz.

—No me perdonarás nunca... —comenzó.

—No digas tonterías. No me esperaba ningún heroísmo de ti. Has hecho lo que has podido. Al final lo que queríamos se ha hecho realidad: volvemos atrás, Melisa, y antes o después llegaremos al mar, volveremos a ver la primavera, sentiremos en el rostro y en los brazos el viento tibio, el perfume de las flores. Solo necesitamos tener fuerza y valor. Es mucho lo que hemos hecho hasta ahora, lo peor ha quedado atrás..., al menos eso espero.

Melisa me echó los brazos al cuello y me tuvo abrazada largo rato, llorando. Luego se secó los ojos y se fue.

No habría sabido decir si mis palabras se revelarían ciertas, si de verdad lo peor había ya pasado, porque las marchas que tuvimos que afrontar a continuación fueron pruebas de extrema dureza, esfuerzos sobrehumanos. Se avanzaba con la nieve hasta la cintura y enseguida nuestros calzados improvisados se empapaban y los pies se mojaban transmitiendo el frío a todo el cuerpo. De vez en cuando era necesario detenerse, secarse y, cuando era posible, cambiar el calzado por otro más seco.

A menudo las bestias de carga se hundían con las patas hasta el punto de no conseguir ya dar un paso, se apoyaban en el vientre y ya no se movían. Había que liberarlas de la carga, quitar la nieve de su alrededor, abrir un pasadizo y empujarlas a retomar el camino después de haberlas cargado de nuevo con sus fardos.

A veces el sol se dejaba ver entre los nubarrones, otras esplendía cegador en medio del cielo color de lapislázuli y entonces el resplandor de la blanca interminable extensión era tal que teníamos que cubrirnos los ojos con vendas de gasa oscura para no perder la vista. Luego, hacia el atardecer, volvía a neviscar, agujas finas de hielo que perforaban el rostro empujadas por un viento inclemente que no daba tregua durante horas. Muchas de las muchachas se enfermaron con fiebres muy altas y una tos pertinaz hasta morir y no pocos de los hombres corrieron la misma suerte.

Ningún cuerpo fue abandonado a los animales salvajes. Jeno no lo permitió por su profundo sentimiento religioso y por respeto a sus compañeros. Cada uno recibió sepultura y exequias: un rito sencillo y esencial. Las mujeres recibieron las lágrimas, el llanto y el último beso de sus compañeras, los guerreros los vítores de los guerreros, con las lanzas levantadas contra los negros nubarrones, su nombre vociferado diez veces, lanzado contra las cimas impasibles e inmaculadas, repercutido por el eco y disperso en la inmensa soledad de aquella tierra hostil y baldía.

Cuando encontrábamos aldeas tomábamos comida, forraje para los animales, protegiéndonos de la intemperie. Recuerdo una vez que llevábamos con nosotros, tendido en unas angarillas, a uno de nuestros jóvenes heridos gravemente por un oso durante una cacería. Tenía el hombro derecho lacerado por las grandes uñas de la fiera, la herida supuraba y la fiebre le hacía delirar. Sin duda habría muerto si no hubiéramos encontrado una yacija en la que acomodarle.

Se llamaba Demetrio, era un muchacho apuesto, rubio, de unos ojos de un azul intenso, con cejas y pestañas oscuras, y la hija del jefe de la aldea se puso a asistirle personalmente, cambiándole las vendas, aplicándole remedios de su arte médica. Creo que se había enamorado de él y cuando llegó para nosotros el momento de partir pidió que lo dejáramos con ellos. Sofo reunió a los otros comandantes de las grandes unidades para tomar la decisión, porque a muchos les parecía una traición abandonar a un griego entre los bárbaros. Al final llegaron a la conclusión de que la única posibilidad de salvarle la vida era confiárselo a los indígenas de la aldea y volvimos a partir sin él.

Me he preguntado con frecuencia qué ha sido de ese muchacho, si sobrevivió y si correspondió al amor de la hija del jefe. Esta era graciosa, tenía un bonito cuerpo, un pecho lleno y firme, unos profundos ojos negros y la mirada de las mujeres a las que gusta hacer el amor. Confié en que la historia pudiera tener un final feliz, que el joven guerrero se salvase, tomase por esposa a la muchacha que lo cuidaba y que sus hijos creciesen fuertes y valerosos en aquella tierra de hielo y de luz cegadora, pero sabía perfectamente, por haberlo experimentado, que el destino de los hombres pende de un hilo y que en cualquier momento el capricho del hado puede elevarnos a las cimas de la buena fortuna o precipitarnos en las más negra miseria o incluso en la muerte.

A medida que se avanzaba hacia septentrión la cadena montañosa, que se erguía delante mientras seguíamos un río que no era el que esperábamos, descendía cada vez más en el horizonte hasta casi desaparecer, mientras delante de nosotros aparecía otra, vasta y agreste, hecha de macizos imponentes, de valles profundos y escabrosos, cubierta de negros bosques de árboles también picudos como las cimas de los montes.

Jeno dijo que era una buena señal y que pronto encontraríamos lugares habitados y guías capaces de conducirnos hacia nuestra meta.

No sabía que yo había escuchado y en gran parte entendido lo que él y Sofo se habían dicho la noche en que fui sorprendida en la tienda del comandante y me libré de la muerte de puro milagro. Me había dicho simplemente que había conseguido hacer cambiar de idea al comandante con el argumento de que el río que estábamos siguiendo pronto desaparecería bajo el hielo, como de hecho ocurrió, y que era más prudente retomar el camino hacia occidente.

Le pedí que me recordara qué significaban los cuatro signos que había visto en el mapa del fondo de la caja de Sofo.

—Son la transcripción de un nombre indígena cuyo significado ignoramos —dijo, aun a sabiendas de que la respuesta no me satisfaría, pero sí me acallaría. Al menos por el momento. Era consciente de que si las cosas seguían como hasta ahora cabía esperar nuevos problemas, nuevas adversidades y quizá también un final amargo.

La verdad era la que yo había intuido desde hacía ya tiempo sin comprender sus causas. Ahora sabía que lo que quedaba del ejército tendría que batirse aún contra el Imperio del Gran Rey y contra la potencia de Esparta, que los quería muertos o dispersos por todos los confines del mundo, tan lejos que no pudieran volver jamás.

La expectativa era que venciesen o desapareciesen, y en cambio se estaba produciendo una tercera eventualidad: habían vencido y perdido al mismo tiempo y, en contra de todo lo imaginable, estaban volviendo.

Jeno decía que pronto encontraríamos lugares habitados y que según sus cálculos la primavera debía de estar al llegar. No se equivocaba, en efecto, y el primer indicio lo tuve yo misma una mañana gélida y serena cuando me levanté para recoger la nieve y hacerla licuar al fuego para tener agua para beber y lavarnos. Me encontré de frente un bosque de árboles con troncos enormes y grandes ramas desnudas y, apenas salió el sol, oí resonar el aire de reclamos desgarradores. Volví hacia el campamento rápidamente, pero pronto comprendí que no había nada que temer. Nadie me perseguía, nadie me amenazaba. No se trataba de voces humanas.

Eran aves.

No las había visto nunca, pero las había oído describir por

viajeros que habían pasado por nuestras aldeas. Volví atrás paso a paso y las observé atónita: a decenas, en las ramas de los grandes árboles y algunas también en el suelo inmóviles ante mi llegada, como imágenes pintadas. Los machos tenían el cuello revestido de plumas de un azul imposible: como oro azul, y ese mismo color adornaba sus colas, semejantes a mantos reales, punteadas de grandes ocelos matizados de bronce y oro. Eran admirables criaturas cuya elegancia e increíble belleza contrastaban con su canto, un canto siempre idéntico, falto de gracia y monótono.

Primero pensé que eran nuestros compañeros caídos en la batalla y arrebatados por la tormenta que gritaban su desesperación por una vida tan pronto truncada y querían hacerse oír, rasgando el aire con sus lamentos. Pero luego vi a una de ellas alzar la cola y abrirla en un arco fulgurante de bronce, de azul, de oro y de plata y casi lloré de la emoción. No, no era aquel un llanto de muerte, sino un reclamo y una danza de amor. ¡Eran sin duda aves sagradas de divinidades de aquella tierra y anunciaban con su gracioso cortejo la proximidad de la primavera!

Me reafirmé en el convencimiento que siempre había tenido: la naturaleza no concede todos sus dones a una sola criatura. A unas les da una cosa, a otras otra. El ruiseñor es pequeño e insignificante, pero su canto es una melodía sobrecogedora, la más armoniosa que haya creado la naturaleza. También pensé que en el paraíso terrenal cada cosa debía de ser perfecta y que los dioses, al principio, debían de haber dado a las aves que desplegaban delante de mí su deslumbrante belleza un canto semejante al de los ruiseñores para que se manifestase su infinito poder.

Llegamos, al cabo de varios días de marcha, a otro río que corría impetuoso en dirección contraria a la que habíamos tomado antes y empezamos a seguirlo hacia abajo. Se llamaba en la lengua local *Harpas* y descendió vertiginoso hacia el valle, adonde también nosotros queríamos dirigirnos. También el tiempo estaba cambiando: ríos y torrentes corrían llenos de aguas cristalinas y, allí donde se abrían en meandros y ensenadas profundas, se veían zigzaguear peces bellísimos que parecían de plata. Y abajo, allí donde se abría una vasta tierra fértil, los campos estaban floridos y los prados eran lucientes extensiones de color esmeralda. A medida que avanzábamos aparecían poblados y al caer la tarde se podía ver salir el humo de los tejados en lentas volutas y ascender hacia el cielo rosa del ocaso.

Allí abajo era primavera.

Ahora la voz del ejército había vuelto a ser la de otro tiempo, sonora y potente. La había olvidado: hacía mucho que no la oía. El ejército se había movido durante meses casi en silencio, agobiado por un esfuerzo inmenso que pesaba más aún en el corazón que en los hombros y en las piernas, el esfuerzo de arrastrar una existencia sin esperanzas, de ver caer a los compañeros uno tras otro a causa de un enemigo poderoso, invisible e implacable: el espectro del invierno envuelto en la tormenta y en la neblina, opaco y transparente al mismo tiempo, gélido y cegador. Ninguna voz, porque la suya las dominaba todas y las tragaba en el silencio atónito de las alturas, en las tinieblas de noches sin fin. Luego se había producido la gran batalla en el cráter, la victoria imposible que les había dado a ellos y a sus comandantes la fuerza para emprender el regreso.

Era un espectáculo apasionante, a medida que se descendía hacia el valle y se dejaban las pendientes nevadas para entrar en los pastos verdes y en los campos salpicados de flores, ver a los hombres desembarazarse de las pieles que les daban una apariencia de bestias y volver a adquirir día a día el aspecto de otro tiempo. Volver a ver los brazos y las piernas desnudas y musculosas. Mientras los rostros perdían el híspido semblante de las largas barbas desaliñadas y recuperaban la dignidad que las tijeras y la navaja conferían, instrumentos de una civilización olvidada.

Y las armas, sobre todo las armas, parduzcas y oscurecidas por la humedad y la larga incuria, volvían a adquirir el esplendor reluciente del bronce, el centelleo sideral del hierro y de la plata; las cimeras de los yelmos, lavadas en el agua pura de los ríos, oscilaban al viento, rojas, azules, blancas y ocres. Las trompetas, cuando anunciaban el peligro o llamaban a los hombres a las filas, sonaban con nitidez argentina, con voz tajante como una espada.

Llegamos al fondo del valle un atardecer después de la puesta del sol y me volví a mirar por última vez el mundo helado que dejaba a mis espaldas. Durante un instante me pareció ver a un jinete, una forma incierta que se confundía con el reflejo de la nieve en el último resplandor del ocaso: uno de mis muchos recuerdos que se negaba a abandonarme...

Las comunidades esparcidas por el valle eran tranquilas, dedicadas más al comercio que a la guerra, más al intercambio que al enfrentamiento. Algunas de las aldeas comenzaban a adquirir dimensiones de ciudades.

El paso del ejército despertaba más interés que miedo, más curiosidad que hostilidad. Uno de esos centros, en el fondo del valle, era una ciudad propiamente dicha con casas de mampostería o de madera y una plaza de mercado donde se podía comprar de todo: ganado, trigo, cebada, aves de corral y huevos, legumbres y verduras. En aquel lugar me di cuenta de que la caja de Sofo debía de tener un doble fondo porque le vi gastar cierta cantidad de dáricos de oro, las monedas del Imperio en las que estaba representado Darío el Grande en actitud de disparar una flecha. Y también los comandantes de las grandes unidades tenían dinero persa que gastar. El ejército pudo finalmente abastecerse de lo que necesitaba y la comida fresca mejoró la situación de todo el mundo.

Jeno pasó mucho tiempo en el mercado recabando información en compañía de un intérprete que hablaba persa y al cabo de unas horas fue invitado a casa del hombre que tenía el gobierno de la ciudad. Evidentemente las voces corrían y no se perdía de vista a los forasteros. El hombre que había invitado a Jeno hablaba perfectamente persa y el intérprete no tuvo dificultades para hacerse entender.

Los recibió en su morada: una casa espaciosa con un jardín interior con muchos servidores y esclavas vestidas con trajes locales.

—No es muy frecuente ver un ejército como el vuestro en esta ciudad. Por el armamento y el sonido de vuestra lengua diría que sois griegos. ¿Cómo habéis llegado aquí? —preguntó.

—El nuestro es un destacamento al servicio del Gran Rey. Nos perdimos en una tormenta de nieve en la montaña y hemos estado a punto de sucumbir. Ahora hemos de encontrar la manera de llegar a nuestras bases en la costa y espero que puedas ayudarnos.

El noble señor mandó traer carne asada y huevos de paloma hervidos en agua salada para honrar a su invitado y fingió creer la mentira que le había contado sobre la naturaleza de su misión militar.

—Será un placer ayudaros. Antes de que anochezca mandaré a vuestro campamento un guía que os indicará el camino que tenéis que recorrer. A cambio os pedirá un pequeño favor.

—Dalo por hecho —respondió Jeno—. ¿De qué se trata?

—Os lo dirá el guía. Prefiero que mis invitados disfruten de mi hospitalidad sin pedir por mi parte una contrapartida.

Jeno tomó nota de los usos locales y tras la comida volvió al campamento a informar. El guía llegó a media tarde. Era un hombre robusto, con cierta dignidad en el porte, vestido y equipado para una marcha por la montaña. Daba por descontado que su petición sería satisfecha. Fue recibido en la tienda que hacía las veces de cuartel general, en presencia de los comandantes de las grandes unidades y de los comandantes de batallón.

—Te estamos agradecidos por proporcionarnos una ayuda tan valiosa —comenzó Sofo—. Ante todo queremos saber a qué distancia estamos del mar.

—En cinco días de marcha estoy en condiciones de llevaros a un lugar desde donde se puede ver el mar. ¿No es esto lo que queréis?

Ni Sofo ni los demás comandantes y tampoco Jeno conseguían disimular la enorme emoción que aquellas palabras provocaban en ellos. Sofo respondió:

—Sin duda. ¿Y cómo podemos recompensarte?

—Después del segundo día de marcha entraremos en el territorio de una tribu enemiga nuestra. Llevan a cabo continuas incursiones en nuestro territorio, saqueando y destruyendo. Son montañeses salvajes y feroces. Debéis devastar su territorio, quemar sus poblados, tomar todo lo que queráis, incluso a las mujeres.

Sofo paseó la mirada por los rostros de sus comandantes encontrando en ellos la misma determinación y se limitó a responder:

—Se puede hacer.

—Entonces partamos —dijo el guía—, el tiempo ahorrado es tiempo ganado.

Partimos, aunque fuese ya pasado mediodía, y nos dirigimos hacia el lado septentrional del valle donde la pista que habíamos recorrido para acercarnos a la ciudad se desviaba hacia las montañas, y nos introdujimos por una garganta larga y angosta, recorrida por un torrente, la remontamos en columna. Como siempre, los incursores delante con el guía, y detrás la retaguardia de Jeno a caballo.

Las jornadas se habían hecho más largas y nos dimos cuenta de ello al subir la pendiente de la montaña, porque el sol continuó acompañándonos por el flanco derecho del valle hasta el ocaso. Nos paramos en un claro del bosque, una especie de terraza herbosa lo bastante vasta para albergar el campamento.

Jeno y los otros se dirigieron hacia la cima que nos dominaba y aparecieron los poblados en otra terraza. Al oscurecer se veían algunas luces de fuegos de hogares y de lámparas nocturnas.

—¿Por qué no atacamos ahora? —preguntó Agasias—. Así nos olvidamos de la preocupación y luego cenamos tranquilos.

—No —respondió Sofo—. No es propio atacar a oscuras y en la montaña. Mañana por la mañana desayunaremos antes de que salga el sol y luego atacaremos.

Se adelantó el guía:

—También a los niños y a las mujeres —dijo—, menos a las que queráis para vosotros.

—No —replicó Sofo—, no es esto lo pactado. Quitaremos de en medio a todos los que opongan resistencia armada y prenderemos fuego a los poblados. No pidas más.

Aquella noche las estrellas llenaron el cielo a millones, el blanco velo que atravesaba el firmamento de un extremo al otro pareció ondear como si un viento misterioso lo hiciera fluctuar y el aire estuviera lleno del perfume de flores desconocidas.

Después de la cena, Sofo se acercó a la cima vestido solo con el manto y con la lanza empuñada. Jeno se le acercó.

—No puedo creerlo: cuatro días más y estaremos a la vista del mar —dijo.

—No te lo creas. Hasta que lo hayamos visto.

—Ya. No han faltado obstáculos.

Se quedaron en silencio, uno cerca del otro, luego Jeno habló de nuevo:

—¿Qué harás cuando hayamos vuelto?

—Nada..., yo no llegaré nunca a Esparta.

Jeno no añadió nada más, porque no cabían comentarios a la sentencia que el comandante Sofo había pronunciado sobre sí mismo. Permanecieron allí sentados en la cima contemplando las aldeas a las que prenderían fuego al día siguiente.

Mientras los hombres plantaban el campamento, yo había descubierto un manantial de agua cristalina bajo una gran roca verde de musgo y cuando la oscuridad fue completa me acerqué a él, me quité las ropas y me sumergí lentamente en el agua helada. Casi no conseguía recuperar el aliento por el punzante frío, pero finalmente pude lavarme, purificar mi cuerpo y mis cabellos en el agua no contaminada. Fue como renacer a una nueva vida y cuando me acosté me quedé dormida como un tronco.

Me despertó un coro de aullidos, de gritos de terror, por el crepitar siniestro del fuego. Corrí afuera y vi que el campamento estaba vacío, defendido tan solo por una pequeña unidad. Alcancé la cima y observé a nuestros soldados pagar el precio pedido por poder ver el mar: la matanza en masa.

Los hombres del poblado se batían con todas sus fuerzas, pero habían quedado pocos porque el asalto se había producido por sorpresa, antes de la salida del sol. Muchos yacían traspasados en el suelo, las mujeres corrían con los niños en brazos buscando refugio en los bosques, otras sollozaban sobre los cuerpos de los maridos muertos. Los muchachos trataban de recoger las armas de sus padres caídos para batirse con los enemigos implacables que habían surgido de la nada en su poblado sumido en el sueño. Las cabañas con techumbres de madera y de paja ardían como antorchas elevando al cielo torbellinos de denso humo y de pavesas. En poco rato el crepitar de las hogueras fue el único ruido que pudo oírse. El ejército se volvió a poner en marcha, conducido por el guía, y destruyó uno por uno todos los poblados de la montaña, dejando tras de sí una estela de ruinas ennegrecidas por el humo. La devastación duró tres días consecutivos y solo cuando nuestro guía se declaró satisfecho reanudamos el camino hacia la cima de la cadena montañosa que estábamos atravesando.

A medida que se subía volvía a aparecer la nieve, pero solo a trozos, aquí y allá, y en los pasos se abrían flores blancas y carnosas, muy bellas; luego, más arriba, extensiones de flores purpúreas con pétalos finos y alargados, dispuestos en forma de estrella, tan espesos y pujantes que formaban una alfombra de intenso esplendor. Vi que las muchachas las cogían para ponérselas en el pelo y también yo cogí una. Me disgustaba verlas pisoteadas por el paso pesado de los guerreros.

La cabeza de la columna estaba ya en la cima cuando nosotros, con las bestias de carga, estábamos aún detrás y Jeno subía a pie con los suyos llevando a los caballos de las bridas. Finalmente también nosotros llegamos a una especie de planicie, bastante ancha para permitir el paso de dos batallones juntos, que subía hacia occidente en una pendiente no muy pronunciada.

De pronto, de la cabeza de la columna se oyeron unos gritos confusos, y cada vez más fuertes. Jeno, que iba un poco detrás de mí con Licio de Siracusa y los otros de su escuadrón, gritó:

—¡A caballo, a caballo! ¡Están atacando a la vanguardia, vamos, vamos!

Fue cuestión de instantes: montaron y espolearon a toda velocidad pasando por el flanco de la columna que entretanto se había detenido. Los oficiales desplegaron las unidades para conducirlas adelante en línea de combate para prestarles ayuda, con más razón cuanto que los gritos se hacían cada vez más fuertes.

Pero en aquellos gritos había algo extraño que creí comprender y eché a correr como una loca hacia la cabeza de la columna.

Era un grito prolongado y potente como el fragor de un trueno y cuanto más me acercaba más aumentaba el grito hasta el punto de hacer temblar el corazón.

Era una palabra, una sola, la que había oído muchas veces

pronunciar como esperanza e invocación en las noches de frío y de desesperación, en las interminables marchas. Y la había oído en los cantos melancólicos que subían del campamento cuando el sol moría entre los grises nubarrones invernales.

El mar.

Sí, gritaban:

—¡El mar! ¡El mar! ¡El mar! ¡El mar!

Me estallaba el corazón cuando llegué a la cima jadeante y chorreante de sudor. Jeno me vio y gritó:

—¡Mira, es el mar!

En torno a mí era el delirio, los guerreros parecían enloquecidos, no dejaban en ningún momento de repetir ese grito, se abrazaban unos a otros, abrazaban a sus oficiales como para darles las gracias por no haber perdido nunca la esperanza, luego, blandidas las espadas, comenzaron a golpearlas contra los escudos sin interrumpir el grito haciendo retemblar el aire con el fragor ensordecedor del bronce.

Yo permanecía inmóvil y atónita mirándolo. La espesa capa de nubes que cubría el pie de la grandiosa cadena montañosa se estaba abriendo y a cada instante, casi a cada grito de los guerreros, el claro se ensanchaba cada vez más revelando una extensión de un azul intenso y esplendoroso, un azul resplandeciente y traslúcido, escamoso de mil ondas relucientes, orladas de blanca espuma. No lo había visto nunca.

El mar.

28

El entusiasmo y la alegría parecían que no fueran a acabarse nunca. La vista del mar no era solo el final de una pesadilla, sino también la vista del hogar. Significaba poder moverse por lugares conocidos, llenos de asentamientos, ciudades y aldeas que habían sido fundados por la madre patria en el continente.

De golpe alguien gritó algo que no entendí y enseguida algunos se pusieron a amontonar piedras. A estos se añadieron otros hasta que todo el ejército y también no pocas muchachas se unieron a los primeros trayendo piedras y guijarros, cada uno según su fuerza y posibilidades. Fueron a recogerlas en una hondonada del terreno a doscientos o trescientos pasos de distancia y levantaron grandes túmulos justo en el punto en que los primeros habían visto el mar. Tenían que ser el recuerdo de su hazaña. Tenían que ser los trofeos que transmitirían durante siglos y quizá milenios la memoria de su victoria sobre los enemigos, sobre el hambre, la sed, el frío, las heridas, las enfermedades y las traiciones. Tenían que celebrar por siempre una hazaña imposible.

Era tal la excitación que los montones de piedras crecían casi a ojos vista alcanzando en poco rato unas dimensiones impresionantes. El guía, aparte, no dijo nada. Permanecía observándolos perplejo, como si no se diera cuenta de lo que estaban haciendo, sin comprender, yo creo, el significado de aquel modo de actuar. No se movió, observó sin pestañear cómo empresa tan espontánea como imponente tomaba forma y crecía de hora en hora ante sus ojos.

Al oscurecer, se terminó el esfuerzo y los túmulos, de más de veinte pasos de ancho y de unos diez codos de alto, se alzaban precisamente en el borde de la explanada que se asomaba a la escarpada pendiente que descendía hacia el mar. Entretanto las nubes se habían aborregado y la vista de la interminable extensión azul se había oscurecido. Terminada la construcción, los nuestros arrojaron encima las armas arrebatadas a los enemigos y solo entonces el guía reaccionó, hizo pedazos algunas de ellas y pidió a los nuestros que hicieran otro tanto, tal debía de ser su odio por los que las habían llevado.

Era hora de recompensarlo por habernos guiado hasta aquel lugar. Se tomó un caballo del patrimonio común, un bellísimo traje persa y diez dáricos de oro, una suma considerable, signo de una infinita gratitud. Pero al guía le gustaban los anillos y, señalándolos en los dedos de los soldados, los pedía. Muchos se los quitaron y se los regalaron gustosamente. También Melisa: la vi que se quitaba uno de los suyos del dedo meñique y lo depositaba en la mano del guía, que lo metió junto con los otros en la alforja. Luego, sin decir palabra, cogió el caballo de las bridas y desapareció entre las sombras del atardecer.

Entonces descendió sobre el ejército la calma y el silencio y también una infinita melancolía. En medio de la euforia, al entusiasmo incontenible y casi loco, a los gritos, a la furia de la salvación finalmente conseguida, al epílogo de una empresa que había costado sacrificios y esfuerzos inhumanos, a una batalla hecha de mil batallas, a una guerra contra todo y contra todos, seguía el momento de la reflexión y de la memoria. Desfilaban ante sus ojos escenas que habían marcado su vida e imágenes que retornaban con fuerza poderosa: compañeros caídos en combate, muertos lentamente entre atroces sufrimientos, mutilados, heridos, jóvenes cuyas almas vagarían para siempre en un mundo ciego y oscuro.

Aquellos túmulos estaban dedicados a ellos, a su heroísmo, a su valor y a su coraje. Y eran un monumento único en el mundo, muy distinto a obra hecha de oro, de bronce y de mármoles preciosos que se le encarga a un gran artista con una magnífica compensación. Se había construido entre todos, cada uno había traído una piedra o dos o cien, sin plano alguno de arquitecto, sin más inspiración que los sentimientos del corazón.

A la puesta del sol vi a uno de aquellos jóvenes llorar apartado mientras otro grupo, al lado del túmulo más grande, elevaba un canto que ascendía, triste y majestuoso, hacia el cielo en el que ya refulgía la primera estrella.

A la mañana siguiente se reanudó la marcha, esta vez en descenso. Los Diez Mil dejaban un mundo de alturas recorrido de un extremo a otro, marcado por cimas solitarias, delimitado por inmensas cadenas montañosas, surcado por ríos tumultuosos, rugientes entre rápidos y cascadas espumeantes, para descender al mar del que habían partido.

Atravesamos un bosque de arbustos algo más altos que un hombre, llenos, en todo lo que alcanzaba la vista, de flores purpúreas, sobre prados verdísimos llenos de otras flores maravillosas que no había visto nunca.

Aquí y allá corrían decenas de pequeños torrentes que llevaban hacia abajo las aguas de los ventisqueros y de las nieves que se derretían más arriba por los primeros calores de la primavera. Saltaban de una roca a otra expandiendo una niebla que se iluminaba con los colores del arco iris atravesado por los rayos del sol. Y el sonido de cada salto, de cada cascadita, el gorgoteo del agua que cambiaba de tono y de intensidad en cada una de las piedras sobre las que corría se convertía en una voz única, indefinible y mágica, con la que se mezclaban el canto de los pájaros y el susurro de las hojas en el viento.

Así pensaba yo que era el paraíso terrenal de la edad de oro:

reflejos dorados del sol que se filtraban entre las ramas. El centellear de las gotas de rocío, los aromas traídos por el viento tibio que subía del mar impregnado de otros olores…

Ciertamente, los sufrimientos parecían quedar atrás, las fatigas y el hambre eran nada más que un recuerdo, pero muy pronto íbamos a darnos cuenta de que no todo iba a resultar fácil. Una tribu del lugar nos impidió el paso en un río y solo después de que uno de los nuestros hubo parlamentado con ellos nos dejaron pasar sin causarnos daño alguno. Cuando Jeno quiso saber cómo era que hablaban la lengua de un pueblo tan lejano y desconocido, el joven asaltante respondió:

—No lo sé… De repente me he dado cuenta de que les entendía cuando hablaban.

Fue una especie de prodigio difícil de explicar. El joven contó que de pequeño había sido vendido como esclavo en Atenas y, por tanto, era posible que fuera hijo de aquella gente. Su lengua materna había quedado enterrada por el olvido en el fondo de su mente durante años y años hasta que su memoria se había despertado al contactar de nuevo con los olvidados orígenes.

Más adelante fue necesario conquistar también una cresta montañosa en la que estaban alineados unos soldados: los colcos, ¡el pueblo del velo de oro!

Estaba explorando un universo maravilloso en el que se fundían y mezclaban continuamente la verdad y el mito, en el que las visiones reales se transfiguraban en paisajes fantásticos.

Fue Jeno quien mandó el ataque y azuzó a los guerreros para conquistar el último desfiladero: pasó adelante y atrás a caballo, de columna a columna, incitando, escarneciendo, vociferando imprecaciones de su jerga militar hasta que lo oí gritar:

—¡Ahora adelante, hemos de comérnoslos vivos!

Los hombres respondieron con un estruendo lanzándose al ataque cuesta arriba con un ardor y una potencia arrolladores. Los colcos fueron borrados del mapa al primer asalto, y el ejército acampó en algunas aldeas que aparecieron a la vista antes del atardecer. Aquí sucedió un hecho muy extraño. Cientos de hombres mostraron síntomas de envenenamiento: vómito, fiebre, náusea, un estado de postración mortal. Se dijo que habían tomado una miel que los habría intoxicado, pero yo no había oído nunca decir que las abejas puedan producir miel venenosa. ¿Cómo podrían ellas mismas sobrevivir al veneno? Me vinieron a la mente otras ideas, y también a Jeno, creo yo, porque el ejército tenía siempre sus enemigos y no faltaban motivos por los que debía ser aniquilado.

Por fortuna, quien había caído enfermo consiguió recuperarse al poco tiempo, lo cual atenuó en parte también mis sospechas.

Reanudamos la marcha y finalmente apareció ante nosotros un amplio trecho de costa y, luego, al segundo día, la ciudad de Trapezunte. Una ciudad griega.

Había pasado más de un año desde que los nuestros hablaran por última vez su lengua con una comunidad capaz de entenderlos, y la alegría fue inmensa. Acampamos fuera de la ciudad y mientras los comandantes establecían contacto con las autoridades y trataban de obtener las ayudas necesarias para continuar el viaje, algunos organizaron juegos y competiciones para dar gracias a los dioses.

Al final de los festejos llegó el momento de las decisiones. La asamblea del ejército, convocada en rangos completos, no dejó mucha elección a los oficiales: nadie quería ya seguir la marcha, afrontar otros combates, sufrir nuevas bajas. Consideraban concluida su empresa y querían embarcarse para volver a casa. Uno de los soldados pronunció incluso un discurso que parecía inspirado en los monólogos de los actores cómicos de los teatros: la parodia del soldado-héroe. Como queriendo decir: ¡ya tenemos bastante!

Sofo trató de conseguir unas naves de guerra y de transporte de las autoridades de la ciudad, pero el resultado defraudó las expectativas: solo un par de naves y una decena de embarcaciones menores. Por si fuera poco, uno de los nuestros, al que habían sido confiadas las dos naves porque tenía alguna experiencia en navegación, levó anchas durante la noche y zarpó con uno de los dos navíos. Se llamaba Deuxippo y a partir de aquel día sería recordado como un traidor.

Las embarcaciones que habían quedado no iban a ser suficientes para transportar al ejército, que se vio, por tanto, obligado a reanudar las incursiones en el interior para hacer correrías y saquear las aldeas de las poblaciones indígenas que se defendían con uñas y dientes. Yo no asistí a estos ataques, porque me quedaba en el campamento de la costa con el resto de mujeres, con los heridos y los convalecientes, pero me enteré lo suficiente por lo que se oía contar: imágenes crueles de estragos e incendios, mujeres y niños que se arrojaban de sus casas en llamas despanzurrándose contra el suelo, combatientes de ambos bandos transformados en antorchas humanas, feroces cuerpos a cuerpo, matanzas.

Pero ¿acaso tenían otra elección? De haber podido, habrían preferido comprar en los mercados lo que necesitaban, pero no tenían dinero suficiente, ni cosas de valor que ofrecer a cambio. También yo, desde hacía tiempo, estaba acostumbrada a pensar como ellos, a considerar que la de la supervivencia es una ley a la que uno no puede sustraerse. Los horrores de la guerra eran una triste consecuencia de aquella ley. Una vez en la batalla, el dolor, la sangre, el desgarro de los cuerpos y de las mentes hacían el resto aboliendo todo límite fijado por la civilización, prescindiendo de todo freno. Fui afortunada de no verlo.

Al cabo de más de un mes de permanecer quietos en el mismo lugar el ejército había acabado con todo: no había ya posibilidades de saqueo alrededor de un radio de una o dos jornadas de camino. Y había que moverse también porque los habitantes de Trapezunte no podían más y habrían hecho cualquier cosa con tal de vernos partir. Se decidió en aquel momento que los no combatientes subieran a bordo de las naves y las embarcaciones disponibles: de ese modo también disminuiría notablemente la necesidad de comida. Se confió el mando de la flotilla a Neto, el oficial que más veces había tenido roces con Jeno. Parece que también él estaba escribiendo una historia de la expedición, me hubiera gustado saber qué contaba.

Los heridos y los enfermos, los menos jóvenes y todas las mujeres partieron por mar. Sí, se iban las muchachas, las muchachas que habían incitado a los guerreros en el vado del río turbulento, como campeones en el estadio, para que llegaran antes que los armenios, las muchachas que les habían tenido entre sus brazos a su vuelta de las batallas, que habían curado sus heridas, que los habían consolado del esfuerzo de vivir, de combatir, de afrontar la muerte cada día y cada noche, las muchachas que los habían besado y amado sabiendo que el día después podía ser el último, las muchachas que los habían acompañado hasta el umbral de la nada, que los habían llorado en la pira fúnebre, como si fueran sus esposas, hermanas, madres.

Partían.

Me quedé con Jeno. Y Melisa se quedó con Cleanor y así también otras veinte o treinta que eran ya las compañeras estables de algunos de los oficiales. Y la marcha se reanudó a lo largo de la costa sin perder nunca de vista el mar. Durante un tiempo vimos las naves y las barcas que navegaban juntas y en algún momento me pareció descubrir a nuestras compañeras que nos saludaban agitando paños colorados y pañuelos. Tenía un nudo en la garganta y no conseguía contener las lágrimas. Pensaba en Lystra, en el frío intenso en el que había tratado de parir a un hijo, en la desesperación y en la soledad en la que me había encontrado con ella. En la muerte que había exigido su tributo, una pobre esclava y un niño que nunca nacería. Y, al sol que me cegaba desde el mar con mil destellos, volví a pensar en la misteriosa divinidad de la tormenta que me había levantado y llevado volando por los aires hasta la linde del campamento para que me encontrasen. Acaso su apariencia era de nieve y se había disuelto con la vuelta de la primavera, quizá su alma brillaba ahora en los infinitos reflejos de los torrentes que descendían, cantarinos, curso abajo para ir a verter sus aguas al mar.

Llegamos a la primera ciudad importante después de algunos días de marcha y aquí, no sé por qué motivo, llegó el momento amargo y largamente pospuesto de contar los sobrevivientes. Oficialmente para saber a cuántas bocas había que alimentar. Se formó al ejército en perfecto orden y los oficiales comandantes de cada unidad iban diciendo los nombres en voz alta. A cada nombre pronunciado, el que había sobrevivido gritaba: «¡Presente!», pero la respuesta era a menudo un prolongado silencio. El oficial, pese a saber que llamaba a un muerto, repetía el nombre porque así lo exigía la tradición militar y solo después de otro prolongado silencio se pasaba a un nuevo nombre. A medida que avanzaban las menciones, la expresión de los presentes se ensombrecía cada vez más porque cada silencio era un compañero, un amigo, un hermano que había perdido la vida, imágenes de sangre y de angustia.

En ese momento recordé que aquellos a los que había llamado siempre los Diez Mil habían sido en realidad más, cerca de trece mil. Pero solamente ocho mil seiscientos respondieron a la mención de su nombre. Más de cuatro mil habían muerto a causa del frío, el hambre o las heridas.

También se procedió al reparto del botín que había sido saqueado en todos los asaltos llevados a cabo durante la expedición. Salvo la décima parte que había que ofrecer a los dioses, el resto se dividió, de acuerdo con el rango, entre los comandantes de las grandes unidades, los comandantes de batallón y la tropa.

Una cosa me impresionó: Sofo rehusó lo que le correspondía y lo dejó a su ayuda de campo, Neón, de la ciudad de Ásine.

Observé la expresión de Jeno cuando el comandante supremo renunciaba a su parte: una expresión primero de asombro, luego de consciente tristeza. Le había dicho que no regresaría nunca a Esparta y se comportaba en consecuencia.

Tras dejar la ciudad, llegamos a los confines del territorio de un país salvaje, dividido en dos facciones. Nos aliamos con la que estaba de acuerdo en dejarnos pasar y atacamos a la contraria. Se definían en su lengua como «habitantes de las torres» porque sus jefes vivían en torres de madera que dominaban los centros habitados.

Fue otra batalla sangrienta que costó no pocas bajas, pero los nuestros vencieron también esta vez. Cuando formaban obedientes a sus comandantes, cuando creaban una muralla con los escudos y gritaban todos juntos su temible grito de guerra, nadie podía resistírseles, nadie podía aguantar ver sus filas avanzar compactas al sonido de las flautas y de los tambores. Tras la victoria, nuestros aliados nos mostraron las aldeas y las casas y los jefes, a sus hijos, criaturas impresionantes, debo decir. Los engordaban con unas nueces que crecían en su territorio, incomibles crudas, pero exquisitas asadas o hervidas, revestidas de una cáscara de color cuero.

Por eso estos muchachos eran más anchos que altos; revestidos de una espesa capa de grasa, su piel era blanquísima y estaba completamente cubierta de tatuajes de vivos colores. Pensé que era algo semejante a las ofrendas a los dioses, talismanes para propiciar las fuerzas de la naturaleza. No habrían servido para nada más, dada su condición. Los hombres en cambio eran muy activos y en cierto sentido entrometidos. Trataron varias veces, como animales, de montar delante de todos a las muchachas que se habían quedado con nosotros. Melisa era una de las más codiciadas y habría estallado una reyerta sangrienta si los intérpretes y los guías locales no hubieran hecho uso de sus buenos oficios y dado a unos y otros las oportunas explicaciones.

Jeno observó que aquellos eran los bárbaros más bárbaros

con los que se había encontrado nunca: en efecto, hacían en público lo que los griegos hacen en privado, como ayuntarse con una mujer o hacer sus necesidades corporales, y en privado lo que los griegos hacen en público, como hablar o bailar.

Yo misma vi a más de uno bailar o hablar solo, lo que me dejó fascinada. Era un pueblo de algún modo en estado salvaje. Luego pensé que la ferocidad era connatural al ser humano, en particular a los varones, aunque tampoco las mujeres eran ciertamente inmunes a ella. Lo que me había contado Menón de Tesalia de las torturas infligidas por la Reina Madre a quienes se habían jactado de haber dado muerte a su hijo me había llenado de horror.

Ahora teníamos víveres y otro botín y bestias de carga. La situación del ejército había cambiado mucho. Solo noté que Sofo, el comandante Quirísofo, así lo llamaba Jeno, parecía haberse esfumado. Había elegido encargos marginales, como buscar embarcaciones. Ya no aparecía en las reuniones públicas, no se dejaba ver a la cabeza de las tropas. Parecía que quisiera ocultarse, como si no tuviese ya un papel que desempeñar. Quién sabe, quizá quería irse de improviso tal como había aparecido, y quizá una mañana no lo veríamos más.

Yo hubiera querido preguntarle a Jeno qué pensaba de ello o qué sabía, pero desde que había sido sorprendida hurgando entre sus cosas todo lo referente a Sofo se había convertido en un tema vedado. Cosa paradójica, desde cierto punto de vista, teniendo en cuenta que mi gesto había hecho precipitar la situación e inducido a Sofo a tomar unas decisiones de las que estaba ya convencido interiormente. Pero podía entenderlo. Había interferido en una situación tan delicada, secreta y peligrosa —de lo cual era muy consciente— que mi acción debía permanecer desconocida a todos. Cualquier palabra que hubiera proferido sobre el asunto habría constituido un grave riesgo.

Llegamos así a otra ciudad a orillas del mar, habitada por griegos. Se llamaba Cotiora, si no recuerdo mal, y como las otras visitadas hasta ese momento estaba sometida a otra ciudad que se encontraba más a occidente, llamada Sínope, que a su vez debía de haber sido fundada también por otra, quizá una de las que surgieron en Grecia.

Aquí Jeno no consiguió ya mantener secreta la intención que venía rumiando desde hacía ya tiempo de convertirse en el fundador de una colonia. Por lo que yo sabía, no regresaría a su ciudad porque había luchado en el bando perdedor y, aunque se le readmitiese y se le garantizase la incolumidad, no desempeñaría ninguna función de gobierno ni de mando en el ejército, ni se le tendría ninguna consideración y respeto. Conociéndolo bien, sé que habría preferido la muerte a una eventualidad semejante. Fundar una colonia significaba convertirse en el padre de una nueva patria, entrar en la leyenda para sus descendientes, ser recordado con estatuas e inscripciones en las plazas no solo en la nueva ciudad, sino quizá también en su tierra natal. Sería una redención absoluta. Por lo que se me alcanzaba, la patria estaba dispuesta a olvidar los aspectos desagradables de uno de sus hijos si este, estableciéndose lejos, en ultramar, no representaba ya un problema, es más, creaba una nueva comunidad que mantuviese con la ciudad madre unas relaciones especiales y conservara vivo y honrado su recuerdo.

También para los soldados un plan semejante sería ventajoso. Muchos de ellos eran hombres sin raíces que iban a la ventura vendiendo su espada al mejor postor. Quien tenía familia podía traérsela, quien no la tenía, crear una casándose con una muchacha nativa. Gozarían de privilegios, serían los fundadores de las familias más eminentes, de una nueva aristocracia, y serían recordados en las canciones populares y en la historia de la nueva ciudad.

Aquel proyecto, lo admito, me fascinaba también a mí, aunque no me atreviera a confesármelo ni siquiera a mí misma.

Si Jeno se convertía en el héroe de una nueva patria, yo podría convertirme en su esposa. Yo, la pequeña bárbara de un pueblo olvidado y sin historia, me convertiría en la madre de sus descendientes, y también mi nombre sería recordado junto con el suyo. Mi larga peripecia vital llena de aventuras constituiría un colofón maravilloso, como en las historias que contaban los viejos de Beth Qada, como en el sueño que había acariciado la primera vez que me lo había encontrado en el pozo.

¿Acaso no era por eso por lo que el comandante Sofo se había alejado? No era un hombre como los demás. Acaso quería que su amigo lo recordase para siempre como el que le había abierto el camino para un destino de gloria y luego había regresado a la sombra para dejarle como único protagonista. Sí, no encontraba otras explicaciones, o no quería.

En nuestra tienda se multiplicaban las reuniones de oficiales para sopesar distintas posibilidades. Se contaban los hombres que podrían seguirlos y luego la eventual consistencia de la nueva fundación. Se volvía a hablar del Fasis y de Cólquida, donde reinaba un descendiente del rey que había tenido en su poder el velo de oro, una tierra mágica y riquísima donde la ciudad podría volverse próspera por el tráfico y el comercio y desde donde podía establecerse relaciones, alianzas y tratados con otras ciudades y estados.

Soñaban.

Pero quizá esta vez los sueños podían hacerse realidad. Y Jeno continuaba ofreciendo sacrificios a los dioses con la ayuda de un adivino que nos había seguido, junto a otros, durante toda la expedición. Quería saber si ponerlo en conocimiento del ejército o guardárselo por el momento para sí. Corría el rumor de que muchos eran favorables a la fundación de una colonia, pero había quien quería quedarse donde estábamos; otros también seguían las propuestas de Timas de Dardania que quería llevárselos para que se asentaran en su tierra o en las vecinas.

Cuando finalmente Jeno dio el paso era ya demasiado tarde y el plan del todo comprometido. Nadie quería volver a Cólquida y, en cualquier caso, los pareceres en aquel momento eran tan discordes que ninguno de los diferentes proyectos habría encontrado el suficiente consenso. Lo único en lo que se estaba de acuerdo era en aceptar la propuesta del gobierno de Sínope de trasladarnos por vía marítima hasta el límite de su zona de influencia. Lo cual nos evitaría una larguísima marcha a través del territorio de otra población aguerrida y peligrosa. Jeno respondió que le parecía bien, pero que solo aceptaría si todo el ejército era transportado junto de una sola vez. Ni hablar de dividirnos.

Jeno se había ganado ya prestigio y gran estima entre los soldados, los cuales, en un determinado momento, reunidos en asamblea, decidieron ofrecerle el mando supremo.

Jeno lo rehusó: se daba cuenta de que la elección del ejército se debía a un humor pasajero. Que antes o después surgirían los viejos rencores, secuelas de la gran guerra y él, ateniense como era, no podría mantener por mucho tiempo el mando de un ejército casi por entero proveniente de los territorios y de las ciudades de la coalición enemiga y vencedora. Dijo que el único digno de desempeñar esa responsabilidad era Sofo.

Sofo se había ido eclipsando paulatinamente, quizá para dejar sobresalir a Jeno, pero luego, a raíz del rechazo de este último, había tenido que aceptar una investidura oficial que lo devolvía, mediante un acto formal de la asamblea, al puesto que había ocupado con anterioridad.

Me preguntaba si habían hablado, si se habían mostrado de acuerdo entre ellos, pero Jeno no me dijo nunca nada. Fue Sofo quien manejó las cosas de acuerdo con un plan preciso que, sin embargo, no se llevó a cabo. A la luz de lo sucedido podría decir que su plan consistía en garantizar la supervivencia del ejército dejándole el mando a Jeno. No porque no hubieran oficiales valerosos y de fuerte personalidad capaces de mantener unido al ejército, sino porque Jeno era el único que conocía la gravedad del peligro que amenazaba al ejército y el único en condiciones de establecer medidas adecuadas para hacerle frente.

El viaje, pues, prosiguió por mar hacia occidente, hasta otra ciudad de griegos dedicada a su más grande héroe, Heracles. La ciudad se llamaba, en efecto, Heraclea y las autoridades nos acogieron amistosamente. Nos proporcionaron harina, vino, ganado, que sin embargo no serían suficientes a largo plazo: hacía falta algo más. Alguien propuso pedir una cantidad ingente de dinero, convencido de que las autoridades no se atreverían a negarlo en vista de la potencia del ejército, pero Sofo se negó rotundamente. «No podemos extorsionar a una ciudad de griegos que ya nos han ofrecido espontáneamente lo que podían. Tenemos que encontrar otra solución.» Pero no fue escuchado. Un grupo de oficiales, entre los que se encontraba Agasias, uno de los héroes del ejército que se había distinguido en tantas acciones temerarias, fue igualmente a la ciudad a presentar la injusta y mezquina petición de una suma enorme de oro. Por toda respuesta los vecinos guardaron todas las cosechas, atrancaron las puertas y pusieron centinelas armados en todo el recinto amurallado.

Entonces estalló el descontento entre los nuestros. Ahora que los peligros afrontados habían quedado atrás crecían las rivalidades, los celos, las fuerzas negativas y disgregadoras. Nadie se daba cuenta de que la amenaza más terrible estaba viva. Achacada la culpa de las dificultades a la incapacidad de los comandantes, los grupos étnicos más numerosos, los de los arcadios y de los aqueos que contaban con más de cuatro mil hombres, decidieron ir por su cuenta. También Cleanor era arcadio y se fue llevándose consigo a Melisa. Nos abrazamos llorando porque pensábamos que no nos veríamos más.

El ejército estaba dividido en dos.

Tanto Jeno como Sofo se quedaron consternados. La unidad del ejército había sido hasta aquel momento el valor supremo que debía ser conservado a toda costa.

Jeno pensó en sumarse, con los hombres que le seguían siendo fieles, al contingente más numeroso para impedir la dispersión del ejército, y se esperaba que Sofo hiciera otro tanto, pero no fue así.

Se enteró, no sé cómo, de que su ayuda de campo, ese Neón al que había dejado su parte del botín, le había hecho una propuesta. Se sabía que el comandante espartano de la ciudad griega de Oriente más importante, Bizancio, responsable de las relaciones con el Imperio del Gran Rey, estaba ya al corriente de nuestra presencia y les había abierto una perspectiva: si Sofo con sus hombres alcanzaban el puerto siguiente enviaría naves para recogerlos.

Sofo cayó en el más profundo abatimiento no tanto por la certeza de no tener ya escapatoria, sino por el hombre mismo que le hacía aquella propuesta: su ayuda de campo en el que había depositado siempre su total confianza, el hombre al que había dejado en herencia todos sus haberes, era el que lo empujaba a ponerse en unas manos que lo esperaban para eliminarlo.

Sí, querían quitar de en medio al comandante Sofo, el único oficial regular espartano, el héroe que había mandado el ejército a través de mil peligros, el único que conocía todos los secretos de la implicación de su patria en el intento de destronar y asesinar al Gran Rey, su más poderoso aliado, el hombre que hubiera tenido que morir o desaparecer con el ejército y que, en cambio, había decidido desobedecer a la vista del desesperado coraje de sus hombres y los había ayudado a regresar aun a sabiendas de que al hacerlo firmaba su condena de muerte.

Quizá pensó que era ya todo inútil, que aquel Deuxippo huido de Trapezunte con una de las naves no lo había hecho por casualidad, sino para ir a informar a los espartanos de que el ejército condenado a desaparecer estaba en cambio volviendo, que ya no había para él otra elección que ir al encuentro del destino, y consintió.

Nadie asistió al coloquio de Neón con Sofo. Solo me lo imaginé, imaginé la expresión de su mirada cuando Neón le pedía partir, imaginé que ni siquiera entonces debió de renunciar a una de sus ocurrencias, amarga y burlona, y lloré. No había olvidado nunca que él había estado conmigo cuando Menón me salvó la vida el día en que Ciro se había enfrentado con el ejército del Gran Rey en las puertas de Babilonia, en las orillas del Éufrates.

Jeno se lo encontró al atardecer antes de que partiese, en una taberna del puerto.

—Así que te vas.

—Eso parece.

—¿Por qué? Juntos tú y yo podríamos hacer aún grandes cosas.

Sofo rió sarcástico:

—¿Quién te lo ha dicho? ¿Uno de tus adivinos? ¿Es el oráculo de las entrañas de alguna oveja?

—No, comandante, yo estoy convencido de que si lo quisiéramos podríamos…

—¿… fundar una colonia? Tu sueño se resiste a morir, ¿verdad, escritor? Pero ¿crees en serio que los sueños se hacen realidad? ¿De veras estás convencido de que en un mundo dividido solamente entre dos potencias dominantes es posible fundar una ciudad independiente, quizá en un lugar importante, estratégico, donde podría volverse grande y próspera? Me temo que te haces ilusiones. El tiempo en que un puñado de hombres guiados por el vaticinio de un dios leva anclas en busca de una nueva patria en lugares salvajes y remotos donde crecer libres y prósperos no es más que un recuerdo. El tiempo de los héroes se ha acabado para siempre.

Jeno se quedó en silencio con el corazón oprimido. Sofo se ciñó la espada que había dejado sobre la mesa y se echó el manto sobre un hombro:

—Adiós, escritor.

—Adiós, comandante —respondió Jeno y se quedó escuchando el ruido de su calzado claveteado que se perdía en la noche.

29

Los arcadios y los aqueos, tras haber negociado con las autoridades de la ciudad, se habían trasladado hasta una aldea a orillas del mar que se llamaba Calpe, a algunas jornadas de navegación hacia occidente.

El comandante Sofo partió por vía terrestre seguido por un par de miles de hombres que se habían negado a dejarle.

Jeno permaneció dubitativo acerca de lo que había que hacer. Su desilusión era tal que en un determinado momento pensaba que nos embarcarían solos para volver a Grecia. Pero otros dos mil hombres se reunieron en torno a nuestra tienda poniéndose bajo sus órdenes. Se quedó profundamente conmovido, tanto más cuanto que con ellos estaban Timas de Dardania, uno de los cinco comandantes de las grandes unidades, que se ofreció enseguida como su ayuda de campo. Lo cual significaba mucho para él: era el reconocimiento de su papel de jefe y asumió inmediatamente todas sus responsabilidades. Ese mismo día convenció a los vecinos de Heraclea para trasladarlos también a ellos hacia occidente hasta el confín de su territorio. El ejército que hasta hacía poco tiempo había sido un bloque compacto estaba ahora dividido en tres partes, cada una de las cuales iba a la deriva. Su decisión de partir de inmediato tenía por finalidad unirse al menos al contingente más importante.

Los arcadios y los aqueos, una vez llegaron a destino al caer la tarde, se pusieron inmediatamente en marcha hacia el interior para no ser vistos y cayeron antes del amanecer sobre algunas aldeas del interior sometiendo a pillaje el ganado, saqueando las casas y capturando a numerosos prisioneros para venderlos como esclavos.

Habían partido con la esperanza de volver con inmensas riquezas y no querían presentarse en casa con las manos vacías. Aquella era su última oportunidad.

Se habían dividido en secciones y se habían dado cita en una colina que dominaba el territorio para concentrar el botín y luego regresar juntos. Pero la reacción de los indígenas fue durísima. El humo de los incendios y la alarma que había corrido de aldea en aldea por toda la región habían hecho reunirse a un gran número de guerreros a caballo que atacaron una a una a las columnas en marcha, cargadas de botín, atestadas de ganado y de prisioneros, y les dispararon una lluvia de dardos que lanzaban de lejos sin cesar, sembrando la confusión y la muerte. Una de las unidades, aplastada contra un barranco, fue aniquilada; otra, cercada en un llano por unas fuerzas muy superiores, fue casi destruida por completo; los otros, tras haber sufrido grandes bajas, consiguieron finalmente agruparse en la colina y pasaron allí la noche sin pegar ojo.

El comandante Sofo, desconocedor de todo ello, avanzaba a lo largo de la costa en dirección a Calpe, dispuesto, si era necesario, a vender cara su piel.

Jeno decidió tomar el camino del interior y de vez en cuando, al encontrarse con algún pastor o campesino, por medio de los intérpretes, preguntaba si tenían noticia del paso de algún ejército. Al atardecer del segundo día de marcha, dos viejos le informaron de que un ejército extranjero estaba atrincherado en la colina que se veía a una distancia de unos veinte estadios, cercado por todas partes.

—¿Tú los has visto? —preguntó Jeno al menos viejo de los dos.

—Por supuesto. Pasaron ayer por ese sendero de allí abajo —dijo indicando una línea clara que cortaba el verde de la llanura— y no creo que vean ponerse mañana el sol.

Jeno no tuvo ninguna duda cuando vio, al oscurecer, encenderse una gran cantidad de fogatas al pie de la colina, y reunió a todos los oficiales presentes.

—Apenas si somos dos mil —comenzó Jeno—, los nuestros de allí abajo eran cuatro mil y ya veis en qué han quedado. Si atacamos mañana, aunque disponemos de una pequeña unidad de caballería, no creo que tengamos ninguna posibilidad de romper el cerco.

—Me temo que no —confirmó Timas—. ¿Qué propones?

Jeno meditó en silencio durante unos momentos y luego dijo:

—Escuchad, tenemos que dar la impresión de ser diez, veinte veces más. Esos bárbaros deben pensar que los arcadios y los aqueos a los que han rodeado no son más que una vanguardia, que nosotros somos el grueso del ejército. ¡Ah, si estuviera con nosotros el comandante Quirísofo!

—Lamentablemente no está —respondió Timas— y por tanto debemos apañárnoslas solos. ¿Qué piensas hacer?

—Sé que es peligroso, pero tenemos que dividirnos en grupos, sí. Y cada grupo tendrá que incendiar todo lo que encuentre y pueda arder: cabañas, refugios de pastores, heno, balas de paja, caseríos aislados, recintos, pajares, establos, todo. Dejad estar los bosques, los matorrales, los rastrojos, no quiero que piensen en un incendio casual, sino en una despiadada represalia militar.

—Tienes razón —aprobó Timas—. Tienen que cagarse de miedo. Tiene que parecer que estamos poniendo a fuego y sangre a todo el país.

—Exactamente. El fuego nos permitirá saber dónde está cada grupo nuestro, tenemos que dejar el incendio inmediatamente detrás de nosotros; y cuidado con quedar atrapados en el fuego, porque el viento puede cambiar de dirección en cualquier momento. Y ahora vamos, pasemos a la acción.

Enseguida los hombres se dividieron en escuadras de cincuenta, tomaron el fuego de los braseros que llevábamos con nosotros y, desparramándose por los campos, comenzaron a pegar fuego a todo lo que podía arder. En poco rato las llamas se propagaron por todas partes y por territorios cada vez más vastos hasta que toda la campiña, hasta donde alcanzaba la vista, se vio salpicada de incendios. Y los fuegos, siguiendo las instrucciones de Jeno, convergían cada vez más en torno a la colina, de suerte que daba la impresión de que llegaba un gran ejército para romper el asedio.

Cuando clareó el día y la colina apareció perfectamente visible no había ya nadie: ni sitiados ni sitiadores. Solo las cenizas y los tizones de las hogueras y gran cantidad de caídos, de ambos bandos, dispersos a lo largo de la pendiente.

—¿Qué demonios ha ocurrido aquí? —gritaba Timas mientras iba adelante y atrás a caballo—. ¿Dónde están todos?

También Jeno miraba a su alrededor tratando de comprender qué significaba aquel lugar completamente desierto, hasta que llegó uno de los intérpretes diciendo que había hablado con un pastor:

—Ha visto bajar soldados de la colina y alejarse hacia la costa, poco antes del amanecer, apenas se han apagado los fuegos.

—Son ellos —dijo Jeno y, tras llamar a Timas, le ordenó que mandara las unidades de infantería mientras él seguiría adelante con la caballería para establecer un contacto.

No pasó mucho rato cuando alcanzó a los arcadios y a los aqueos y todos se abrazaron gritando de alegría, como si salieran de una pesadilla.

—Creo que os habéis dado cuenta de que dividirnos ha sido una ligereza que se ha pagado con la vida de muchos de vuestros compañeros —dijo Jeno—. Espero que al menos se hayan dejado la piel quienes tuvieron esta idea.

Jantias de Acaia fue el primero en adelantarse, sucio, trastornado por el cansancio y la tensión:

—Tienes razón, hemos sido unos locos, no comprendo qué nos pasó…

Agasias de Estinfalia corrió a su encuentro y lo abrazó:

—Nos habéis salvado de la aniquilación: no habríamos podido resistir largo tiempo en esa colina.

—Pero ¿qué ha pasado esta noche?

—Cuando vimos los fuegos comprendimos que erais vosotros y también lo comprendieron los enemigos, que ahuecaron el ala, pero luego al no veros y temiendo que los enemigos retrocederían nos pusimos en camino tratando de alejarnos lo más deprisa posible de ese fuego. Y eso es todo.

—Está bien, pero ahora basta ya. No volvamos a separarnos. Esperemos a Timas de Dardania con la infantería pesada y luego marchemos hasta la costa. No nos molestarán más.

Acampamos en la playa de Calpe, un lugar hermosísimo, una península que se extendía hacia el mar con un magnífico puerto natural y volví a abrazar a Melisa con inmensa alegría. Estaba aún con Cleanor, cosa que me alegró. Volvía a ver a Aristónimo de Metidrio, uno de los guerreros más fuertes de todo el ejército, que me apostrofó apenas me vio: «¿Sabes, muchacha? El escritor esta vez nos ha salvado verdaderamente el culo. De no ser por él habríamos acabado empalados». A Jeno le hubiera gustado oírlo, pero en ese momento estaba ocupado en explorar el entorno: observaba la tierra de alrededor, grasa y fértil, el manantial rico en agua purísima, el istmo que unía tierra firme con una vasta península casi circular.

Sabía lo que pensaba: era el lugar ideal para fundar una colonia. A medio camino de Heraclea y Bizancio tendría un futuro próspero. Cuando el sol comenzó a declinar organizó un grupo con escolta de caballería e incursores, porque al día siguiente quería volver para dar sepultura a nuestros muertos.

Oí a Timas de Dardania que le preguntaba:

—¿Dónde está el comandante Quirísofo?

—A estas horas estará ya en Crisópolis —respondió Jeno. Crisópolis, como iba a poder comprobar a continuación, estaba enfrente de Bizancio, en la margen asiática del estrecho.

—¿En Crisópolis? No creo —rebatió Timas—. Está demasiado lejos.

Se acercó Cleanor:

—He oído decir a uno de nuestros exploradores que está por estos parajes.

—¿Quién? ¿Y dónde? —preguntó Jeno.

—Allí —repuso Cleanor indicando en dirección a occidente—. A unos treinta estadios de distancia.

—¿Y por qué no viene a unirse a nosotros? —preguntó de nuevo Jeno.

—No lo sé —concluyó Cleanor y se fue. El argumento no le interesaba o quizá no quería ocuparse de él.

Jeno se hizo preparar el caballo y partió en la dirección que había indicado Cleanor.

Me quedé sola en medio del campamento durante unos instantes y luego, de repente, me dominó una preocupación tan grande que no pude sustraerme a la necesidad de actuar. Quería saber qué le estaba pasando al comandante Sofo, dónde estaba, por qué no nos esperaba en la playa de Calpe. Me sentía en cierto sentido demasiado ligada a su destino, a él que me había salvado la vida, a él que había tratado de perdernos a todos en la nada y luego nos había llevado a encontrar el mar.

Tras entrar en la tienda, me puse una de las túnicas de Jeno, me envolví con un manto hasta los pies y me cubrí el rostro con un yelmo; luego monté uno de los caballos atados a la empalizada y lo incité a paso de andadura por el camino que llevaba a occidente. No sabía cabalgar, pero había observado a Jeno muchas veces, el animal era dócil, y no tardé en llegar al campamento del comandante Sofo. Paré al primer oficial que encontré y le dije:

—Soy ayuda de campo del comandante Jeno. Tengo que hablar con él urgentemente.

—Está en la tienda del comandante Quirísofo —me contestó—. Esa oscura, allí al fondo del campamento. —Lo dijo con una extraña expresión en la mirada como si oprimieran su ánimo sombríos pensamientos. Luego añadió—: El comandante está muy mal.

Asentí con la cabeza que había comprendido, até el caballo y me dirigí hacia la tienda. Mientras caminaba vi, anclada, una pequeña nave de guerra de veinte remeros, con la proa mirando a la playa y un estandarte rojo en popa con un signo extraño: dos líneas convergentes en la parte superior y divergentes en la inferior. Parecía uno de los signos del alfabeto de los griegos.

Delante de la tienda había un centinela, me acerqué diciendo en voz baja:

—Soy el ayuda de campo del comandante Jenofonte. Sé que se encuentra dentro. Lo esperaré aquí porque tengo un mensaje que darle.

El centinela asintió con la cabeza.

Pude reconocer dos voces que me eran familiares y oírlas claramente porque estaban alejadas del resto del campamento.

La de Jeno dijo:

—Pero ¿cómo es posible?

Mucho más cansina, la de Sofo respondió:

—No lo sé. Desde hace unos días no me encontraba bien y tomaba un medicamento. No era la primera vez. Siempre me había hecho bien. Hasta que esta mañana me he sentido mal... Muy mal.

Podía imaginar su rostro empapado de sudor. Los cabellos pegados a la frente, el pecho que se alzaba en un respirar fatigoso.

—¿De quién es la nave anclada?

—De Cleandro. Ha sido él quien la ha enviado: es el oficial espartano que manda la plaza de Bizancio.

—¿Les has encontrado? ¿Qué quieren?

—Sí, me los encontré ayer... Me estaban esperando... Me preguntaron muchas cosas..., sobre la batalla, sobre nuestra larga marcha.

—¿Qué te han preguntado? —insistió Jeno como si aquella respuesta no le bastase.

—Lo sabes perfectamente —respondió la voz más cansina aún de Sofo—. Me preguntaron por qué..., por qué estamos aquí.

Siguió un largo silencio. Pero podía oír el silbido quedo de la respiración de Sofo.

De nuevo su voz dijo:

—Ya te lo dije. No volveré a ver Esparta. Nunca más...

—Has vencido en muchas batallas..., vencerás también en esta. El ejército te necesita.

—Serás tú quien lo mande... Quieren aniquilarlo..., pero tú, tú llévalo a casa, Jenofonte..., llévalo a casa.

Luego el silencio de la muerte.

Me alejé mientras el centinela decía:

—Eh, pero no tenías que...

—Vuelvo enseguida —respondí y me fui adonde tenía mi caballo. Monté y lo incité fuera por el sendero en dirección a la vegetación que recubría el borde de la playa.

No volví a ver a Jeno hasta una hora después, cuando el sol se había puesto ya.

Yo estaba preparando la cena delante de la tienda con las brasas de la madera de pino que había recogido en el bosque. Él se acercó y se sentó al amor del fuego como si tuviese frío.

—El comandante Quirísofo ha muerto —dijo con voz apagada.

—¿Sofo... ha muerto? ¿Ha sido en una batalla?

—No. Ha sido envenenado.

No pregunté nada más. Sabíamos demasiado bien que no había necesidad de explicaciones entre nosotros.

Jeno comenzó a comer en silencio, pero al cabo de dos o tres bocados dejó el plato. De pronto, desde occidente, el viento del atardecer trajo hasta nosotros el sonido de las flautas, las mismas que habían marcado el ritmo de la larga marcha, a través de desiertos y montañas durante meses y meses. Pero esta vez aquel sonido era lento, tenso y desesperado. Jeno aguzó el oído y escuchó absorto. Al sonido de las flautas se unió un coro de voces.

En nuestro campamento, el vocerío del atardecer se fue atenuando hasta apagarse. Los soldados, uno tras otro, volvieron la cabeza en dirección al sonido y se fueron poniendo en pie. Jeno me miró, luego se dirigió hacia los soldados y gritó fuerte:

—¡El comandante Quirísofo ha muerto!

Acto seguido aferró la lanza y corrió hacia su caballo.

—¡Espera! —grité—. Quiero ir contigo.

Jeno estaba ya montado en la silla, me dio la mano y me alzó sobre la grupa del caballo, detrás de él, espoleando hacia occidente.

A medida que nos acercábamos al sonido de las flautas, este se oía cada vez más nítido y no tardamos en ver a un grupo de guerreros llevar un féretro a hombros con el cuerpo de su comandante, completamente revestido de la armadura y al lado el yelmo rematado por la gran cimera crestada símbolo de su rango. En la linde del campamento, hacia oriente, se alzaba una pira de troncos y ramas de pino; cuatro guerreros sostenían cuatro antorchas. Pero justo cuando un oficial se acercó para ordenarles que prendieran fuego se oyó otro sonido de flautas y ruido en lontananza de un tambor que marcaba el ritmo de un poderoso paso de marcha.

Jeno se dio la vuelta en la dirección de donde provenía el sonido y vio un largo desfile de guerreros que empuñaban antorchas encendidas y avanzaban siguiendo la costa hacia nosotros. Las llamas se reflejaban en el agua tranquila del golfo expandiendo un reflejo rojizo hasta la quilla de la nave de guerra atracada en la playa. El último reflejo del ocaso se apagó en el mar. Jeno se dio la vuelta:

—Son los nuestros —dijo, y tenía los ojos empañados de lágrimas.

Los guerreros continuaban llegando: arcadios, aqueos, tesalios, mesenios, lacones revestidos de sus armaduras, con las lanzas empuñadas, se colocaban silenciosos en las filas, llenándolas una tras otra detrás de los compañeros ya formados en torno al féretro.

Se hallaba presente todo el ejército, todos los supervivientes de la larga marcha, y una vez que el cuerpo de Quirísofo fue depositado sobre la pira y los cuatro guerreros le prendieron fuego y las llamas alimentadas por el viento del mar se propagaron iluminando la explanada, Agasias de Estinfalia gritó:

—¡Alalalai!

Luego desenvainó la espada y comenzó a golpearla contra el escudo. El mismo grito se alzó de miles de bocas, miles de espadas desenvainadas brillaron con la luz bermeja de la hoguera y luego se abatieron con fragor contra los escudos de bronce, con inagotable energía, hasta que el incendio comenzó a languidecer.

La espada del comandante, calentada al rojo vivo en el fuego, fue doblada ritualmente, las cenizas y los huesos recogidos en una urna, luego su nombre gritado diez veces para que quedara el eco de él para siempre.

El ejército comenzó a desfilar, hombre tras hombre, cada uno volvió a su propia tienda. La oscuridad descendió sobre el campamento y las llamas de la hoguera se apagaron lentamente. También nosotros volvimos, al paso, a caballo por la playa desierta.

—¿Y ahora qué haremos? —pregunté para romper un silencio insoportable.

—No lo sé —respondió Jeno. Y no dijo nada más.

Jeno no olvidó a los compañeros que yacían insepultos en el territorio donde se había librado la batalla y en la que arcadios y aqueos habían corrido el riesgo de ser aniquilados. No podía soportar dejarlos a la intemperie, a merced de las bestias salvajes. Partió a la mañana siguiente con un nutrido contingente para proceder a sus exequias y se acercó a la colina pasando por la parte de las aldeas.

La empresa fue angustiante: los cuerpos estaban abandonados desde hacía más de cinco días y estaban ya en estado de descomposición, los perros y los animales salvajes habían dado buena cuenta de aquellos pobres restos. Muchos no resultaban reconocibles. Jeno se había llevado consigo a los veteranos, más aptos para soportar el ver semejante calamidad. A cada uno de los caídos se le dio sepultura con un breve y sencillo rito, el que permitía la situación, pero no sin lágrimas. Ver reducidos a aquel estado a unos compañeros con los que habían vivido aventuras de toda suerte, habían compartido todos los peligros, protegiendo unos las espaldas y las vidas de los otros amigos cuyas voces resonaban vivas aún en los oídos, las bromas, los cantos, era un tormento insoportable.

En las proximidades de la colina la matanza era aún mayor. Allí los guerreros caídos estaban todavía abrazados en el espasmo del último cuerpo a cuerpo, uno sobre otro, las armas clavadas en el pecho, en el cuello, en el vientre. Extrañamente, tampoco los indígenas habían vuelto a recuperar a sus muertos, quizá temieran aún la presencia de un ejército muy superior a lo que en verdad era.

La sepultura de los nuestros llevó toda la jornada; al final quedaron muchos dispersos. Les fue levantado un túmulo de piedras amontonadas como símbolo sobre el que fueron depositadas las coronas entrelazadas con ramas de encina y de pino. A continuación cada uno de los compañeros se despidió de ellos, como les sugerían los sentimientos: una frase, un buen deseo, un recuerdo, con la esperanza de que le llegase a ellos en las oscuras moradas del Hades. Luego regresaron al campamento en silencio, con el corazón encogido.

En los días siguientes la situación del ejército se volvió casi insostenible y en ciertos aspectos grotesca. Con el paso del tiempo los sentimientos religiosos de Jeno se habían hecho cada vez más fuertes y dominantes en su ánimo. El ejército pedía mover el campamento y marchar, pero Jeno ofrecía a diario un sacrificio a los dioses por medio de un sacerdote que examinaba las vísceras para extraer un auspicio que era siempre negativo. Y así pasaban los días sin que se llegara a nada. Alguien insinuó que el adivino era demasiado complaciente respecto a la idea de fundar allí una colonia y trataba de mantener quieto al ejército para que el proyecto pudiera cuajar. Jeno se indignó y pidió a los soldados que eligieran un augur de su confianza que asistiera al examen de las vísceras. El resultado seguía siendo negativo. Y los víveres comenzaron a escasear.

Al final el lugarteniente de Sofo, Neón, acaso para demostrar que no valía menos que su comandante desaparecido, mandó a su sección a una correría por el interior sin consultar a los demás.

Fue un desastre. Neón fue atacado por las tropas del gobernador persa de la región mientras los suyos estaban ocupados en el saqueo de algunos pueblos y sufrió grandes bajas. Algunos desbandados volvieron al campamento principal a referir la noticia de la derrota y Jeno se fue volando en ayuda de los sobrevivientes de la malaventurada expedición. Regresaron todos juntos cuando ya oscurecía, descorazonados y abatidos. Parecía ya que su destino estuviera marcado: continuarían perdiendo hombres hasta su aniquilación.

No había sido preparada aún la cena cuando las tropas enemigas nos atacaron de nuevo obligando a los nuestros a un contraataque inmediato, que les reportó otras bajas. Los comandantes de las grandes unidades dispusieron una doble fila de centinelas que vigilaran durante toda la noche.

Jeno estaba roto.

—Es el final, ¿no es cierto? —le pregunté.

No respondió.

—¿Quiénes eran los que nos han atacado?

—Tropas del gobierno persa.

—Por tanto no tenemos escapatoria. No necesitas explicarme nada: he comprendido. Cuanto más nos acercamos a tu tierra, más se estrecha la tenaza. Persas y espartanos quieren por motivos distintos lo mismo: aniquilaros.

Jeno no trató siquiera de negarlo:

—Por eso quería mantenerlos alejados. Fundando una colonia los salvaría. Pero los hombres quieren volver a casa.

—Y actuando así van a caer en la trampa.

—No ha sido dicha aún la última palabra.

—¿Hay acaso una vía de escape?

—Confío en los dioses y en las lanzas de mis hombres.

—¿Los dioses? Te han mantenido clavado en este lugar con sus vaticinios hasta que nos hemos visto reducidos al hambre, y el resultado es este desastre. ¿Cuántos hombres ha perdido Neón?

—Si nos hubiéramos movido, a pesar de los vaticinios, el daño habría sido peor. Hasta ahora los dioses nos han protegido. Nadie habría apostado un dracma a que llegaríamos aquí. A un paso de casa.

—Pero tú no quieres ir a casa. Tú quieres quedarte aquí a fundar tu colonia.

—No es cierto. Y, en cualquier caso, no tienes derecho a inmiscuirte en mis planes.

—Está bien, pues. Espero que tus dioses te ayuden.

Lo dije con un tono de total desconfianza y enseguida me arrepentí: ¿acaso no me habían salvado los dioses a mí encontrándome completamente sola y perdida en la tormenta de nieve? Por primera vez debía de creer en ellos. Pero el continuo goteo de muertos y heridos me angustiaba. Temía que fueran a meterse en un callejón sin salida. El ejército estaba debilitado por las bajas casi diarias y llegaría desmoralizado y exhausto a la prueba más difícil: la de vencer o morir.

Y sin embargo Jeno continuaba preocupándose de sus hombres: no solo de los vivos, sino también de los muertos. Al día siguiente preparó otra misión para dar sepultura a los cuerpos de los caídos.

Esta vez se llevó consigo a los jóvenes guerreros para que en caso de ataque la respuesta fuera lo más contundente posible, pero para ellos fue una tarea amarga. El sendero que recorrían estaba sembrado de cadáveres, pero solo cuando llegaron a las proximidades de las aldeas del interior se dieron cuenta de la dimensión de la carnicería: los caídos eran centenares, hasta el punto de que hubo que abrir una fosa común.

Y todavía no había llegado lo peor. Las tropas del gobernador persa, que les habían tenido bajo control en todo momento, aparecieron de pronto en equipo de guerra en una cima escarpada bloqueando el camino de vuelta. Fue necesario hacerles frente, en una posición desventajosa y en inferioridad numérica. Timas de Dardania iba a la cabeza de los jinetes, mientras que Jeno tomó el mando de toda la fuerza disponible.

Yo no estaba presente y lo que sé llegó a mi conocimiento por los relatos de los soldados y del propio Jeno y quizá también de mi imaginación, pero cuanto ocurrió tuvo algo de milagroso. Quizá fue la vista de los compañeros despedazados y abandonados a los perros y la conciencia de estar en una situación desesperada, de no tener nada que perder. Quizá el plan de batalla de Jeno tuvo éxito y los dioses decidieron recompensarlo por los muchos animales inmolados en su honor, pero lo cierto es que el ejército pareció invadido de una fuerza sobrehumana cuando Jeno gritó:

—¡Han sido ellos! Ellos los que han masacrado a vuestros compañeros y ahora quieren haceros pedazos también a vosotros. ¡Demostradles de qué sois capaces, son todos vuestros, adelante, muchachos!

Los jóvenes guerreros subieron la pendiente a la carrera, protegidos por los escudos, lanzando el grito de guerra que había desbaratado el ala izquierda del ejército imperial en las puertas de Babilonia, arrollaron todo obstáculo y toda resistencia, penetraron en las filas enemigas como una espada en la carne viva, cargaron como toros furiosos masacrando a quienes oponían resistencia, hombro con hombro, escudo contra escudo.

Cuando Timas lanzó a sus jinetes no había ya órdenes ni filas entre los enemigos, cada uno trataba de escapar como mejor podía y fueron segadas centenares de vidas.

Yo los vi solo regresar, cubiertos de sudor, de polvo y de sangre, marchando a paso cadencioso, al sonido de las flautas, con los ojos llameantes aún de estragos detrás de la celada del yelmo.

Cantaban. Y su canto vibraba y tronaba en el bronce que los revestía.

El peligro de que se produjesen otros ataques en el campamento había inducido a los comandantes a atrincherarse en la península cerrando el istmo con un foso y una empalizada. Se decía que el gobernador espartano de Bizancio no tardaría en llegar en persona para eliminar el obstáculo, se pensó, por tanto, que por el momento seguirían en Calpe a esperar.

Las cosas sin embargo fueron para largo y el viejo sueño de Jeno cobró fuerza. Él era ya el hombre al que los otros comandantes hacían referencia: el que siempre tenía consejos acertados, soluciones para los problemas, prudencia y coraje al mismo tiempo. El lugar era perfecto: la península que se extendía mar adentro podía albergar una ciudad de fácil defensa en caso de ataque, el puerto estaba bien protegido y al socaire de los vientos más peligrosos, una fuente justo en la base del istmo garantizaba el aprovisionamiento de agua y en torno había una región vasta y fértil, de tierra roja y fina.

Corrió el rumor de que en aquel lugar se fundaba una colonia y, aunque Jeno lo había negado siempre, se pensó que él en persona o alguien próximo a él lo había difundido. Los jefes indígenas comenzaron a llegar para enterarse de noticias, para establecer contactos y eventualmente negociaciones. Este hecho irritó a los soldados que ya estaban suspicaces y temían que los embaucaran y obligaran a establecerse allí en contra de su voluntad.

La llegada de Cleandro con solo dos naves de guerra supuso una desilusión. Ciertamente no era aquella la flota que podría transportarlos a casa. Y la situación empeoró cuando estalló una disputa entre uno de los hombres de Cleandro y uno de nuestros soldados, que fue arrastrado y llevado hacia el campamento naval del comandante espartano. El soldado era uno de los hombres de Agasias, este lo reconoció y reconoció a aquel que se lo estaba llevando. Se puso furioso como un toro:

—¿Tú, maldito bastardo traidor? ¿De dónde sales, hijo de perra? ¿Cómo te atreves a dejarte ver por aquí? ¡Quita inmediatamente las manos de encima de ese muchacho!

Agasias había reconocido a Deuxippo, el hombre que había huido con una de las dos naves que los habitantes de Trapezunte nos habían prestado. En un abrir y cerrar de ojos, Agasias se le echó encima y poco faltó para que lo traspasase de parte a parte con la espada. Deuxippo evitó el enfrentamiento y echó a correr hacia las naves, pero Agasias consiguió bloquearle saltándole encima y aplastándolo contra el suelo, luego lo molió a puñetazos y patadas. Lo habría hecho papilla de no haber bajado de las naves los espartanos con su comandante, que lo detuvo:

—¡Basta ya! —gritó—. ¡Deja a este hombre!

Pero entonces los hombres de Agasias se habían adelantado con las espadas desenvainadas para echarle una mano a su comandante, los espartanos habían sacado las suyas y durante unos instantes la tensión se volvió altísima: podía pasar cualquier cosa.

Jeno estaba cerca de mí en aquel momento y lo miré a los ojos sin decir una palabra, pero su expresión reflejaba que lo había comprendido todo; cambiaban las tornas: los espartanos en Bizancio habían sido avisados de nuestra presencia por el tal Deuxippo, ladrón y traidor, quizá desde siempre un espía, y estaban ya en el lugar cuando el comandante Sofo había llegado con sus hombres; poco después Sofo, que había afrontado unas pruebas insoportables para cualquier común mortal, él, el único de todo el ejército que conocía los más mínimos detalles de la enorme intriga en la que todo un ejército debía vencer o desaparecer de la faz de la Tierra, estaba muerto.

Intervinieron otros oficiales y el mismo Jeno. Se solucionó la disputa. Se comenzó a negociar con los espartanos a partir del día siguiente. Al final se decidió que el ejército reemprendería su camino en dirección a los estrechos.

Aquella noche lloré. El sueño de Jeno había terminado para siempre y el ejército partía para su última marcha.

Hacia el fin.

30

Pensé que la aventura de los Diez Mil, de los héroes que había visto combatir y vencer contra todos, hasta contra las fuerzas de la naturaleza, acabaría en un enfrentamiento total.

Estábamos de nuevo juntos al mando de Jeno y nadie había derrotado jamás al ejército unido. Únicamente cuando grupos aislados se habían aventurado en iniciativas alocadas habían perdido. Y esto no se produciría ya. El mismo Agasias de Estinfalia con el apoyo de Jantias de Acaia había hecho aprobar la condena a muerte para todo aquel que intentase dividir de nuevo al ejército.

Tal vez nos rodeasen en campo abierto con tropas superiores y lloviesen sobre nosotros miles de dardos, quizá hordas bárbaras se uniesen para aniquilarnos con un ataque nocturno, quizá nos hundiesen en el mar al intentar atravesarlo. Pero no ocurrió nada de ello. Una vez alcanzado Bizancio, el ejército, o lo que había quedado de él, había dejado el espacio heroico de los interminables campos de batalla, las montañas altas como el cielo, las corrientes turbulentas de ríos desconocidos, los territorios de tribus salvajes, ferozmente celosas de su libertad, para volver al espacio de los comunes mortales.

La gran guerra entre espartanos y atenienses había consumido las mejores energías y trastornado a los hombres más inteligentes y valerosos dejando paso a unas figuras mediocres, a pequeños intrigantes revestidos con los títulos altisonantes de almirante y gobernador. ¿Qué había sido de los mantos rojos que habían combatido en las Puertas Ardientes contra las fuerzas inmensas del Gran Rey? No quedaba de ellos ni siquiera el recuerdo. Sus descendientes no habían hecho otra cosa que urdir intrigas, negociar a escondidas acuerdos inconfesables con el enemigo de otro tiempo. No les interesaba más que el poder, el control de su pequeño mundo. Los ideales se habían perdido.

Lo que sucedió después fue tan confuso, tan farragoso, incierto y contradictorio que me resulta difícil hasta recordarlo. Cleandro y su almirante Anaxibios hicieron un juego sucio y vil prometiendo sin mantener luego la palabra, confundiendo y engañando. Acaso pensaban que sería más fácil dejar que el ejército perdiera cohesión y se dispersara sin dejar rastro de sí. No tuvo siquiera el valor de aniquilarlo enfrentándose a él en el campo de batalla. Seis mil guerreros que habían marchado durante treinta mil estadios arrollándolo todo lo que se les opusiera infundían aún un respeto reverencial. Mejor no arriesgarse.

Los dejaron extramuros sin dinero, sin víveres, esperando; los heridos y los enfermos fueron, al menos, alojados en la ciudad.

Quien me había desilusionado era Jeno y esto aún me dolía. Ya no le reconocía. Me dijo que las cosas habían cambiado y ahora el ejército no representaba ya peligro y por tanto no estaba expuesto a riesgo de muerte.

—Mi misión se ha agotado —me dijo un atardecer que estábamos acampados extramuros—. Dejo el ejército.

—¿Que dejas el ejército? ¿Y por qué?

—El gobernador me ha dicho que, si el ejército no se va, el gobierno de Esparta me considerará responsable.

—¿Y es esto suficiente para abandonar a los hombres con los que has compartido todo, la vida y la muerte, durante tanto tiempo? ¿A los hombres que Sofo te confió antes de morir?

—No tengo elección. No puedo luchar solo contra la potencia que domina Grecia entera.

—No estás solo. Tienes un ejército.

—No sabes lo que dices. ¿Sabes qué significan las palabras del gobernador? Que debemos irnos simplemente de aquí o llegará un ejército o una flota y nos expulsarán por la fuerza. Esta ciudad es un nudo estratégico de formidable importancia, el punto de enlace entre Asia y Europa, entre el mar Egeo y el Ponto, el control de los estrechos por el que pasa el tráfico del grano, vital para todos los griegos. La presencia de un fuerte contingente de mercenarios fuera de su control directo no puede ser tolerada. Esta historia se acaba aquí. Al menos para mí.

Me sentí morir. Había llegado el momento de pagar por la elección que había hecho por amor, una noche en el pozo de Beth Qada. ¿Cuánto tiempo había pasado? ¿Un año? ¿Diez años? Me parecía en aquel momento que había pasado toda una vida. Pero no me arrepentía. Había aprendido de los Diez Mil que cada obstáculo puede ser superado, cada batalla ganada. Había aprendido a no rendirme jamás.

—¿Y adónde irás? —le pregunté—. ¿Y yo adónde iré?

—Todavía no lo sé. A alguna parte donde se hable griego y tú vendrás conmigo. He acumulado gran experiencia en esta expedición, podría convertirme en un buen consejero político o militar en Italia o en Sicilia donde hay ciudades riquísimas y donde un hombre con mis conocimientos sería bien aceptado y pagado.

No supe qué responder. Estaba demasiado atormentada. Por una parte, sus palabras me resultaban consoladoras: no me dejaría y vería nuevos países, ciudades lejanas y espléndidas, quizá tendría casas y criados. Por otra, abandonar a su suerte al ejército me parecía una acción vergonzosa y sufría por ello.

—No están solos —dijo Jeno—. Tienen a sus comandantes: Timas, Agasias, Jantias, Cleanor, Neón. Saldrán de esta. Yo he hecho todo lo que podía, nadie puede censurarme. ¿Cuántas veces he arriesgado la vida? ¿A cuántos de ellos se la he salvado?

Tenía razón, pero esto no cambiaba nada para mí. No me resignaba.

Vivíamos en una casa de la ciudad bastante cómoda, con una cocina y un dormitorio, y seguíamos teniendo a nuestro criado que se ocupaba de nosotros. Jeno se veía a menudo con altos personajes, pero ya no me contaba nada.

Un día llegó uno de nombre impronunciable que era oriundo de Tebas y dijo que quería tomar al ejército a sus expensas, que pagaría el estipendio y proporcionaría víveres. Quería llevarles a sus órdenes a saquear las zonas habitadas por las tribus indígenas, pero cuando se presentó con algún carro de harina, de ajos y de cebollas la emprendieron a patadas en el trasero con él y le tiraron encima las cebollas hasta que desapareció. Era la gota que colmaba el vaso. Ya tenían bastante.

Pero sucedió algo que pareció dar un vuelco al triste declinar de aquella hazaña: el gobernador envió a Jeno a su más estrecho colaborador y consejero político, un individuo cuyo nombre no recuerdo, pero cuya cara y mirada no olvidaré jamás.

—Las autoridades de esta ciudad son conscientes de todo lo que habéis pasado —comenzó diciendo— y de las terribles pruebas que habéis afrontado. Quisiéramos poder hacer más por vosotros, pero también él está maniatado. El gobernador desea, sin embargo, daros una prueba de su buena disposición hacia vosotros. Ha conseguido encontrar provisiones y dinero. Quiere dar una gran fiesta de despedida en vuestro honor. Seréis recibidos en la ciudad, habrá comida y vino para todos y luego tus hombres serán alojados en las casas de nuestros ciudadanos y cuando no haya ya sitio podrán dormir bajo los soportales. Todos los oficiales y sus guardias personales se alojarán en casa del gobernador. Al día siguiente recibiréis víveres y dinero para seguir adelante por espacio al menos de un mes, un tiempo más que suficiente, creo, para disolver el ejército y para que todos vuelvan a sus hogares. Hay distintos puertos en la costa. No será difícil encontrar sitio en las naves que zarpan hacia todos los destinos.

Jeno pensó que era algo más que una prueba de buena voluntad y le daba alegría y seguridad sentirse en paz con los espartanos. Pero no quería correr ningún riesgo de todos modos y antes de aceptar dijo:

—Mis hombres no se separan nunca de sus armas. ¿Es un problema?

—Obviamente no —respondió el enviado—. Somos amigos y de la misma sangre.

Ante aquellas palabras Jeno se sintió tranquilizado y aceptó. Respondió que irían y el enviado se despidió de buen humor. Tras lo cual hizo correr la noticia de que por fin las cosas empezaban a arreglarse. Convocados los hombres, impartió una serie de disposiciones:

—No quiero desórdenes, ni peleas, ni violencia de ninguna clase. No haréis uso de las armas más que para defenderos en caso de que alguien os agreda, pero no toméis ninguna iniciativa. Cuando llegue el momento de ir a dormir encontraréis en las puertas de las casas de Bizancio un número que indicará cuántos de vosotros pueden ser acogidos. Los otros dormirán debajo de los soportales o de las columnatas de los templos. Al día siguiente os quiero a todos fuera y listos para partir. Si todo va bien, dentro de pocos días podremos irnos con víveres y dinero suficiente para que podáis volver a vuestras casas.

Un grito de entusiasmo acogió sus palabras. Todos comenzaron a preparar sus mejores galas y a abrillantar sus armas para presentarse dignamente en la fiesta. Se había extendido también la voz de que habría una parada militar.

Dos días después entraron en la ciudad y dio comienzo la fiesta. Jeno y la mayoría de los oficiales, un centenar de hombres, tomaron parte en el banquete ofrecido por el gobernador. Yo acompañaba a Jeno.

Llegaban del exterior el alboroto y los gritos de los nuestros que se divertían. Entraron en nuestra sala unas bellísimas danzarinas y unas muchachas muy elegantes, que fueron a sentarse al lado de los oficiales. También vi a Melisa al lado de Cleanor y ella me vio a mí, pero noté también que estaba extraña, como si quisiera comunicarme algo. En un momento dado me hizo una seña y me reuní con ella.

—¿Qué ocurre? —le pregunté.

Melisa me habló con desenfado y alternando sus palabras con risitas tontas como si estuviera contándome alguna anécdota picante, pero el contenido de lo que me decía era de muy distinto tipo:

—Escucha, me he encontrado aquí a una amiga mía de Lampsaco, que es la compañera de uno de los oficiales del gobernador. Ha oído conversaciones muy interesantes: esta fiesta es una farsa.

Era lo que yo me sospechaba, pero no me había atrevido a decírselo a Jeno. Él estaba tan tranquilo que no me había visto con ánimos de aguarle la fiesta o quizá, también yo estaba cansada de presentir nuevas amenazas, y quería creer que no pasaba nada.

—Una vez que haya terminado la fiesta y se hayan alojado todos dispersos por la ciudad, el contingente espartano de guarnición llevará a cabo un peinado masivo. Los nuestros serán aplastados, porque estarán dispersos por todas partes en pequeños grupos y serán asesinados o hechos prisioneros.

Sentí que me flaqueaban las piernas y tuve que apoyarme en la pared.

—Sonríe —dijo Melisa—, finge que te he contado una anécdota divertida, no debemos despertar sospechas.

—¿Se lo has dicho a Cleanor?

—No. Pero, si Jeno está de acuerdo en comunicar la cosa de boca a boca aquí entre los oficiales, hazme una seña y hablaré con él enseguida.

—Bien —respondí—, ahora separémonos.

Mientras Melisa llegaba a su sitio, yo se lo conté todo a Jeno, que palideció al momento. Luego hizo ademán de levantarse.

—No —dije—. No te muevas. Me he puesto de acuerdo ya con Melisa. A una seña mía se lo dirá a Cleanor y él hará correr la noticia. Así todos estarán alertados.

—Bien. Pero, en cuanto puedas, dile a Melisa que pase otro mensaje: que me sigan todos cuando yo me levante de la mesa y salgan conmigo de la manera más natural posible.

—De acuerdo.

—Alguien debe avisar a los hombres antes de que se dispersen.

—Ya me encargo yo de ello, a la primera oportunidad me iré sin llamar la atención.

Hice enseguida una seña a Melisa y vi que le susurraba algo a Cleanor, que miró hacia Jeno con una mirada de inteligencia.

—Escúchame —proseguí—, diles que cuando vean una flecha incendiaria alzarse en el cielo vayan todos corriendo a la plaza principal. Todos, ¿entendido?

Salí.

No fue fácil hacerme entender y que me creyeran, pero vi a un par de oficiales que se habían quedado afuera con los hombres y transmití la orden. Antes de que la fiesta llegara a su punto álgido todo el ejército se había reagrupado en la plaza principal ante los ojos de asombro y de preocupación de los presentes.

Poco después la llama de una flecha incendiaria ascendió en el cielo y el ejército lanzó el grito de guerra. Jeno y los suyos llegaron corriendo con las armas empuñadas.

Los hombres estaban furibundos. La ciudad oiría el rugido de los Diez Mil.

A una orden se dirigieron hacia la ciudadela, echaron abajo las puertas, arrollaron las defensas y la ocuparon. El gobernador y su almirante huyeron y se hicieron a la mar en una nave, pero antes hicieron saber a Jeno que debía resolver aquel desastre si no quería que hubiese un baño de sangre.

Los soldados llevaron a Jeno a hombros hasta el cuartel general, que encontraron desierto. Se unieron a él los comandantes cubiertos con sus más bellas armaduras. ¡Tenía la ciudad a sus pies!

—¡Bizancio es nuestra! —gritaron—. ¡Tomémosla!

—Sí, podemos imponer aranceles y peajes a las mercancías en tránsito por los estrechos y nos haremos ricos. Con ese dinero enrolaremos a otros guerreros, sabemos dónde encontrarlos, y nadie nos echará ya.

—¡Podemos aliarnos con las naciones tribales del interior! ¡Nos convertiremos en una gran potencia, todos tendrán que arreglar cuentas con nosotros!

Tenían razón. Era esto lo que había que hacer. Pero para llevar a buen puerto un proyecto semejante haría falta un caudillo, un hombre capaz de soñar lo imposible y de hacerlo realidad. Aquel hombre no era Jeno. Tenía coraje, y lo había demostrado, sabía poner en práctica estratagemas astutas, pero no sueños. Solo era capaz de concebir lo que era realistamente posible y después de haber consultado a los dioses para saber si estaban de acuerdo. Pasaron la noche en la plaza y al día siguiente se reunieron en asamblea. Jeno los convenció de que era necesario dejar la ciudad. Tenían que tener confianza en él. Negociaría unas condiciones aceptables.

Al día siguiente un enviado de parte del gobernador les refirió que lo ocurrido representaba una declaración de guerra. Si querían evitar lo peor, tenían que irse y quizá recibirían alguna ayuda del gobernador. Desilusionados y frustrados, los Diez Mil, o lo que quedaba de ellos, abandonaron Bizancio.

Los fugitivos volvieron, furiosos por haber demostrado ser tan bellacos, pero siguieron contemporizando proporcionando víveres solo en el límite de la pura subsistencia.

Los soldados perdieron todo ánimo; al no ver ya un futuro, muchos vendieron su armadura y se dispersaron. También, muchos oficiales. Algunos de los más valerosos, como Aristónimo de Mitridio y Licio de Siracusa, se esfumaron sin despedirse de nadie. También Glus, al que había visto alguna vez de pasada, desapareció.

Probablemente no soportaban la amargura de una despedida semejante y lo miserable de la situación. Había llegado a la ciudad un nuevo gobernador que hizo arrestar a todos nuestros soldados heridos y enfermos que se habían quedado intramuros y los vendió como esclavos a bajo precio. Jeno se enteró de ello, pero no hizo nada; seguía pensando en el mal menor.

Al final, tras nuevas y extenuantes dilaciones y negociaciones, la conclusión fue que nadie estaba dispuesto a que una banda de mercenarios incontrolables y peligrosos los molestase. La solución llegó quizá por casualidad, quizá preparada. Y Jeno asumió, en cualquier caso, sus responsabilidades. Un príncipe bárbaro de Tracia llamado Seutes se ofreció a enrolar a todo el ejército y a pagar en metálico a soldados, oficiales y comandantes de las grandes unidades de acuerdo con su graduación. Jeno sometió a votación la propuesta y fue aceptada.

Un signo de los tiempos: poco más de un año antes habían partido a las órdenes del príncipe Ciro, ahora se ponían a las órdenes de un hombre vestido con pieles de zorro y tocado con un gorro de piel en vez de una tiara.

Por fortuna vinieron con nosotros Timas y Neón, Agasias y Jantias y también Cleanor, de modo que pude verme con Melisa.

El plan de Seutes era reconquistar en Tracia su reino perdido combatiendo en invierno cuando nadie se lo esperase.

Un invierno rígido, muy duro, quizá más frío aún que el que habían soportado en las montañas de Asia. A muchos de los nuestros se les congelarían las articulaciones, otros perderían las orejas y la nariz, quedando desfigurados para siempre. Muchachos bellísimos que no podrían mirar más a la cara a una mujer sin sentir vergüenza.

Yo, cuando estaba sola, lloraba a menudo por la infinita tristeza que me embargaba el corazón, lloraba por no saberme ya adaptar a una vida miserable, a un horizonte estrecho, a hombres parecidos a ratones. Pero no había elección.

Y lloré cuando Jeno aceptó casarse con una de las hijas de Seutes, por conveniencia política, dijo él. Afortunadamente el matrimonio no se produjo: había otras cosas que hacer. Había que sobrevivir.

Jeno se había puesto de nuevo a escribir. Escribía más que nunca. Y también esto me irritaba. ¿Qué había tan interesante para fijar en la hoja blanca en aquella tierra bárbara y helada, entre aquellos pueblos agrestes, en aquella política de aldea?

Una tarde que él estaba cenando con todos los oficiales superiores en la cabaña de Seutes invité a Melisa a mi casa. Me hacía bien hablar con ella.

—No te comprendo —decía—. Jeno ha hecho lo mejor que podía hacer. ¿Qué te esperabas, que mandase al ejército contra Bizancio y lo arrasase? Lo sé, esta vida es dura, pero al menos tenemos comida y refugio. Una vez que hayamos pasado el invierno se buscará alguna solución. No te dejes llevar por el desaliento.

Yo no sabía qué responder. Estaba al amor del fuego preparando un poco de leche caliente con algunas gotas de miel, lo único que podía darme un poco de satisfacción, un pequeño lujo que me permitía con mi amiga. Y Melisa tenía historias muy bonitas que contarme, historias que al final conseguían hacerme sonreír. Cómo había seducido a grandes personajes: jefes del ejército, gobernadores, filósofos, artistas, todos habían estado a sus pies. Ella los había utilizado. Dándoles la única cosa que querían había obtenido muchas: casas, joyas, vestidos, perfumes, comidas refinadas, fiestas y recepciones.

—¿Sabes? —decía—, para decir la verdad no me ha quedado nada de todo ello, porque siempre tienes que estar elegante, bien peinada, acicalada, perfumada, en resumen, cosas que son caras. Es cierto que si Ciro hubiera vencido... ¿Qué te crees? Habría sido su amante durante un tiempo y me habría cubierto de oro... Pero así es la vida. Paciencia. En el fondo Cleanor es un verdadero hombre, es más, un toro. Y me trata bien. Me da lo que puede. Pero cuando se haya terminado este asco de guerra, yo me iré a una bonita ciudad de la costa donde se nade en dinero, me buscaré un lugarcito bonito donde recibir a huéspedes de respeto y en poco tiempo lo reharé todo. No es difícil, ¿sabes? Te vistes con alguna bonita tela transparente, te calzas un buen par de sandalias y te haces admirar cuando te diriges al templo a ofrecer dos palomas a Afrodita. Luego haces correr la voz del baño que frecuentas y la cosa está hecha. Una vez que te han visto desnuda están dispuestos a pagar cualquier cantidad. Evidentemente, si tienes un buen físico. ¿Sabes?, tampoco tú estás nada mal. Si Jeno fuera a dejarte, siempre tendrías un porvenir conmigo y estaríamos bien juntas.

—Oh, sí —decía yo—. Vendría con mucho gusto, pero yo no soy capaz de seducir a los hombres. Te ayudaría como doncella. Quién sabe la de carcajadas que soltaríamos a costa de esos necios, ¿no crees?

Y reíamos para luchar contra la melancolía de las largas noches.

Una vez cedí a la tentación y le pedí una cosa que no hubiera tenido que pedir nunca: que me leyera las páginas de Jeno.

—¿Por qué quieres que haga de nuevo una cosa así? Lo hicimos ya una vez y no nos deparó nada bueno. Jeno te quiere, te ha mantenido siempre consigo. Estas son cosas suyas que no ha mostrado nunca ha nadie, ¿no es así?

—Sí, así es. Pero yo tengo que saber lo que ha escrito en esas páginas.

—Tal vez no hay nada de lo que te esperas. Tal vez no son más que pensamientos sobre la vida, sobre los principios, las virtudes, los vicios. ¿Sabes?, él fue alumno de Sócrates.

—¿... de Acaia? No sabía que se conocieran de antes.

—No. Otro Sócrates, su maestro. El más grande sabio de nuestro tiempo.

—No creo. Jeno ha escrito la historia de esta empresa. Léeme las últimas páginas.

—Pero ¿por qué?

—Porque busco una respuesta a una pregunta que me hago desde hace un tiempo.

—No es una buena idea. ¿Sabes? Lo que uno piensa y escribe cuando está solo no puede decirse que sea la verdad. La verdad es lo que uno hace en realidad, la manera en que se comporta. Las obras, no las palabras, es lo que cuenta.

—Te lo ruego, siempre te he querido, incluso cuando...

—... ¿te traicioné?

Por un momento dudé en decir «no, no era mi intención decir esto». Pero era demasiado tarde y Melisa había comprendido.

—Está bien —dijo—, como quieras. Estoy en deuda contigo y haré lo que me pides, pero es un error que podría arruinarte la vida.

—Lo sé —contesté. Y abrí la cajita.

—¿A partir de qué momento? —preguntó Melisa—. Aquí cada etapa que hemos recorrido lleva un número.

—A partir de nuestra llegada a la ciudad que estaba a orillas del mar.

—Trapezunte.

—Esa.

Melisa se puso a leer y yo escuchaba desde la entrada de la cabaña con la puerta entornada para estar preparada por si veía llegar a Jeno o a cualquier otro. Estaba, pues, de espaldas a ella y Melisa no podía captar lo que pasaba en mis ojos y en la expresión de mi rostro a medida que avanzaba.

El relato narraba lo que había sucedido, desde el punto de vista de Jeno, y los acontecimientos desfilaban raudos por mi mente, a veces como vívidas imágenes de hechos a los que había asistido personalmente, de diálogos que había oído contar. Hablaba de él como si lo hiciera de otra persona. No decía «yo» sino «Jenofonte». Tal vez quería evitar la incomodidad de hablar bien de sí mismo.

El relato concluía con lo ocurrido cinco días antes. Había estado muy ocupado últimamente y tal vez no había tenido ocasión de poner al día su crónica.

Melisa guardó el rollo en la cajita diciendo: «Termina aquí». Y yo, sin querer, me di la vuelta para darle las gracias y ella me miró fijamente.

—Tienes lágrimas en los ojos. Te lo dije.

—Lo siento —respondí—. No quería…

—Sabías que las cosas habían sido así. Pero no entiendo… No había nada de particular. Quizá yo…

—No, tienes razón. No había nada de particular. Es que el recuerdo de muchos otros que han muerto después de nuestra llegada a orillas del mar me ha entristecido profundamente. Perdóname. No ocurrirá más. La próxima vez hablaremos de otras cosas. Te lo prometo. —Le di un beso y ella salió volviendo a su alojamiento mientras comenzaba a neviscar.

El ejército combatió desde mediados del otoño hasta casi finales del invierno: asaltos nocturnos, correrías, marchas extenuantes, batallas en campo abierto. Nada les fue ahorrado y sin embargo continuaron batiéndose, como habían hecho siempre, sobreviviendo tal como les había ordenado el comandante Clearco al arengarlos por primera vez. Pero no había futuro, nadie sabía qué sucedería al final de aquella pequeña guerra sangrienta. Un destino de lenta y paulatina aniquilación parecía darse día tras día.

A veces me atormentaban las preocupaciones, me parecían fruto de mi imaginación, y repasaba las muchas coincidencias, los muchos acontecimientos luctuosos, las emboscadas, las traiciones, tratando de encontrar una lógica distinta. En el fondo no había sido la carnicería final que me esperaba y que tal vez se esperaba también Jeno, aun sin decírmelo. Cuando ya en Heraclea había pensado en irse y en dejarlo todo, me había venido a la mente un pensamiento terrible: que quisiera abandonar el ejército a su suerte por miedo, por no querer seguir el destino cuando llegara el momento de la matanza.

Y de nuevo en Bizancio... Y sin embargo había cambiado de idea, había asumido la responsabilidad con coraje y prudencia. Sí, prudencia era la palabra adecuada. Tenía siempre ante los ojos al joven héroe que había conocido una tarde de primavera en el pozo de Beth Qada y ahora me parecía que no podía aceptar al hombre cuerdo, capaz de cálculos realistas, que había atesorado sus experiencias. El hombre religioso que, salvado tantas veces por el azar, quería ahora pedir a los dioses que le asegurasen la supervivencia. Pero sobre todo no podía aceptar lo que había oído leer a Melisa y me era difícil separar al hombre de lo que escribía. Continuaba esperando que el hombre que amaba me reconquistase y disipase cada una de mis dudas con un gesto generoso.

Un día de finales de invierno la situación estaba ya a punto de precipitarse. El ejército estaba sin paga desde hacía mucho tiempo y Seutes, el príncipe tracio que lo había enrolado, evitaba hasta encontrarse con Jeno cada vez que este trataba de hacerse recibir. En una tempestuosa reunión Jeno fue acusado por algunos de los suyos de haberse embolsado las retribuciones destinadas al ejército.

Nunca había ocurrido una cosa semejante, nunca había recibido una ofensa tan sangrienta. Me esperaba que desenvainase la espada para hacerle tragar la ofensa a quien la había proferido, pero Jeno pronunció un apasionado discurso recordando lo que había hecho por ellos, una triste defensa de su labor y de sus decisiones.

Habíamos tocado fondo. La acción de quién quería el final de un ejército extraordinario, de guerreros invencibles, se revelaba ahora de manera clara.

Y todo se explicaba, todo tenía su lógica evidente. Visto que el ejército había vuelto finalmente al mundo del que partiera, visto que la fama de lo que había hecho se estaba extendiendo, un final violento habría multiplicado en desmesura su gloria y atraído peligrosamente la atención del mundo entero. Mejor confinarlo en una región angosta, mísera, sin vías de escape y dejar que la exasperación, la desilusión, las frustraciones desmenuzasen aquel monolito de bronce, que había hecho doblar la rodilla a los soldados del Gran Rey, y que al final el deshielo y el fango se llevasen los últimos restos de un cuerpo descompuesto. Esto era lo que estaba pasando.

Miraba a Agasias, a Timas, a Jantias, a Cleanor. Ninguno de ellos tomó la palabra para defenderlo, y miré a Jeno. Tenía los ojos brillantes de lágrimas, de dolor más que de indignación. Durante muchos meses él, hombre rechazado y a la deriva, ya sin esperanza de lograr honorabilidad en su patria, había hecho del ejército su tierra y su ciudad y, cada vez que se había decidido a abandonarlo, no lo había conseguido y había tenido que seguir lo que sugerían el honor y los afectos.

Jeno solicitó el testimonio de sus oficiales, algunos se levantaron para insultarlo, otros para defenderlo. Estallaron disputas, alguno echó mano a las armas.

Sí, aquel era un final lamentable, el final indigno que empañaría la gloria de los Diez Mil. Matarse unos a otros en una oscura localidad de Tracia, injuriarse y matarse por una oveja o una moneda.

Pero justo cuando todo parecía perdido…

¡El ruido de un galope!

Un pelotón de soldados a caballo.

¡Mantos rojos!

De improviso la reyerta se apaciguó, los hombres se recompusieron, los oficiales, uno por uno, gritaron e imprecaron dando órdenes y formando a sus soldados. Jeno fue a ocupar su sitio en la silla de Halys.

Yo temblaba como una hoja. ¿Qué estaba pasando?

Los dos oficiales se detuvieron frente a Jeno e hicieron el saludo militar. Era un gesto formal y fundamental. Lo reconocían como jefe del ejército.

—Sed bienvenidos —dijo Jeno—.¿Quién sois y qué os trae por aquí?

Eran oficiales espartanos:

—Nos envían la ciudad y el rey para una misión importante y pedimos poder dirigirnos al ejército en nombre de Esparta.

—Estáis autorizados a hacerlo —respondió Jeno y ordenó a los hombres presentar armas. Los escudos subieron hasta el pecho, las lanzas se inclinaron hacia delante con seco ruido metálico.

Habló el primero de los dos oficiales:

—¡Soldados! La noticia de vuestras gestas ha corrido por toda Grecia y ha llenado de orgullo a todos los helenos. El valor que habéis demostrado excede lo imaginable. Habéis llegado donde ningún ejército griego había llegado nunca, habéis tenido en jaque al ejército del Gran Rey, habéis superado obstáculos invencibles, y al precio de enormes sacrificios, estáis aquí. Queremos rendir honores a vuestro comandante Jenofonte, que ha demostrado una dedicación y un sentido del deber difícilmente igualables.

Muchos de los oficiales y de los soldados se miraron entre sí estupefactos: ¿qué estaba pasando? ¿Acaso no eran los espartanos los que habían vendido como esclavos a sus compañeros enfermos y heridos que se habían quedado intramuros de Bizancio? ¿No era el almirante espartano el que había amenazado con aniquilarlos si no abandonaban su territorio?

—¡Guerreros —siguió tronando la voz del oficial—, Esparta y toda Grecia os necesitan! El Gran Rey quiere apoderarse de las ciudades griegas de Asia como las querían Darío y Jerjes hace ochenta años. Entonces dijimos no y formamos la tropa en las Puertas Ardientes. Ahora decimos no y hemos desembarcado en Asia. Tenemos en contra a Tisafernes, el hombre que combatió contra vosotros y os persiguió de todos los modos, vuestro enemigo jurado. En nombre de Esparta, yo os pido que os unáis a nosotros, dirigiros allí donde comenzó vuestra aventura a las órdenes del comandante Clearco. Tendréis comida y paga de acuerdo con vuestra graduación y podréis vengaros de quien os infligió tantos sufrimientos. ¿Qué me respondéis, soldados?

Los guerreros dudaron unos instantes, pero luego estallaron en un estruendo alzando las lanzas al cielo.

Los mantos rojos volvieron al lugar de donde habían partido.

Jeno consiguió que Seutes pagara, en parte en metálico y en parte en ganado, y emprendimos de nuevo viaje a principios de primavera. Tras llegar a Asia, Jeno se vio en tales estrecheces que tuvo que vender su caballo. No era persona de conmoverse fácilmente, pero esta vez lo vi angustiado. Lo acariciaba, pegaba la mejilla en la cabeza del magnífico animal, no conseguía separarse de él. Vendía a un amigo fiel y generoso. Sufría y sentía vergüenza por ello.

El caballo parecía comprender que era un adiós. Bufaba y relinchaba, piafaba con una pata y cuando Jeno pasó las riendas a las manos del mercader el caballo se encabritó martilleando el aire con sus cascos delanteros.

Jeno se mordió el labio, y se giró hacia el otro lado para disimular sus lágrimas.

Yo sentía compasión por él: por cómo había terminado la apasionada aventura, los delirios de grandeza y de gloria, las noches tórridas de amor. Todo se hacía añicos, todo se resquebrajaba día a día.

Jeno parecía cada vez más obsesionado por la religión, su mayor preocupación era encontrar animales que sacrificar para interpretar la voluntad de los dioses que él mismo trataba de comprender hurgando entre las entrañas humeantes de las víctimas, haciéndose a veces asistir por adivinos y videntes.

El sueño moría lentamente en una realidad gris e informe.

Pero el ejército tenía hambre.

No tendría una paga asegurada hasta llegar al lugar de reunión y, para sobrevivir, se puso a hacer de nuevo lo que había hecho siempre: correrías y saqueos en detrimento de la propiedad de los señores persas que vivían en ciudades y fortalezas de tierra adentro.

Durante uno de aquellos ataques, Agasias de Estinfalia, el guerrero temerario, el héroe de las mil batallas, el compañero inseparable, fue herido de muerte. Jeno no pudo auxiliarle, pues se encontraba en otra parte y en cualquier caso no había ya nada que hacer: una flecha le había perforado el hígado. Cleanor corrió a su lado bajo una lluvia de dardos y lo cubrió con el escudo. Yo lo vi y traté de llevarle unas vendas, pero tuve que agazaparme detrás de una roca a pocos pasos de ellos para que no me mataran a mi vez. Oía los dardos crepitar como granizadas contra la piedra que me protegía y contra el bronce de Cleanor.

—Vete —le dijo Agasias—. Ponte a salvo. Tenía que ocurrir más pronto o más tarde.

—No así —respondió Cleanor sollozando—. No así..., no así...

—Qué más da una flecha que otra, amigo. No existe diferencia. Las nuestras son vidas vendidas al mejor postor, pero al final…, al final quien sale vencedor del enganche es siempre la muerte.

Cleanor le cerró los ojos y corrió aullando para agrupar a los hombres para el contraataque.

Jeno trataba de poner a buen recaudo el botín. Sabía que cada vez que salía el sol, como un padre, tenía que saciar el hambre de sus muchachos y también la de los dioses con la carne de sus sacrificios.

Algunos días después, dos conocidos suyos, tras saber que había tenido que vender el caballo y conscientes del gran afecto que le tenía, consiguieron recomprarlo y llevárselo. Esta fue una escena que no olvidaré. Él lo reconoció de lejos y se puso a llamarlo: «¡Halys! ¡Halys!». Y el caballo, tras arrancar las bridas de manos del palafrenero, con un estirón de su muy fiera cabeza, se lanzó al galope relinchando y azotando el aire con la cola.

Creo que lloraban los dos cuando estuvieron cerca, cuando el amo le acarició con la mano el morro aterciopelado y las ternillas ardientes.

Al final, avanzada la primavera, llegamos a destino y Jeno puso a los sobrevivientes de los Diez Mil en manos del comandante espartano Tibrón, que dirigía la guerra. Al cabo de dos años de increíbles aventuras estaban de nuevo formados contra el antiguo enemigo.

Yo me despedí de Melisa y ella me abrazó llorando a lágrima viva. Jeno saludó uno por uno a los amigos que habían sobrevivido: Timas, el de los ojos negros como la noche; Cleanor, el toro; Jantias, el de las largas guedejas; Neón, enigmático heredero del comandante Sofo, y a todos los demás.

Y se quedó solo.

Sí, solo. Porque yo no era ya la misma persona que había sido para él hasta aquel momento; solo, porque había perdido al ejército, su única patria, y yo no podía en absoluto llenar el enorme vacío, la vorágine de desolación que se había abierto en su corazón. Dentro de poco le aburriría.

Mi historia con Jeno terminaba allí, lo presentía, la historia de mi encuentro con el guerrero en el pozo en un atardecer dorado de primavera tanto, tanto tiempo antes.

A pesar de ello, viajamos juntos, nosotros dos y el criado, casi sin cruzar palabra hasta una ciudad de la costa donde pensaba recibir noticias de casa.

Y las encontró.

En una carta que habían dejado al sacerdote del templo de Artemisa. Se sentó en un poyo de mármol debajo de la columnata y leyó absorto. Yo esperaba de pie y en silencio mi veredicto.

Al final, no consiguiendo aguantar más la tensión que me oprimía el corazón, hablé.

—Espero que no sean malas noticias —dije.

—No. Mi familia está bien.

—Son buenas.

Pareció dudar durante unos momentos.

—¿Algo más?

—Sí —respondió bajando la mirada—, tengo también una mujer.

Sentí que el corazón se me paraba, pero cobré valor:

—Disculpa..., ¿qué significa «tengo una mujer»?

—Significa que mis padres han elegido una esposa para mí, que tendré que tomar mujer.

Las lágrimas corrían ahora incontenibles por mis mejillas e inútilmente trataba de secarlas con la manga de la túnica. No iría a Italia, Sicilia y sus bellísimas ciudades que había soñado ver junto con él; no habría ya nada para mí, ninguna aventura, ningún viaje, nada.

Él me miró con ojos bondadosos.

—No llores. No te despediré. Podré tenerte conmigo…, entre el personal de servicio, y también podremos vernos alguna vez.

—No importa —respondí sin vacilación—. Esa vida no sería llevadera para mí. Pero no te preocupes. Cuando te seguí sabía que no sería para siempre. Me he preparado cada día para este momento.

—No sabes lo que dices —respondió—, ¿adónde podrías ir sola?

—A casa. No tengo otro sitio adonde ir.

—¿A casa? Pero si no sabes siquiera cómo encontrar el camino.

—Lo encontraré. Adiós, Jeno.

Me miró profundamente turbado y por un instante esperé con todo mi corazón que me retuviera, también cuando bajaba ya las escalinatas del templo esperé que me llamara y que nos embarcáramos en una nave que partiera para Italia…

Finalmente oí su voz:

—¡Espera!

Venía corriendo tras de mí y me volví para abrazarlo.

—Al menos coge esto —me dijo—, podrás comprar comida, pagarte algún pasaje…, por favor, cógelo. —Me dio una bolsa de dinero.

—Gracias —dije. Y me fui corriendo entre lágrimas.

Epílogo

Abira terminó su relato una tarde de invierno en la cabaña de la orilla del río. Había dejado la ciudad de la costa en la tardía primavera y había tomado el camino de oriente pagando un pasaje en una caravana de árabes que se dirigían a Jaifa. Tardaron treinta y dos días para llegar y franquear las Puertas Cilicias. Y otros quince en llegar a pie a Beth Qada. No había resultado tampoco muy difícil, porque recordaba bien el itinerario que había aprendido gracias a Jeno.

Apenas hubo concluido la narración, hubiéramos querido acosarla a preguntas: todo nos despertaba curiosidad, hubiéramos querido saber otras muchas cosas que habían excitado nuestra fantasía y que nos habíamos guardado para nosotras para no interrumpir el relato, que sonaba aún más bello y tremendo en su voz encantadora que se estremecía y vibraba, y temblaba con las peripecias de los hombres y de la naturaleza. Pero había preguntas que acuciaban demasiado nuestra curiosidad.

—Pero ¿cómo te sentías —le pregunté— después de semejante desventura?

—Pensaba que había vivido, en cualquier caso, una vida que valía por mil. Había atravesado territorios que nadie de vosotras verá jamás, conocido a hombres y a mujeres extraordinarios. Me había bañado en ríos cuya agua provenía de montañas altas como el cielo, de lugares inalcanzables, y la llevaban a mares lejanos nunca surcados por una nave y al río Océano que ceñía la Tierra.

»Había experimentado lo que era la canícula sofocante y el frío punzante y visto muchas estrellas en el cielo nocturno como no las veré nunca el resto de mi vida: fortalezas solitarias encaramadas en cimas cubiertas de nieve y hielo, precipicios abisales y playas doradas, promontorios cubiertos de bosques milenarios, pueblos desconocidos de extrañas y fascinantes costumbres. Había visto el mundo con sus maravillas, y a los hombres en su gloria y su miseria. Y había sido amada...

—¿Qué pensabas al volver a tu aldea? ¿Y qué creías que ibas a encontrar en ella?

—No lo sé. Pensaba que mi familia me acogería en cualquier caso, que con el tiempo tal vez olvidarían lo que había hecho. Pensaba que pediría perdón a mi prometido y trataría de explicarle el motivo de mi elección irrevocable, pese a saber que no lo comprendería. O tal vez, sin darme cuenta, iba al encuentro de la muerte, al encuentro con quienes me iban a matar.

—No te han matado —dijo mi amiga Abisag.

—Y, sin embargo, sí. Porque es lo que querían hacerme. La intención es más fuerte aún que la acción. Que yo esté viva es una pura casualidad, una broma del hado y un regalo de vuestro corazón.

—Abira —intervino Mermah—, no nos has dicho qué te hirió tan profundamente cuando Melisa te leyó las páginas escritas por Jeno. ¿Era de veras tan terrible?

Abira nos miró absorta, quizá preguntándose si era lícito revelar lo que no había sido nunca divulgado, pero luego respondió:

—Dos cosas. —Y se quedó en suspenso. ¿Pensaba en Jeno? Sí, claro, porque tenía los ojos relucientes.

El viento, que había empezado a soplar y hacía vibrar los tabiques de cañizo de la cabaña, provocaba estremecimientos de fría inquietud bajo las ropas mientras por la tarde extendía sus manos de tiniebla sobre las techumbres de Beth Qada.

—Dos cosas —dijo finalmente—. La primera es cómo había recordado la muerte del comandante Sofo.

... mientras tanto Quirísofo había muerto por haber tomado una medicina contra la fiebre.

Esto era todo, nada más. Trece palabras que recuerdo una por una. Trece palabras para el hombre que había llevado a cabo más allá de todo límite humano una misión espantosa: conducir a los Diez Mil hacia la nada, pero permaneciendo siempre él a su cabeza, dispuesto a inmolarse el primero, a sufrir cada dolor y cada herida, a padecer el máximo que un corazón humano puede padecer, dispuesto a ser el comandante hasta el final. El hombre que por último se había convencido de que tenía que rebelarse y aceptar el castigo de su desobediencia, pagando con la vida el pasar el mando precisamente a él, a Jeno, para que llevase al ejército hacia la salvación.

—Pero Jeno cumplió con su deber —dije—. ¿Acaso no salvó al ejército?

—Sí. Pero no llorar a un hombre como Sofo, su mejor amigo, con quien había compartido cada instante de la marcha desesperada, no transmitir un recuerdo equiparable a su gran talla, al alma grande de luz y de tinieblas, es propio de un corazón mezquino. Y no hay dolor más grande que proferir esta sentencia para el hombre que se ama.

No conseguíamos comprender del todo lo que estaba diciendo, porque ella se había acostumbrado a la proximidad de hombres que eran demonios y dioses al mismo tiempo, seres que no podíamos siquiera imaginar y que nunca conoceríamos. Dejamos por eso hablar al viento durante larguísimos, interminables momentos, al viento que gemía trayendo los primeros fríos.

—¿Y la otra? —tuvo finalmente el valor de preguntar Abisag.

—¿La otra? —respondió Abira—. La otra se refiere a mí.

La miramos esperando con el aliento en suspenso la continuación de sus palabras.

De aquí Jenofonte pasó a Tracia llevando consigo solo a un criado y a su caballo.

—Yo también estaba con él —dijo.

Y rompió a llorar.

Al contarnos la historia de su viaje y de cómo había vivido era como si Abira hubiera vaciado su espíritu, hubiera disipado y disuelto en el aire su propia energía vital. Le habíamos devuelto la vida con nuestros cuidados, nuestra comida y nuestro afecto, pero ahora no sabía qué hacer con ella. No quería dejar que la viéramos melancólica con nosotras para no mostrar ingratitud, pero a mí me parecía que de verdad había vuelto para morir y que haberla arrancado de la muerte no había hecho más que posponer un destino ya marcado. Destruido su sueño y la razón de su vida, había querido de todos modos comportarse como los Diez Mil, que, tras partir de un lugar, tras un infinito peregrinar, habían vuelto al mismo lugar. Había querido cerrar el círculo.

Mis amigas y yo siempre hablábamos de ella cuando estábamos fuera, en el prado con los rebaños, y de los personajes cuyas vidas nos había contado. Nos parecía saber todo de ellos y que incluso los habríamos reconocido si se nos hubiesen aparecido delante. A veces Abisag, que era la más ingenua de nosotras, imaginaba que Jeno podría volver. Tal vez se hubiera dado cuenta de que no podía vivir sin ella y en ese momento estaba siguiendo los pasos de Abira a lo largo del camino que llevaba a las Puertas Cilicias y a las Aldeas del Cinturón. Le gustaba imaginar que aparecería un atardecer en el pozo, resplandeciente con su armadura, con su caballo piafante, y la esperaría cuando hubiese llegado para sacar agua. Le parecía ver correr a uno a los brazos de la otra para no separarse nunca más.

Abisag…, dulce amiga.

Pasaron así otros días y el cielo se fue oscureciendo poco a poco. Los días se hacían más cortos y a veces las tempestades que arreciaban en las cumbres del Tauro llegaban hasta nuestras aldeas bajo forma de un silbido rabioso.

Luego, una noche en que estábamos acurrucadas bajo las mantas y pensábamos en ella, sola y triste en la cabaña junto al río, oímos el viento que aúlla. El viento que anuncia un hecho extraordinario.

Por la mañana, poco antes del amanecer, oímos a los perros gañir y luego ladrar furiosos. Me levanté y fui de puntillas hasta la ventana. Las hacinadas casas de las otras aldeas se recortaban contra un cielo color perla.

Pero ¿qué estaba pasando? La atmósfera que percibía era la misma de aquella noche en que habíamos arrancado a Abira de la muerte. Sentía una excitación extraña, creciente, cada vez más fuerte, incontenible, mientras los perros seguían ladrando aún a unas presencias invisibles que cruzaban por la estepa.

Salí tal como iba, con solo la ropa de noche y fui a despertar a Mermah y a Abisag. Se reunieron conmigo enseguida. Tampoco ellas conseguían dormir.

Dejamos juntas la aldea y fuimos, agarradas una a la otra, hacia el pozo, guiadas tan solo por una sensación indefinible, ese tipo de premoniciones y de turbaciones que se dice que pueden tener las vírgenes adolescentes cuando descubren por primera vez el misterio de su período lunar.

El viento que ruge calló de pronto cediendo a un soplo seco y continuo, tenso como la cuerda de un arco, una tempestad de polvo que avanzaba de la estepa. En breve los contornos de las cosas se difuminaron, cada forma real se convirtió en una sombra en la neblina. Nos cubrimos la cabeza y la boca con el borde del vestido y continuamos avanzando hasta que descubrimos la forma de Abira, inconfundible, erguida en el umbral de su cabaña, las ropas pegadas al magnífico cuerpo por el soplo del desierto. Estaba vuelta de lado, mientras observaba algo... Nos acurrucamos al abrigo de un pequeño palmeral para que no nos viera y miramos en la misma dirección.

—¡Mirad! —dijo Mermah.

—¿Dónde? —preguntó Abisag.

—De ese lado, a nuestra izquierda.

Había una forma difusa que avanzaba hacia nosotras en dirección a la cabaña de Abira, una figura espectral que iba adquiriendo poco a poco contornos más definidos a medida que se acercaba y salía de la neblina. Y poco después oímos el bufar quedo de un caballo y un leve tintineo de armas.

Pasó tan cerca de nosotras que habríamos podido tocarlo: un jinete revestido de una armadura esplendente, cubierto de un manto blanco, montado en un corpulento semental, negro como ala de cuervo. Del otro lado, Abira iba a su encuentro con paso incierto como si tratara de comprender quién era la aparición que se detenía delante de ella. Luego pudimos ver reflejarse el estupor en sus ojos cuando se detuvo inmóvil para mirarle mientras se apeaba del caballo y se quitaba el yelmo, liberando una melena de cabellos rubios y finos como flecos de seda.

Mermah se movió rompiendo inadvertidamente una ramita. El ruido hizo que el guerrero se volviera de golpe hacia donde estábamos nosotras y le vimos el rostro. Bello como un dios, con los ojos gris azulados, de mirada penetrante: ya la espada relampagueaba en su mano.

—¡Es Menón! —dijo quedamente Abisag, la voz llena de admirado asombro—. Es él.

... Él, que la había admirado y quizá amado en secreto sin revelarlo jamás. Él, la divinidad nívea que se le había aparecido al arreciar la tormenta y la había salvado de la muerte blanca, él, la aparición incierta que fluctuaba sobre los montes y entre los bosques, siempre demasiado lejana, él, a quien todos habíamos creído muerto junto con los otros comandantes, el único que podía sobrevivir: Menón, rubio y feroz.

Abira se le acercó y permanecieron largo rato el uno frente a la otra, rodeados ambos por el gran manto blanco agitado por el viento. No oímos ninguna palabra, ni vimos gesto alguno. Únicamente imaginé un profundo, intenso contacto de miradas. Luego el guerrero la ayudó a montar en su semental, subió detrás de ella de un salto y tocó los ijares del caballo con los talones.

Salimos de nuestro escondite y con lágrimas en los ojos los observamos alejarse, desaparecer lentamente en la neblina.

Nota

Esta historia está basada en una de las más famosas obras de la literatura griega, la *Anábasis* del ateniense Jenofonte. Se trata del diario de la expedición de diez mil mercenarios griegos enrolados por el príncipe persa Ciro el Joven con el propósito de derrocar a su hermano Artajerjes, Gran Rey de los persas, y reemplazarlo en el trono del Imperio. Junto a los griegos son enrolados también cien mil soldados asiáticos, pero son ellos, la punta de lanza del ejército, los que pueden llevar a cabo la increíble empresa.

La larga marcha del ejército de Ciro se inicia en la primavera de 401 a.C. en Sardes, Lidia, y llega a la aldea de Cunaxa, a las puertas de Babilonia, hacia finales del verano. Aquí se produce el enfrentamiento con el ejército del Gran Rey, considerablemente más numeroso, en una llanura desértica en las riberas del Éufrates. Los griegos cargan contra el ala izquierda enemiga, la arrollan y la persiguen durante toda la jornada. Cuando vuelven atrás, sin embargo, tienen una amarga sorpresa: Ciro ha sido derrotado, su cuerpo empalado y decapitado.

Se inicia así la larga retirada a través del desierto, las montañas del Kurdistán y luego en la meseta de Armenia en pleno invierno, entre tempestades de nieve y baldías extensiones heladas, en medio de tribus salvajes, ferozmente apegadas a su territorio. Lo que más asombra es cómo un ejército de infantes de pesada armadura, habituados a luchar en espacios abiertos en apretadas filas, pudo sobrevivir a los ataques de unos guerreros indígenas que aplicaban la táctica de la guerrilla moviéndose con extrema agilidad y rapidez en un territorio áspero y montañoso que conocían perfectamente.

Al final, tras indecibles sufrimientos y cuantiosas bajas, debidas sobre todo al frío y al hambre, los sobrevivientes llegaron a la vista de mar. Su grito de triunfo (*«Thalassa! Thalassa!»*, «¡El mar! ¡El mar!») ha entrado a formar parte del imaginario colectivo como el sello de una empresa imposible.

La larga marcha de más de seis mil kilómetros en medio de toda suerte de peligros y obstáculos naturales llenó de asombro a sus contemporáneos y a la posteridad, pero fue históricamente poco relevante salvo por el hecho de que demostró la sustancial debilidad de la más grande potencia de la época, el Imperio persa, y sugirió probablemente a Alejandro Magno la idea de su conquista. Se demostró, en efecto, que el soberano macedonio tuvo presente con la máxima atención la *Anábasis* y siguió escrupulosamente el itinerario al menos en el primer tramo anatólico y siríaco.

Quien esto escribe recorrió realmente con tres expediciones científicas en los años ochenta todo el itinerario de los Diez Mil reconstruyendo los paisajes con una gran aproximación y en muchos casos con toda seguridad. Y en 1999 realizó un reconocimiento sobre el terreno junto al estudioso británico Timothy Midford, que había localizado en los montes pónticos, a espaldas de Trebisonda, dos grandes túmulos de piedras identificándolos con el trofeo erigido por los Diez Mil en el punto en que habían visto el mar. El reconocimiento conjunto confirmó plenamente la teoría de Midford, que ya había realizado un levantamiento topográfico de gran agudeza.

La novela, sin embargo, no se detiene aquí. Narrando de modo emotivo la historia de la larga marcha sugiere asimismo las líneas básicas de una gran novela de intriga internacional de finales del siglo V, partiendo de algunos descubrimientos ya expuestos por quien esto escribe en un ensayo científico publicado poco después de la conclusión de la investigación sobre el terreno. De estos estudios habían emergido conclusiones importantes que inducían a pensar en una implicación secreta y directa del gobierno espartano en la expedición oficialmente organizada solo por Ciro.

En primer lugar resultaba que el comandante de los Diez Mil, Clearco, buscado en Esparta por homicidio, era con toda probabilidad un agente secreto espartano.

Quirísofo, único oficial regular espartano, su sucesor en el mando después de que Clearco hubiera caído en una emboscada junto con su estado mayor, fue verosímilmente envenenado por sus propios compatriotas al llevar de vuelta al ejército a las proximidades de Bizancio.

Jenofonte cortó casi con toda certeza tres meses de crónica de la expedición, precisamente en el punto en que el ejército había perdido el camino en la Alta Armenia terminando quizá incluso en Azerbaiyán.

¿Cómo se explican estos hechos inquietantes? Esparta, que había ganado la guerra del Peloponeso contra Atenas con la ayuda del oro persa, sabedora de las intenciones de Ciro había creído oportuno jugar en dos tableros permitiendo, por una parte, al joven príncipe rebelde enrolar a los Diez Mil, y, por otra, encubrir toda la operación con el más riguroso secreto. En el caso de que la empresa tuviera éxito Ciro les debería la victoria y el trono, si las cosas iban mal el gobierno espartano siempre podría demostrar a Artajerjes que era ajeno a toda la operación y mantener con él las buenas relaciones que garantizaban su hegemonía en toda Grecia. En otras palabras, los Diez Mil debían vencer o desaparecer. Se produjo una tercera, inimaginable, conclusión de la empresa: en contra de toda expectativa, los Diez Mil consiguieron salir de una región de la que ningún ejército había regresado nunca y volver a presentarse, al cabo de dos años, en el umbral del mundo griego. Los perfiles de estos acontecimientos que Jenofonte quiso dejar envueltos en el silencio y en el misterio no pueden sino ser objeto de una narración novelesca, pero caracterizada por un alto índice de verosimilitud.

VALERIO MASSIMO MANFREDI

Impreso en Talleres Gráficos
LIBERDÚPLEX, S.L.U.
Pol. Ind. Torrentfondo
Ctra. Gelida BV-2249 Km. 7,4
08791 Sant Llorenç d'Hortons (Barcelona)